Kunst-Reiseführer in der Reihe DuMont Dokumente

Zur schnellen Orientierung – die wichtigsten Orte Apuliens auf einen Blick:

(Auszug aus dem ausführlichen Ortsregister S. 367)

In der vorderen Umschlagklappe: Karte von Apulien

In der hinteren Umschlagklappe: Geschichtstabelle zum Leben Friedrichs II.

Die warme sonnige Luft weht und wittert vom Hauch der Vergangenheit; die Zeiten und Kulturen, welche nicht mehr sind, strömen aus ihren Monumenten eine elektrische Kraft aus: es ist der Magnetismus der Geschichte.
Nichts Nebelhaftes und Romantisches hier wie im Norden. Alles Ereignis liegt so ruhig und klar vor der Phantasie wie die blaue Ferne dort und die purpurnen Berge am Horizont.

(Ferdinand Gregorovius)

»... daß Wir, den des Caesarentitels Strahlen umsprüht, es dennoch nicht für unrühmlich halten, ein Mann aus Apulien zu heißen und solange außerhalb des eigenen Hauses zu pilgern glauben, als Wir ... fern von den Höfen und Häfen Siziliens segeln.«

(Kaiser Friedrich II. von Hohenstaufen)

Rolf Legler

Apulien

7000 Jahre Geschichte und Kunst
im Land der Kathedralen, Kastelle und Trulli

DuMont Buchverlag Köln

Umschlagvorderseite: Castel del Monte

Vordere Umschlagklappe: Trani

Umschlagrückseite: Trulli

Frontispiz: Medaillon vom Mosaikfußboden im Dom von Otranto

3. Auflage 1989

Satz, Druck und buchbinderische Verarbeitung: Boss-Druck, Kleve

Printed in Germany   ISBN 3-7701-1986-X

Inhalt

Vorwort

Einen Reiseführer über Apulien, speziell einen Kunstreiseführer, zu schreiben, war kein leichtes Unterfangen. Nicht nur, weil es praktisch keine nennenswerte deutschsprachige Literatur zu dieser so exponierten italienischen Kunstlandschaft gibt. Schließlich bedeutete der Umstand, daß der einzige anspruchsvolle Beitrag zur Region aus der Feder des international anerkannten Fachmanns für Süditalien und die staufische Zeit, Carl A. Willemsen, stammte, eine Herausforderung, der sich zu stellen eine Folge von Schwierigkeiten mit sich brachte. Denn gerade dieser hochqualifizierte Beitrag vermochte dem Verständnis für dieses Land keinen großen Dienst erweisen, griff er doch lediglich ein kurzes Intervall der mehrtausendjährigen Geschichte auf und zementierte dadurch ein fast unverzeihliches Vorurteil. Denkmälerbestand und allerjüngste Forschung, und zwar sowohl im Bereich der Spatenforschung als auch in der kritischen Bestandsaufnahme der vorhandenen Monumente von der Frühgeschichte bis zum Barock, verlangten eine völlige Neukonzeption der Sicht von dieser Region im Herzen des Mittelmeeres. So bestand gerade die Aufgabe dieses neu zu schreibenden Buches über Apulien darin, scheinbar unumstößliche Vorstellungen zu verabschieden, bislang unberücksichtigte Konstanten dieser eigenständigen Landesgeschichte aufzuzeigen, das Eigenleben dieser Region mit seinen unverwechselbaren Merkmalen vorzustellen und dennoch ein praktischer Ratgeber zu bleiben.

Dies war nicht immer leicht und führte zu einer nicht unbedingt ›klassischen‹ Aufgliederung des immensen Stoffes. So entstand ein Kunstreiseführer, der doppelgesichtig ausfallen mußte. Der erste allgemeine Teil über Geschichte und Kunst geriet dadurch unter der Hand, sozusagen unter dem Zwang der Faktenlage, zu einem Buch für sich, zu einem Werk nicht nur über Apulien, sondern zu einem Buch *für* Apulien. Diese offene Parteinahme mag dem, der an die vermeintliche Objektivität historischer Darstellungen glaubt, einen Stein des Anstoßes bedeuten, demjenigen aber, der sich intensiv mit Land, Menschen und Kunst auseinandersetzen will, wird sie, so hoffe ich, wichtige Hilfe sein.

Das Land selbst und seine Vertreter haben diese Aufgabe nicht nur vorbildlich unterstützt, sie haben darüber hinaus das Buch in der vorliegenden Form erst ermöglicht. Von zahllosen ungenannt bleibenden Helfern bei der Arbeit für dieses Buch möchte ich aber Dank sagen: Dr. Rosario Ragusa (Gargano-Organisationsbüro, München), Frau Vittoria de Salvia (Gastgeberin, Manfredonia), Dr. Palumbieri (E.P.T. Bari und Barletta), Prof. Dr. Angelo Dattabo (Ehrenkonsul der BRD in Bari), Arch. Riccardo De Mola (Soprintendente in Bari), Prof. Dr. Ettore De Juliis (Soprintendente, Tarent), Dr. Pina Belli d'Elia (Pinacoteca Provinciale, Bari), Dr. Italo Guacci und Gattin Giancarla (Gastgeber in Lecce), Dr. Angela Convenuto (Matera), Dr. Maria Luisa Nava (Archäologie, Manfredonia), Rosella Barletta (A.A.S.T. Lecce), Stefania

Caione (E.P.T. Lecce), Dr. Antonio Rinaldi (Monte S. Angelo, Bürgermeister), Dipl.-Ing. Hans Ritter (Stauferkastelle, München). Für die freundliche Überlassung von Materialien und Büchern sei den Verlagen Adriatica (Bari), Adda (Bari), Congedo (Galatina), Mandese (Tarent) und Schena (Fasano) gedankt. Ganz besonders hervorheben möchte ich die Ratschläge, Hinweise und Gespräche von und mit Herrn Dr. Horst Schäfer-Schuchardt, die mir große Hilfe bedeuteten. Von ihm stammen auch die beiden Kurzbeiträge zu den Grotten und dem Olivenöl im ›Gelben Teil‹. Ebenfalls ganz besonderen Dank, auch für materielle Hilfe, schulde ich Giuseppe Affatato, Minister für Tourismus in Apulien. Die vom Minister persönlich offerierte Gastfreundschaft ermöglichte eine Vertiefung und Ausweitung der notwendigen Studien, ohne die das Buch in der vorliegenden Form nicht hätte entstehen können. Schließlich und zu Recht an dieser hervorgehobenen Stelle gilt mein wärmster Dank Prof. Avv. Enzo d'Onofrio, der zum wichtigsten Mitarbeiter dieses Buches wurde. Immer herzlich, aufgeschlossen und ansprechbar, zuverlässig, effizient und auf typisch italienische Weise unbürokratisch, verstand er alle Hemmnisse und Hürden aus dem Wege zu räumen, Kontakte herzustellen und Freunde zu gewinnen. Ihm, meinem Freund Enzo, sei mein Dank ganz besonders ausgesprochen.

März 1987 R. L.

I Eine Region im Überblick

Troia, Bronzelöwe vom Portal der Kathedrale

1 Absatz und Sporn: Questione meridionale oder das eigentliche Italien

Als am 3. 8. 1529 die hochgestellten Vertreterinnen ihrer Völker, Margarete, die weise Statthalterin der Niederlande, und Luise von Savoyen, die Mutter König Franz' I. von Frankreich, zusammentrafen, geschah dies mit besten Absichten. Sie wollten einen langjährigen kriegerischen Konflikt, der unnötiger- und unsinnigerweise Tausenden von Menschen das Leben gekostet hatte, einvernehmlich lösen. Im sogenannten ›Damenfrieden‹ von Cambrai erreichten sie, daß Karl V. seine persönlichen Wünsche bezüglich Französisch-Burgund zurückstellte und Franz I. seine von den Anjous ererbten Ansprüche auf Süditalien für immer preisgab. Was sich für die beiden Großreiche als glückliche Entscheidung herausstellte, mußte nicht automatisch für alle Landesteile ein Segen sein. Das nun unbestritten habsburgische Königreich beider Sizilien wurde weiter von spanischen Vizekönigen regiert, die ihre Residenz in Neapel hatten.

Für Apulien bedeutete dies eine Festschreibung einer seit dem 15. Jh. eingeleiteten Politik, in der die Region vom wirtschaftlich-politischen Knotenpunkt des Mittelmeerraumes zur Grenzregion wurde, die für den Adel nur auspreßbare Pfründe, aber nicht Heimat war. Auch die Vizekönige von Neapel in ihrer 300jährigen Regierungszeit kannten diesen ihren Landesteil bestenfalls vom Hörensagen. Lediglich ihr letzter Vertreter, Ferdinand II., stattete der Provinz einen allerdings wenig rühmlichen Besuch ab. Apulien geriet in Vergessenheit. Diese war so total, daß auch die großen Italienreisenden des 18. und 19. Jhs. wie Goethe, Seume, Carus, Schinkel, de Brosses, Madame de Staël, Stendhal, Smollet, Swimburne, Stevenson oder Dickens keinerlei Notiz von Absatz und Sporn des italienischen ›Stiefels‹ nahmen.

Daran änderte sich auch nichts nach dem Risorgimento, der Morgendämmerung einer großen Hoffnung für den Süden. Falsche Steuerpolitik, halbherzige Bodenreform, Mißtrauen der Süditaliener in die Effizienz der neuen Regierung, Industrialisierung des Nordens auf Kosten des Südens, ungenügende wirtschaftspolitische Vorausplanung trotz der nach dem Zweiten Weltkrieg installierten *Cassa per il Mezzogiorno* trugen dazu bei, daß Süditalien, und Apulien ganz besonders, im Gleichschritt der wirtschaftlichen Entwicklung mit dem mittleren und nördlichen Europa nicht mithalten konnten. Reichlich 100 Jahre seit der endgültigen Gründung des neuen italienischen Nationalstaates brauchte der nördliche Teil, um dem Süden fast uneinholbar davonzueilen. Cavour – und mit ihm zunächst die savoyischen Könige und dann ganz Norditalien – war letztlich der Sieger. Es war gelungen, unter dem Firmenschild der nationalen Vereinigung das jahrtausendelang politisch, kulturell und wirtschaftlich eigenständige wie unabhängige Süditalien einzuverleiben, zur Kolonie im Staate zu machen.

Wie gesagt, Apulien war in Vergessenheit geraten, mehr noch als Sardinien, Kalabrien oder die Basilikata. Als 1974 eine der bekanntesten italienischen Illustrierten einen Bericht über diesen Landesteil brachte, las man den Titel: »Apulien, was für eine Überraschung!«

»Bis in die neueste Zeit ist die Geschichte Süditaliens einseitig betrachtet worden von den Faktoren der Beeinflussung oder Beherrschung her, also von den Fremden aus« (Kirsten). Diesem Satz ist leider kein Jota abzustreichen.

Auch die kunstgeschichtliche Betrachtung Apuliens weiß sich nicht frei von solchen Beschränkungen der eigenen Perspektive. Gerade die deutsche und französische Fachliteratur zeigt sich besonders tendenziös, d.h. national bestimmt in der Auswahl der Epochen und deren Interpretation. So will die französische Literatur nicht abgehen von der Einschätzung, daß alle großen Leistungen der apulischen Romanik Derivate normannischer Mentalität und Importe aus deren Mutterland seien. Für die Entstehung künstlerischer Formen des 11. bis 13. Jhs. werden als Herkunftsländer die Normandie, Burgund und die Provence, die Zisterzienserbaukunst oder die Gotik unentwegt bemüht. Das deutsche Interesse wiederum ist gekoppelt an die kurze Zeit der Stauferherrschaft (etwa 50 Jahre), eng verbunden natürlich mit dem Namen des großen Friedrich II.

Spätestens aber die Ausstellung »*Alle sorgente del Romanico. Puglia XI sec.*« 1975 in Bari hat die Augen aller Kunstinteressierten weit geöffnet für die eigenständigen Leistungen der Region. Doch birgt eine solche plötzlich zum Allgemeingut werdende Anerkennung Apuliens als Kunstregion im hohen Mittelalter die Gefahr der Periodisierung einer Leistung, d. h. wer Apulien wirklich kennen und einschätzen lernen will, muß weiter ausholen, darf nicht bei einem relativ kurzen Intervall seiner Jahrtausende alten Zivilisation verweilen.

Für die meisten Historiker beginnt die Geschichte Süditaliens mit der Zeit, als das Gebiet zur Magna Graecia gehörte. Als *Italoi* bezeichneten die griechischen Kolonisatoren seit dem 5. Jh., möglicherweise schon im 6. Jh. v. Chr., die Bewohner des Inlandes, mit denen sie es vorrangig zu tun hatten. Am frühesten belegt ist dies für die Bewohner des heutigen Kalabrien. Seit Thukydides nannten die Bewohner des griechischen Mutterlandes ihre Kompatrioten, die sich in Unteritalien niedergelassen hatten und mit den *Italoi* im Verkehr standen, *Italiotai.* Als *Italia* bezeichneten die griechischen Unteritaliener Gebiete von Ternia und Heraklea bis Messina. Wie weit die Bezeichnung nach Osten ins Landesinnere galt, ist unklar. Tarantino und Materano waren aber offensichtlich mindestens noch mit eingeschlossen. Etymologisch leitet sich *Italoi* und *Italia* ab von *Vitali* (= Jungstiere). Man nimmt an, daß sich Vitalus auf jene Tradition des *ver sacrum* der Frühitaliker bezieht, die jeweils eine Jungmannschaft zur Eroberung neuer Territorien, meist in Richtung Küste, aussandten und sich den Jungstier als Totem oder Symbol gewählt hatten. Nach der Legendenbildung soll Italus (Vitalus, lat. Vitellus) der erste König der Kalabrier gewesen sein. Kalabrien hieß aber damals der südöstliche Teil von Apulien, das heutige Salento. Unser jetziges Kalabrien war der Lebensraum der Bruttier, hieß also noch in römischer Zeit Bruttium. In römisch-republikanischer Zeit wanderte der Begriff Italia nordwärts und bezeichnete zunächst Unter- und Mittelitalien. Nördlich des Apennin begann die Gallia cisalpina. Erst in spätrepublikanischer Zeit wurde Italia als Name für die ganze Halbinsel geläufig, und Gallia begann erst ab den Seealpen. Als Augustus sein Imperium neu organisierte nannte er die zweite Region *Apulia et Calabria.*

Viel später, während der Auseinandersetzungen zwischen Langobarden und Byzantinern (um 680), erhielt das alte Bruttium die Bezeichnung *Thema Calabria,* und dieser Name blieb fortan dieser Region. Apulien bekam den Namen *Langobardia,* just zum selben Zeitpunkt als – welche Umkehrung der tatsächlichen Verhältnisse – die Langobarden ihr Hauptreich im nördlichen Teil Italiens *regnum Italiae* tauften. Als Landesname und Titel blieb über die Karolinger bis zu den Staufern der Titel des regnum Italiae synonym für Oberitalien. Als das neu sich formierende Königreich (1859–1870) ein Firmenschild brauchte, wählte man für den eben erst geborenen Nationalstaat den Namen *Regno d'Italia.* Der Name als solcher stammt jedoch historisch betrachtet gerade vom äußersten Südzipfel des Stiefels. Die Norditaliener aber, die ihre Landsleute im Süden so geringschätzig als *terroni* oder gar *Africani* bezeichnen, haben ihren Namen gerade von jenen geborgt. Die eigentlichen Italiener sind die *meridionali,* damit auch die Apulier.

Wer aber sind die Apulier, gibt es überhaupt eine so zu bezeichnenden Ethnie? Am 5. Oktober 1977 startete im Regionalprogramm von RAI eine 36teilige Serie zur Geschichte Apuliens: »*Da dove veniamo*« (Woher wir kommen). Die Aufgabe war schwierig. Einleitend zur Buchausgabe (1979) dieser Sendung gesteht der verantwortliche Redakteur: »Man fragt sich heute, ob es überhaupt möglich und erlaubt sei, die Geschichte einer geographischen Region zu schreiben, wenn diese niemals weder eine politische Autonomie genossen, noch jemals eine klare Einheit ethnischer, institutioneller, sprachlicher oder kultureller Art besessen, noch jemals ein Heimatland, eine Nation gebildet hat? ... Dennoch ist die Geschichte dieser Region immer eingebettet gewesen in die Geschichte der Halbinsel, des Mittelmeeres und Europas.«

Da die Autoren der einzelnen Beiträge dieser Sendung zu den namhaftesten (Er)Forschern der apulischen Geschichte (Fonseca, De Juliis oder Musca) gehören, darf die somit gelieferte Landesgeschichte als die offizielle Selbstdarstellung der Region nach dem neuesten Stand der Forschung gelten.

Zwar sind das ältere und mittlere Paläolithikum durch archäologische Funde im Gargano (circa 300 000) und im Salento (Mousterien, Grotta del Cavallo und Grotta del Bambino) belegt, jedoch dichter werden die Ergebnisse, die die Spatenforschung für die jüngere Altsteinzeit

Grotta Paglicci, Knochen mit Ritzzeichnungen

(40 000–20 000) ergraben hat. Für die Zeit vom ausgehenden Paläolithikum gibt es wohl kaum einen Landstrich auf dieser Erde, wo die Entwicklung des Menschen bis zum Beginn der Metallzeit lückenloser und in größerer Dichte der Fundorte verfolgt werden könnte.

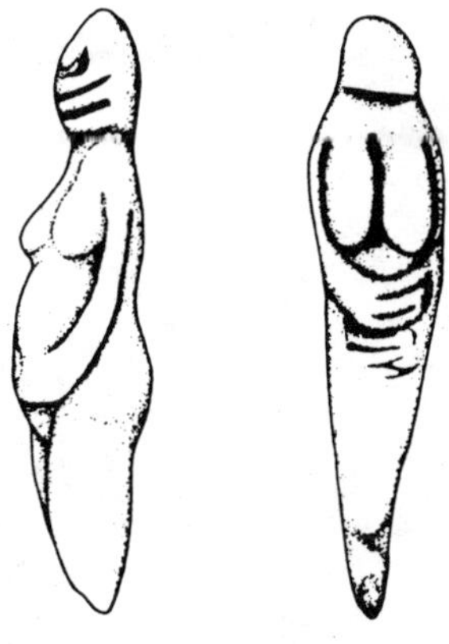

Parábita, Grotta delle Veneri, Venus-Statuetten aus Knochen

Am Fuße von Rignano Garganico lieferte die Grotta Paglicci das Grab eines Jägers (circa 22 350 nach Radiokarbondatierung). Das Skelett war eingebettet in eine dicke Ockerschicht, trug eine Kopfbedeckung aus durchbohrten Hirschzähnen und war ausgestattet mit reichen Grabbeigaben (Pfeilspitzen, Faustkeile, Messer). Andere Begräbnisse dieser Zeit lieferte die Grotta delle Veneri bei Parábita. Nur wenig jüngeren Datums dürften die Funde der Grotta Romanelli sein. Neben reichlich Gerätschaft bietet diese Grotte wertvolle Beispiele der spätpaläolithischen Kunst: Ritzzeichnungen mit Menschen- und Tierdarstellungen. Überhaupt stellen die Funde vor allem der Grotten Paglicci und Romanelli ein wahres Archiv für jene nach letzterer Grotte benannte Romanelli-Kultur. Diese Jägerkultur ist aber praktisch im ganzen apulischen Raum bezeugt, bis hinüber nach Korfu. Man darf dabei niemals vergessen, daß der damalige Meeresspiegel 100 m unter dem heutigen lag. Die Ebenen des Tavoliere und des Salento waren also 100 m höher als heute gelegene Plateaus mit Steppencharakter. Auch die Höhle von Porto Badisco und die Grotta Zinzulusa bei S. Cesarea liefern Dokumente dieser Zeit. Die Grotta delle Veneri barg sogar seltene Beispiele früher Rundplastik, nämlich Fruchtbarkeitsgöttinnen.

Jene Dunkelzone der Menschheitsgeschichte zwischen der Altsteinzeit und der Jungsteinzeit, kurz Mesolithikum genannt, ist in Apulien erstaunlich gut belegt. Die Flußniederungen des Candelaro und Cervaro und ihre vorgelagerten Lagunenseen lieferten reichlich Fisch und Muscheln, so daß die natürliche Voraussetzung zu einem wenigstens halbseßhaften Leben gegeben war. Erste Hinweise auf feste Tierhaltung sowie älteste in Italien gefundene Keramik (bei Masseria La Quercia), die vorsichtig bis ins 7. Jt. datiert wird, sind die sensationellen Funde in diesem Teil des Tavoliere. Die Übergänge zwischen Mesolithikum und Neolithikum beginnen fließend zu werden. Möglicherweise muß man hier in Apulien die bisher gewohnte Zeitgrenze für den Beginn des Neolithikums beträchtlich nach rückwärts verschieben. Zumindest stehen die Keramikfunde aus dieser Region den berühmteren Beispielen aus dem Orient an Alter in nichts nach. Einen Höhepunkt der Funde aus dieser Zeit gab die Erde bei Passo di Corvo und Coppa Nevigata am Candelaro (erst 1950) preis. Vor allem die hier gefundene Keramik (5. Jt.) aus grobem luftgetrocknetem Ton, handgeformt und von beträchtlicher Stärke der Gefäßwand, mit Ritzmustern, die mit dem Daumennagel eingegraben worden sind, stellt die ersten künstlerischen und plastischen Erfahrungen mit Töpfererde dar. Diese primitive Keramik, die zahlreichen Muschelreste, Viehhaltung und Grundrisse von Rundhütten signalisieren für Apulien das Ende der nomadisierenden Jägerkulturen und damit den Beginn des

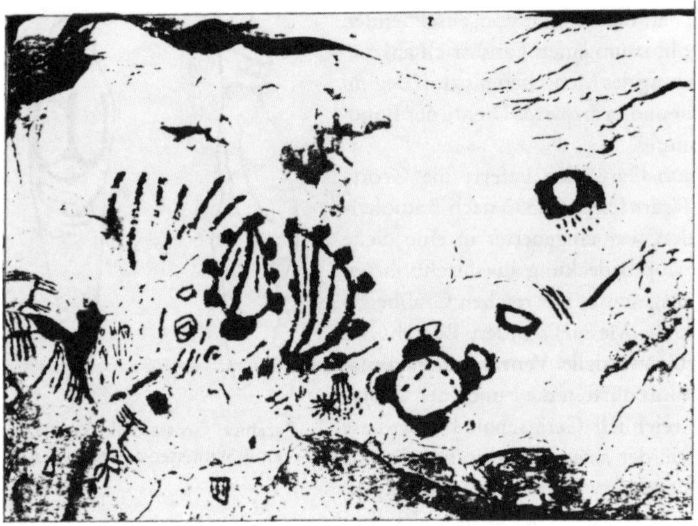

Porto Badisco, Grotta dei Cervi mit neolithischen Höhlenzeichnungen

Neolithikums spätestens um 5000. Die Anhäufung solcher Rundhütten – regelrechte Dörfer des Neolithikums – belegt damit bereits eine vor-städtische Zivilisation: gewachsen und gefördert durch die Gegebenheiten der vorgefundenen natürlichen Situation.

Neben den Hüttendörfern blieben aber auch die Höhlen und Grotten nach wie vor genutzt. So bilden die Grottensiedlungen von Molfetta und Altamura die Charakteristika einer eigenen Zivilisation. Diese Molfetta-Kultur ist in ganz Apulien verbreitet. Offensichtlich rein kultischen Charakter hatte die Grotte von Porto Badisco, deren Wandmalereien – über 60 Gruppen von Tier- und Menschendarstellungen – den größten Komplex neolithischer Kunst in Europa darstellen. Neben Geräten aus Kieselstein, regelrechte Messer und Klingen, finden sich auch Schneidewerkzeuge aus Obsidian. Gerade dieses Mineral läßt bereits zu jenem frühen Zeitpunkt konkrete Handelskontakte mit Nachbarregionen naheliegend erscheinen, wenn auch direkte Verbindungen mit Lipari für diesen Zeitraum wohl noch ausscheiden müssen.

In der nachfolgenden Zeit des 4. bis 3. Jt. findet in Apulien eine regelrechte Bevölkerungsexplosion statt, sicher gebunden an die Verfeinerung und Verbesserung der Lebenshaltung durch systematisch betriebenen Ackerbau. Das Spätstadium des Neolithikums findet seine Konzentration im Raum um Matera, besonders in Serra d'Alto. Diese Entwicklung der Matera- bzw. Serra-d'Alto-Kultur bewegt sich im zeitlichen Gleichschritt mit entsprechenden Kulturen auf dem Balkan und im Vorderen Orient. Ackerbau und damit verbundene Seßhaftigkeit provozieren geradezu die Notwendigkeit zur räumlichen Verdichtung (Früh-Städte) und deren Schutz mit einem mehrfachen Mauerring. Die Kunst der Keramik verfeinert sich zu dünnwandigeren und formschöneren Gefäßen, die nun mit Streifenmustern (sogenannte Bandkeramik) in Rot und Braun bemalt sind. Bereits um die Mitte des 4. Jts. werden diese Gefäße gebrannt (bei 1000 Grad!). Die Streifenmuster verdichten sich zu einem regelrechten Netz von geometrischen Ornamenten, die um fast zwei Jahrtausende jene anderen geometrischen Muster der ›klassischen‹ Zeit vorwegnehmen.

Alles in allem zeigt die zivilisatorische Entwicklung in Apulien bis zum ausgehenden Neolithikum (Mitte 3. Jt.) eine erstaunliche Geradlinigkeit und innere Konsequenz, so daß auswärtige Beeinflussung oder gar Herkunft mit einiger Sicherheit ausgeschlossen werden kann. Doch zeigen der erkennbare Anstieg des Gebrauchs von liparischem Obsidian, die Verbreitung der Bandkeramik auch auf dem Balkan und das sporadische Auftreten von Keramik im Stile der *vase a bocca quadrata* rege Handelskontakte mit anderen Völkern und Kulturen. So schließt jene wichtige Stufe der Menschheitsgeschichte, die Jungsteinzeit (neolithische Revolution), mit den Errungenschaften der Matera-Kultur, die Apulien entwicklungsgeschichtlich auf dem Höhepunkt ihrer Zeit sieht. Vom Ende des Neolithikums (Eneolithikum) bis zum ersten Auftreten des Metalls als Gebrauchs- und Handelsobjekt (Kupfer) zeigt auch der anthropologische Befund, vor allem Skelett- und Schädelformen (dolichomorph), eindeutig und ausschließlich typisch mediterrane Züge. Doch plötzlich, parallel zur auslaufenden Matera-Kultur, geschieht offensichtlich etwas völlig Unerwartetes und Neues. Eine mehr oder minder autochthone mehrtausendjährige Entwicklung Apuliens findet ihr Ende, ein fundamental neuer Zeitabschnitt bricht an.

Vase vom Typ *Serra d'Alto*

In Casal Sabini bei Altamura wird ein Mengengrab, eine in den Boden vertiefte Grabkammer, mit 13 Leichnamen, gefunden. Ähnliche Funde liefert der Boden bei Andria und Cellino S. Marco. Andere Kammergräber finden wir, verdichtet zu einer regelrechten Nekropole, bei Laterza (unweit von Matera). Doch insgesamt bleiben diese Gräber noch eine Ausnahmeerscheinung. Die in Gruppen Bestatteten zeigen alle Merkmale einer anderen, indoeuropäischen Rasse. Die Grabbeigaben bestehen aus Gerätschaften, die ebenfalls in ganz Süditalien unbekannt sind: Schnabelkannen, Askoi etc. mit schwarzbrauner Glasur, aus Knochen geformte Werkzeuge mit Schnitzkunst dekoriert *(osso a globuli)* – und Kultmesser mit halbmondförmigem Knauf aus Kupfer! Apulien tritt in das Zeitalter der Metalle. Alle Funde werden von den Archäologen einhellig in die Zeit zwischen 2100 bis 1900 datiert. Die Schädelform zeigt eine indogermanische Rasse, die bis in den Balkan-Schwarzmeer-Raum nachgewiesen ist. Vasenform, Bronzemesser und die sogenannten *ossa a globuli* weisen verblüffende Verwandtschaft auf mit gleichartigem Gerät, das in Troja (6. Periode) und Lerna (Argolis) gefunden wurde. Wer waren diese rätselhaften indogermanischen Neuankömmlinge? Waren es wirklich aus dem östlichen Mittelmeerraum auf der Suche nach Metallen nach Italien gelangte Vorboten der metallverarbeitenden Völker der Ägäis oder Kleinasiens? Oder waren es Vertreter jener immer noch im geheimnisvollen Dunkel der Frühgeschichte angesiedelten Träger der Megalith-Kulturen, der im Mittelmeerraum als Hyperboräer bezeichneten nordischen Völker? Wir wollen hier weder die Orient- noch die Nordlandtheorie entscheiden oder gar vertreten. Eines scheint aber offenkundig: Keramikformen, Dekorationssysteme oder Materialien mochten im Neolithikum den Nachweis für Kontakte mit Anrainerzonen wie Tyrrhenis (Lipari, Kampanien), Norditalien (Po-Ebene, Ligurien), Balkanhalbinsel und Ägäis erbringen, mit den Nekropolen von Casal Sabini und Laterza finden wir aber nicht nur anderes Gerät, anderen Schmuck oder andere Waffen aus neuem Material, sondern darüber hinaus die Träger bzw. Hersteller dieser Kulturgüter leibhaftig auf dem Boden Apuliens. Im gewaltigen Umwälzungsprozeß des gesamten Mittelmeerraumes während des Übergangs vom Stein- zum Metallzeitalter sind der italienische Sporn und Absatz von einer Kontaktzone zum Schnittpunkt der Völkerverschiebungen geworden. Es beginnt eine neue Ära der Region, eine Entwicklung, in der das Grundmotiv der künftigen, nun ebenfalls schon vier Jahrtausende alten Bestimmung des Landes, das der Auseinandersetzung der indigenen Bevölkerung mit in immer rascherer Folge auftretenden Invasoren anderer Herkunft und Rasse, seinen Anfang nimmt.

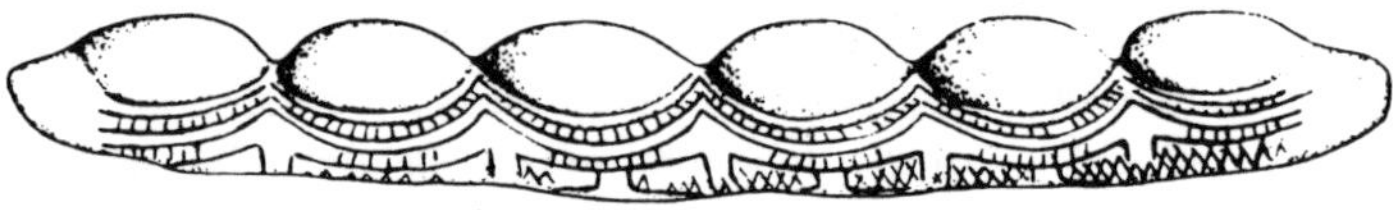

Casal Sabini, sog. *osso a globuli*

2 Das andere Ufer und Griechenland

Die Ursache für die neue veränderte Lage in Apulien ist doppelter Natur. Zum einen spielt historisch jene Umbruchsituation im und am Mittelmeer eine entscheidende Rolle, die begleitet wurde von einem wahren Exodus von Völkerstämmen des Donau-Balkan-Raumes und der Überschwemmung des Mittelmeeres durch nordische Seevölker. Was sich dabei konkret und im einzelnen am Ende des Neolithikums dort abspielte, ist bis heute nicht geklärt und gibt einer Altertumsforschung, die auch Details wissen will, noch manches Rätsel auf. Zum anderen spielt natürlich die geographische Lage eine nicht minder beachtliche Rolle. Die Erkenntnis, »daß die Geographie für die Geschichte etwa jene Rolle spielt wie die Erbanlage für die Entfaltung der Persönlichkeit« (Böhm), ist längst von Historikern akzeptiert. Gerade am Beispiel Apuliens kann die Wechselwirkung von Landschaftsform und Geschichte besonders eindringlich demonstriert werden. Im Norden und Westen von Bergen, im Osten und Süden vom Meer geschützt, bot sich gerade im nördlichen Teil der apulischen Küstenebene, im Tavoliere, klimatisch und geographisch die ideale Voraussetzung für eine von außen ungestörte eigenständige Entwicklung von der nomadischen Jäger- und Sammlerkultur zur seßhaften Zivilisation des Neolithikums. Die vorteilhafte Randlage am italienischen Stiefel wandelte sich aber in ihr

Gegenteil, als die Völker um diese Halbinsel herum anfingen in Bewegung zu geraten und das Meer selbst für größere Menschengruppen kein Hindernis mehr darstellte.

Die um 2000 v. Chr. sporadisch auftretenden Hypogäen, unterirdische Gräber, bei Laterza und Altamura künden vom Auftreten einer neuen Volksgruppe in Apulien. Die Grabbeigaben weisen auf Verwandtschaft mit dem nordöstlichen Mittelmeerraum und dem Balkan. Die Lebensgrundlage dieser Neuankömmlinge basierte aber auf der halbnomadisch betriebenen Viehzucht, was bedeutete, daß sie wohl nicht übers Meer gekommen, sondern auf dem langen Landwege über Venetien und die Po-Ebene im Schrittempo ihrer Herden südwärts gewandert waren, Vorboten einer ersten Bevölkerungswelle aus dem Donau-Balkan-Raum. Durch Vermischung mit der einheimischen Bevölkerung entstand um 1500 v. Chr. die sogenannte Apenninenkultur, aus der schließlich gegen Ende des zweiten vorchristlichen Jahrtausends jene altitalischen Stämme – die Umbrier, Latiner, Sabiner, Osker usw. – hervorgingen, möglicherweise ebenfalls, eine zweite Welle darstellend, aus dem Balkanraum zugewandert und dabei die ersten Italiker wie Sikuler, Ausonier u. a. vor sich nach Süden hertreibend.

Aus der stetigen Auseinandersetzung der viehzüchtenden Berglandbewohner mit den in den Küstenebenen ackerbestellenden Bauern entstand ein anderer für Mittel- und Süditalien jahrhundertelang typischer Konflikt, der Wechsel von den hochgelegenen Sommerweiden zu tiefer gelegenen Winterweiden. Wenn die Berglandbewohner in der Tradition des *ver sacrum* eine Jungmannschaft zur Landnahme bzw. Landgewinnung aussandten, dabei in die Küstenebene (Campania) eindrangen und sich dort eventuell seßhaft machten, wurden sie selbst Bewohner der Ebene *(= campani)*. Die heutige Region Kampanien leitet daher noch ihren Namen ab.

Die apulischen Tratturi, vor allem im Tavoliere, gehen aber auf eine spätere Entwicklung zurück. Apulien ging nicht den beschriebenen Weg der Italiker, die Apenninenkultur spielte hier nur eine marginale Rolle, die Region zehrte ganz aus ihrer eigenen neolithischen Agrikultur. Die geringe Verbreitung der Apenninenkultur in Apulien erklärt sich ganz einfach durch die im Vergleich zum Rest Italiens unverhältnismäßig hohe Bevölkerungszahl und Besiedelungsdichte, bedingt durch die blühende Zivilisation des Neolithikums, diese wiederum basierend auf der Landwirtschaft. Das heißt: In Apulien war einfach kein Platz für die neu ankommenden Herdenhalter. Die spätneolithische Bevölkerung vermischte sich nur wenig mit den auf dem Landweg in die Halbinsel eindringenden Italikern. Ihr Bevölkerungsreservoir erhielt Zuströme aus einer anderen Quelle, und auch diese ist geographisch bedingt.

Der Stiefel verläuft in fast exakter nordwestlich-südöstlicher Richtung geradewegs hinein in das geographische Zentrum des Mittelmeeres. Der östlichen Küste entspricht in fast parallelem Verlauf die jenseitige Adria-Küste auf kroatisch-dalmatisch-albanischer Seite, im Altertum Illyrien genannt. Vom Drin-Golf ab aber wendet sich die illyrische Küste nun genau nach Süden und nähert sich gegenüber von Otranto auf etwa 50 km dem italienischen Festland, somit eine Meerenge, die Straße von Otranto, bildend. Die italienische Adriaküste biegt ab dem Fortore-Fluß, dem nördlichen Grenzfluß der heutigen Region Apulien, genau in Ost-West-Richtung ab und bildet zusammen mit der Südküste des Gargano einen Pfeil (den sogenannten Sporn = *lo sperone*), der genau hinüber zeigt nach Dubrovnik und Kotor. Die Geographie weist somit symbolisch der folgenden Kulturbeeinflussung den Weg.

Darüber hinaus beträgt die Entfernung vom Capo di S. Maria di Léuca bis zu den Korfu vorgelagerten Inseln ebenfalls nur reichliche 60 km. Also auch Griechenland, der Ausläufer der Balkaninsel südlich der Linie von Korfu bis Saloniki, reicht fast auf Sichtweite an Apulien heran. Illyrien und Griechenland, nicht Apeninnenkultur und Italiker, prägen seit dem ausgehenden Neolithikum maßgebend die Geschichte des Landes. Denn, einmal die Randlage verloren und ins geopolitische Zentrum des Mittelmeeres gerückt, wird Apulien ein offenes Land. Seine innere Struktur – der Gargano schließt nicht direkt an den Apennin an, läßt somit einen breiten Zugang zum Tavoliere offen, und die apulische Ebene vom Fortore bis Léuca weist keinerlei nennenswerte Gebirge oder Höhenzüge auf – sowie die Form der Küste, die nur wenige natürliche Hafenbecken wie z. B. Brindisi zur Anlage von geschützten oder leicht schützbaren Häfen anbietet, machen das Land praktisch wehrlos, wenn das Meer aufhört Barriere zu sein. Mit 784 km Küstenlänge insgesamt, dem Promontorio Garganico, der Straße von Otranto und dem Capo di S. Maria di Léuca wird Apulien zur großen Einladung für seefahrende Völker, zum Brückenkopf der Illyrer, Minoer und Griechen auf dem italienischen Festland. Erst in römischer Zeit wird sich die Richtung des Brückenkopfes umkehren.

Die alte Formel aber, der Unterschied zwischen den Häfen der Adria und denen des Tyrrhenischen bzw. des Ionischen Meeres sei im Altertum der von Landeplätzen der Illyrer und solcher der Griechen gewesen, kann heute nicht mehr so unmittelbar gelten. Der Name Ionisches Meer geht auf den illyrischen Stamm der Jones und nicht auf das griechische Jonion Pelagos zurück. Im Binnenland des Golfes von Tarent ist mehrfach die Existenz des illyrischen Stammes der Chaonen bezeugt. Auch die Namen der für die fortlaufende Geschichte Apuliens wichtigen Stämme der Dauni und der Japigi (Japodi) sind eindeutig illyrischer Herkunft. Gleichzeitig bringen die archäologischen Grabungen ständig vermehrt Funde minoischer und mykenischer Herkunft zutage, so daß sich gleichzeitig die griechischen Mythen und Quellen bewahrheiten, die ebenfalls von einer eifrigen Kontaktierung bis Landnahme in Unteritalien sprechen. So wären nach der griechischen Überlieferung, die auch Herodot zitiert, die Japyger der historischen Zeit Nachfahren der Kreter, die nach der vergeblichen Suche nach König Minos Sizilien verlassen, am Tarentinischen Golf in Folge eines Unwetters Schiffbruch erlitten und dann landeinwärts Hyria (das heutige Oria) gegründet hätten.

Der Name der prägriechischen Gründung Satyrion, östlich von Tarent, erinnert an Satyria, eine Tochter des Minos. Minoische Keramik findet sich nicht nur entlang der beiden apulischen Küsten, sondern bis hinauf nach Istrien (bei Nesazio). Denn neben der Suche nach Metall (Zinn) galt das Fernhandelsinteresse der Kreter besonders dem im Mittelmeerraum hochbezahlten Bernstein vom Baltikum. Und eine der drei Hauptrouten des Bernsteinhandels endete just am nördlichen Adriabecken, das die illyrischen Liburner kontrollierten. In prägriechischer und vormykenischer Zeit soll auch die erste Welle der Peuketier erfolgt sein. Noch Plinius berichtet von zwölf peuketischen Stämmen illyrischer Herkunft, die nach Apulien eingewandert seien. Nach Nicandros sollen Japyger, Peuketier und Daunier Brüder und gemeinsame Abkömmlinge des Königs Lykaon sein. Und Dionysios von Halikarnassos präzisiert sogar, daß die Völker der Enotrier (Oinotrier, am Golf von Salerno siedelnd) und die Peuketier (im mittleren Apulien) unter der Führung der Brüder Oinotrios und Peuketios nach Süditalien ausgewandert seien.

Beide wären Söhne des Lykaon gewesen. Lykaon war der Sohn der Deianira und des Pelasgos und Enkel des Phoroneus, des ersten Königs des Peloponnes und Stammvater der Pelasger, also jener vielleicht noch vorindogermanischen Urbevölkerung Griechenlands. Dionysios von Halikarnassos macht auch noch genaue Angaben darüber, wann unter den Enkeln des Phoroneus die Peuketier und Enotrier in Süditalien eingewandert seien, nämlich 17 Generationen vor dem großen Krieg von Troja, das entspricht dem Zeitraum vom 18. bis 17. Jh. v. Chr. Chaonen, Daunier und Japyger, letztere untermischt mit Kretern, waren also illyrischer Herkunft, die dazwischen siedelnden Peuketier offensichtlich vormykenische Einwanderer aus dem Peloponnes. Zusammen mit den seit der Steinzeit hier ansässigen Einheimischen verschmolzen die Ankömmlinge von der Balkanhalbinsel zu einer neuen Ethnie.

Auch hier bleibt vieles unklar. Mythen, griechische Quellen, archäologische Funde und Ergebnisse der Altertumsforschung kommen nicht immer zur Deckung. Spätestens seit mykenischer Zeit wird das Amalgam aus Ansässigen und Neuankömmlingen immer dichter. Der ersten Welle von Zuwanderern folgten weitere im 13. und 11. Jh. v. Chr., je nach politischer Situation und Bevölkerungsdichte auf der Balkanhalbinsel bzw. im Donauraum. Selbst die Naturkatastrophe des 13. Jhs. und der darauf folgende Zusammenbruch des mykenischen Reiches konnten die intensiven Verbindungen zwischen Apulien und dem anderen Adria-Ufer nicht hemmen. Am Ende des 2. Jts., am Vorabend der sogenannten griechischen Kolonisation, waren Apulien und seine Bewohner kulturell und wirtschaftlich fester Bestandteil der illyrisch-griechischen Welt.

3 Stein ist alles

a) Geomorphologische Grundlagen

Daß alle Zugereisten, sei es als Händler, als Krieger, als Landnehmer der Region vom Eneolithikum bis zur beginnenden Neuzeit ›eingeschmolzen‹ werden konnten und schließlich echte *Pugliesi* geworden sind, dazu trug nicht weniger als schon für die Ankunft dieser Fremden die Geographie, genauer: die geomorphologische Beschaffenheit des Landes wesentlich bei.

Apulien ist der östlichste Teil Süditaliens, dessen Lage stiefelabwärts der Linie zwischen Unterlauf des Volturno und des Fortore lokalisiert wird. Der Begriff Süditalien ist eher kultureller als ethnischer, geographischer oder politischer Art. Gemessen an den Perioden der Erdgeschichte, ist Süditalien deren jüngstes Produkt. Als der Tyrrhenische Schild des Erdaltertums sich im Mesozoikum erneut zu senken begann, lag Italien auf dem Boden eines tiefen Weltmeeres (Tethys), dessen dicke Schlamm-Massen im Lauf von Jahrmillionen zu harten Dolomiten und Kalken versteinerten. Während der gewaltigen Erdkontraktion im Tertiär, der auch die Alpen und der Apennin ihre Existenz verdanken, lag Süditalien noch weitgehend unter Wasser. Die tertiäre Faltenbewegung wirkte nämlich nicht mit gleicher Wucht im Mittelmeerraum, sie ließ gegen Süden zu nach. Das heißt: Süditalien wurde erst in der Zeit zwischen Tertiär und

Quartär von den Ausläufern der Alpenfaltung erfaßt, so daß wir im südlichen Apennin weniger Faltungen, aber dafür mehr Schollenverschiebungen und Brüche vorfinden. Gleichzeitig mit der Hebung des südlichen Apennins sanken Tyrrhenisches und Adriatisches Meer ein, Europa trennte sich von Afrika.

Das weniger als die Alpenpressung stabile Gewirr von Brüchen ist seiner Natur zufolge noch lange nicht zur Ruhe gekommen. Ganz Italien, Süditalien aber explizit, ist daher besonders den gefürchteten Naturphänomenen wie Erdbeben, Vulkanismus und Bradiseismos ausgeliefert. Abspülmassen dieser Faltung bilden heute die fruchtbare Flyschzone vor allem am Osthang des Apennin. Das heutige Apulien aber entstand erst als letzter Akt dieser Hebungsbewegung im Quartär, und zwar in Etappen, wie man der dreifachen Abtreppung der Murge heute noch deutlich entnehmen kann. Das niederschlagsreiche Diluvium grub tiefe Furchen in das Gesicht des Landes, heute als *gravine* oder *lame* benannt. Die ältesten durch Werkzeugfunde belegten Menschen Apuliens konnten noch als Augenzeugen teilhaben am letzten Gestaltprozeß der heutigen Erdoberfläche. Doch spätestens seit der Riß-Eiszeit hat sich das Gesicht Apuliens kaum noch gewandelt, und mit der Klimaveränderung ab der letzten Eiszeit vor circa 15 000 Jahren ist jegliche nennenswerte Erosionstätigkeit in Apulien abgeschlossen.

Vom Ende des Paläolithikums bis heute erlebte der Mensch Apulien als die immer gleiche Landschaft. Diese stellt sich dem Besucher als zwischen Bergen und Meer eingezwängte, in Nordsüdrichtung verlaufende und schier nicht enden wollende Ebene dar, eine riesige aus dem Wasser aufgetauchte Kalktafel. Das Verwitterungsprodukt dieses überall an die Oberfläche drängenden Kalksteins, die rote Erde *(terra rossa)* der apulischen Felder, die bei Sonnenuntergang bisweilen glühend, ja blutrot aufleuchtet, verleiht der Region ihren charakteristischen Teint.

b) Wüste oder Garten?

Doch ist diese ausgedehnte Ebene keineswegs monoton flach, vielmehr erweist sie sich als weit differenzierter und abwechslungsreicher, als man auf den ersten Blick vermuten möchte. Im Norden, praktisch ab Térmoli, erstreckt sich die größte zusammenhängende Fläche Apuliens, der Tavoliere von Foggia. Gegen den daunischen Apennin zu, ab der Linie Lucera, Troia und Ascoli Satriano wird der Tavoliere bewegter, verbindet er sich doch über malerische Hügelketten mit dem Lukanischen Apennin, dessen Ausläufer, der Monte Cornacchia, mit erklecklichen 1152 m die höchste Erhebung Apuliens darstellt. Südlich des Ofanto setzen sich die Hügel in den zum Meer hin mehrfach abgetreppten Murge fort. Noch zu den Murge, und auch einst politisch zu Apulien, gehört der einzige, längst erloschene Vulkan der Region, der Monte Vulture. Die Erhebungen der hohen Murge steigen bis zu 650 m an. Zum Ionischen Meer fallen die Murge vergleichsweise steiler ab. Südlich der Verbindungslinie Tarent – Brindisi beginnt dann die zweite große zusammenhängende Ebene, die Halbinsel des Salento, die im Westen begleitet wird von den Serre bzw. den Murge Tarantine und den Murge Salentine, die gegen Süden noch einmal auf circa 200 m ansteigen, um dann abrupt bei S. Maria di Léuca ins Meer zu tauchen.

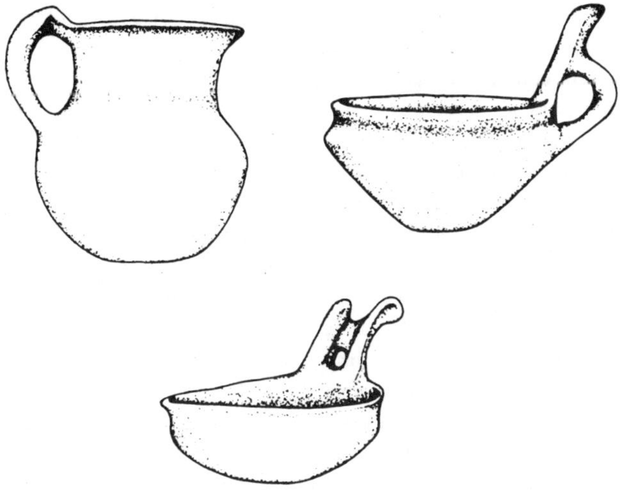

Keramik der Bronzezeit

Trotz seiner steinigen Bodenbeschaffenheit ist der Tavoliere keineswegs unfruchtbar. Die Capitanata ist Apuliens einzige Provinz (Foggia), die von einem Netz von Flüssen durchzogen wird. Allerdings sind diese Wasserläufe keine echten Flüsse in unserem Sinne, es sind sogenannte *fiumare,* also nur gelegentlich tätige Saisonarbeiter; vom späten Frühjahr bis zum Oktober sind sie meist trocken. Der einzige echte Fluß Apuliens, der Ofanto, der seine fast ganzjährigen Wasser aus dem Lukanischen Apennin schöpft, trennt die Provinzen Foggia und Bari. In der Provinz Bari (Terra di Bari, erst seit den Normannen so benannt) beginnt jene apulische Kernlandschaft, welche schon seit Vergil dem Land den Beinamen *sitibonda* (durstig) verliehen hat. Trotz notorischen Wassermangels und oberflächlicher Trockenheit sind aber auch die Murge keineswegs dürre Steppe, die dem Meer genäherten Pre-Murge sind sogar Apuliens fruchtbarster Teil. Doch südlich des Ofanto finden wir in ganz Apulien, abgesehen vom Grenzfluß zur Basilikata, dem Bradano, keinen einzigen Fluß mehr, nicht einmal eine *fiumare.* Die Region gehört zwar im großen und ganzen zur mediterran-subtropischen Klimazone, doch zeigt Apulien je nach Landschaft recht erhebliche Abweichungen vom gewohnt lieblichen Bild. Die Höhenlagen der Murge atmen bereits Apenninenklima mit erheblichen Temperaturschwankungen zwischen Tagwärme und Nachtkälte, und in der Hauptregenzeit gehen öfters Bergrutsche *(frane)* zu Tal. Der Tavoliere, obwohl etwas geschützt vom Gargano, ist den kalten Nord- und Nordostwinden von der Balkanhalbinsel, u. a. der von den Seglern besonders gefürchteten Bora, ausgesetzt, und Foggia kann im Winter durchaus an die 15 Frosttage, Bari noch bis zu sieben Frosttage erleben. Doch im Sommer zählen Tavoliere und die Ebene von Bari zu den regenärmsten Gebieten Italiens. Derselbe Tavoliere sowie das Hinterland von Tarent kennen eine Trockenheit, die schon an nordafrikanische Verhältnisse erinnert. Überhaupt registriert Foggia, zusammen mit Agrigent an der Südküste Siziliens, die geringsten Niederschlagsmengen Italiens. Im Sommer dürfte Foggia die heißeste Stadt der Halbinsel sein.

Und dennoch, erlebt man Apulien im Frühjahr, wird man ein grünes und blühendes Land vorfinden. Wogende Meere von Getreidefeldern, intensiv gelbe Teppiche von Lein und Raps, wahre Wälder ebenfalls gelbblühenden wilden Fenchels, übermannshoch, ein Traum von Weiß und Rosa der Apfel-, Birnen-, Kirsch- und Mandelblüten in der Trulli-Gegend, sattgrüne Schafweiden, dazwischen das ausgleichend milde Silbergrün der Olivenhaine, die verschieden zarten Schattierungen der Weinberge, darin verloren die weißen Städte und Bauernhöfe, die bunte Welt einer Flora mit wilden Blumen, die bei uns nur in Gewächshäusern gedeihen, die Sonne, der blaue Himmel, der im Sonnenuntergang golden aufglühende warme Stein der Kirchen, Kastelle und Paläste, das immer wieder changierende Rot der stets erneut gebefreudigen Erde und – Mohnblumenfelder von einer Intensität, daß man schier verrückt werden möchte, kurz eine Farbenpracht, daß das Herz höher schlägt, der Sinn freudig erregt freier schwingt und man sich ins Paradies versetzt fühlt (Farbabb. 35 und 36). Man kann verstehen, warum sich Illyrer, Griechen, Römer, Byzantiner, Langobarden, Normannen und Staufer hier zu Hause gefühlt haben, das Land besitzen wollten, dafür ihr Leben gaben; und man kann auch verstehen, warum Friedrich II. gesagt haben soll, daß Gott Apulien wohl nicht gekannt habe, sonst hätte er. . ., und daß Enzio die kalten Wände im Bologneser Gefängnis, das immerhin ein Palast war, nur ertragen konnte, wenn er seine Gedanken in sein geliebtes Heimatland schweifen ließ und mit bewegter Stimme sang:

»Va, cansonetta mia,
E vanne in Puglia piana,
La magna Capitanata,
La dov' è lo mio core notta e dia«

(Flieg mein Lied und flieg ins ebene Pulien, die große Capitanata, dort wo mein Herz Tag und Nacht weilt.)

Doch, fragt man sich unwillkürlich, wie kann solch ein Garten Eden bei der eben beschriebenen Trockenheit des steinigen Bodens und den geringen Niederschlagsmengen entstehen, entgegen den natürlichen Bedingungen des Landes? Doch halt! Wirklich entgegen den natürlichen Bedingungen? Um den Widerspruch aufzulösen, muß man tiefer schürfen, im wahrsten Sinne des Wortes. Die Mutter allen Lebens, der Boden Apuliens, besteht aus einer immensen Tafel aus harten Kalken und Dolomiten. Und dieser Kalkstein hat zwei Eigenschaften: Er ist extrem porös, also wasserdurchlässig, und in eben diesem aufgesogenen Wasser löslich. Das hat wiederum eine Reihe weiterer Konsequenzen. Eine davon ist, daß das wenige Niederschlagswasser sofort im Boden verschwindet, keine oberflächliche Ableitung in Form von Flüssen oder Bächen, aber auch keine Reservoirbildung in Form von Seen zuläßt. Gleichzeitig verhindert der Umstand, daß der Oberfläche jegliches Wasser sofort nach unten entzogen wird, die Bodenerosion, sei es durch Frost oder Wassertransport. Das im Boden versickerte Wasser aber löst den Stein und bildet dadurch im Lauf der Zeit Gänge und Grotten. Verstärkt wird diese Aushöhlung des Steinbodens noch durch die Eigenart der Schollenüberschichtungen, Brüche und Verwerfungen der geomorphologischen Struktur der Erdformation selbst.

Die Gesamtheit dieser Erscheinungen nennt man Karst. Wo aber in niedrigerer Lage, z. B. in den Pre-Murge, das vom Fels vorübergehend verschluckte Wasser in Form von Karstquellen wieder an die Oberfläche quillt, ist dieses Wasser reich an Süßwasserkalken, was bei ergiebiger und langanhaltender Überflutung der ursprünglichen Meeresbodenkalke zu neuen Ablagerungen als Tuff- und Sinterschichten führt. Gerade diese Tuff- und Sinterschichten, als harte Oberflächenkruste, bilden mancherorts recht handfeste Erschwernisse für die Landwirtschaft.

Doch die Karsterscheinung ist nicht grundsätzlich ein Feind der Bodenkulturen. Im Gegenteil. Das Niederschlagswasser wird ja dem Lande nicht total geraubt, es wird nur, wenn man so will, der glühendheißen Sonne und damit der vorschnellen Verdunstung entzogen. Nur oberflächlich ist Apulien ein wasserarmes, trockenes Land; der darunterliegende Stein ist feucht und kühl und liefert dem Boden auch in heißen Perioden genügend angesaugte unterirdische Feuchtigkeit, um spärliche Vegetation und maßvolle Bodennutzung zuzulassen. *Apulia sitibonda* ist also nur an seiner Oberfläche ein trockenes Land; von seiner Unterseite besehen, besitzt es Wasservorräte in einer solchen Fülle, daß es geradezu als wasserreiche Region bezeichnet werden kann. Die Natur hat dem Lande Wasservorräte angelegt, wie sie der Mensch in dieser Klimazone nicht sinnvoller und aufwendiger hätte einrichten können. Schon früh haben die heimischen Bauern dort, wo es ökonomisch war, diese unterirdischen Reservoirs durch Brunnen angezapft. Praktisch ist ganz Apulien unterhöhlt von Flußläufen und Grotten. Letztere sind eines der Charakteristika der Region. Die größte Grotte Italiens, jene von Castellana Grotte, ist eine solche Karsthöhle. Wo bodennahe Grotten zum Einsturz kamen, führt es zur Bildung von Dolinen. Die größten Dolinen Apuliens (hier *pulo* genannt) finden sich bei Molfetta und Altamura. Auch die anderen, vom Paläolithikum bis zum Eneolithikum von Menschen genutzten Grotten sind Produkte dieser Karstnatur des Landes. Später, z. B. im frühen und hohen Mittelalter, boten die Höhlen in den Gravine von Matera, Massafra, Mottola oder Gravina di Puglia die natürlichen Zuflucht- und Siedlungsstätten für die verunsicherte Bevölkerung.

c) Die Waldtheorie

Das Wasser dieser Karstflüsse, -seen und -quellen ist aber nicht trinkbar, also nur landwirtschaftlich nutzbar. Um die Trinkwasserversorgung der Bevölkerung ausreichend zu sichern, hatte sich der junge italienische Staat mit einem Aufwand von vielen Milliarden Lire 1906 entschlossen, die bereits 40 Jahre alten Pläne des Ingenieurs Rosalba für einen gewaltigen Aquädukt in die Tat umzusetzen. So wurde also mit dem Jahrhundertwerk, dem Bau des Aquedotto Pugliese begonnen, der die Wasser der Sele-Quelle, denen man Trinkwasserqualität zuschrieb, aus dem Apennin ableitet. Noch vor dem Ausbruch des Ersten Weltkriegs erreichte das Wasser Bari. Erst 1937 war der Bau mit dem Erreichen des Meeres bei S. Maria di Léuca abgeschlossen. Doch die Erbauer und Betreiber des Projekts hatten zweierlei übersehen, bzw. falsch eingeschätzt: 1. den mit dem Bevölkerungszuwachs ebenfalls angestiegenen tatsächlichen Pro-Kopf-Wasserverbrauch und 2. die Qualität des Wassers. Als die Versorgung durch den Aquedotto längst unzureichend geworden war, wurde vieles überlegt und begonnen: eine zweite Trasse der Leitung, eine zusätzliche Flußquelle als Ergänzungsreservoir, Stauseen usw. Als man aber feststellen mußte, daß die sogenannten ›reinen‹ Wasser der angezapften Flußquelle keinesfalls Trinkwasserqualität besaßen und erst kostenaufwendig gereinigt werden mußten, richtete sich nun der Blick auf die reichlich vorhandenen Wasservorräte unter den Füßen der Apulier, boten sie doch, ebenfalls chemisch gereinigt, den Vorteil ganzjährig nutzbar zu sein, unter Wegfall der Kosten für die Erbauung von Staudämmen und überlangen Fernleitungen.

Doch hat auch dieses Projekt einen gewaltigen Pferdefuß. Denn heute, hellhörig und sensibel geworden für ökologische Probleme, weiß man zu genau, daß jeder überdimensionale Eingriff in den Haushalt der Natur sich irgendwo anders gewaltig rächt. Niemand kennt nämlich präzise den Umfang dieses nur geschätzten unterirdischen Wasserreservoirs. Mit anderen Worten, man kann keineswegs mit Bestimmtheit voraussagen, wann sich diese im Laufe von Jahrtausenden angesammelten Wassermengen bei einem über das Jahr 2000 hinaus zu verfolgenden Anstieg der Trinkwasserversorgung spürbar erschöpfen werden, bzw. welche Umweltschäden die Zerstörung dieser unterirdischen Wasserspeicher auf der bislang darauf angewiesenen Oberfläche anrichten wird. Eine Umweltkatastrophe unvorstellbaren Ausmaßes könnte die Folge sein, wie sie schon einmal der Bevölkerung Apuliens, allerdings lange zurückliegenden Generationen, in die Schuhe geschoben worden ist: Apulien sei Rodungsland. Einst, vor welcher Zeit auch immer, sei es von dichten Wäldern bestanden gewesen. Erst durch die Abholzung der einstigen Waldflächen durch die ackerbauende Bevölkerung hätte das Land sein karges Gesicht bekommen. Doch diese Waldtheorie scheint äußerst fragwürdig. Die nach wie vor existente Foresta Umbra auf dem Gargano als Vergleich oder Begründung zu zitieren, ist ebenso abwegig, weil sowohl die mineralogische Bodenbeschaffenheit der harten Kreidekalke vom Gargano als auch die durch die Höhenlage bedingten reicheren Niederschläge nicht für Murge, Tavoliere oder Salento herangezogen werden können.

Ebenso abwegig klingt die von seriösen Autoren vorgetragene Behauptung, die neolithischen Ackerbauern hätten bereits Raubbau mit dem Wald getrieben. Solange wir Apulien aus archäologischen Funden als Kulturland kennen, ist es Ackerland. Bestenfalls für die Gebirgsregionen erfahren wir von der Existenz halbnomadisch lebender Herdenhalter. Dann seien es die Römer gewesen, die Apulien abgeholzt hätten. Doch die Römer organisierten nur die seit Jahrhunderten gegebene Form der Landwirtschaft neu, änderten aber an der Grundstruktur nichts. Hauptanbau- und Exportgüter waren nach wie vor Getreide, Öl und Wein. Noch zu Friedrichs II. Zeiten sollen z. B. die Murge reich bewaldet gewesen sein. Doch erfahren wir viel präziser aus den Abrechnungen des kaiserlichen Rechnungshofes, daß die Hölzer für den eilig betriebenen Ausbau einer eigenen Flotte aus Dalmatien teuer eingeführt, d. h. gekauft werden mußten. Wie dies, bei einem eigenen reichen Waldbestand? Insgesamt scheint mir die Waldtheorie auf einen Übersetzungsfehler zurückzugehen, indem man *bosco* mit Wald übersetzt hat. Dichter Hochwald in unserem Sinne heißt aber im Italienischen *foresta.* Und dichte Hochwälder wie die Foresta Umbra hat es wohl auf der gesamten apulischen Kalktafel nie gegeben. Bestenfalls müßten wir uns solche ›Wälder‹ als typisch mediterrane, lichte Pinien- bzw. Mischwaldhaine oder/und als hohe Macchia vorstellen. Diese lichten Grünbestände sind, wo sie der Boden einst zugelassen hatte, wohl im Laufe der Zeit durch fruchttragende Pflanzen bzw. Bäume wie Oliven, Wein oder Obst ersetzt, nicht aber vernichtet worden.

Egnazia, Röm. Mosaik »Drei Grazien«, Detail

d) Schiffahrt oder Agricultura?

Sucht man indes unter den Begriffen und Erscheinungsformen des Landes nach jenen, welche die der Region typischen Merkmale widerspiegeln, schälen sich immer wieder besonders drei heraus. Es sind dies zum einen die fast 800 km lange Küstenlinie, d. h. die überall präsente Nähe des Mittelmeeres, zum anderen der vorwiegend ebene, bisweilen hügelig gewellte Grundcharakter der ausgedehnten apulischen Kalktafel und schließlich die vorherrschende, aber wie wir gehört haben nur scheinbare Ariditär der Erdoberfläche.

Der erste Aspekt, die Küstensituation, hat gewiß erheblich zu dem beigetragen, was als das Charakteristische Apuliens bezeichnet werden kann. Längs der Küste zieht sich die Kette volkreicher, unternehmerisch tüchtiger und geschäftiger Hafenstädte wie Manfredonia (Siponto), Barletta, Trani, Molfetta, Bisceglie, Bari, Monopoli, Brindisi, Otranto. Ihre wirtschaftliche und kulturelle Bedeutung für das Land war und ist sicher groß, doch wird sie oft überschätzt. Die Seestädte stellen nicht das Typische Apuliens dar, sondern sind vergleichbar mit einer Maske, die sich das Land seeseitig aufgesetzt hat. Die apulische Kalktafel bricht fast überall mehr oder minder hoch und abrupt klippig zum Meer hin ab. Wo sie das nicht tut, wird die Küstenlinie gebildet von felsigen Steilabfällen am Gargano und zwischen Otranto und Capo di S. Maria di

Léuca oder von besiedlungsfeindlichen Lagunen und Maremmenseen, z.B. nördlich und südlich des Gargano.

Fast nirgends, abgesehen von Brindisi, Tarent und Trani, bildet die Küstenformation natürliche Becken zur Anlage geschützter größerer Häfen. Besonders südlich von Bari zeigt sich die Küste in der Gestalt, vergleichen wir es einmal so, eines Reißverschlusses, so eng und regelmäßig ist die Verzahnung von Land und Wasser. Der Gleichartigkeit ihrer kleinen Hafenbuchten entsprechend war auch das Verhältnis der Seestädte zueinander. Keiner von ihnen war es praktisch gelungen, eine Art Vorherrschaft über die anderen, eine Art politisch-wirtschaftlicher Dominanz zu erringen oder gar ein Seereich zu gründen. Überhaupt waren die Apulier, trotz ihrer geographischen Lage und der langen Küstenlinie, nie ein ausgesprochenes Seefahrervolk. Dies waren Genueser, Pisaner, Amalfitaner oder Venezianer, nicht aber die Apulier. Über begrenzte Einzelinitiativen – Trani mit seinem eigenen und ältesten Seerecht verdient hier hervorgehoben zu werden – sind die apulischen Hafenstädte nicht hinausgekommen. Sie waren vielmehr Kontaktzone, Transitraum für größere Bewegungen und Geschäfte, Brückenkopf für Immigranten oder Invasoren. In der ersten Phase der Entwicklung bis zum ausgehenden Neolithikum spielte ja das Meer keine erkennbare Rolle. Ab dem Beginn der Metallzeit wird das Meer zur Einbahnstraße für die später hier heimisch gewordenen illyrisch-griechischen Stämme. Seit römischer Zeit ist Apulien, besonders Brindisi, Brückenkopf des Imperiums nach Osten. Doch schon die Römer waren nach Apulien auf dem Landweg gekommen, und gleiches gilt für die Langobarden. Übers Meer kamen lediglich noch einmal als Invasoren die Sarazenen, doch ihr Bleiben im Lande war nur von kurzer Dauer. Byzantiner und Normannen kamen zwar per Schiff ins Land, doch erstere nicht als landfremde Eindringlinge sondern als Vertreter der neuen Ordnungsmacht in Nachfolge Roms, mit Regierungssitz am Bosporus; und die Nordmänner, seit 910 selbst Ansässige, d.h. Gutsbesitzer und Bauern geworden, kamen zunächst als Söldner in fremden Diensten, bevor sie sich an die Eroberung des Landes machten. Ihre militärische Einnahme der Region war ein Landkrieg, sie kamen also von innen, wo auch ihre ersten Hauptsitze Melfi, Venosa, Lecce usw. lagen. Kurzum, die apulischen Hafenstädte waren niemals so recht aktive, expansive Seekräfte. Sie blieben in ihrem Wesen Emporien für Fremde, Kontaktzone und Brückenkopf. In ihnen verschmolzen die verschiedensten Nationalitäten, fand wirtschaftlicher Güteraustausch statt, und über sie gelangten neue Ideen, Religionen oder Kunstformen nach Apulien.

Betrachtet man aufmerksam die Landkarte Apuliens, fällt neben der Küstenlinie mit ihrer Städtecorona von Manfredonia bis Otranto eine parallel dazu geführte zweite, im Durchschnitt nur circa 10 km vom Meer entfernte Kette von Städten auf. Diese beginnt weit landeinwärts in Foggia und führt über die Städte Cerignola, Canosa, Andria, Corato, Ruvo, Bitonto, Modugno, Conversano, Fasano, Ostuni und Mesagne nach Lecce. In diesen Städten zeigt sich das wahre Gesicht des Landes, Reichtum ziehen sie nicht aus Handel und (Schiffs-)Transport, sondern aus der uralten Quelle der Landwirtschaft. Auf alle Städte der Region hinter der Küstenlinie treffen die erwähnten typischen Aspekte wie Ebene bzw. leichtgewelltes Hügelland und Aridität zu. Die apulische Kalktafel ist ihre Heimat und ihr Lebensquell: die große Ebene, *la Puglia pietrosa, la Puglia sitibonda.* Sieben Jahrtausende kontinuierliche Geschichte als Bauernland, als Land der

Verlassenes Gehöft bei Foggia

Agricultura, prägen diesen Großraum. Die agrarische Struktur von Leben- und Siedlungsgeschichte ist hier »grundsätzlich seit dem Altertum gleich geblieben« (Kirsten). Von den ersten neolithischen Dörfern aus Rundhütten bis zu den festen Städten des Tavoliere, der Murge, des Salento: apulische Städte sind in ihrer Grundstruktur Dörfer geblieben.

Von Anfang an hat der Boden, das steinige Tafelland mit seinen Gesetzen, den Lebensrhythmus vorgeschrieben. Weil der Ertrag des Bodens Wohlstand und Bevölkerungsanstieg ermöglicht hatte, konnte sich, bis auf eine Randzone in höheren Lagen, die sogenannte Apenninenkultur hier nicht durchsetzen. Die zugewanderten Illyrer und Griechen des Peloponnes waren zu Bauern geworden. Die Römer organisierten die Landwirtschaft neu in großen Staatsbetrieben. Byzantiner, Langobarden, Normannen und Staufer mußten die agrarische Grundstruktur akzeptieren und wußten ihren Nutzen daraus zu ziehen. Friedrich II. ließ staatliche Krongüter zu Musterbetrieben *(masserie)* ausrüsten. Getreide, Öl und Wein blieben die typischen Produkte des Landes. So stellt das apulische Tafelland einen eigengesetzlichen Siedlungs- und Wirtschaftsraum dar, der unabhängig war und ist von der zwar nicht belanglosen aber mehr zufälligen Meeresnähe. Auch die moderne Siedlungs- und Irrigationspolitik nimmt Rücksicht auf die Ursituation des Landes: Staatlich geförderte Gründung von Einzelhöfen und Weilern, Trockenlegung von Sümpfen, Aquedotto Pugliese etc. Der überwiegende Anteil des Landes und seiner Bevölkerung lebt von der Landwirtschaft und ihren Produkten. Wie weit die Förderung von küstennaher Industrie, vor allem Petrochemie bei Brindisi und Tarent, für die Zukunft

Positives bringen wird, bleibt abzuwarten. Die allerletzte Statistik zur wirtschaftlichen Situation der Region ergibt, daß Apulien trotz eines gewissen Booms in den 70er Jahren wieder – zusammen mit Sizilien und Kalabrien – die ärmste Region Italiens ist. Darin stellt sich die Reihenfolge der Provinzhauptstädte, nach Pro-Kopf-Einkommen gerechnet, wie folgt dar: Lecce, Bari, Brindisi, Foggia, Tarent. Also Lecce, die Hauptstadt der ausschließlich agrarisch strukturierten Terra di Otranto, ist die reichste aller apulischen Städte, Tarent dagegen, wo mit ungeheuren Geldern Italiens Rotterdam entstehen sollte, die ärmste.

Zusammengefaßt ergibt sich somit eine Reihe von zeitunabhängigen Konstanten und Konflikten. Da ist zunächst ein stetiges Wirtschafts- und Kulturgefälle von den schon immer armen Bewohnern der Apenninen-Nähe hin zu den aufgeschlosseneren wendigeren und fortschrittlicheren Küstenbewohnern. Dazwischen liegt die immer gleich fruchtbar bleibende Ebene mit ihrer zeitlosen bäuerlichen Kultur. Die zum Teil trostlosen Städte der Apenninen-Zone, in denen offensichtlich nur Alte und Kinder wohnen, stellten schon immer ein mobiles Menschenreservoir, das von Zeit zu Zeit in die Ebene drängte. Wer heute nicht als billige Hilfskraft oder Saisonarbeiter in der Ebene oder in den Küstenstädten sein Auskommen findet, dem bleibt nichts als der Weg in die Fremde. Die rückfließenden Devisengelder der auswärts arbeitenden Apulier stellen einen nicht unbeträchtlichen Prozentsatz der Einkünfte der Region.

Geographische Gesamtlage und Landschaftsform waren gleichermaßen Grund für die andere Konfliktsituation, das leichte Eindringen von Fremden, die sich in kleineren oder größeren Verbänden als politisch dominante Schicht auf den breiten Stock der Einheimischen aufpfropften. Die Auseinandersetzung mit diesen Fremden und ihre Einschmelzung ist ein Grundmotiv der apulischen Geschichte. Daß die Dynamik dieses Prozesses das apulische Grundelement letztlich nie verdrängen oder gar zerstören konnte, dafür war gewiß der geologisch vorgeprägte Hauptteil des Landes, mit der ausgleichenden und beharrenden Masse des Volkes verantwortlich. Aus der Dialektik zwischen auswärtigen Kräften und alteingesessener Bevölkerung ist immer die Landschaft, die ihre unerbittlichen Bedingungen stellt, als Sieger hervorgegangen. Das Konstante, die Kraft der Beharrung, ist also das Hauptmerkmal dieser Region, trotz aller Wirren und Geschichtsläufte, die von außen diktiert scheinen.

Diesem grundkonservativen, beharrenden Element des apulischen Volkes gilt unser Interesse, unser Buch. Der Stein, nicht das Meer, ist es also, der die Landschaft bestimmt, den Menschen prägt und seine Kunst begründet. Es ist als ob das Land der Gorgo Medusa ins Auge geblickt hätte. Doch ist die Versteinerung keine tödliche, sondern sie ist, so paradox dies klingen mag, Quell und Bedingung des Lebens. Entsprechend erweist sich das apulische Volk trotz wechselvoller Geschichte als konservativ, hart und ausdauernd zäh; fest wie der Stein, auf dem seine Geschichte sich abspielt. Das ausgesprochen negative Bild, das noch Peterich vom Apulier zeichnet – schweigsam, finster und unfreundlich sei die Bevölkerung der Region, die Grazie des Florentiners oder die lockere Beschwingtheit des Neapolitaners fehle dem Apulier –, gilt es zu überdenken. Apulien wird tatsächlich wohl nie so recht ein Touristenland werden, trotz gezielter Anstrengungen der Regierung in diese Richtung. Der Apulier kommt nur selten auf den Touristen zu, dieser muß erst eine Mauer durchbrechen, eine harte Schale knacken, bevor er den sprichwörtlich weichen Kern genießen kann. Die harten Lebensbedingungen sowie berechtigtes, seit Jahrhunderten geprägtes und weiter vererbtes Mißtrauen allen Fremden gegenüber haben den Apulier nun einmal gezeichnet. Doch ebensowenig unfreundlich oder gar menschenfeindlich wie der Stein des Landes sich erweist – bei differenzierter Sehweise entpuppt er sich als nicht abweisend kalt, sondern in strahlender Farbigkeit von weiß über rosafarben bis dunkelrot oder glühendgolden –, ebensowenig hält sich das allgemein gängige Bild vom unwirschen und ungastlichen Apulier selbst.

Die Fruchtbarkeit der Äcker und Pflanzungen ist nicht nur Geschenk der unterirdischen Wasser, sie ist im gleichen Maße Ergebnis menschlicher Arbeit, einer Arbeit die zäh und schwer ist, in die Knochen geht, und dies bei einer ungehindert niederbrennenden Sonne an circa 300 Tagen im Jahr. Apulien ist Bauernland, doch bevor irgendeine landwirtschaftliche Maschine eingesetzt werden kann, müssen Feld und Acker befreit werden von Steinen. Die angesammelten Feldsteine, meist in flachen schollenartigen Platten *(chiancarelle)* vom felsigen Boden abgetrennt, werden am Feldrand deponiert. Im Laufe der Zeit ergaben sie Steinhaufen oder Mauern. Aus Mauern und Steinhaufen werden dann kultische oder profane Bauten: Specchie, Trulli, Casette. Ihre Form bleibt jahrtausendelang die gleiche. Sie sind praktisch undatierbar, so alt und so zeitlos wie der Stein, aus dem sie aufgetürmt sind. Ob auf dem Monte S. Angelo, ob in den Pre-Murge von Trani bis Bari, ob im Valle d' Itria bei Alberobello oder im Salento, die Trulli sind die Gänsehaut des Steinbodens, ihr Erreger: der Mensch. Es sind keine Architekturen im eigentlichen Sinne. Die durch unproportional großen Materialaufwand über Kraggewölben erstellten winzigen Räume sind künstliche Höhlen, dunkel und kühl. Von den natürlichen Grotten und Höhlen über die teils künstlich geschaffenen Troglodytenstädte zu den Steinhütten führt ein direkter Weg. Die Apulier sind keine Architekten, die großartige Innenräume erfinden (diese sind übernommen von außen), sie sind Steinbenutzer. Liebe zum Stein und seiner Oberflächengestaltung, da liegen die Stärken des Landes. Wir werden noch sehen.

Entschließt man sich zur Errichtung größerer freistehender Architekturen, reichen natürlich die *chiancarelle* nicht aus. Man geht in die Eingeweide der Erde. Senkrecht in den Boden sind die Steinbrüche des Landes getrieben. Verlassene, von Macchia überwucherte Steinbrüche vermitteln den Eindruck von Ruinenstädten, gespenstische und fantastische in den Boden versenkte Totenstädte, in denen nie irgend jemand gewohnt hat. Die Umgebung von Lecce ist voll von diesen Steinbrüchen, deren weiche *pietra leccese* das Material lieferte, aus dem die barocke Blumenwelt des dortigen Baustils (eher Dekorationsstils) besteht. Ebenfalls berühmt und heute noch großindustriell abgebaut wird der härtere Kalkstein von Trani. Und überall die Einheit von Boden und Artefakt. Man lebt nicht nur auf und von dem, sondern auch in dem gleichen Material. Die Landstädte, die ja eher Dörfer sind, und die zur Monumentalität tendierenden Seestädte sind aufgetürmter, sichtbar gemachter Stein, mit dem man sich eben für immer arrangiert hat. Wie man sich mit diesem Stein wohnlich eingerichtet hat und mit ihm lebt, zeigt Farbabb. 23, die ja eigentlich ein Memento-mori-Bild enthält; ein ewiger Kreislauf in Stein. Sonne, blauer Himmel, Blumen, moderne Technik und nicht zuletzt der Mensch sind hier nur Nebensache.

Wie die ehemals steinerne Umwelt ihr zähes Eigenleben weiterführt, vermitteln recht drastisch die Altstadtkerne der meisten apulischen Städte. Entvölkert, bestehen sie als petrifizierte

Jugendstil-Ornamente an einem Haus in Francavilla

Monumente einstigen Reichtums und jetzigen Verfalls, so in Molfetta, Bisceglie, Giovinazzo, Gravina, Monopoli und anderen. Nur selten – wie in Bari oder Polignano – zeigen die Altstadtkerne gesundes, ungebrochenes Leben. Doch immer, ob bewohnt oder nicht, sind die apulischen Städte von einer für italienische Verhältnisse geradezu peinlichen Sauberkeit. Man wagt als Fremder nicht einmal, Fotopapier oder Zigarettenstummel achtlos wegzuwerfen, der Schandfleck fiele sofort auf. So sehr liebt man seinen Steinboden, daß er durchschnittlich einmal pro Woche mit Seifenlauge gescheuert wird. Aber auch sonst sieht man ständig einen alten Mann, eine Frau, ja schon Kinder den Teil der Straße vor ihrem Haus mit Besen oder Lappen reinigen. Apulien scheint mir das sauberste Land am Mittelmeer. Die Apulier mokieren sich selbst, stolz, über die schmutzigen Landsleute weiter nördlich. So weit geht der Sauberkeitsfimmel, daß man dort, wo das Geld für kostenaufwendige Reparaturen bzw. Restaurierungen des Außenkleides ihrer Häuser nicht reicht, alles weiß zutüncht. Schon Gregorovius hat sich über die aus kunsthistorischer Sicht zu Recht so bezeichnete Unsitte aufgeregt. Tatsächlich bedeutet diese von weitem so malerische weiße Tünche (s. Ostuni, Farbabb. 24) nichts anderes als den unwiederbringlichen Verlust von kunsthistorisch wertvoller Substanz. Daß es auch anders geht, zeigt das Städtchen Martina Franca (Abb. 96–99), dessen in barocker Originalität erstrahlender Altstadtkern ein Kleinod des 17.–18. Jhs. darstellt.

Stein ist alles. Das trifft auch auf die Kunst zu. Alle künstlerischen Schöpfungen des Landes egal welcher Epoche sind steingebunden. Dies trifft zu für alle frühgeschichtlichen Zeugnisse, die Venusstatuetten, die neolithische Wandmalerei, die älteste Keramik oder die geheimnisvollen Stelen der Daunier, deren formenreich verspielte Keramik, die Hypogäen von Canosa oder Egnazia. Auch später sind Produkte aus Glas, Holz oder Metall nur von nachgeordneter Bedeutung. Griechische Tempel, Skulpturen oder Vasen, römische Straßen, Castra, Thermen, Foren, Theater, Statuen und Büsten, dann mittelalterliche Kunst, vor allem jene berühmte apulische Romanik vom 11. bis 13. Jh. mit Monumenten wie in Bari, Trani oder Castel del Monte, der kunsthistorische Reichtum des Landes ist in Stein angelegt. Die apulische Skulptur von Acceptus bis Nicola Pisano feiert wahre Triumphe, die im Barock zu einer vorläufig letzten Blüte aufleuchtet. Es gibt keine apulische Malerei von hohem Rang, die nicht vom Stein lebte. Sie ist entweder Malerei in oder auf Stein. Mit Malerei in Stein ist natürlich die musivische Kunst gemeint.

Seit griechischer Zeit den Künstlern des Landes vertraut, hört die Kunst des Mosaizierens bis ins 13. Jh. nicht auf, wesentlicher Bestandteil einer immer dekorativ aufgefaßten Kunst zu sein. Von zahlreichen frühchristlichen Mosaiken seien hier nur hervorgehoben die im Chor von S. Maria di Casaranello erhaltenen (5. Jh.). Eine neue Blüte bringt das hohe Mittelalter. Vom qualitätvollen Bodenmosaik auf den Isole Trémiti reicht die Palette bis zum großen Teppich aus Stein in Otranto.

Mit Malerei auf Stein ist natürlich die Kunst des Freskierens gemeint. Auch hier liefern das hohe und ausgehende Mittelalter unvergeßliche Beispiele. Inzwischen weltberühmt sind die unzähligen Wandmalereien in den Grottenkirchen, ausgeführt in recht unterschiedlicher Qualität von Basilianermönchen. Die wichtigsten Wandfresken von Brindisi, Lecce und vor allem Galatina mögen hier als Beispiele für die Verbreitung und das hohe Niveau der apulischen Freskenkunst stehen. In der Kunst der Tafelmalerei, also losgelöst vom Stein als Basis und Quell allen apulischen Lebens, bringt die Region nichts Eigenständiges von Rang zuwege. Hier sind es nach dem Ausgang des Mittelalters zunächst Venedig, dann verstärkt Neapel, die Akzente setzen und Künstler stellen. Man sieht also – ob für das gesamte Leben oder die Kunst im Besonderen: Das Schlüsselwort, der Sesam-öffne-dich für Apulien heißt Stein.

Apulischer Bildhauer bei der Arbeit

II Rund um die Antike

Daunische Stele (Fragment)

1 Die Vögel des Diomedes

a) Pannonische Wellen

Die eigentliche Geschichte Süditaliens und damit Apuliens beginne mit der großen griechischen Kolonisation gegen Ende des 8. Jhs. v. Chr., das ist der Grundtenor der seriösen Reiseliteratur. Der Kulturraum Unteritalien einschließlich der Inseln wird für ein halbes Jahrtausend zusammengefaßt unter dem Begriff Magna Graecia (gr. Megale Hellas) – ein ›Ableger‹, eine Vergrößerung des kulturell ungleich höher eingeschätzten griechischen Mutterlandes. Wie fragwürdig heute dieser Sammelbegriff geworden ist, zeigt schon der Umstand, daß Apulien, das schon immer sowohl ein gebender als auch nehmender und sehr eigenständiger Bestandteil Unteritaliens gewesen ist, nicht zur Magna Graecia gerechnet wird, mit Ausnahme der dorischen Kolonie Tarent.

Um 750 v. Chr. erlebte die balkanisch-ägäische Welt zum wiederholten Male eine schwere Krise, was zu einem letzten großen Exodus dortiger Menschen in Richtung Westen führte. Als die griechischen Kolonisatoren in Süditalien eintrafen, fanden sie auf dem ihnen längst vertrauten, direkt benachbarten Ufer nicht nur eine ihnen verwandte und auf gleicher kultureller Entwicklungsstufe stehende Bevölkerung vor, sondern eine bereits gefestigte Dreiteilung des Landes durch die von ihnen so beschriebenen Daunier, Peuketier und Japyger (Messapier).

Diese Dreiteilung Apuliens war aber nichts anderes als der hinfort gültige Abschluß einer circa tausendjährigen turbulenten wie konstanten Landesentwicklung, die so tiefgreifend war, daß sie heute noch in der Provinzaufteilung Foggia, Bari und Lecce ihren Asudruck findet. Hinzu kommt der Siedlungsraum der Griechen mit der Provinz Tarent; lediglich die erst 1927 eingeführte Provinz Brindisi bedeutet eine Aufgliederung des messapischen Salento. In drei zeitlich voneinander getrennten großen pannonisch balkanischen Wellen sei die Landnahme Apuliens durch illyrisch-griechische Stämme erfolgt: a) ca. 2000 bis 1750 v. Chr., b) 13. Jh. v. Chr., c) 10. Jh. v. Chr. Die Inkongruenz von mythischer Darstellung und pseudo-wissenschaftlicher Zeitensetzung ist wahrscheinlich zu erklären: zum einen mit der Unvollständigkeit und Mangelhaftigkeit der von den späteren Geschichtsschreibern überlieferten Informationen über die Einzelvölker, die von der Balkanhalbinsel nach Apulien eingewandert waren, und zum anderen durch den Umstand, daß die vorgenommene Periodisierung dieser Wanderbewegung – vgl. die Durchnumerierung der sogenannten neun Kreuzzüge – eine offensichtlich kontinuierliche Völkerverschiebung in diesem Bereich des Mittelmeerraumes willkürlich in Teilstücke zersägt hat, die an ihren Randzonen nicht mehr zusammenpassen.

Tatsächlich sind wir bis heute nur sehr fragmentarisch mit Einzelkenntnissen von dem ausgestattet, was sich realiter im besagten Zeitraum abgespielt hat. Vermutlich sind nicht ganze Völker mit Mann und Maus, sondern jeweils nur Teile davon aus dem ursprünglichen Siedlungsraum aufgebrochen. Diese ersten Kolonisatoren der frühen Metallzeit dürften, wie durch archäologische Funde hinreichend erhellt wurde, enge und intensive Kontakte aller Art mit ihren im Mutterland gebliebenen Verwandten gepflegt haben, wie dies ja auch von den späteren eigentlichen Griechen bekannt ist. So wird es unerheblich, wann nun die Daunier z.B. Apulien besiedelt, militärisch genommen oder sich mit dem Stamm der einheimischen Bevölkerung zu einer neuen Ethnie verbunden haben, wenn dies sukzessive über mehrere Wellen bis zum 10. Jh. v. Chr. geschehen ist. Ab dieser Zeitspanne jedoch können wir nicht nur die künftig gültige gebietsmäßige Festschreibung der drei Hauptstämme Apuliens notieren, sondern gleichzeitig deren kulturelle Differenzierung auch im einzelnen, wie z.B. in der Keramik (geometrisch japygisch oder proto-daunisch), verfolgen. Die in sich abgeschlossene Verfestigung einer eigenen Kultur wird sich resistent erweisen gegenüber den Neuankömmlingen aus dem ›klassischen‹ Griechenland. Deren Ankunft bedeutete für die ›Apulier‹ kein Ende ihrer eigenständigen Lebensform, die ja keineswegs rückständig war. Daunische Keramik wird neben attischer oder tarentinischer Ware von der Campagna bis zur nördlichen Adria beliebtes Handelsgut bleiben. Erst im 4. Jh. v. Chr. löst die griechische die einheimische Sprache ab. Der entschiedene militärische Widerstand der Peuketier und Messapier verhindert ein territoriales Ausgreifen von Taras auf apulisches Gebiet. Wer sind nun eigentlich die von den griechischen Geschichtsschreibern so benannten Völker der Daunier, Peuketier, Japyger und Messapier?

b) Japyger und Messapier

Die Japyger sind die namentlich am frühesten bekannte frühgeschichtliche Bevölkerung des italienischen Absatzes. Ihr Name verweist auf die am nördlichen Adriaende bekannten illyrischen Japodi. Sie seien es auch gewesen, die als erste das indogermanische Idiom nach Süditalien brachten. Nach offizieller Lesart sind sie im Rahmen der zweiten pannonisch-balkanischen Welle eingewandert. Die griechische Überlieferung dagegen will die Abstammung der Japyger nach Kreta verlegen. Hier spielt das zweite, bereits in der Frühgeschichte erkennbare Bevölkerungsreservoir für apulische Einwanderer herein – die Ägäis. Vielleicht sind diese Japyger tatsächlich ein Mischvolk, bestehend aus einheimischen, illyrischen und ägäischen Volkselementen, und ihr Name ist ein Sammelbegriff. Zumindest deutet darauf schon hin, daß in der ersten Phase ihr Siedlungsraum nicht eindeutig begrenzbar ist. Die älteste nachneolithische, eindeutig apulische Keramik wird entsprechend als japygische bezeichnet.

Bei den Römern hieß das Capo di S. Maria di Léuca noch Japygium promontorium. Noch ab dem 9. bis 8. Jh. v. Chr., also schon vor der etablierten Dreiteilung des Landes, wird die Bezeichnung Japygia fast ausschließlich für den südlichen Teil Apuliens verwendet. Seit dem 6. Jh. etwa taucht gleichzeitig für diesen Landesteil der Name Messapia, für die Bevölkerung Messapier auf. Diese sollen aus Epirus (heute Albanien) eingewandert sein. Doch auch dieser griechische Name – er bedeutet »jene, die dazwischen leben«, nämlich zwischen den Griechen am Tarentiner Golf und der Straße von Otranto – zeigt mehr den Charakter eines Sammelbegriffes für eine aus ethnischen Gruppen zusammengesetzte Bevölkerung (Japyger, epirische Gruppen, eventuell jene Kalabrier, die bis in römische Zeit dem Salento den Namen Calabria gegeben haben, u. a.). Bereits im 8. Jh. v. Chr., noch vor der griechischen Kolonisation weiter im Westen, war nämlich Otranto der wichtigste Umschlagplatz zwischen Ägäis und nördlicher Adria (Bern-

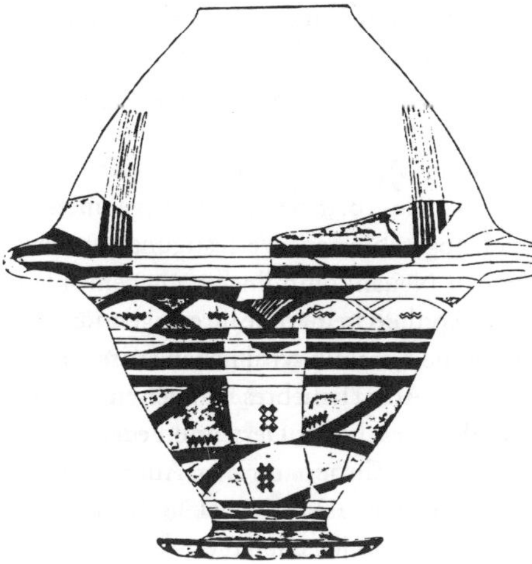

Saturo, japygische Vase, 8. Jh. v. Chr.

Egnazia, messapische Vase *a trozella,* 5. Jh. v. Chr.

stein). Im Landesinneren, wenige Kilometer südlich von Lecce, bei dem Dorf Cavallino, wurde erst ab 1978 eine vollständige Niederlassung zutage gefördert, eine Stadt nach griechischem Muster und ganz auf dem kulturellen Niveau der griechischen Kolonien der sogenannten Magna Graecia: rechtwinklig zueinander geführte Straßen mit Trottoir, mehrräumige, um einen Innenhof gruppierte, mit Dachziegeln gedeckte Häuser auf quadratischen Steinfundamenten aus der weichen *pietra leccese,* massive Befestigungsanlagen, auf Drehscheiben gefertigte Töpferware und ein Gebäude mit klassischen dorischen Kapitellen. Die Japyger bzw. Messapier waren also keine ›dazwischen‹ siedelnden Barbaren niederer Kulturstufe.

c) Peuketier

Möglicherweise noch älter als zugewanderte, dann eigenständige Volksgruppe sind die Peuketier. Zusammen mit den illyrischen Ch(a)ones sind sie offensichtlich schon während der sogenannten ersten pannonisch-balkanischen Welle als Abkömmlinge der vorgriechischen Bevölkerung vom Peloponnes (Arkadier, Pelasger) und von Epirus eingewandert und haben gegen spätere Neuankömmlinge ihren Bereich zwischen Metapont und Bari festigen können. Wichtige Niederlassungen in Bari (bei S. Scholastica), Noicattaro, Valenzano, Ruvo, Rutigliano usw. sind ergraben. Hinzu kommt eine vollständige peuketische Hauptstadt nördlich von Gioia del Colle, nämlich Monte Sannace, mit mehrfachem Mauerring, Akropolis und regelrechten Stadtteilen. Ähnlich wie die messapischen Küstenstädte Otranto, Brindisi oder Egnazia spielten die peuketischen Hafenstädte wie Bari, Monopoli etc. eine bedeutende Mittlerrolle zwischen

Ägäis und nördlicher Adria. Wie bereits erwähnt, spricht Plinius einerseits von zwölf peuketischen Stämmen aus Illyrien, andererseits bezeichnen Nicandros und Dionysios von Halikarnassos die Japyger, Peuketier und Daunier als Abkömmlinge der Söhne des peloponnesischen Königs Lykaon. Auch hier wieder die sagenhafte doppelte Herkunft.

d) Daunier

Von den drei seit historischer Zeit im apulischen Raum feststellbaren volkhaften Einheiten sind jene nördlich des Ofanto im Tavoliere siedelnden Daunier die als geschlossene Gruppe am genauesten beschreibbaren. Die Keramik zeigt explizit eigenständige Formen, die gekennzeichnet sind – mehr noch als die peuketische oder messapische – von Phantasie- und Formenreichtum, ausgedrückt vor allem in plastischem Dekor von teils anthropo- bzw. zoomorphen Formen. Besonders charakteristisch sind z. B. Henkel in U-förmigem Auslauf: vielleicht Hörner? Den bemerkenswertesten Beitrag zur Periode der frühen Eisenzeit stellen die geheimnisvollen daunischen Stelen (s. Manfredonia, Kastell, Abb. 17), deren Datierung vorsichtig von 600 v. Chr. abwärts erfolgt. Während die Peuketier und natürlich ganz besonders ihrer Südlage wegen die Messapier durch die Nähe sowohl Griechenlands selbst als auch von dessen Pflanzstädten beeinflußt und geprägt sind, zeigt sich die nördlichere Daunia bemerkenswert selbständig gegenüber Apenninenkultur und Griechentum. Ergraben und damit bekannt sind die wichtigsten daunischen Städte wie Arpi, Salapia oder Herdonia. Doch die noch im Gang befindlichen Ausgrabungen gerade von Herdonia brachten bislang wenig Daunisches, dafür um so mehr die Reste einer typisch römischen Provinzstadt zutage (Abb. 37). Die eigentliche daunische Zivilisation ist viel mehr als die der südlichen Nachbarn, ja fast ausschließlich nach der anderen Adriaseite hin ausgerichtet. Die Daunier sind mit Sicherheit ein aus der Balkanhalbinsel eingewandertes indogermanisches Volk. Noch 394 n. Chr. berichtet Bischof Epiphanios von Zypern von einem Volk der Dauni im Bereich der südrussischen Walachei (Skythien der Alten). *Dan* bezeichnet aber in seiner indogermanischen Wurzel soviel wie Fluß: Danuvius = Donau, Tanais = Don, Danaster = Dnjestr, Danaper = Dnjepr, Danen = Dänen oder Danaer (bei Homer synonym für alle Griechen der mykenischen Zeit!) weisen alle als Herkunftsland in den Balkan-Donau-Raum und Südrußland.

Wann aber sind die Dauni erstmals nach Apulien eingewandert? Die offizielle Geschichtsforschung läßt dies in zwei großen Wellen geschehen. Einmal zusammen mit den Japygern, also während der sogenannten zweiten pannonisch-balkanischen Wanderung im 13. Jh. v. Chr. und dann noch einmal, ebenfalls im Zusammenhang mit einer massenweisen Auswanderung liburnischer (illyrischer) Stämme, im 10. Jh. v. Chr. Doch die Archäologie kann Funde auf apulischem Boden vorzeigen, die im engsten Verhältnis stehen zu der Zivilisation von Vinca I und II (am Donaudurchbruch, circa 2000 bis 1600 v. Chr.), was eine Zuwanderung bereits während der ersten pannonisch-balkanischen Welle vermuten läßt. Die militärische Landnahme im großen Stil durch die Dauni erfolgte aber offensichtlich erst im 13.–12. Jh. v. Chr., in den Wirren der Zeit nach dem großen Trojanischen Krieg.

Salapia, Daunischer Doppelaskos, 4.–3. Jh. v. Chr. (links); Herdonia, Daunische Henkelschale, 6.–5. Jh. v. Chr. (Mitte); Salapia, Daunisches Weihegefäß, 6.–5. Jh. v. Chr. (rechts)

Doch wie sehr ägäische und illyrische Landnahme in Apulien Hand in Hand gingen, zeigt nicht nur die durch die Archäologie bestätigte Überlieferung, daß die Zuwanderung der Japyger mit Hilfe oder gleichzeitig mit den Kretern erfolgte, sondern auch die daunische Geschichte. Von Homer bis Ovid lesen wir einhellig, daß der Trojaner Held Diomedes, nach seiner vergeblichen Rückkehr in seine Heimat Argos, Zuflucht fand bei König Daunos, dem er bei der Eroberung des Landes half und dafür dessen Tochter Euippe zur Frau erhielt. Diomedes gilt auch als der Stadtgründer von Andria, Arpi, Benevent, Brindisi und Canosa. Der peloponnesische Mitsieger von Troja und der Städtegründer, damit Kulturbringer, wurde von der einst zürnenden Aphrodite begnadigt und als Heros in den Olymp zugelassen, die Priesterinnen der Liebesgöttin hüteten seinen goldenen Brustpanzer im Heiligtum von Luceria (Lucera), und die Bewohner von Venetien bis Apulien verehrten ihn als Gott. Einer anderen Version zufolge soll Diomedes von seinem eifersüchtigen, hochbetagten Schwiegervater Daunos ermordet und auf den nach ihm benannten Inseln (heute Trémiti) begraben worden sein. Die Begleiter des Heros aber fanden keine Gnade vor Aphrodite und wurden in harmlose Vögel, also Tiere, verwandelt. Aus griechischer Sicht eine eindeutig tendenziöse Darstellung. Die Begleiter des göttlichen Diomedes, einst Griechen selbst, haben die eigene Göttin der Liebe aufs neue verletzt, indem sie sich mit den einheimischen Frauen eingelassen, somit ihr Griechentum verraten haben und zu Dauniern, d. h. Menschen von geringer Kulturstufe, also Tiere, geworden sind.

Um die Verwirrung vollständig zu machen, lesen wir bei Ovid, daß König Daunos Japyger gewesen sein soll. Selbst den alten Geschichtsschreibern waren die konkreten ethnologischen Verhältnisse in Apulien schon damals nicht ganz durchschaubar. Immerhin wird am mythischen Beispiel der Vögel des Diomedes erneut die intensive und kaum entwirrbare Verquickung von einheimischer apulischer Bevölkerung mit Menschen vom Balkan oder von der Ägäis

augenscheinlich. ›Das andere Ufer und Griechenland‹ bleiben die bestimmenden Faktoren der apulischen Geschichte. Bis zur Annexion des Landes durch die Römer lebten die Apulier praktisch mit dem Rücken zu Italien, ihr Gesicht ganz nach Osten gerichtet.

Apulischer Volutenkrater, 4. Jh. v. Chr., British Museum

2 Ein sagenhafter Goldschatz oder: Tarent, ein »Paris der Antike«

706 v. Chr. gilt als das Gründungsdatum von Tarent. Die Stadt war und blieb die einzige Tochter Spartas auf dem italischen Festland. Beides muß heute relativiert werden. Als sich die von Sparta zur Landnahme nach Italien geschickten Kolonisatoren (vgl. S. 11, 17, *ver sacrum* der Italiker!) am Golf von Tarent niederließen, betraten sie just jenen Teil Italiens und Apuliens, der von jeher im engsten Kontakt mit dem Peloponnes gestanden hatte. Seit der mittleren Bronzezeit häufen sich die archäologischen Funde von der Art Mykene III B und III C im Bereich der einheimischen Niederlassungen bei Scoglio del Tonno (Tarenter Bahnhofsviertel), Porto Perone, Saturo (vielleicht das kretische Satyrion), Torre Castelluccia und Porto Cesareo. Zur Zeit der Ankunft der Neusiedler zeigen die Orte Porto Perone und Scoglio del Tonno die Kennzeichen von fluchtartigem Verlassen. Bevor die ›Dorer‹ unter ihrem Archagetos (Führer) Phalantos die Insel zwischen Mare Grande und Mare Piccolo für sich eroberten, hatten sie sich schon einige Jahre zuvor etwa 15 km südöstlich in dem von den Einheimischen verlassenen Satyrion niedergelassen.

Doch waren es wirklich Dorer, die Tarent gründeten? Wenn die mythische Überlieferung stimmt, dann waren die künftigen Kolonisatoren Tarents die unehelichen Kinder der während des ersten Messenierfeldzuges jahrelang alleingelassenen spartanischen Ehefrauen und deren helotischer Liebhaber. Die Heloten aber waren nichts anderes als die im unfreien Bauernstand weiterlebende nachmykenische Bevölkerung des Peloponnes, deren Urahnen unter Oinotrios und Peuketios, den Söhnen des arkadischen Königs Lykaos, schon einmal nach Apulien ans rettende benachbarte Ufer ausgewandert waren und sich hier als Peuketier festgesetzt hat-

Peloponnesischer Teller mit Gorgo, 6. Jh. v. Chr. Tarent, Museo Archeologico

ten. Die Theoroi des Delphischen Orakels hatten Lakedaimons Zwangsaussiedler also nicht irgendwo in die Fremde, sondern ganz gezielt dorthin geschickt, wo schon die Vorfahren der jetzigen Mischlinge aus Arkadern und Dorern eine neue Heimat gefunden hatten. Auf einem um 500 v. Chr. für Delphi gestifteten Denkmal aus Anlaß eines Sieges der peloponnesischen Kolonisatoren über die benachbarten Messapier agieren die drei Hauptakteure des Geschehens: neben Phalantos erscheint der mythische Mitbegründer und Namensgeber Taras und deren beider Gegenspieler Otis, der König der Messapier. Während Phalantos als historisch verbürgter Gründer gilt, verliert sich die Figur des Taras im Dunkel des Mythos. Auf den späteren Münzen des Stadtstaates Taras-Tarent erscheint nur noch Phalantos, als Knabe auf einem Delphin reitend.

An der tiefsten Stelle des später nach dieser Stadt benannten Golfes gelegen, auf einer Insel zwischen einer großen Bucht und einem Binnensee uneinnehmbar postiert und von zivilisatorisch gleich hoch stehenden Völkern umgeben, genau an der Grenze zwischen Peuketiern und Messapiern, entwickelte sich die mit Waffen gewonnene neue Stadt schnell zu wirtschaftlicher und politischer Bedeutung. Die als Unfreie Aufgebrochenen errichteten rasch nach spartanischem Vorbild einen elitären Staat auf der Basis der Landwirtschaft. Doch da die benachbarten Stämme nicht nur wirtschaftlich und kulturell, sondern auch militärisch auf annähernd gleich hohem Niveau standen, gelang es der neuen Kolonie nie, einen größeren Landgewinn als den im Umkreis einer halben Tagesreise zu erobern, sie war somit, allein auf die landwirtschaftlichen Erträge bezogen, nicht autark, sondern angewiesen auf Handel und Handwerk, was sich aber für die Zukunft als Vorteil und Quelle größten Reichtums herausstellen sollte.

Eine Besonderheit der Tarentiner schon der ersten Phase war die Anlage von Grabkammern oder ganzen Nekropolen in unmittelbarer Nähe ihrer Behausungen, also innerhalb der Stadt-

Blitzeschleudernder Zeus, Bronze, 530 v. Chr. Tarent, Museo Archeologico

mauer. Die einzige Tochterniederlassung der Tarentiner auf messapischem Gebiet blieb Kallipolis (Gallípoli). Noch ist Tarent eine von vielen der griechischen Pflanzstädte in Unteritalien. Die Grabbeigaben der Kammergräber dieser ersten heroisch-aristokratischen Phase zeichnen sich durch besonderen Reichtum aus.

Die Spannungen innerhalb der Bürgerschaft zwischen landbesitzenden Aristoi (Aristokraten) und Händlern und Handwerkern führen schließlich nach einer vernichtenden Niederlage gegen die vereinigten Apulier des Inlandes (470 v. Chr.) zum Sieg des Demos mit jährlich gewählten Vertretern des Volkes an der Spitze des Stadtstaates. Die erste Maßnahme des demokratischen Tarent besteht in Verstärkung und Erweiterung der Stadtmauern. Innerhalb dieser neuen Mauern befindet sich nun auch das südöstlich gegenüber der Akropolis gelegene Landdreieck, die heutige Neustadt. Trotz der Konkurrenz des von den Athenern neugegründeten Thurii beginnt nun das eigentliche Kapitel der strahlenden und steinreichen Polis Taras. Auch in der erweiterten Stadt bleiben die Nekropolen bei den Häusern. Entsprechend dem demokratischen Selbstverständnis der Kommune verschwinden die prunkvoll ausgestatteten Grabkammern der reichen Oberschicht. In Konkurrenz zum attischen Thurii gründen die alteingesessenen Kolonisatoren die Stadt Heraklea an der Mündung des Siri. Dort entstehen Keramikwerkstätten nach dem Vorbild der attischen von Thurii, über deren Wirken diese Kunst Eingang und Heimat in Tarent findet, das sich immer mehr als mächtigste Stadt Unteritaliens herausstellt. Wie einst Athen unter Perikles erlebt nun Tarent um die Mitte des 4. Jhs. seinen politischen, wirtschaftlichen und kulturellen Höhepunkt unter Archytas. Siebenmal wurde dieser Philosoph und Anhänger der Pythagoräischen Lehre, dieser Freund Platons und der Musen, dabei genialer Feldherr und Organisator als *strathegos autocrator*, von der Bevölkerung seiner Stadt gewählt. Wenige Jahre nach seinem Tod (361) setzte der politische Niedergang der Stadt ein. Die kulturelle Einbeziehung der einheimischen Kräfte sowie das Nachlassen des attischen Einflusses führten zunächst in Tarent, dann in ganz Apulien, zur Einführung der Weiß-, Gelb- und Rothöhung in der Vasenmalerei (sogenannter Egnazischer Stil). Der kulturelle Einfluß der Stadt reicht schließlich bis an die Grenzen Roms. Die militärische Bedeutung Tarents ergibt sich aus seiner schlagkräftigen Flotte und einem Heer, bestehend aus 30 000 Infanteristen, 3000 Reitern und 1000 Bogenschützen. Besonders die Reiterei hatte Archytas auf eine für damalige Zeit unvergleichliche Höhe geführt, übrigens nach dem Vorbild der Peuketier und Messapier!

Des Archytas' Tod ermutigte offensichtlich die landeinwärts siedelnden Italiker (Lukaner, Bruttier etc.) erneut, gegen die Küstenebene vorzugehen. Gegen diese aggressiven Nachbarn fiel den Tarentinern nichts besseres ein, als sich auswärtige Militärhilfe zu besorgen. Geld dazu war da, in Hülle und Fülle. Für den Handel mit den Italikern hatte man angefangen Silbermünzen zu prägen. Für die Bezahlung ganzer ausländischer Heereskontingente genügte das Silbergeld nicht mehr, man prägte nun eben in Gold. Der erste Condottiere im Dienste der Stadtrepublik war kein geringerer als Archidamos III., der König von Sparta. Nach spektakulären Anfangserfolgen fiel der tapfere Spartaner vor den Mauern der messapischen Stadt Manduria (338 v. Chr.). Der einmal eingeschlagene Verteidigungsweg erwies sich für Tarent als Einbahnstraße in den Untergang. Nach dem Heldentod von Archidamos rief man Alexander I., den Molosser, König von Epirus und Onkel Alexanders d. Gr. Im selben Jahr, in dem der Neffe zum Aufbruch nach Kleinasien rüstete, brach der epirotische König nach Apulien auf, wo er sich in mehreren Feldzügen Messapier, Peuketier und Daunier untertan machte, dann Samniten und Lukaner entscheidend schlug und mit den Römern 331 einen Nichtangriffspakt abschloß.

Die auf Gewinnung eines eigenen Königreichs in Unteritalien abzielende Kriegführung beunruhigte die Tarentiner. Doch auch der unerschrockene Molosser mußte im Kampf gegen die Italiker sein Leben lassen (331). Wieder stand Tarent ohne ›Beschützer‹ da. Während der nachfolgenden Samnitenkriege war Rom erstmals in Apulien militärisch aktiv geworden, besonders in der Daunia. Abschluß der Samnitenkriege (304) und Bündnis der Lukaner mit den Römern ergibt eine neue Küstenbedrohung für die Tarentiner. Der nun zu Hilfe gerufene spartanische Königssohn Kleonymos besiegte die Aggressoren und brachte die Römer zu einem Vertrag mit Tarent (303), in dem sich jene bereit erklärten, die Einflußsphäre der dorischen Kolonie, den Golf von Tarent, zu respektieren. Die Spartaner unter Kleonymos hatten gerade das Land verlassen, als die Lukaner erneut die Küstenstädte bedrängten. Diesmal war Agathokles, der letzte große Tyrann von Syrakus, der Helfer in höchster Not. Doch auch seine ehrgeizige und erfolgreiche Kriegführung, die noch einmal die Süditalien-Strategie des großen Dionysos verfolgte, scheiterte letztlich am freiwilligen Abgang des syrakusanischen Strategen.

Doch der alles entscheidende Konflikt zwischen Rom und Tarent, zwischen Latinern und Griechen, zwischen Urbs und Polis, war nicht mehr aufzuhalten. 282 v. Chr. war es dann soweit. Wieder wählte Tarent nicht das direkte Kräftemessen mit den Römern, sondern rief den Schwiegersohn des Agathokles, den epirotischen König Pyrrhus, zur Hilfe. Auch dieser verfolgte seine eigene Süditalien-Politik, und auch er recht erfolgreich. Mit seinen Elefanten lehrte Pyrrhus die Römer das Fürchten, schlug sie mehrfach und stand lange vor Hannibal siegreich vor Rom. Doch interne Schwierigkeiten in Epirus und Makedonien veranlaßten den Erfolgreichen, das süditalische Schlachtfeld zu räumen. Der glückliche Sieger hieß Rom; Tarent war nach zehnjährigem Ringen bezwungen, das großherrliche Taras hatte 272 v. Chr. aufgehört, als politisch selbständige Polis zu existieren.

Nur wirtschaftlich und kulturell blieb die Stadt bis zum Ende des Jahrhunderts noch die bedeutendste Griechenstadt Süditaliens. Doch Roms entscheidender Sieg über die Karthager im

2. Punischen Krieg brachte schließlich den endgültigen Kollaps für Tarent. Später, 132 v. Chr., mußte sich die inzwischen arg reduzierte Griechenmetropole sogar die Unterbringung einer Militärkolonie innerhalb ihrer Mauern gefallen lassen.

Erstaunlich bleibt jedoch, wie Tarent den seit dem Tod von Archytas einsetzenden politisch-militärischen Niedergang im wirtschaftlich-kulturellen Bereich abfangen und das Produktions- und Konsumniveau bis zum 2. Jh. halten konnte. Den Angaben von Strabo und Diodor zufolge läßt sich für das 4. vorchristliche Jahrhundert Tarent auf circa 110 000 bis 150 000 freie Bürger schätzen, womit die Polis Taras eine der größten Städte ihrer Zeit gewesen wäre. Einen Eindruck vom Reichtum dieser Metropole vermittelt der Vergleich mit Capua. Nach dem 2. Punischen Krieg wurden die abtrünnigen Städte Capua und Tarent von Rom hart bestraft und zur Plünderung freigegeben. Die Menge des erbeuteten Goldes in Capua belief sich dabei auf 2070 damalige Pfund, was umgerechnet heute 6,7 kg entspräche. Der in Tarent erzielte Goldanteil betrug dagegen sage und schreibe 268 kg! Die Grundlage für diese Sonderstellung bildete Tarents vielschichtige wie vielseitige Wirtschaft.

Da wären zunächst die klassischen Produkte mittelmeerischer Landwirtschaft: Getreide, Wein und Olivenöl. Daneben spielten die von den Einheimischen abgeschaute Pferde- und vor allem die Schafzucht eine wichtige Rolle. Letztere lieferte neben zartem Leder eine in der ganzen antiken Welt berühmte und geschätzte, besonders feine Wolle. Fischfang und Handel waren von Anfang an weitere wichtige Stützen des Tarentiner Wirtschaftslebens. In der seichten Lagune des Mare Piccolo wuchs kostenlos und in großen Mengen, sozusagen vor der Haustür der Tarentiner, die Murexschnecke, jene Salzwasserschnecke, die den Grundstoff der teuersten Farbe der Welt, des Purpurs, lieferte. Noch bis ins 19. Jh. konnte man am Mare Piccolo riesige, im Volksmund *monte dei coccioli* genannte Schalenberge sehen.

Entsprechend den Rohmaterialien Leder, Wolle, Purpur usw. drängelten sich auf Tarents Ostseite, also am Mare Piccolo, die Werkstätten der Weber und Färber; eben dort befand sich auch der große Stoffmarkt. Die gerade an den Abhängen des Apennin so reichhaltigen Ton- und Mergelschichten lieferten reichlich beste Tonerden, was schon sehr früh in Apulien allgemein und in Tarent speziell zur Ausbildung für den Export arbeitender Keramikwerkstätten führte. Über die Kolonie Thurii war schon seit der Mitte des 5. Jhs. v. Chr. die attische Form der Keramik und ihrer Bemalung den Tarentiner Künstlern vertraut. Doch diese Keramiker und Maler kannten auch peloponnesische und einheimisch-japygische Formen, so daß bald eine eigene Tarentiner Schule begehrte Ware für den Weltmarkt schuf. Umgekehrt dürfen die Auswirkungen der Tarentiner Künstler auf die indigene Formgebung nicht hoch genug angesetzt werden. Wenn diese einheimische Keramik auch ihre persönlichen Marotten, wie z. B. in der Daunia die Neigung zu anthropo- oder zoomorphen halbplastischen Dekorformen oder in der Messapia die Mode der *vase a trozella* (= Scheibe, Knauf; jeweils an markanter Stelle, z. B. am Henkelknick angebracht) nicht ganz einbüßt, so ist die offensichtlich peloponnesische Art der Weiß-, Gelb- oder Rothöhung der Figuren bzw. die erzählfreudige bis geschwätzig ausufernde Anordnung der gemalten Literatur in mehreren Registern über Tarent in Apulien eingeführt worden. Auch die lokale Bildhauerei stand auf höchstem internationalen Niveau, was die betuchten Bürger nicht hinderte, den besten und berühmtesten Bildhauer seiner Zeit, Lysippos, nach Tarent zu

Ölamphore, Preisgeschenk der panathenäischen Spiele. Tarent, Museo Archeologico

Korinthische Vase, um 580 v. Chr. Tarent, Museo Archeologico

rufen und mit zwei Monumentalwerken zu betreuen, den Herakles auf der Agora und den 17 m hohen Bronze-Zeus des gleichnamigen Tempels.

Keramiker und Vasenmaler hatten ihre Werkstätten auf der Westseite der Altstadt, also am Mare Grande, dort wo auch die Hafenarbeiter, Fischer, Seefahrer und Händler ihre Niederlassung hatten. Dazwischen lagen die Werkstätten der Goldschmiede, Metallurgen und Gemmenschneider. Der hohe Anteil an Luxusprodukten gerade letzterer Handwerksbetriebe, z.B. Spiegel, Puderdöschen, Kosmetikgefäße, daneben Flakons für Parfüm und Riechwaren, Schmuck aller Art, feinste Wolle und teuerste Stoffe, mondäne Färbereien (Purpur) und zarteste Lederkreationen, dazu ein Wohlstand ohnegleichen, lassen in Tarent im 4. bis 2. Jh. ein Modezentrum ersten Ranges vermuten, so daß einige Archäologen geradezu von einem »Paris der Antike« sprechen. Tatsächlich mußten puritanisch-moralisch gesinnte Stadtväter mehrfach strenge Gesetze gegen übertriebene Putzsucht, exzessives Luxusverhalten und modische Extravaganzen der Damenwelt erlassen. Den Erfolg dieser Verordnungen können wir nur vermuten. Er dürfte wie immer, solange Geld da war, recht gering gewesen sein. Und so können wir weiter vermuten, ein wichtiges Problem, eine zentrale Frage beim Tratsch der Bürgerfrauen auf dem Wochenmarkt in Neapel, Syrakus oder Sparta dürfte gewesen sein: Was tragen wohl zur Zeit die Frauen in Tarent?

Eindrucksvollster Zeuge dieser mondänen, einzigartig reichen Stadt der Magna Graecia, ist der seit den Bauten der Nachkriegszeit im Bereich der Neustadt gefundene, sagenhafte »Goldschatz von Tarent«. Dabei handelt es sich fast ausschließlich um Grabbeigaben, d. h. um Goldware, die dem Raub, der Plünderung oder der Einschmelzung entzogen war. Die Tarentiner hatten ja nicht nur die besondere Gewohnheit, die Toten in der Nähe ihrer einstigen Wohnungen zu begraben, sondern sie auch für das jenseitige Leben besonders üppig auszustatten. In der Zeit der höchsten politisch-militärischen Blüte, vom späten 5. bis zur Mitte des 4. Jhs. v. Chr., waren nicht nur die luxuriösen Grabkammern der feudalen Aristokratenschicht in ihrer Zahl drastisch zurückgegangen, auch die Grabbeigaben nahmen sich vergleichsweise bescheiden aus. Ab dem späten 4. Jh. mit dem Nachlassen der demokratisch-republikanischen Tugenden, was ja auch dazu führte, daß die Tarentiner lieber andere für sich kämpfen ließen und dafür gutes Geld zu zahlen bereit waren, mehren sich wieder die luxuriösen Beigaben für den Gang ins Jenseits. Erst mit dem endgültigen Niedergang der Stadt im 2. Jh. v. Chr. endet auch fast schlagartig die Tradition der in der letzten Zeit meist nur noch vergoldeten Grabbeigaben.

Die zutage gelangten Schätze dieser Tarentiner Gräber waren so reichhaltig, daß die zuständige Verwaltung bzw. Forschung den Fundus nur durch Aufteilung nach Sachgruppen sichten konnte. Neben vergoldetem oder versilbertem Toilettengerät aus Metall (Spiegel, Kosmetikdosen usw.) finden wir Funeralkronen (besonders hervorhebenswert s. Farbabb. 16), feinste Goldschmiedearbeit auf Blattwerk, so zart gearbeitet, daß es vom Baum gepflückt scheint, dann Diademe, Ohrringe, Halsketten, Anhänger, Armreife, Ringe, Siegel, Zepter und anderes Gerät. Wer Glück hat, daß die berühmten *Ori di Taranto* nicht gerade auf Reisen und irgendwo in der Welt in einem der großen Museen ausgestellt sind, kann diesen einzigartigen Goldschatz der Antike am Fundort selbst, genauer im Museo Archeologico zu Tarent, bewundern; wie gesagt: wenn ...

3 Schwierige Romanisierung: Pyrrhus, Hannibal und Catilina

Im Verhältnis Apuliens zu Rom zeichnen sich für den heutigen Betrachter vier Phasen ab: 1) bis zum Ausgang des 3. Samnitenkrieges, 2) bis zum Ende des 2. Punischen Krieges, 3) bis zur frühen Kaiserzeit und 4) bis zur Langobardischen Invasion.

Abgesehen von der Eigenentwicklung des reichen Taras befanden sich im 4. Jh. v. Chr. die apulischen Städte im Wandel von agrarischen Stadtdörfern zu handwerklich-industriell für Luxus und Export arbeitenden Wirtschaftszentren nach Vorbild der griechischen Stadtstaaten. Keramikwerkstätten standen in Canosa, Herdonia, Ascoli, Ceglie, Ruvo und Egnazia. Die im Geldwesen führenden Städte lagen allerdings außerhalb Apuliens: in Neapel und Tarent.

Brindisi, Kapitell der Via-Appia-Säule

Selbst in der Daunia beginnt sich Griechisch als Umgangssprache einzubürgern. Entwicklungsgeschichtlich befinden sich die apulischen Städte in einer Krise, eingekeilt zwischen die expansiven Tarentiner und die zur Küste drängenden Inlandbewohner. Während der Samnitenkriege hatte sich Rom als bündnissuchender Partner in Nordapulien, im Rücken der Samniten und Lukaner, sozusagen eingeschlichen und 314 v. Chr. die Zustimmung bzw. Duldung der ersten römischen Kolonie auf apulischem Boden, nämlich Lucera, erreicht. Bis zum Ausgang des 3. Samnitenkrieges (290) bleibt das Verhältnis Rom–Apulien das von Bündnispartnern. Noch trifft Senecas Charakterisierung römischen Verhaltens: »Wo der Römer gesiegt hat, da siedelt er« nicht zu. Doch die nur ganz kurze Graecisierungswelle durch Tarent ist damit schon wieder abgeblockt, es kommt zu keiner ausgeprägten Polis-Zivilisation und die Land-wirtschaft mit ihren Derivaten und Bedingungen bleibt bestimmende Größe.

Der Konflikt Tarent–Rom sah erneut die Latiner auf apulischem Gebiet militärisch aktiv und bedeutete schließlich in Wahrheit die Auseinandersetzung der neuen mittelitalischen Landmacht Rom mit den durch die Balkanhalbinsel verstärkten Unteritalienern griechischer Herkunft. Nicht Tarent selbst, sondern Syrakus (Sizilien), Epirus (Balkan) und Sparta (Peloponnes) waren es also, die um die Entscheidung in Süditalien fochten. Als Pyrrhus 272 v. Chr. seinen Statthalter aus Tarent abzieht und die Stadt dem Gegner überläßt, ist nicht nur das Schicksal des griechischen Taras sondern auch das Apuliens entschieden. Der Sieger und künftige Herrscher Rom richtet sich nun in seinem neuen Hause ein, auf Dauer. Die 312 vom Censor Claudius Appius errichtete Militärstraße nach Capua, die Via Appia, wird verlängert bis Benevent und erreicht 268 v. Chr. Venusium (Venosa). Die römischen Garnisonstädte der loyalen Daunia, nämlich Luceria, Arpi, Venusium und Canusium (Canosa) werden verstärkt. Nur die salentinischen Messapier wehren sich weiter gegen Rom, doch 246 wird Brindisi besetzt und zum Endpunkt der Via Appia bestimmt.

Insgesamt werden die neuen ›Römer‹ mit Großmut behandelt. Bruttium, Daunia und Peuketia bleiben eigenständige Regionen, doch sind sie als *socii*, trotz Beibehaltung ihrer Stammesverfassungen, zur Heerfolge verpflichtet. Die apulische Niederlage wog insgesamt zunächst leicht. Vor allem Tarent profitierte von der Befriedung des Hinterlandes und damit der zur Pax Romana verpflichteten Lukaner, Samniten usw. Wie Rhegion und Neapel genoß Tarent weiter das Recht der freien Polis zur Herstellung eigener Münzen. Rom übernahm seinerseits das griechische Münzsystem. Auch sonst bedeutete das 3. Jh. dasjenige der eigentlichen Hellenisierung

Via Traiana in Egnazia

Apuliens und über dieses hinaus auch des Siegers Rom. Mehr als je zuvor behauptete sich Tarent als wichtigster Vermittler von Waren und Ideen zwischen Adria, Hellas und Rom.

Der aus dem Tarentiner Raum stammende Livius Andronicus übersetzte nicht nur den Römern erstmals die »Odyssee«, er war es auch, der durch seine eigenen Bühnenwerke ab 240 v. Chr. die römische Theaterkunst ins Leben rief. Quintus Ennius aus der Gegend von Lecce war nicht nur ein großer römischer Geschichtsschreiber, sondern erwies sich als wichtiger Vermittler griechischen Gedankenguts. Des Ennius' Neffe Marcus Pacuvius, auch er Tragödiendichter, vermittelte den Römern die griechischen Großen seines Faches: Sophokles, Aeschylos, Euripides. Die Reihe bedeutender am Griechentum ausgerichteter und gereifter apulischer Literaten ließe sich nicht zuletzt bis zu dem aus Venosa stammenden Horaz weiter verfolgen. Kulturell bedeutsame Strömungen wie Pythagoräertum oder Orphismus bekam das *caput mundi* ebenfalls via Apulien vermittelt. An den Apollokult gebundene und in Rom sehr beliebte weltliche Spiele, die sogenannten *ludi Tarantini*, scheinen denselben Weg genommen zu haben. Gleiches gilt für die populäre *comedia fliaccia*, die in burlesker Weise die tragischen Helden des klassischen Dramas zum Gaudium kenntnisreicher Zuschauer parodierte. Das Griechische blieb noch lange Zeit die Sprache der Gebildeten.

Äußere Laufgänge im Amphitheater von Lecce

Im Theatrum Historiae folgte ein weiteres aufregendes Stück: der 2. Punische Krieg (218–201). Unter Hannibals zunächst genialer Regie wurde Rom hart an den Rand einer totalen Niederlage gebracht. Vom Trasimenischen See war der Karthager sofort nach Apulien gezogen, um dort die unfreiwillig zu römischen Bundesgenossen gewordenen Stämme Süditaliens von Rom abtrünnig zu machen. Die katastrophale Niederlage der Römer bei Cannae (216) und die Einnahme von Capua als künftige Operationsbasis des Phönikers schien dessen Taktik aufgehen zu lassen. Doch den Anfangssiegen folgte nicht der entscheidende Schlag. Die Urbs blieb Sieger. Roms Strafgericht für die abgefallenen Bundesgenossen war hart. Die römische Antwort hieß: Reform der Verwaltung im römischen Sinne, offensive Besiedelungspolitik, Einzug großer Ländereien als *ager publicus* der Republik, Vermessung und Neuverteilung (Centuriation) an zum Teil verdiente Bundesgenossen. Von Sklaven bewirtschaftete Latifundien, ein Netz von Kolonien bzw. Munizipien nach lateinischem oder römischem Recht und ausschließlich nach militärisch-strategischen Aspekten geführte Straßen überzogen das Land. Eine Reihe einst blühender Städte wie Monte Sannace verloschen für immer.

Tarent spürte die Konkurrenz der von den Römern begünstigten Hafenstadt Brindisi. Andere Städte mit römischer Garnison oder als Kolonie angelegt, wie Lucera, Venosa, Canosa, Sipontum und Lupiae (Lecce), nahmen großen Aufschwung. Doch Apulien als Region brauchte lange um sich zu regenerieren. Die Kriege der späten Republik (Bundesgenossenkrieg, 1. Bürgerkrieg, großer Sklavenkrieg unter Spartakus usw.) zehrten weiter an der angegriffenen Substanz und waren Ausdruck von sozialen Spannungen. So war es auch kein Wunder, daß Catilina große Anhängerscharen gerade in Apulien finden konnte. Die Konsolidierung Apuliens war nicht vor der ersten Kaiserzeit abgeschlossen. Welche strategische (Brindisi) und wirtschaftliche (Weizen) Bedeutung Apulien für Rom besaß, geht aus der Reichsreform des Augustus hervor, in der nach den Stammregionen Latium und Kampanien (erste Region) Apulien zur zweiten Region des Reiches erhoben wird: Apulia et Calabria.

Die extensive Nutzung großer Flächen, die billigen Arbeitskräfte der Sklaven und die für Investitionen zur Verfügung stehenden großen Kapitalien der landwirtschaftlichen Staatsbetriebe (Latifundien) brachten die apulischen Kleinbauern in hoffnungslosen Nachteil, so daß Horaz schreiben konnte: *»Quidquid arat impiger Apulus«*, dem dortigen Boden war kein Gewinn abzuringen. Daneben spielten erstmals Weinbau und traditionellerweise Schafzucht mit Textilzentren in Canosa und Tarent eine Rolle. Wollherstellung war inzwischen noch vor der lediglich auf Landesreserve im römischen Staatsverband hin ausgerichteten Weizenproduktion wichtigster Wirtschaftszweig geworden. Als Brückenkopf zum Orient reichte Rom der Hafen Brindisi. Ansonsten war Apulien wieder in eine Randlage, ans Ende des italienischen Stiefels, geraten.

Das 1. Jh. n. Chr. bringt als Hoffnungsschimmer eine Neustrukturierung der vernachlässigten Städte. Fast alle apulischen Amphitheater, wie Lucera, Venosa, Siponto, Herdonia, Lecce, stammen aus der darauffolgenden Zeit. Neben dieser Reurbanisierung sorgt ein zweiter Ausbau des Straßennetzes für Aufschwung der Inlandstädte, wo besonders die neue Trasse der Via Traiana Benevent über Aecae (Troia), Herdonia, Canusium, Rubi (Ruvo), Ceglie del Campo und Egnazia mit Brindisi verbindet. Honorige Titel wie der einer ›Kolonie‹ verleihen Städten wie Canosa und Lecce neuen Glanz. Der unverkennbare städtische Aufschwung verschiebt vorübergehend in Apulien das Verhältnis von Stadt zu Land zugunsten der Stadt. Die in der späteren Kaiserzeit sich abzeichnende Schwergewichtsverlagerung des Reiches ins östliche Mittelmeer richtet den Blick der ›römischen‹ Apulier wieder verstärkt auf nördliche Adria und Ägäis. Diese Orientalisierung des Römerreiches ab dem 2. Jh. n. Chr. bringt auch verstärkt religiöse Importe aus dieser Ecke der Welt: Kybele, Isis und Mithras, in ihrem Begleitzug aber auch die Synagoge und die junge Ecclesia.

1 Küste bei VIESTE ▷

2 TÉRMOLI Dom S. Basso

3 S. MARIA DI TRÉMITI Innenraum

6 TÉRMOLI Kastell Friedrichs II. ▷

4 S. MARIA DI TRÉMITI Bodenmosaik

5 MONTE S. ANGELO Bronzetür

7 Landschaft bei VIESTE

8 PESCHICI

9 Trabucco an der Küste des Gargano

10 Abtei S. Matteo in Lámis

11 Santuario della Madonna di Stignano Kreuzgang

12 MONTE S. ANGELO Bischofsthron

13 MONTE S. ANGELO Pulpito-Adler des Acceptus

14 MONTE S. ANGELO Tomba di Rotari: S. Pietro

15 MONTE S. ANGELO Tomba di Rotari: Kuppel

16 MANFREDONIA Kastell

17 MANFREDONIA Daunische Stele

18 MANFREDONIA Kathedrale: Kruzifix

19 S. Maria di Siponto Krypta

20 Foggia Portalarchivolte von der Residenz Friedrichs II.

21 Foggia Kathedrale: Nordflanke

22 Lucera Kastell

23 Lucera Amphitheater

24 LUCERA Kastell Friedrichs II. und angiovinische Mauern

25 LUCERA Kathedrale

26 TROIA Kathedrale der hl. Assunta

27 Troia Kathedrale: Hauptportal

28 Troia Kathedrale: Kanzel

29 Troia Kathedrale: Apsis

30 Canosa Kathedrale: Innenraum

31 Canosa Kathedrale: Kanzel des Acceptus

32 Canosa Mausoleum des Bohemund

33 Canosa Mausoleum des Bohemund: Bronzetür

34 Canosa Mausoleum des Bohemund: Detail der Bronzetür

35 Canosa Kathedrale: Bischofsstuhl

36 Canosa S. Leucio

37 Herdonia Ausgrabungen

38 Canosa Eingang zu Kammergräbern

39 Canosa Baptisterium S. Giovanni

40 Barletta S. Sepolcro

4 Ein Erzengel besucht den Gargano

Erzengel Michael (Portal S. Leonardo di Siponto)

»Denn er wird zu der Zeit des Antichrist aufstehen, als Daniel schreibt, und wird ein Beschützer und Hüter sein der Auserwählten; er hat mit dem Drachen gekämpft und seinen Engeln, und hat sie aus dem Himmel hinabgestoßen und großen Sieg gewonnen. Er hat mit dem Teufel um Moysis Leichnam gestritten, den der Teufel wollte hinstellen, daß ihn die Juden als ihren Gott söllten anbeten. Er empfängt auch die Seelen der Heiligen und führt sie ins Paradies der Freuden. Er war einst der Fürst der Synagoge, nun aber hat ihn der Herr zum Fürsten der Kirche gemacht. Er hat, als man spricht, die Ägypter mit den Plagen geschlagen, das Rote Meer zerteilet, das Volk durch die Wüste geleitet und ins gelobte Land geführt. In der heiligen Engel Heer ist er der Bannerträger Christi. . . . Er wird am jüngsten Tage herfürtragen das Kreuz und die Nägel, die Lanze und die Dornenkrone.«

Der, von dem Jacobus de Voragine in seiner »Legenda aurea« so ruhmgleißend singt, ist kein anderer als der Erzengel Michael. Bis nach Chaldäa in grauer Vorzeit ist sein Wirken zurückzuverfolgen. Als Schutzengel des jüdischen Volkes kam er mit dem Christentum nach Byzanz, wo er alsbald sein siegreiches Banner aufschlug. Schon Konstantin d. Gr. ließ den dortigen Vesta-Tempel in ein Michaelion umwandeln. Später trugen viele byzantinische Kaiser den Namen ihres Beschützers Michael. Dann streckte der Engel weit seine Schwingen aus und flog hinüber nach Westen ins entstehende christliche Abendland. Er landete dort, wo ihm die Natur die geeignetste Landebahn, das dem Orient zugekehrte *garganicus promontorium*, den alten Götterberg, bereitet hatte, der dadurch zum »Hagion Oros des Abendlandes« wurde. Dort fanden später die Langobarden ihren Engel, der sie aus Pannonien nach Italien geführt hatte, wieder und erkoren ihn zu ihrem Schutzgeist. Dann schwang der himmlische Heerführer erneut seine Fittiche und gelangte nach Rom, wo er heute noch sichtbar auf Hadrians Grabmal seinen Sitz nahm, die Ewige Stadt vor der Pest rettend. Schließlich gelangte er bis ans Nordmeer, wo ihm ein anderes Michaelsheiligtum entstand. Weitere Niederlassungen des Erzengels im Herzen Europas finden sich in Pavia, bei Turin und LePuy.

Von den Langobarden übernahmen die Franken die Verehrung des himmlischen Heerführers und Drachentöters. Am Hofe Karls d. Gr. dichtete Alkuin einen überschwenglichen Hymnus, und kein wichtiger Kirchenbau entstand, der im Westwerk nicht sein Michaels-Oratorium gefunden hätte. Schließlich siegen mit seinem Zeichen auf ihrem Banner die Ritter Ottos d. Gr. auf dem Lechfeld über die Ungarn, der junge Otto III. pilgert nach seiner Krönung zum Kaiser gar barfuß von Rom über Benevent zur Grotte des Erzengels, und Heinrich II. unterstellt seine benediktinische Gründung auf dem höchsten Hügel Bambergs dem Patronat Michaels.

Jerusalempilger und Kreuzfahrer, aber auch Könige, Kaiser und Heilige lenken ihre Schritte zum heiligen Berg Italiens. Langobarden, Normannen und Franken nahmen nur allzu bereitwillig die Fürsprache dieses Feldmarschalls der himmlischen Heerscharen für sich in Anspruch, war er doch so recht nach dem Geschmack germanischer Heldenverehrung. Als ›Teutschtum‹ noch stand für unerschrockene, im Kampf schier unbezwingbare Recken, war sein Name Synonym für ›teutscher Held‹, so erstmals geschehen für den Reiterhauptmann Hans Michael Elias († 1625) und des weiteren nachzulesen bei Grimmelshausen. Doch 18. und 19. Jh. brachten den ›deutschen Michel‹ in argen Verruf, so daß er heute eher für schlafmützigeѕ Spießertum steht.

Vom 6. bis zum 16. Jh., für reichlich 1000 Jahre, standen der Erzengel Michael und sein Heiligtum in höchstem Ansehen. Wie alles angefangen hat, auch darüber belehrt uns die »Legenda aurea«: »Die Erscheinung S. Michaels ist mannigfalt. Und geschah die erste auf dem Berge Garganus. Denn es ist ein Berg in Apulien, Garganus mit Namen, bei der Stadt die da heißt Sypontus. Nun war im Jahre des Herrn 390 in der genannten Stadt ein Mann, der hieß Garganus, nach dem war der Berg genannt; etliche Bücher aber sagen, daß er den Namen von dem Berg hätte empfangen; der hatte eine unermeßliche Schar Rinder und Schafe. Da diese einst auf der Seite des Berges weideten, geschah es, daß ein Stier von den andern sich schied und den Gipfel des Berges erklomm. Da das andre Vieh heimkam, ward er vermisset; da nahm der Herr eine Schar Knechte und suchte den Stier auf unwegsamen Pfaden, und fand ihn endlich auf dem Gipfel des Berges vor dem Eingang einer Höhle. Da ward der Herr ungeduldig, daß der Stier so allein von den andern war gegangen, und schoß auf ihn mit einem vergifteten Pfeil. Aber der Pfeil flog auf den Schützen zurück, als hätte ihn ein Wind gewendet. Darüber erschraken die Bürger, und fragten den Bischof über das große Wunder. Der Bischof ordnete ein dreitägig Fasten, und sprach, man müsse Gott bitten, daß er kund tue, was das bedeute. Als das geschah, erschien S. Michael dem Bischof und sprach: ›Ihr sollt wissen, daß jener Mensch durch meinen Willen von seinem Pfeil ist getroffen worden, denn ich bin Michael der Erzengel, und es hat mir gefallen an diesem Ort auf Erden zu wohnen und sein zu hüten. Also wollte ich mit diesem Zeichen kund tun, daß ich selber dieses Ortes Hüter und Wächter will sein‹.« Noch zweimal mußte der Erzengel persönlich erscheinen, bis der Bischof von Siponto den Wunsch des Erzengels begriff und erfüllte.

Ortswahl, Zeit (493 n. Chr.) und Erinnerungstage des Geschehens haben, genauer betrachtet, gar nichts Zufälliges an sich. »Der Erzengel« wußte offensichtlich genau was er tat. Doch der Reihe nach. Zuerst zum Ort des Geschehens. Es gibt auf dieser Erde eine Reihe von Orten, die geradezu Religion und Religiosität provozieren und hervorbringen. Es sind Orte, unter denen offensichtlich tellurische Ströme an die Erdoberfläche dringen, in denen sich, nur den Eingeweihten vertraute, geheimnisvolle Kraftlinien schneiden, die den Menschen in seltsame Erregung versetzen, Orte, an denen der sensibel Gebliebene von jenen Kräften etwas verspürt, die Gregorovius als »Magnetismus der Geschichte« bezeichnete. Der Garganus ist ein solcher

Ort. Von alters her umschwebt ihn ein Zauber, der die Menschen veranlaßte, ihn aufzusuchen um den Jenseitsmächten nahe zu sein. Adalbert Graf von Keyserlingk, der sich in jüngster Zeit am eingehendsten mit dem Geheimnis dieses seltsamen Gebirges auseinandergesetzt hat, weiß Dinge zu berichten, die, so unwissenschaftlich sie klingen mögen, sehr viele alte Wahrheiten und Menschheitserfahrungen vermitteln. Wir dürfen uns nicht wundern, eine Reihe bekannter Namen wiederzuhören.

Zunächst der Name Gargano selbst. Nach Keyserlingk ist eine eindeutige etymologische Ableitung nicht mehr möglich. Höchstwahrscheinlich verbergen sich darin zwei Worte: *Gar,* i. e. illyrisch Berg (*gar, gor* im Albanischen und Slavischen = Stein) und *Ianus,* das ist der zeitlose Gott, der in sich Anfang und Ende symbolisiert. »Janus oder Jano, der Gott des Urbeginnes, der Gott allen Anfangs, lebte in der Sonne. Als es an der Zeit war im Ratschluß der Götter, nahm er von dem Feuer der Sonne (vgl. Prometheus) und formte daraus eine Barke. Mit diesem Sonnen-Feuer-Schiff stieß er durch die Wolken und landete im Meer. Er wollte die Menschen führen und leiten. Die Barke wurde zum festen felsigen Gebirge – zur Insel von weißem und rotem Gestein. Hier verband sich der Sonnengott mit der Mutter Erde ... Die Priester des Gottes schufen in seinem Auftrag die Welt aus der Wurzel, die der Sonnengott Janus aus dem Feuer der Sonne in die Erde des Gargano eingepflanzt hatte. So wurde Janus der einzig wahre Gott des Apennin und später der Gott der Römer, der von ihnen als der Gott allen Anfangs verehrt wurde. Ovid deutete den Namen Janus mit Chaos, aus dem alles entstanden sei.«

Noch heute gibt es eine Reihe von Ortsnamen im Gargano die den Gott Jano in sich bewahren: Stignano, Rignano, Rugnano! Den Römern waren der Monte S. Angelo als Monte Drion und der heutige Monte Sacro als Monte Dodona bekannt. Letzterer Name erinnert zu deutlich an jenes älteste bekannte – viel älter als Delphi! – Orakel der Balkanhalbinsel, nämlich Dodona, als daß er bei der erwiesenen Westwanderung aus illyrischem Raum stammender Völker Zufall sein könnte. Auf diesem Monte Dodona soll der Wohnsitz des Göttervaters Daunos gewesen sein. Er oder sein Sohn Pilumno I. habe den Menschen den Ackerbau gelehrt. Der historische Kern dürfte auch hier klar sein. Noch die späteren griechischen Gründer von Kolonien der Magna Graecia wurden als Heroen, als Halbgötter verehrt, um so mehr in dieser weiter zurückliegenden Zeit des zweiten vorchristlichen Jahrtausends. Daß die Daunier illyrischer Herkunft waren gilt ja als gesichert; ebenso, daß die Balkanvölker früher als die in Apulien eingeborene Bevölkerung Kenntnisse und Erfahrungen in der Metallverarbeitung hatten. Die Vermittlung von Metallgeräten für den Ackerbau muß damals als totale Neuerung, ja als Revolution gegolten haben. So die Erklärung der Göttlichkeit des Daunus und seiner heroischen Tat, daß er der einheimischen Bevölkerung zu Fortschritten im Ackerbau verholfen hatte.

Auf dem anderen Berg, dem Monte Drion, hatte in einer Höhle, durch die ein Quellfluß ging, der größte Seher der griechischen Welt, Kalchas, der Sohn des mykenischen Testhor, sein Orakel.

»Kalchas, der Thestoride, der weiseste Vogelschauer.
Der erkannte, was ist, was sein wird oder zuvor war,
Der auch vor Troja der Danaer Schiff geleitet
Durch wahrsagenden Geist, des ihn würdigte Phoibos Apollon«

war nach dieser Schilderung Homers (»Ilias«, 1. Gesang) offensichtlich ein Priester oder Eingeweihter der Mysterien des Apoll. Um die verschiedenen Mysterien der damaligen Welt kennenzulernen, mußte ein künftiger ›Eingeweihter‹ von Kultstätte zu Kultstätte (Mysterium) wandern. Auf dieser Wanderung kam Kalchas nach Troja und lernte dort das Mysterium des Palladiums (= Sonnenheiligtum der Erde) kennen. Seine Tochter (= Schülerin) Briseis, um die der leidige Streit zwischen Achill und Agamemnon entbrannt war, verbindet sich später mit Diomedes. Kalchas wanderte weiter zum Gargano, wo er auf dem Monte Drion die dortigen Mysterien erfuhr und als deren Hüter das Orakel leitete. Dann wurde er nach Delphi gerufen, wo ihm der Auftrag zur Führung der Griechen anvertraut wurde. Außerdem hatte ihm, und nur ihm, die Pythia verraten, daß die Griechen siegen würden, daß Troja untergehen und daß das Sonnenheiligtum, das Palladium, nach dem Peloponnes versetzt würde. Im Talgrund zu Füßen der Orakelgrotte des Kalchas lag, mit dieser durch den Bach Altenos verbunden, das Heiligtum des Äskulap, dessen Sohn Podailirios den Tempeldienst besorgte. Kalchas der Menschenführer, Achill der Heerführer und Podailirios der Heilende waren miteinander befreundet. Nach Achills Tod übernahm Diomedes dessen Stellung im Heer. Er, und nicht Odysseus, war es, der das begehrte Palladium nach Griechenland brachte. Er war damit zu einem Eingeweihten in die höchsten Mysterien geworden. Aeneas, der Nachfolger des Hektor, und Diomedes, der Nachfolger des Achill, die eingeweihten Vertreter der neuen Generation, sollen sich nach Beendigung des trojanischen Feldzuges zunächst auf dem Gargano getroffen und ihre verschiedenen Aufgaben abgesteckt haben, bevor Aeneas über Karthago und Sizilien des Palladium, und damit die Weltherrschaft, nach Rom gebracht haben soll. Vergil will von diesem Abstecher des Aeneas allerdings nichts mehr wissen. Auch Kalchas, die alte Generation vertretend, hat den Gargano und sein Orakel nicht mehr wiedergesehen. Doch sein Heiligtum war offensichtlich in der frühen Kaiserzeit noch ›in Betrieb‹. Strabo berichtet davon. Auch von den dortigen Initiationsriten. Auf dem Altar, unter dem das Wasser des Altenos hindurch rauschte, wurde ein schwarzer Schafbock geopfert. Dessen Blut verband sich mit dem Wasser. Im frischabgezogenen Fell des Widders mußte der Empfänger des Orakels nach Einnahme eines berauschenden Getränkes (dionysische Weinopfer) die ganze Nacht verbringen.

Die Berichte des 5. Jhs. über die heidnischen Kulte auf dem Monte Drion lassen aber auf Mithraskulte schließen. Daß bis zur Anerkennung des Christentums (313) christliche und mithräische Kulte nebeneinander bestehen konnten, teilweise in denselben Gebäuden zelebriert, ist bekannt, auch die Verwendung von Symbolen wie Brot und Wein, Initiationsriten wie Taufe oder Blutopfer: »Wein, sprühendes, heilendes Wasser und das Blut der geopferten Tiere waren die äußeren Elemente dieser Weihestätte des Kalchas. Auch Michael hat die Kugel mit dem Wasser des Lebens in der Linken und das Schwert in der Rechten, mit dem er den Drachen vernichtet, dessen Blut die Erde färbt. Das Opfer eines schwarzen Tieres war den damaligen Menschen ein Bild für die Überwindung der eigenen Begierden, die Besiegung der eigenen Tier- oder Drachennatur. Erst danach konnten sie Erleuchtung empfangen.« Soweit dazu wieder Keyserlingk. Dies und der Umstand, daß schon zu Konstantin d. Gr. Zeiten in Byzanz das Vesta-Heiligtum in ein Michaelion umgewandelt worden war, ist für Lueck und Keyserlingk die Bestätigung dafür, daß der inzwischen christianisierte Erzengel »die alte Inkubationsmantik vertrete«.

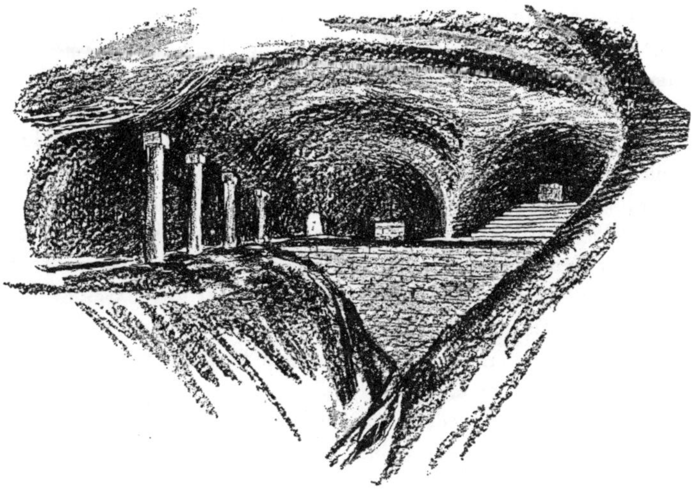

Die Grotte des Erzengels, vorchristlicher Zustand (nach Keyserlingk)

Doch nicht nur die Grotte auf dem Monte Drion und der Göttersitz des Daunos auf dem Monte Dodona waren die einzigen Zielpunkte der Gottes- und Erlösungssuchenden. Das ganze Gebirge war übersät mit einer Unzahl heiliger Orte – z. B. Vieste mit Vestatempel und Nekropolen oder Siponto mit Katakomben – und durchzogen von genau vorgeschriebenen Pilgerwegen, von denen es drei Hauptrouten gegeben haben soll. So untrennbar wie den Hellenen die Dioskuren waren, so eng zusammen gehörten den frühen Christen die Erzengel Michael und Raffael. Auch dieser christlichen Gedankenverbindung hatten die antiken Religionen im Gargano vorgearbeitet. Dem Lichtengel gleichwertig zur Seite stand der Götterbote. Apollo, sein Priester Kalchas und sein Orakel fanden ihre Entsprechung in Hermes, seinem Priester Asklepios bzw. dessen Sohn Podailirios und dem Asklepios-Heiligtum im Tal Carbonara unterhalb der »schrecklichen« Grotte. Wer die Stärkung und Erleuchtung durch Michael hinter sich gebracht hatte und nicht über das Tal Carbonara zurück in die Welt strebte, der unterzog sich im ehemaligen Heiligtum des Asklepios der notwendigen Reinigung und Heilung durch Raffael, bevor er zur letzten Stufe der Erkenntnis und Teilhabe am göttlichen Geheimnis hinaufzog zum Monte Sacro.

Auch der heiligste der Heiligen in der Nachfolge Christi, Franz von Assisi, hatte hier ein einschneidendes ›reinigendes‹ Erlebnis nach dem vorherigen Besuch des Michael-Heiligtums. Die letzte Stufe der Selbstfindung in Gott vollzog sich, nur für wenige Eingeweihte, auf dem Monte Sacro, in dem dortigen Kloster der SS. Trinità. Das letzte große Ich-Erlebnis wurde hier zum Pfingst-Erlebnis. Die alte griechische Erkenntnis von der Wesensart des Menschen, von seiner Dreieinigkeit aus Körper, Seele und Geist wurde hier zum letzten Mal dem Gottsuchenden vermittelt, bevor sie verderblicherweise 869 durch das achte ökumenische Konzil von Konstantinopel verboten und damit ausgelöscht wurde für die Masse der Gläubigen. Die drei christlichen Feste Weihnachten, Ostern und Pfingsten setzen das Mysterium der Dreiheit fort.

Das Kloster auf dem Monte Sacro war nicht zufällig der Heiligen Dreifaltigkeit geweiht. Der Sage nach hätte die große Schlange in grauer Vorzeit im Gargano gewohnt, Michael habe sie überwunden und Raffael wollte sie in den Heiligen Geist verwandeln. Im Monte Sacro als der letzten Inkubationsstufe der Gargano-Kulte wirkte das Symbol der Taube, die sich aus der Schlange erhob. Wer etwas über mittelalterliche Religiosität erfahren will, muß sich mit dem Kult des Erzengels hier an seiner Heimstätte auseinandersetzen. Er lernt dabei auch viel über die Kontinuität in Jenseitsvorstellungen und Aneignungsriten. Der alte Göttersitz und Nachfolger des Dodona-Orakels, der Gargano, wußte seine Strahlungen auch in christlicher Zeit auszusenden. Der Erzengel hatte nicht unüberlegt seine Heimstatt im Abendland gewählt. Genausowenig zufällig war auch seine Zeitwahl dieses unerhörten Geschehens. Und noch eines lehrt der Exkurs: Apulien als Ganzes war seit Menschengedenken, nicht nur der heilige Berg Garganus, ein fester Bestandteil jener panhellenischen Welt, die im 8. Jh. v. Chr. noch einmal nach Westen hin eine Erweiterung erfuhr.

Die für Apulien mit den Flaviern einsetzende und unter den späten Kaisern systematisch fortgeführte Städteförderung hatte im 3. Jh. ihren Höhepunkt erreicht. Die in diesem Jahrhundert spürbar werdende Krise des römischen Imperiums brachte nicht nur die zu erwartende Rezession, sondern eine erneute Umstrukturierung des Wirtschaftsgefüges. Nach kurzem städtischem Höhenflug findet das Land zur alten, ihm ganz eigenen Stärke, der Landwirtschaft, zurück. Im 4. und 5. Jh. wird Apulien erneut neben Nordafrika und Sizilien zum größten Getreideanbauer des Reiches, diesmal nicht nur als Reserve für den Inlandsbedarf, sondern auch für den Export. Viele Kleinstädte verfallen, entvölkern sich. Funktionierende Gemeinwesen bilden nur noch die Hafenstädte Siponto, Tarent, Brindisi und Otranto und die reichen Inlandstädte Lucera, Canosa und Lecce. Die Kalabresen (= Salentiner) gelten ihren Zeitgenossen als ausgesprochen wohlhabend. Florierende Textilindustrien besaßen Canosa und Tarent, letzteres auch noch ausgestattet mit einer staatlichen Purpurmanufaktur. Basis der blühenden landwirtschaftlichen Produktion waren nicht mehr die ehemals extensiv betriebenen Latifundien, sondern intensiv genutzte Grundstücke privater, staatlicher oder kirchlicher Natur.

Während die Provinzen des Nordens und Westens zusammenbrechen und ihrem wirtschaftlichen Ruin entgegensehen, beginnt für die zweite Region *Apulia et Calabria* geradezu eine Phase des Fortschritts und des Reichtums. Die Gründe für diese gewiß erstaunliche Sonderentwicklung lagen zum einen darin, daß die Region praktisch bis zum Ende des Gotenkrieges verschont blieb von den Stürmen der Völkerwanderung, und zum anderen in der Entwicklung im östlichen Mittelmeer, deren Konsequenz ja schon die Verlegung der Reichshauptstadt an den Bosporus war. Für die alte Kapitale Rom blieb Apulien die östlichste Region und Ende der Via Appia, Einschiffungsort nach Griechenland und Syrien, Landpfründe zur Versorgung verdienter Leute. Jetzt am Ende des 4. Jhs. war Apulien wieder aus seiner Randlage in eine Schlüsselstellung im Konkurrenzkampf zwischen Rom (Abendland) und Byzanz (Morgenland) geworden und sollte dies für etwa 1000 Jahre bleiben. Wiederum war der politische, wirtschaftliche und kulturelle Höhenflug gebunden an die andere Adriaseite, bzw. an Griechenland.

Durch die regen Kontakte mit dem Orient und verstärkt durch die besonders seit Honorius (395–423) angewachsenen jüdischen Gemeinden, wird wohl das Christentum ins Land gekommen sein, wie die lokale Legende will, sogar früher als nach Sizilien, Neapel oder Rom. Der heilige Petrus soll vor seiner Weiterreise nach Neapel zunächst in Siponto seinen Fuß auf italienischen Boden gesetzt und dort eine christliche Gemeinde hinterlassen, sogar das Bistum gegründet haben. Im Laufe des 5. Jhs. finden wir die einst römische Verwaltungsorganisation der Diözesen fest in der Hand christlicher Bischöfe. Die römischen Bischöfe von Leo I. bis Johannes I. betrieben systematisch den Ausbau der Diözesanordnung. Abgesehen von dem Sonderfall Canosa, bereits seit 343 als Bischofssitz bekannt, stammen unsere Kenntnisse der ältesten Bistümer Apuliens gerade aus dieser Zeit: Salpi, Siponto und Bari sind aus den Konzilsakten von 465 als Bischofssitze bekannt. Durch Briefe, Weihen und Verfügungen Papst Gelasius' I. (492–496) sind bekannt Tarent, Lucera, Brindisi und Carmignano. Um 500 erstmals erwähnt sind ebenfalls Aecae (Troia), Herdonia, Trani und Egnazia. Von Otranto und Lecce, die um diese Zeit sicher schon eine Christengemeinde besaßen, ist über einen Bischof nichts bekannt. Für Gallípoli ist erstmals für das Jahr 551 ein Bischof erwähnt.

Erzengel Michael (vom Thron im Grottenheiligtum)

Das Ende des 5. Jhs. war also für die Durchsetzung des Christentums als allgemeine Religion von größter Bedeutung. Der Einfluß des Bischofs von Rom auf die apulischen Diözesen erwies sich in diesem Zeitraum als besonders stark und prägend. Daneben hatte aber Ostrom nie aufgehört, seine berechtigten Hegemonialansprüche auf Italien geltend zu machen, auch im Bereich der Diözesanverwaltung. Gerade als Rom besonders aktiv die Diözesen Unteritaliens organisierte und kontrollierte, schickte Kaiser Zeno persönlich den zusammen mit Theoderich d. Gr. aufgezogenen Sproß der Kaiserfamilie Lorenzo Majorano als Bischof nach Siponto, so wichtig war ihm diese Hafenstadt zu Füßen des heiligen Berges Gargano. Dieser in politischen Dingen erzogene und erfahrene Kirchenmann, Lorenzo, als vorgeschobener Posten Konstantinopels in Glaubens- und Kirchenfragen, holte in seinem Kampf gegen den wachsenden Einfluß Roms den Schutzengel der Kaiser persönlich nach Apulien, und der ›Archestrategos‹ (Oberbefehlshaber der Streitkräfte) tat seinen Dienst recht erfolgreich, wie wir hörten.

Mochte auch Rom im Bereich der Diözesanverwaltung auf lange Sicht im voraus erfolgreich gewesen sein, die Besetzung des heiligen Berges mit Michael und dessen Siegeszug durch Europa war zunächst ein Triumph der Ostkirche über das Abendland. Im Verehrungszentrum der Götter und Heroen, von Janus, Zeus, Dodona, Daunos, Apollo, Diana, Hermes, Äskulap, Vesta, Kalchas und Mithras war Michael siegreich eingezogen. Also, Zufall war es gewiß keiner, als gegen Ende des 5. Jhs. der Erzengel im Gargano einzog, bzw. daß Bischof Lorenzo ihn hierher holte. Denn gewiß mochte sich der gewiefte Taktiker auch ein wenig Eigenwerbung für sein Kaiserhaus dabei ausgerechnet haben; wem mochte man verdenken, wenn er die Worte *»Quis ut deus?«* auf dem Schilde des kaiserlichen Hausengels auch ein wenig in dem Sinne las: *»Quis ut* *basileus?«*, also: Wer ist wie der gesalbte Kaiser? Immerhin hatten die Apulier neben der Rückgewinnung der geopolitischen Zentralstellung auch noch durch diese kulturpolitische Aktion des Lorenzo das Hagion Oros, das größte Heiligtum und Pilgerzentrum des Abendlandes – lange vor Santiago de Compostela am anderen Ende Europas – gewonnen. Erst im auslaufenden 13. Jh. mit dem Ende der Kreuzzugsbewegung ließ auch die Begeisterung für den Erzengel und seine Pilgerfahrt nach.

Ebensowenig zufällig wie der Zeitraum der Erscheinung des Engels sind auch die beiden Daten der größten Feierlichkeiten im Grottenheiligtum: am 8. Mai und am 29. September. Beide Termine fallen nicht nur mit wichtigen jahreszeitlich bedingten Daten der agrarisch-viehhalterischen Zivilisation der garganischen Bevölkerung zusammen, darüber hinaus markiert der 8. Mai, jener Tag, an dem der Erzengel zum ersten Mal dem Bischof von Siponto erschienen sein soll, auch jene Zeit, in der die Erde genau im Tierkreiszeichen des Stieres, also des Opfertieres des Mithraskultes, steht. Und der 29. September beendet die Woche nach dem Herbstbeginn, des zweiten jährlichen Äquinoctiums. So verbreitet war im frühen 9. Jh. bereits der Michaelskult, daß Karl d. Gr. 813 auf dem Konzil zu Mainz den Erzengel zum Schirmherrn des Reiches erklären und mit Genehmigung des Papstes den 29. September zum deutschen Reichs- und Kirchenfeiertag ausrufen ließ.

5 Schwere Zeiten: Goten, Langobarden, Byzantiner und Araber

Mit der Ankunft des Erzengels auf den Gargano im letzten Jahrzehnt des 5. Jhs. haben wir uns der Grenze zum Mittelalter beträchtlich genähert. Die Besitznahme des Berges durch den himmlischen Feldherrn zeigt alles in allem höchst mittelalterliche Züge. Die für Italien so entscheidende Regierung Theoderichs d. Gr. läßt sich weder eindeutig für die Antike noch für das Mittelalter vereinnahmen. Tatsächlich bedeutet die Zeitspanne von 475 bis 800, zwischen der Absetzung des letzten römisch-antiken Cäsars und der Krönung des ersten Kaisers des Mittelalters in Rom, eine höchst komplexe Umwälzung von ungeheurer kulturhistorischer Tragweite. Unter Justinians fast 40jähriger Regierung begann sich der Riese vom Bosporus ganz gewaltig zu recken, die sogenannte byzantinische Reconquista nahm ihren Anfang. Von all den Reichsteilen des Imperium Romanum hatte ausgerechnet jene zweite Region *Apulia et Calabria*, die ganz im Herzen des Mittelmeers gelegen war, als letzte die Auswirkungen der Völkerwanderung zu spüren bekommen. Erst in der Schlußphase des Gotenkrieges war 542 Apulien doch noch in die kriegerischen Auseinandersetzungen zwischen Ostgoten und Byzanz hineingezogen worden. Ja, Apulien war neben Kampanien zum Hauptaustragungsort der Endphase dieses Krieges geworden. Die Verluste an Menschen und Sachwerten waren ungeheuer. Auch an Apulien war also der Kelch der Völkerwanderung nicht vorbeigegangen. Hier sollte diese gewaltige Verschiebung ganzer Völker ihr Finale furioso feiern: Langobarden und Normannen.

Kaum begann sich der byzantinische Sieg abzuzeichnen, als Justinian schon zielstrebig die politische Durchsetzung seines Gesetzeswerkes im rückeroberten Süditalien in Angriff nahm. Begleitet wurde diese Rechtsreform von der Einführung des griechischen Kirchenrechts und der Verbreitung der griechischen Sprache, so daß zu Recht von einer zweiten Hellenisierung gesprochen wird. Ihre Auswirkungen sind auch in der Architektur des Landes erkennbar, z. B. Zentralbauten als Nachbildungen ›en miniature‹ der Hagia Sofia in Nocera Sup. und in Canosa. Doch zur inneren Stabilisierung blieben der Region nur 20 Jahre. Dann brach erneut das Unglück herein: die Langobarden.

Für Süditalien wiederholt sich alles. Erneut war aus dem pannonischen Raum auf dem Landweg ein indogermanisches Volk in die Apenninenhalbinsel eingedrungen, hatte sich im Landesinneren festgesetzt und drang vom sicheren Gebirge aus in mehreren aufeinanderfolgenden Wellen gegen die städtische Zivilisation an der Küste vor. In Benevent etablierte sich ein recht eigenständiger Ableger des norditalienischen Langobardenstaates von Pavia. Auch wenn die Langobarden keine nennenswerten Großbauten oder Kunstwerke hinterlassen haben, darf ihr Einfluß in Süditalien keineswegs unterschätzt werden, dauerte ihr politisches Regiment doch von der Gründung der Beneventaner Dynastie bis zum endgültigen politischen Niedergang durch die Normannen in der Mitte des 11. Jhs. ein halbes Jahrtausend. Auch kulturgeschichtlich bleibt die Vorherrschaft der Langobarden nicht ohne Konsequenzen. Ganz anders als die Ostgoten duldeten die neuen Herren keine anderen Städte und Stadtbistümer außer Benevent. Mit den Winilern, so der richtige Name der Langobarden, gelangten germanische Vorstellungen in Herrschaftsformen, Leben und Gesetzgebung südlich des Fortore. In vielerlei Hinsicht haben die Langobarden den Normannen und Staufern den kulturgeschichtlichen Boden bestellt.

Als 680 sowohl der Bischof von Rom als auch der Basileus in Konstantinopel den Besitzstand der Herzöge von Benevent nach dem Status quo anerkennen, eröffnet dies die Möglichkeit zu kulturellen Annäherungen, z. B. der Zulassung anderer katholischer Bischöfe im Herzogtum. Im 8. und 9. Jh. wird die Geschichte des süditalischen Festlandes fast unübersehbar: Die mit der Eisenkrone von Monza ererbten Ansprüche der fränkischen Kaiser auf das langobardische Süditalien, die kirchenpolitischen Differenzen zwischen Rom und Byzanz (Abgabenreform und Bilderstreit unter Leo III. dem Isaurier), die Eroberung von Sizilien durch die Araber, die Abspaltung kleiner Herzogtümer von Benevent (Capua, Salerno), die Auflösung des neapolitanischen Herzogtums in die Seerepubliken Neapel, Gaeta und Amalfi usw. Ein Ende dieses Chaos' war nur durch eine Koalition der Großmächte denkbar. Doch das Bündnis zwischen dem Bischof von Rom, Ludwig II., und Basileus I. bringt nur vorübergehend Erfolg.

Die Vertreibung der Araber und die Brechung ihrer Vorherrschaft zur See, aber auch die Neustrukturierung des total ausgebluteten Landes konnte nur die für Süditalien zuständige Großmacht Byzanz in den Griff bekommen. Seit der Einnahme von Tarent durch die byzantinische Flotte organisierte Ostrom die Befriedung des Landes, offensichtlich unterstützt durch eine Art Konkordat mit Rom in den strittigen Glaubensfragen. Neben der Südwestspitze Italiens war auch das ursprüngliche Kalabrien (Terra d'Otranto) praktisch ununterbrochen

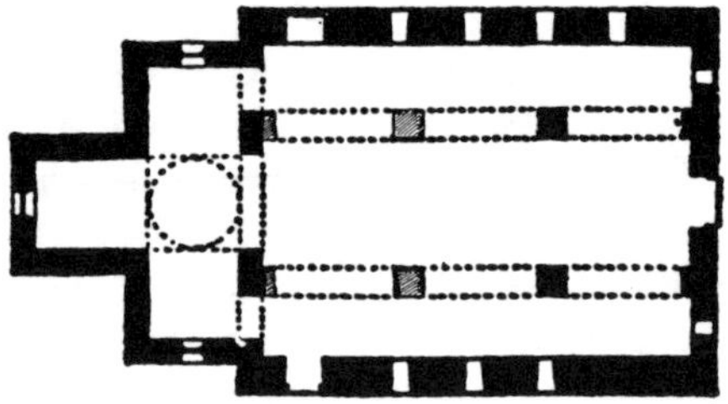

Casaranello, S. Maria della Croce, Grundriß

griechisch geblieben. In Kallipolis war ein griechischer Bischof weiter im Amt, und Hydruntum (Otranto) genoß den Rang eines autokephalen Bistums. Der lateinische Bischof von Brindisi war vor der sarazenischen Gefahr ins Landesinnere nach Oria geflohen. Byzanz gelingt es, auch die restlichen süditalienischen Territorien zu kontrollieren. 915 kann eine Koalition aus Rom, Spoleto und Byzanz die letzten arabischen Stützpunkte beseitigen. Schon 892 hatte der Befehlshaber des *Thema Langobardia* (Apulien) seinen Amtssitz in Bari aufgeschlagen. Die danach sich anschließende Verschnaufpause für das Land wird nur noch dreimal kurz unterbrochen durch einen Plünderungszug der Ungarn (946, bis Otranto), den vergeblichen Versuch Ottos I. in die Geschicke des Landes einzugreifen (962) und einen Aufstand der apulischen Bevölkerung gegen Byzanz. Letzteres zeigt unverkennbar, daß das Land sich im 10. Jh. bereits so weit wirtschaftlich erholt hatte, daß es wagen konnte, der Weltmacht die Stirn zu bieten. Doch die divergierenden und miteinander konkurrierenden Kräfte des Landes egalisieren sich gegenseitig und spielen letztlich Byzanz in die Hand. 975 wird der gesamte unteritalische Besitz zusammengefaßt unter einem einzigen Befehlshaber, dem »Obersten Italiens« (= Katapan), mit Sitz in Bari.

Auf weitere sarazenische Inkursionen antwortet das Reich vom Bosporus mit dem systematischen Ausbau sowohl der Küstenstädte als auch einer Kette von Verteidigungsanlagen im Norden des Landes, so in Dragonara, Civitate, Troia, Fiorentino, Siponto, Vieste, Lucera und gegen den Apennin zu Melfi. Eine besondere Rolle in der Politik der Byzantiner spielen die Städte Otranto als autokephales Bistum, Bari als Sitz des Katapans und Siponto als von Byzanz geförderte unabhängige Seerepublik. Doch der eigentliche Konflikt schwelte weiter. In der Terra d'Otranto, einem der beiden Hauptgebiete byzantinischer Graecität, waren Kallipolis und Hydruntum Bistümer der Ostkirche, die altapulischen Bistümer Tarent, Oria (Brindisi), Bari, Canosa, Lucera und Siponto waren lateinisch geblieben. Als 968 der Erzbischof von

Otranto griechische Bischöfe als Suffragane in Acerenza, Turi, Gravina, Matera und Tricarico einsetzte, antwortete Rom prompt im Jahr darauf mit Erhebung von Benevent zum lateinischen Erzbistum, was die Möglichkeit zur Einrichtung neuer Suffraganbistümer im apulischen Norden eröffnete. Als 975 Byzanz Bari zum Sitz des Katapans für ganz Süditalien erkor, war die römische Antwort die Erhebung derselben Stadt zum Erzbistum (981) mit zugehörigen Suffraganen Trani, Monopoli, Ostuni und Brindisi. Als kirchenpolitische Spitze gegen das lombardische Benevent gestattete Byzanz im selben Jahr die Erhebung von Siponto zum Erzbistum.

Ein Teil dieser Kirchen- bzw. Kulturpolitik betraf auch das Mönchstum. Die permanenten Kriege und die stetige Gefahr sarazenischer Inkursionen hatte seit dem 6. Jh. nicht nur die Flucht ins Landesinnere und auf Bergeshöhe gefördert, dem Niedergang der antiken Städte entsprach eine regelrechte Bevölkerung auf der Flucht, eine Untergrundzivilisation. Hauptträger dieser Zivilisation in Grotten und Tälern war das basilianische Mönchstum im ständig byzantinisch gebliebenen apulischen Süden, den heutigen Provinzen Tarent, Brindisi und Lecce. So wurde das von den Kaisern unentwegt geförderte basilianische Mönchtum Hauptträger sowohl des christlichen als auch des nationalen Widerstandes und hat in Verbindung mit dem Bauerntum das griechische Volkstum in Apulien über die Jahrhunderte gerettet.

Der Rückzugscharakter der Kirchenarchitekur dieser Periode drückt sich auch in der Kleinheit dieser Gebäude aus. Man denke dabei nur an die Gotteshäuser der Erzbischöfe von Siponto oder Otranto. Der politische und kulturelle Einfluß von Byzanz prägte die gesamte süditalienische Zivilisation des frühen Mittelalters. Zentralbauten bzw. diesen angenäherte Bauformen mit Kuppelabschluß bestimmen das Bild des Landes. Aber nicht nur Apulien oder ganz Unteritalien steht unter dem Einfluß von Byzanz. Selbst das Ottonische Kaisertum erlebt Ende des 10. Jhs. die Phase des größten Kultureinflusses durch Ostrom. 990 trifft Otto III. mit dem hl. Nilus in Gaeta zusammen, wenige Jahre später pilgert er barfuß auf den Gargano zum Erzengel.

Otranto, S. Pietro, Grundriß, 9.–10. Jh.

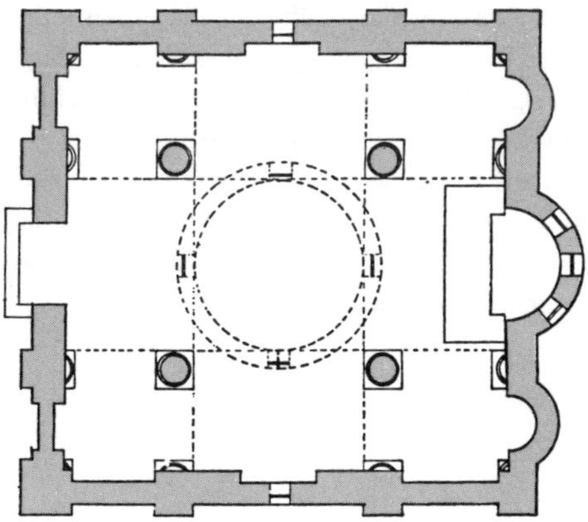

Als sich 1009 die wiedererstarkten Städte des Barese, nämlich Bari, Bitetto, Bitonto und Trani, gegen das byzantinische Joch erheben, finden sie moralische Unterstützung bei den traditionellen Gegenspielern von Byzanz, beim römischen Bischof und bei den langobardischen Kleinfürsten. Doch der zuständige Katapan Basilius Mesardonite aus kaiserlicher Familie reinigt mit eisernem Besen Bari, wo als sichtbares Zeichen der Macht und Größe, vor allem der militärischen Präsenz von Konstantinopel, 1011 der sogenannte Hof des Katapans errichtet wird. Melo, der Haupträdelsführer der aufsässigen Städte, flieht über Ascoli und Benevent nach Capua. Die Flucht endet schließlich 1015 in Bamberg am Hof Kaiser Heinrichs II., der ihn gegen Byzanz mit der Verleihung des Titels ›Herzog von Apulien‹ zwar ermuntert aber keine Heeresfolge zusagt. Von Bari nach Bamberg. Die Wege sind weit, doch das Abendland rückt näher zusammen, wenn es einen gemeinsamen Feind hat, der Byzanz heißt. Wieder zurück in Apulien, findet im selben oder darauffolgenden Jahr eine für das Land und für die ganze mittelalterliche Welt verhängnisvolle Zusammenkunft statt. Und wo anders konnte diese schicksalsträchtige Zusammenkunft stattgefunden haben, als auf dem heiligen Berg Italiens, in der Grotte des Archistrategen Michael. Zumindest will es die Darstellung des Wilhelm von Apulien so, und auch die jüngste Historiographie erkennt diese Lesart des damaligen Geschehens an.

Wahrscheinlich noch im Herbst 1015 traf eine Schar normannischer Jerusalempilger, die auf dem Rückweg in die Heimat nicht umhin konnte ›ihrem‹ Heiligen und Schutzengel auf dem Gargano einen Besuch abzustatten, den gerade dort weilenden Konspiranten gegen die byzantinische Besatzungsmacht, eben jenen Melo. Von ihm erfuhren sie die Verhältnisse Süditaliens und daß hier für eine gerechte Sache immer tapfere Krieger willkommen wären – und gut bezahlt würden, bzw. einträgliche Beute finden könnten. Bereits im Frühjahr 1016 meldeten sich die ersten Freiwilligen in Rom bei Papst Benedikt VIII., der einen Teil von ihnen nach Salerno zum dortigen Fürsten Waimar und den anderen Teil nach Capua zu Melo schickte. Doch nach einigen Anfangserfolgen der Aufständischen schlägt 1018 der Katapan Boioannes jene vernichtend bei Cannae.

Apulier, Langobarden und Normannen bleiben auf dem Schlachtfeld zurück. Melo flieht erneut nach Bamberg, wo er 1020 stirbt, nicht ohne diesmal, unterstützt durch die Worte des Pontifex in Rom, Kaiser Heinrich II. zu einem militärischen Eingreifen in seinen südlichen Lehen zu bewegen. Der Feldzug bringt nichts. Die byzantinische Macht in Unteritalien scheint ungebrochen. Die Aufstände von 1009 bis 1021 haben uns aber nicht nur noch einmal die altbekannten Kontrahenten Rom, Byzanz, Langobarden und deutsches Kaisertum zusammengeführt, sie haben auch die künftige Konstellation vorbereitet. Die Araber sind ganz ausgeschieden, die Langobarden haben sich in der landesinternen Erhebung auf der Seite der Einheimischen eingeordnet, ebenso das Papsttum, das eigene Ziele gegenüber Byzanz verfolgt. Am wichtigsten aber erscheint doch das Mitwirken zweier neuer Kräfte im süditalienischen Spannungsfeld. In doppelter Hinsicht nämlich haben die Aufstände unter dem Bareser Melo dem Land ein schweres Erbe hinterlassen. Zum einen haben wir es erstmals mit einem geschlossenen Block einheimischer Aufständischer, echter Freiheitskämpfer, zu tun, deren Beispiel von Stund' an den Apuliern gezeigt hat, daß Byzanz verwundbar ist, zum anderen hat in dem Kampf, wenn auch nur in kleiner Zahl und als Söldner, ein neues Element das Schwert geführt, die Normannen. Von nun an reißt weder der Zustrom an normannischen Söldnern noch die Zahl der politischen Aufstände der Bevölkerung gegen Byzanz ab.

III Vom »Terror mundi« zum »Stupor mundi«

Canosa, Bronzelöwe vom Bohemund-Mausoleum

1 Aufstieg und Erbe des Schlaukopfes

In den konjunkturell bedingt an Wohlstand und Bevölkerungszahl wachsenden Städten bildet sich eine neue Mittelschicht heraus, die sich als Vorkämpfer eines neuen Bewußtseins – auch von politischer Unabhängigkeit! – versteht, zusammen mit den Bischöfen neue geistige Zentren in Form größerer Kathedralen errichtet, die Städte als Ganzes neu gestaltet und sowohl unter sich als auch im Geschäftsverkehr den Gebrauch der griechischen Amtssprache ablehnt. Es ist eine Schicht, die ihr Ich in der lokalen und lateinischen Tradition wiederfindet. Doch bleibt die alle Lebensbereiche durchdringende Zivilisation der Großmacht Byzanz vorherrschend und die nie mehr abreißenden Aufstände der Einheimischen gegen die griechische Vormundschaft richten sich vor allem gegen die notorische Unfähigkeit der ›Schutzmacht‹ für die Sicherheit des Landes von außen und für Ordnung im Inneren zu sorgen. Insgesamt entsteht zum dritten Male in Apulien, diesem Land der Agricultura, eine ausgesprochene städtische Kultur.

Die Schlacht von Cannae hat nicht nur diese ausgesprochen positive Wirkung erzeugt, sie hat auch ein permanentes Manko der eingesessenen Bevölkerung aufgedeckt. Diese war nie ein Volk von großen ›Helden‹ gewesen. Man weiß nicht, ob man dieses Verhalten als kriegsunfähig oder kriegsunwillig bezeichnen soll. Sicher, ein Volk von überwiegend Ackerbauern und Viehzüchtern ist im Regelfalle nie besonders kriegsinteressiert, doch im Vergleich dazu: Auch die Römer der republikanischen Zeit waren ein Volk von Ackerbauern! Auch diesmal, zu Beginn unseres Jahrtausends, wiederholt sich für Apulien Typisches: Wie schon König Daunos, zumindest dem Mythos zufolge, sein Land nur mit Hilfe von Fremden (Diomedes) geordnet und vergrößert hatte, wie schon Tarent im Kampf gegen Rom sich nur auf die Unterstützung durch epirotische, spartanische oder sizilische Heerführer verlassen hatte, statt wie zu des Archytas' Zeiten auf die eigene Stärke zu bauen, so hatte auch Melos Verhalten erneut diese unselbständige oder halbherzige Haltung bei der Verteidigung eigener Interessen aufgezeigt. Und wie schon die von Tarent zu Hilfe gerufenen Heerführer der Antike gleich mit den ersten Erfolgen ihre eigenen, von den Interessen des zu verteidigenden Landes losgelösten Absichten verfolgten, so tun dies nun die ins Land gerufenen germanischen Söldner, die bei der mittelalterlichen Kampfesweise als Einzelkämpfer große militärische Bedeutung haben. Sie kämpfen an allen Fronten und für jeden, der zahlt. Oft kämpft Normanne gegen Normanne, als Söldner in verschiedenen Lagern. Einigen gelingt es, wie z. B. Rainulf Drogonet, ein Stück Land für ihre Dienste zugewiesen zu bekommen. Noch ist nicht das 4. Jahrzehnt unseres Jahrtausends zu Ende, als die Krise der oströmischen Herrschaft in Süditalien erkennbar wird. In dieser zweiten Phase des antibyzantinischen Kampfes werden die auf eigenes Konto agierenden Normannen zum ausschlaggebenden Faktor. Noch einmal kommt es zu einer antigriechischen Allianz von Normannen und apulischen Städten, was 1041 mit einem Sieg der Verbündeten endet. Der Aufstand weitet sich aus zu einem regelrechten Bürgerkrieg, dessen Sieger am Ende die einzelnen normannischen Heerführer mit Landgewinnen in Troia, Giovinazzo, Trani usw. sind.

Doch all diese kleinen Einzelerfolge der normannischen Scharführer wären wohl eine unbedeutende Episode in der Geschichte des Landes geblieben, wären dabei nicht die tatendurstigen, als Einzelkämpfer wie als Heerführer oder Politiker gleichermaßen begabten Söhne des in der Normandie gebliebenen Tankred d'Hauteville auf die Bühne der Geschichte getreten. Zunächst waren es die drei ältesten Söhne aus erster Ehe, Wilhelm Eisenarm, Drogo und Humfried, die 1037 erst in byzantinischen Diensten, dann in eigener Regie, in das süditalienische Geschehen mit Schwertgewalt eingriffen. Bereits sechs Jahre danach hatte sich Wilhelm so sehr das Ansehen seiner Landsleute erworben, daß sie ihn in Melfi, unter Zustimmung des Fürsten Waimar V. von Salerno, zu ihrem Herzog (nur im Kriegsfalle) erwählten. Der Reihe nach ging der Titel an die übriggebliebenen Brüder Drogo (1045) und Humfried (1050). Im Todesjahr von Drogo hatte Kaiser Heinrich III. auf dem Hoftag zu Capua die Besitzungen der Normannen als Reichslehen anerkannt. Der Gedanke an eine eigene Reichsgründung lag den nordischen Condottieri noch fern.

Im selben Jahre aber betritt ein neuer Sproß der Hauteville, der älteste Sohn Tankreds aus zweiter Ehe, nämlich Robert, den Kampfplatz. Seine Zeitgenossen sollten ihn Guiscard (= Schlaukopf) aber auch »Terror mundi« (= Schrecken der Welt) nennen. Beide Titel trug er wohl zu Recht. Dieser Robert Guiscard gehört zu den schillerndsten und eindrucksvollsten Gestalten des hohen Mittelalters. Selbst Anna Komnena, die Guiscard selbst nicht vom Augenschein her kannte, konnte nicht umhin, bei aller Verachtung und allen Vorbehalten gegenüber einem solchen Emporkömmling, ihre Bewunderung für diesen Ritter ihrer Zeit auszudrücken: »Sein ganzes Streben war darauf gerichtet, es den Mächtigsten dieser Erde gleich zu tun. Wenn er sich einmal etwas in den Kopf gesetzt hatte, konnte ihn keiner und nichts davon abbringen; niemand verstand es besser als er, alles einzusetzen, um ein einmal gestecktes Ziel zu erreichen. Die größten Krieger überragte er um Haupteslänge. Er hatte lange blonde Locken, breite Schultern, und seine Augen schleuderten Blitze. Oft habe ich sagen hören, daß er durch das harmonische Ebenmaß seines ganzen Körpers als vollkommen schön zu gelten habe. Wie Homer von Achill berichtet, daß man glaubte, eine große Zahl von Menschen gleichzeitig reden zu hören, wenn man seine Stimme vernahm, so erzählt man von Guiscard, daß sein Ruf genüge, um eine Armee von sechzigtausend Mann in die Flucht zu schlagen. Deshalb versteht man, wenn er, durch die Kraft des Körpers gleichermaßen wie durch die Vorzüge des Geistes so wunderbar ausgezeichnet, sein Leben nicht in niederer Stellung verbringen wollte.«

Die nun seit der Mitte der 40er Jahre offen für ihren eigenen Nutzen kämpfenden ehemaligen Söldner waren plötzlich zu einer neuen Gefahr für das Land geworden. Die Bevölkerung hatte recht bald den Umschwung zu spüren bekommen. 1050 auf der Synode von Siponto muß der neue Papst Leo IX. (seit 1048) persönlich die apulischen Beschwerden wegen der räuberischen Übergriffe der Normannen entgegennehmen. Leo IX. als leidenschaftlicher Anhänger des neuen Reformkurses kann nicht anders, als sich von den von seinen Vorgängern so pfleglich behandelten Mitkämpfern gegen Byzanz zu lösen. Noch einmal kommt es zu einer ›heiligen‹ Allianz zwischen Papst und Ostrom. Doch bevor sich die Heere der Verbündeten vereinigen können, haben die in ihrer Existenz bedrohten Normannen ausnahmsweise und schnell ihre internen Händel begraben und in gemeinsamer Sache das zwar zahlenmäßig überlegene aber aus rasch zusammengekauften Söldnern bestehende Heer des Papstes bei Civitate (1053) geschlagen und den Papst selbst in ihre Hände gebracht.

Doch die Normannen bewiesen bei der Gelegenheit, daß sie nicht nur schnell und mit aller Macht zuschlagen konnten und auf dem Schlachtfeld schier unbezwingbar waren, sondern auch, daß sie über diplomatisches Geschick, politische Weitsicht und taktische Raffinesse verfügten. Sie behandelten ihren ›Gefangenen‹ nicht nur zuvorkommend höflich, sie unterwarfen sich förmlich dem Besiegten, so daß der eigentliche Gefangene gar nicht anders konnte, als dem politischen Gegner Verzeihung zu gewähren, dessen Landerwerb feierlich zu bestätigen und ihn als neuen Verbündeten zu akzeptieren.

Der 18. Juni 1053 in Civitate markiert einen Wendepunkt in der Geschichte des Landes. Daß er zum Markstein in weltpolitischer Hinsicht werden konnte, lag weniger in der Hand des Schlaukopfes als an einer Reihe von Ereignissen, welche die politische Karte Europas entscheidend verändern sollten. Nur drei Beispiele mögen genügen: Hastings (1066), das Übergreifen der cluniazensischen Reformgedanken auf das damals ohnmächtige und verwahrloste Papsttum in Rom und Canossa (1077). Und der Laie staunt immer wieder, wenn er hören muß, daß ausgerechnet jene Instanz, die durch weltfremde Fanatiker zum entschiedensten Feind dieser sogenannten Gregorianischen Reform gestempelt worden war, deren eigentlicher Initiator war. Heinrich III. hatte 1048 die Wahl seines Verwandten zum Papst durchgesetzt und damit der Reformidee Zugang zum Stuhle Petri verschafft. Der Kaiser Heinrich III., der oberste Priester der Christenheit, Leo IX., und dessen Berater Petrus Damiani, der Urheber der mittelalterlichen Zwei-Schwerter-Theorie, waren noch ein Herz und eine Seele. Doch Leo IX. hatte auch die unversöhnlichen, dogmatisch sturen Vertreter des Primatanspruchs der römischen Kirche, nämlich Kardinal Humbert von Silvacandida und den toskanischen Mönch Hildebrand von Soana als Berater in die Kurie geholt. Praktisch waren es diese beiden, die den künftigen Verlauf der kurialen Politik bestimmten.

Gleich im Jahr nach der Niederlage des Papstes bei Civitate und dem glücklosen Vertrag zwischen Rom und Byzanz sterben die beiden Vertragspartner Leo IX. und Konstantin IX. Der Stuhl Petri ist vorübergehend vakant, und in der Kurie haben sich die ›Progressiven‹, d. h. die militanten Kräfte, durchgesetzt. Genau drei Monate nach dem Tode des gemäßigten Leo IX. legt in Konstantinopel Kardinal Humbert mit unversöhnlicher Geste – man denkt dabei unwillkürlich an den berühmten Auftritt der römischen Gesandten vor dem Areopag in Tarent – die Bannbulle für den Patriarchen Kerullarios auf den Altar der Hagia Sofia. Natürlich war der Anlaß dazu nicht jenes berühmte *filioque* des Glaubensbekenntnisses. Dieser endgültige Bruch zwischen Byzanz und Rom, zwischen griechisch-orthodoxer und römisch-katholischer Kirche war vielleicht das wichtigste Ereignis des 11. Jhs. Mit einem dramatischen und bühnenreifen Akt beginnt ein neues Kapitel der abendländischen Geschichte: Das Zeitalter der römischen Päpste des hohen Mittelalters, der Beginn des sogenannten Investiturstreites, das sich gegenseitige Aufreiben der beiden großen Universalgewalten.

Es ist müßig zu fragen, ob bei nicht gleichzeitigem Tod der beiden versöhnlichen Kontrahenten Leo IX. und Konstantin IX. dem Abendland das nun folgende unschöne Kapitel seiner Geschichte, das für beide Hauptbeteiligten tödliche Ringen, erspart geblieben wäre. Noch einmal gelingt es Heinrich III., mit Viktor II. einen gemäßigten Mann auf der römischen Kathedra durchzusetzen, doch dieser überlebt jenen nur um knapp ein Jahr. Nach dem ebenfalls kurzen

Pontifikat von Stephan IX. ist 1058 die Bahn frei für einen Vertreter der Reformpartei. Mit dem Cluny nahestehenden Nikolaus II. konnten Humbert und Hildebrand ihren Wunschkandidaten als Pontifex Maximus durchsetzen. Die beiden Kaiserthrone sind mit dem unter kirchlicher Vormundschaft stehenden minderjährigen Heinrich IV. und dem unfähigen Vertreter der Dukas-Dynastie nicht gleichwertig besetzt, und auf den Nebenschauplätzen Spanien (fortschreitende Reconquista, Santiago de Compostela) und England (Wilhelm der Eroberer) gedeiht alles nach Roms Vorstellungen. Das ist der politische Rahmen innerhalb dessen die Normannen als Nachbarn der Päpste zum Turm im römischen Schachspiel werden. Die Gregorianische Reform braucht gegen das deutsche Kaisertum den Rücken frei bzw. gegen beide Kaiser im Ernstfalle einen kräftigen Beschützer. Die Vorstellung von den Normannen als dem ›Schwert der Päpste‹ begann bei Hildebrand, Humbert und ihrem Papst Nikolaus II. konkrete Gestalt anzunehmen.

Auf dem apulischen Nebenschauplatz der Geschichte haben eben die in Melfi versammelten Normannenführer dem Schlaukopf den Titel eines Grafen von Apulien zuerkannt. Keine zwei Jahre später erwählt Nikolaus II. Melfi zum Handlungsort einer Provinzialsynode, auf welcher er Robert Guiscard sogar zum Herzog von Apulien und Kalabrien erklärt. Dies ist bereits eine Amtsanmaßung, ein erster gravierender wie folgenschwerer Eingriff in geltendes Feudalrecht durch die römischen Päpste. Über die mit dieser kirchlichen Weihe verbundenen Verpflichtungen für den frischgebackenen Herzog läßt der Pontifex keinerlei Zweifel aufkommen. Doch der kirchliche Segen bedeutet noch lange nicht, daß das Land selbst diesen Herzog von Papstes Gnaden anerkennt. Bis zum Ende seines Lebens muß Robert gegen den Widerstand der Städte und der langobardischen Feudalstände seine Ansprüche mit Waffengewalt ständig erneuern. Der noch offizielle Landes- und Schirmherr Byzanz ist gegen Ende der 60er Jahre im Osten gegen die bedrohlich anrückenden Seldschuken gebunden, so daß es Robert Guiscard 1071 gelingt, Bari einzunehmen. Für Byzanz ist dieses Jahr doppelt katastrophal, verliert es doch neben seinen westlichen Besitzungen in Italien zugleich seine östlichen Gebiete (Manzikert) an die türkischen Seldschuken. Danach unterstützt Robert seinen jüngeren Bruder Roger bei der Eroberung Siziliens und kehrt blitzschnell zurück nach Apulien, um hier 1073 erneut einen Aufstand einheimischer Barone niederzuschlagen und Bari endgültig in die Knie zu zwingen. Danach verlegt der nun unbestrittene Herr Unteritaliens seinen Regierungssitz ans Tyrrhenische Meer nach Salerno, wo sofort mit dem Neubau der Kathedrale begonnen wird. Apulien ist fortan nur noch ein Teil seiner eroberten Gebiete, und Guiscards Gedanken hängen längst größeren Zielen, nämlich der Eroberung von Konstantinopel, an. In seinen unteritalischen Landen führt Robert im Laufe seiner letzten Regierungsjahre das abendländische Feudalsystem ein. Die solchermaßen mit Land, das dem politischen Gegner gehört hatte, Ausgestatteten mußten nicht immer und notgedrungen auch Normannen sein. Doch diese neue Schicht der Feudalherren normannischer Prägung stellt neben den reichen Schichten der Stadtnobilität und der Kirchenvertreter (Bischöfe, Äbte) die Auftraggeber jener historischen Monumente wie Paläste, Kirchen und Kastelle, die wir heute noch als bestimmend für Apulien empfinden.

Überwerfung mit dem neuen Kirchenfürsten Gregor VII. wegen Angriffs auf Besitztümer im Patrimonium Petri, Kirchenbann des Schlaukopfes und Niederwerfung eines erneuten, von

Rom, Venedig, apulischen Nobili und Städten gemeinsam geplanten Aufstandes, Aussöhnung mit dem Papst durch Vermittlung von Desiderius, dem großen Abt von Monte Cassino, zweimaliger Eroberungsversuch von Konstantinopel, Rettung des Papstes aus der schon im Besitz der kaiserlichen Truppen befindlichen Stadt Rom, zweite Zerstörung Roms durch die außer Kontrolle geratenen ›Beschützer‹ des Papstes, das sind die letzten wichtigsten Stationen im Leben dieses »Terror Mundi«. Im selben Jahr wie der von ihm geschützte Papst Gregor VII. (1085) haucht Robert Guiscard seine Seele aus. Die direkten Nachkommen Roberts, Roger Borsa und Bohemund, haben beide nicht das Format ihres Vaters. Der in der Erbschaft zu kurz gekommene Bohemund weicht ins Heilige Land aus, wo er sich als erster von dem dort zu erobernden Kuchen sein Stück, Antiochia, herausschneidet. Apulien interessiert ihn nicht. Roger Borsa ist zwar kein besonders fähiger Regent, aber er findet auch keine unlösbaren Aufgaben vor. Das Bündnis Normannen – Papsttum funktioniert. Erstere unterstützen tatkräftig das religionspolitische Programm der Latinisierung besonders des apulischen Klerus' und die kirchenrechtliche Anbindung der apulischen Diözesen an Rom, und letzteres steht schützend dem schwachen Regenten zur Seite. Kolossalster Ausdruck – noch heute in ganzer Größe zu bewundern – dieses gemeinsamen Programms der Einbindung von Klerus und Volk in das lateinische Christentum ist das Projekt »San Nicola« in Bari gegen Ende des Jahrhunderts.

Ausgerechnet in der Regierungszeit des schwächsten aller normannischen Herrscher, unter Roger Borsa, erlebte Apulien eine Periode des inneren und äußeren Friedens, ebenso des ungestörten Wachstums von Handel und Wirtschaft. Ausdruck dieser Hochkonjunktur ist noch heute eine Reihe wichtiger Sakralbauten des Landes. Selbst die unruhigste und quirligste aller Städte Apuliens, Bari, war zu sehr mit Bauen, Geschäftemachen und tausenderlei Organisationen (erster Kreuzzug 1096, Konzil 1098 usw.) beschäftigt, als daß sie ihre ›wertvolle‹ Zeit mit Revoluzzen hätte vergeuden wollen. Wozu auch? Der vom Papst und dem gefürchteten Onkel Roger I. von Sizilien, dem *gran conte,* gestützte Roger Borsa war schwach, und wo kein Gegner, da gibt es auch keinen Krieg.

Doch der friedliche Zustand täuscht über das wahre Verhältnis der apulischen Städte zu den Normannen hinweg. Als zu Beginn des 12. Jhs. Roger I. und bald danach Roger Borsa sowie Bohemund starben, hinterließen sie jeweils unmündige, noch nicht regierungsfähige Erben. So war im Süden Italiens ein gefährliches Machtvakuum entstanden, das natürlich sowohl die mächtigen Anrainerstaaten – Heiliges Römisches Reich, Venedig, Byzanz – als auch im Inneren die Römische Kirche, die ohnehin fast politisch souveränen Städte und die zu größerer persönlicher Unabhängigkeit drängenden kleineren Feudalherren zu Übergriffen und Aktionen verleiten mußte. Der Kuchen Unteritalien schien frei zur Neuverteilung.

Doch hatte man die Rechnung ohne Roger II. von Sizilien gemacht. Als würdiger Nachfahr eines Roger I. oder eines Robert Guiscard ließ dieser nicht um sein Erbe feilschen. Kaum den Kinderschuhen entwachsen, sorgte er mit energischer Hand für Ordnung im eigenen Erbteil. Als dann überraschend der einzige Nachkomme von Roger Borsa starb, stellte Roger II. unverzüglich seine Ansprüche auch auf dieses normannische Erbteil. Natürlich waren die anderen Mächte mit einem solchen politisch vereinigten Unteritalien unter normannischer Hoheit nur wenig einverstanden. Doch Roger II. nahm 1128 kurzerhand Salerno und ließ sich dort zum

Herzog von Apulien küren. Politisch-strategisch begabt wie seine Vorfahren, zog Roger II. Nutzen aus der allgemeinen Situation in Europa. Das Petrus-Amt bestritten sich damals der vom Kaiser Lothar von Supplinburg unterstützte Innozenz II. und der Gegenpapst Anaklet II. Von letzterem ließ sich Roger 1130 zum König von Sizilien, Apulien und Kalabrien krönen. Bari, das zwischen 1120 und 1130 unter Grimoaldo Alferanite eine selbständige Seerepublik gebildet hatte, die u. a. mit Venedig eigenmächtige politische Verträge abschloß, wurde kurzerhand mit Waffengewalt genommen. 1136 kam es gar zu einem allgemeinen Aufstand der Städte, unterstützt und gefördert durch Papst und deutschen Kaiser. Der Allianz Innozenz – Lothar gelang im darauffolgenden Jahr sogar die Einnahme von Molfetta, Trani und Bari, wo in San Nicola eine feierliche ›Siegesmesse‹ abgehalten wurde. Doch Lothar mußte dringend zurück ins Reich. Den vom Kaiser alleingelassenen Papst nahm Roger II. kurzentschlossen bei Mignano gefangen und zwang ihn, die von Anaklet vollzogene Weihe anzuerkennen. Damit war Roger nun rechtmäßiger erster König normannischen Geblüts in Unteritalien. Doch Apulien blieb ein unregierbares Land. Der Widerstand der apulischen Städte war ungebrochen. Dem klugen Roger blieb nur die Wahl einer konziliaten Politik. Bei allen Versuchen der Zentralisation der Landesverwaltung mußte den wirtschaftlich expandierenden Städten eine Reihe von Privilegien und Sonderrechten eingeräumt werden, nur so war es dem neuen König möglich, seine letzten 14 Regierungsjahre (1140 bis 1154) im eigenen Lande friedlich über die Bühne zu bringen. Auch diese lange Zeit des inneren Friedens und der politischen Stabilität gereichte dem Land zu Wohlstand und wirtschaftlicher Blüte.

Doch kaum war der starke Monarch Roger II. unter der Erde, als Apulien, das »Land unheilbarer Rebellen«, schon wieder in Flammen stand. Wilhelm I. (der »Böse«), erwies sich als nicht minder unbeugsam und energisch als seine Vorgänger. Er bediente sich geschickterweise in den ersten Regierungsjahren des erfahrenen Kanzlers seines Vaters, des Maione di Bari, eines Angehörigen des gehobenen Bürgerstandes, den die Normannen sehr klug für ihre Politik einzuspannen verstanden hatten. Maione gelang es auch, die antinormannische Koalition auseinander zu dividieren und auf Distanz zu halten. Die mit Truppen von Byzanz unterstützten Städte wurden mit Waffengewalt niedergeworfen. Bari, wie immer das Haupt der Revolte, wurde exemplarisch besonders hart bestraft. Die Stadt wurde, bis auf San Nicola und vielleicht einige andere Kirchengebäude, dem Erdboden gleich gemacht, die Bürger aus ihrer Stadt vertrieben. Bari war für 10 Jahre ein Phantom aus Schutt und Asche um seine berühmten Kirchen herum. Der Widerstand nach diesem drastischen Exempel war immer noch nicht ganz gebrochen. 1160 wird Maione in Palermo auf offener Straße gemeuchelt, und ganz Apulien steht auf. Wieder vergeblich.

Zehn Jahre nach der Zerstörung von Bari hinterläßt Wilhelm der Böse einen noch nicht regierungsfähigen zwölfjährigen Sohn, Wilhelm II., den Guten. Seine Mutter, Margareta von Navarra, und ihre zwei Berater Matteo d'Ayello und der Moslem Pietro, beide aus großbürgerlicher Schicht, setzen die von Roger II. begonnene Politik des Ausgleichs und der Verständigung fort, indem sie den Städten ihre garantierten Freiheiten zuerkennen, den Baresern die Rückkehr in ihre Stadt erlauben, günstige Handelsverträge mit Venedig schließen usw. Als Wilhelm II. gerade vierzigjährig und noch kinderlos im Jahre 1194 stirbt, hinterläßt er ein blühendes, innerlich befriedetes und wohlhabendes Land. Die Nutznießer der normannischen Frucht werden andere sein, die Staufer. Offen bleibt noch die Frage nach der Bedeutung der normannischen Herrschaft für Apulien.

Die Italiener nennen das 10. Jh. das *secolo di ferro*. Doch für Apulien trifft dies nur beschränkt zu. Die Araber waren längst seit Ende des 9. Jhs. aus der Region selbst vertrieben, die Ungarn haben nur einmal Apulien ganz kurz durchstreift, und die gefürchteten Normannen waren noch gar nicht bis hierher vorgedrungen. Insgesamt hatte die zweite byzantinische Reconquista ihre Erfolge gezeitigt, und zumindest das nordöstliche Mittelmeer war weitgehend wieder für christliche Seehändler befahrbar. Alles in allem war es eine Zeit der Rekonsolidierung der erschöpften Kräfte.

Apulien war im späten 10. und frühen 11. Jh. nicht durch die Ankunft der Normannen wohlhabend geworden, im Gegenteil, diese waren angezogen worden von dem dort herrschenden relativen Reichtum. Und so verhindern auch nicht die ständigen Scharmützel zwischen aufständischen Einheimischen und fremden Eroberern die fortschreitende Verbesserung der wirtschaftlichen Situation. Die allgemeine Entwicklung im Abendland und die wieder einmal wirtschaftsgeographische Schlüsselstellung von Apulien im in Bewegung geratenen östlichen Mittelmeer sehen die Region erneut in konstanter Entwicklung, so daß man im 11. Jh. regelrecht von einer *rinascita pugliese* sprechen kann. Der Schulterschluß von Päpsten und Normannen einerseits und deren Verständigung mit dem laufend an Bedeutung zunehmenden Bürgertum der stetig wachsenden Städte andererseits machte die neuen Herren zwar unbesiegbar, aber keineswegs unangefochten oder beliebt. Sie blieben Fremde. Das war die Situation gegen Ende des 11. Jhs., als man anfing, den Jahrhundertbau auf die Beine zu stellen: San Nicola zu Bari. Doch war Apulien zu diesem Zeitpunkt (1087) tatsächlich in kultureller Hinsicht eine Art Dornröschen, das sehnsüchtig auf den normannischen Prinzen wartete, dessen Kuß schließlich die schlafende Landschaft zum kulturellen Erwachen erlösen sollte? Der erhaltene Denkmälerbestand und die allerjüngste Forschung wollen dieses un-fromme Märchen nicht mehr forterzählen.

2 Die Apulische Romanik

a) Vorurteile beseitigt: das 11. Jahrhundert

»Der Zufall wollte es, daß der erste Deutsche, der mit dem Rüstzeug der Bildung und mit der aufrichtigen Lust einen endgültigen Bericht niederzuschreiben, nach Apulien kam, weder Auge noch Neigung, weder Gefühl noch Sinn besaß für die Hinterlassenschaften seiner eigenen Volksgeschichte und daß er an den Erinnerungen, die ihm das Wesen vieler deutscher Stämme, von den Langobarden bis zu den Schwaben hätte nahebringen müssen, teilnahmslos vorüberging.« Das schrieb 1941, also zu einem Zeitpunkt, zu dem ›Teutsches‹ und ›Nordisches‹ besonders hoch eingestuft waren, Kasimir Edschmid über den Ahnherrn aller späteren Bildungsreisenden, den Freiherrn Johann Hermann von Riedesel zu Eisenbach, den Freund und Jünger Winckelmanns. Seinen Reisebericht über Süditalien, Apulien eingeschlossen, hatte 20 Jahre später der Geheime Rat Goethe in seinem Reisegepäck. Noch 1973 schreibt Carl A. Willemsen, »daß es in Apulien keine wahrhaft schöpferischen Künstler gab, die Kunstgeschichte machten. Dagegen entfalteten sie vielfach eine erstaunliche Fähigkeit des Aneignens, Adaptierens, des Nachahmens wie auch des Einschmelzens fremder Einflüße«. Zwischen Riedesels Reise, 1767, und Willemsens Satz liegen ziemlich genau 200 Jahre einer für Apulien verhängnisvollen Fehleinschätzung seitens ausländischer Gelehrter. Doch es geht hier nicht um rechthaberischen Gelehrtenstreit, vielmehr um das Aufzeigen einer völlig neuen Sicht der apulischen Kunstlandschaft, vertreten und erhärtet durch die allerjüngste Forschung.

Gerade die zitierte Formulierung Edschmids erweist sich enthüllend in mehrfacher Hinsicht: Zum ersten zeigt sie recht deutlich die im allgemeinen Bewußtsein immer noch zu wenig präsente Einsicht, daß jede Geschichtsbetrachtung subjektiv und interessengerichtet ist, zum anderen, daß Riedesels erkenntnisleitendes Interesse ausschließlich von Winckelmann und dessen Vorstellungen bzw. Bewertungen abhängig war – wie auch später Goethes Urteil bezüglich der mittelalterlichen Kunst – und schließlich, daß speziell Edschmids Interesse den »deutschen Stämmen von den Langobarden, bis zu den Schwaben« galt. Gerade letzteres ist seit der Romantik die allgemein verbindliche Formel für die Beschäftigung mit Süditalien, respektive Apulien im engeren Sinn. Diese Einstellung gilt für Friedrich Raumer, der 1828 seine sechsbändige Geschichte der Hohenstaufen veröffentlichte, in gewissem Umfang gilt sie auch für Schulz, dessen groß angelegtes Forschungswerk (s. Literaturauswahl) posthum vollständig erscheinen konnte, und nicht zuletzt für den namhaftesten deutschen Apulienreisenden des letzten Jahrhunderts, den Historiker Gregorovius, dessen »Wanderjahre in Italien« heute noch ergötzliche wie lehrsame Lektüre darstellen, leider aber wenig über Bauwerke und Städte wie Trani oder Bari zu berichten wissen. Auch sein Interesse galt zuförderst den Staufern und allem, was mit diesen im historischen Umfeld in Beziehung stand.

Zu Beginn unseres Jahrhunderts findet sich dann als rühmliche Ausnahme und gewissenhaft wie unvoreingenommen forschender Geist Wackernagel ein, dessen Standardwerk erst in der allerjüngsten Forschung ernstgenommen und entsprechend gewürdigt worden ist. Nachdem Wackernagels Schlußfolgerungen zur Werkstatte des Acceptus weitgehend unterbewertet geblieben waren, waltete wieder die alte Fahrlässigkeit, bzw. galt wieder die einmal akzeptierte Formel zur Entstehung der abendländischen Romanik, in der besagter Acceptus keinen Platz finden konnte. Die Romanik, was immer man darunter definierte, als Stil oder als Kunstepoche war eben in Norditalien, nördlich der Alpen und im französisch-spanischen Raum entstanden, Süditalien hatte zunächst keinen Anteil daran. Erst die Normannen brachten neues Licht ins Dunkel, brachten neues Kulturbewußtsein und neue künstlerische Formen. Nordlichter schon damals.

Auch bei Wackernagel lesen wir den sicher richtigen, aber in seiner tatsächlich erfolgten Interpretation gefährlichen Satz: »Die Blüte der Architektur und der mit ihr verknüpften dekorativen Plastik findet sich stets – viel mehr als die der anderen Künste – in direkter Beziehung zu den äußeren politischen und wirtschaftlichen Verhältnissen des Landes, das sie hervorbringt.« Man denkt unwillkürlich an Wölfflin, für den die Bedeutung der italienischen Kunst so groß war, »daß man die deutsche Kunstgeschichte nicht vollständig behandeln kann ohne die italienische mit hineinzuziehen«. Doch da von einer Beeinflussung der deutschen Kunst durch die apulische nicht die Rede sein kann, wird der Vorgang diesmal umgedreht. Wackernagel dachte bei den »äußeren politischen und wirtschaftlichen Verhältnissen des Landes« ganz eindeutig an die Normannen als Kulturbringer. So verwundert es denn keineswegs, noch in Kellers »Kunstlandschaften Italiens« (Ausgabe 1965) zu lesen, daß es in Süditalien »bei dem häufigen Wechsel der Dynastien und damit der kulturellen Strömungen seit dem beginnenden Mittelalter zu keiner organischen Entwicklung kommen« konnte, und jede Kunstblüte dort »den Charakter des Treibhausartigen und Plötzlichen« habe. Die einmal gefaßte Meinung gerinnt schließlich zu formelhafter Verdichtung beim meistgelesenen Italienkenner Peterich (Ausgabe 1980), wo der interessierte Laie belehrt wird: »Ich möchte der Beschreibung Apuliens keine kunstgeschichtliche Einleitung voranschicken, weil dieses Land keine eigene Kunstgeschichte hat. Alle Kunst kam von außen.«

Von Riedesel bis Willemsen, von 1767 bis 1973, der 200jährige Kreis schließt sich. Für die Fachwelt ist der Sachverhalt in seiner Grundtendenz längst abgeschlossen; doch im Detail, bei Zuschreibungen, Datierungen, Ableitungen von Motiven, Herkunft von Vorbildern, Abfolge von Bauprozessen usw. herrscht noch ein mächtiger Dissens oder Unklarheit gerade bei wichtigen Bauten und Meistern. Deshalb kann auch heute noch keine in allen wichtigen Einzelheiten eindeutige und unwidersprochene konzise Darstellung des äußerst komplexen Sachverhaltes der apulischen Kunstentwicklung vom 11. bis zum 13. Jh. gegeben werden. Ich begnüge mich hier damit, einen Abriß über die wichtigsten Fakten zu geben, und zwar – nach einer allgemeinen Einführung in die Frühphase des 11. Jhs. – an den drei wichtigsten Bauten des hohen Mittelalters: San Nicola in Bari, der Kathedrale von Trani und Castel del Monte.

Das auslaufende erste Jahrtausend und das beginnende zweite waren gekennzeichnet von byzantinischer Reconquista, wirtschaftlichem Aufschwung, Entstehen einer neuen Mittelschicht, großer Entfernung der Regierungszentrale am Bosporus und damit verbunden relativer Autonomie der Lokalgewalten. Die neue Entwicklung kulminierte im 11. Jh. in einer regelrechten Städterenaissance. Parallel dazu und direkt damit in Verbindung zu sehen ist die Neuorganisation der lateinischen Kirche. Besonders der politisch eng an Benevent gebundene Norden Apuliens, aber auch die Terra di Bari, waren bei aller byzantinischer Präsenz immer Einflußbereich des Bischofs von Rom geblieben. In ständig offener Konkurrenz zur politischen Struktur (Byzanz) versuchten die lateinischen Bischöfe seit dem 10. Jh., ihren ihnen seit der Spätantike zugewachsenen juristischen und verwaltungsrechtlichen Einfluß wieder auszudehnen, nicht nur im geistlichen Bereich.

Die vermutlich älteste erhaltene Kathedrale der auf Durchsetzung ihrer Einflußsphäre bedachten lateinischen Kirche wird heute in der 1930 durch Erdbeben teilweise zerstörten und danach weitgehend dem originalen Zustand entsprechend wiederaufgebauten Bischofskirche von Bovino gesehen. Die Hauptkirche des kleinen direkt unter Beneventaner Einfluß stehenden Bistums folgt dem in Latium und Kampanien üblichen Schema mit basilikalem Langhaus und wenig ausladendem Querhaus. Das Mittelschiff erhält sein Licht durch eine Reihe kleiner rundbogiger Transennenfenster im Obergaden über einer durchgehenden Reihe weiter rundbogiger Arkaden auf Säulen, deren Schäfte antike Spolien sind und deren Kapitelle teils primitive Nachahmungen antiker Vorlagen darstellen. Die Vierung ist durch große Rundbögen ausgeschieden und chorseitig durch zwei antike Spoliensäulen besonders markiert. Zwischen den großen Vierungsbögen vermitteln kleinere Bögen in Trompenfunktion zum Achteck, dessen Kanten nach oben zu verlaufend zusammenrunden. Langhaus, Querhaus und Vierung sind holzgedeckt, während der zwei Joch tiefe Chorraum tonnengewölbt ist. Die beiden flachen quadratischen, an den Außenseiten abgeschrägten Kapitelle der Choreingangssäulen sind mit archaisch-einfachen Reliefs mit frühchristlicher Symbolik versehen, z. B. symmetrisch gegenständig zu einem lateinischen Kreuz angeordnete Friedenstauben, paarweise angeordnete Tiere unter Weinreben, Daniel in der Löwengrube. Stilistische Überlegungen lassen es möglich erscheinen, daß diese beiden Kapitelle von einem älteren christlichen Vorgängerbau aus dem 7./8. Jh. stammen. Die erhaltenen Stuck-Transennen der Kathedrale weisen auf enge Bezüge zur langobardischen Kunst. Vor der Zerstörung der Stadt durch die Normannen (1045) dürfte ebenfalls die kleine Kirche S. Pietro entstanden sein.

In die ersten Jahre nach der Jahrtausendwende ist die Entstehung der neuen Kathedrale von Vieste anzusetzen. Die nach den letzten Restaurierungen wieder grob erkennbare Struktur des frühromanischen Baus zeigt ebenfalls die Wiederholung kampanischer Formen. Besonders interessant sind hier die freigelegten Ansätze zur Bauskulptur an Kapitellen, Nordportal und Fensterrahmen. Die Kapitelle der Langhausstützen folgen zwei Haupttypen. Der eine zeigt zwei versetzt übereinander angeordnete Blattkränze in Anlehnung an antike Vorbilder, der andere gedrückte quadratische Würfelkapitelle, deren Außenkanten in halber Höhe zum Säulenschaft hin abgeschrägt sind, so daß dabei an den Stirnseiten gerahmte Flächen entstehen, welche die im westgotischen und langobardischen Raum beliebten Krückenkapitelle imitieren; in den Stirnfeldern einfache Tier- und Pflanzenmotive.

Über das ganze zweite Jahrzehnt des eben erst angebrochenen neuen Jahrtausends erstreckt sich mit größter Wahrscheinlichkeit die Bautätigkeit am wichtigsten Monumentalbau der Region, dem neuen Katapanspalast in Bari. Seit im 9. Jh. die mohammedanischen Berber die bis dahin unbedeutende apulische Hafenstadt Bari für fast 40 Jahre zu ihrer süditalienischen Kapitale gewahlt hatten, hat die Stadt nicht mehr aufgehört, die heimliche bzw. inoffizielle Hauptstadt der Region zu sein. Nach der Vertreibung der Moslems hatten die Byzantiner die Stadt zum Sitz eines Strategen und seit dem Ende des 10. Jhs. gar zum Standort des für ganz Unteritalien zuständigen Katapans ausersehen. Bari nahm somit im 10. und 11. Jh. für Byzanz politisch, militärisch und administrativ die Stelle von Ravenna ein. Der Vergleich mit der Stadt des Exarchen der ersten byzantinischen Epoche ist keineswegs unpassend. Nach der weitgehend abgeschlossenen Reconquista Süditaliens und der aufflackernden Revolte der selbstbewußt werdenden Apulier schien es der Weltmacht vom Bosporus geraten, die Präsenz des Basileus in seinen westlichen Landen administrativ und optisch stärker zu verankern.

Um 1011 beginnt unter dem Katapan Boioannes die Schutzmacht Byzanz mit dem repräsentativen und funktionalen Bau ihrer Vertretung in Italien. Die Vermutung, daß zur standesgemäßen Ausstattung byzantinische und begabteste einheimische Künstler herangezogen wurden, wird wohl nicht als unangemessen abgetan werden können. Die aus Konstantinopel stammenden Modelle und Motive der hier arbeitenden Meister dürften für längere Zeit auch das Vorbild geliefert haben für Nachfolgebauten und Werke aller Art im noch byzantinischen Apulien, zumindest im leider verlorenen Profanbau. Lediglich die Bauherren der wichtigsten Kirchen der traditionell antibyzantinisch eingestellten lateinischen Bischöfe mochten bewußt aus ideologisch-programmatischen Gründen andere Formen gewählt haben. Vermutlich noch aus der laufenden Bauzeit des Katapanspalastes, nämlich aus der Zeit unmittelbar nach der Neugründung der Stadt (1019), dürfte die älteste erhaltene Kirche von Troia, S. Basilio, stammen. Auch sie folgt dem von Bovino her vertrauten Typus der lateinischen Säulenbasilika, diesmal mit weit ausladendem Querhaus. Ungleich bedeutender und vielsagender für das kulturelle Niveau Apuliens ist eine Reihe wichtiger Gotteshäuser, die vermutlich alle in den folgenden 20er, bzw. frühen 30er Jahren begonnen worden sind.

Verwirrend, geheimnisvoll und äußerst beeindruckend zugleich stellt sich der Innenraum der Abteikirche S. Maria e S. Giacomo auf der Insel S. Nicola di Trémiti dar (Abb. 3). Was im Grundriß mehr oder weniger als länglicher ›lateinischer‹ Richtungbau erscheint, präsentiert sich dem überraschten Besucher von innen als monumentaler Zentralbau mit verschachtelten Annexräumen. Der von den Zisterziensern erst im späten 13. Jh. eingebrochene gotische Chor verhindert heute den ursprünglichen und leicht rekonstruierbaren Eindruck. Verweilt man länger in dem einzig dominierenden Mittelraum einer von hohen Blendarkaden auf Halbsäulenvorlagen gestützten, vermutlich ursprünglich holzgedeckten Halle, bleibt schließlich unbeirrbar der sicher auch beabsichtigte Eindruck eines Zentralbaus. Auch der Grundriß erscheint plötzlich klarer und einfacher: Ein nur leicht rechteckiger Zentralraum wird ummantelt von vier Nebenschiffen von jeweils gleicher Raumtiefe, lediglich im Westen ist dem ›Nebenschiff‹ ein Narthexjoch vorgestellt und im Osten ein Chorjoch mit drei Ostapsiden angeschlossen. Dadurch erst ergibt sich die Längserstreckung in herkömmlicher Orientierung. Das Narthex-

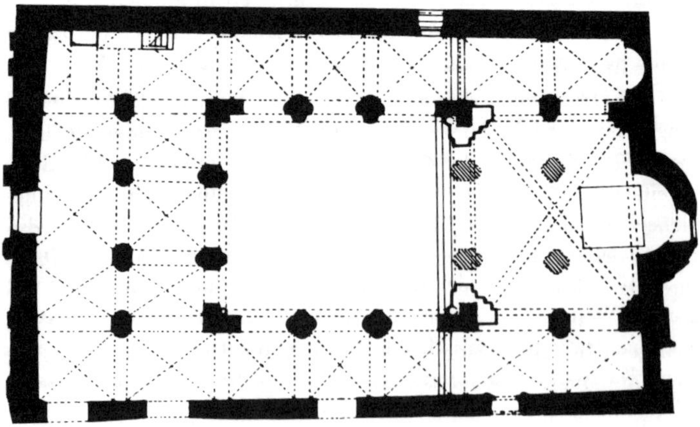

S. Maria di Trémiti, Grundriß

joch ist nicht in voller Bauhöhe, sondern als Empore halbhoch zur Kirche hin geschlossen, so daß sich, vom Mittelpunkt aus betrachtet, eine Raumausweitung bis zur Westwand ergibt. Im Osten, sozusagen als Raumkontraktion gedacht, war offensichtlich nur in voller Höhe die Apsis offen, während – wie aus den beiden erhaltenen Halbsäulen zwischen den östlichen Seitenarkaden zu schließen ist – die Nord- bzw. Südseite des Chorraumes hinter dem dreifachen Triumphbogen, der ja im Westen seine Entsprechung hat, vermutlich von Emporen nach byzantinischem Vorbild geschlossen waren. Das System der Stützen ist für seine Entstehungszeit (Kirchenweihe 1043!) ungeheuer entwickelt und fortschrittlich: Pfeiler, die über die Ebene der Mauer vorspringen, sich als Lisenen fortsetzen und im Gewölbe eins werden mit den kräftigen unprofilierten flachen Gurtbögen, oder Pfeiler mit Halbsäulenvorlagen, die an der Längsseite zu den Seitenschiffen hin als Stützen der überfangenden hohen Blendarkaden fungieren bzw. in den Seitenarkaden deren Bögen tragen – hier also kleeblattförmigen Grundriß ausbildend, – oder, jeweils in den Ecken des Zentralraums, dünne Dreiviertelsäulen als regelrechte, zwischen den ungleich breiten Arkaden vermittelnde Dienste. Von großartiger Konzeption ist auch die Idee der umlaufenden hohen Blendarkaden, die die echten aber verschieden hohen wie breiten Arkaden zu den Nebenräumen hin vereinheitlichend zusammenfassen.

In der Architektur des Mittelalters findet sich weder in Süditalien noch im byzantinischen Raum ein vergleichbarer Bau, auch in den Kirchen der Tochterniederlassungen der Abtei auf dem Festland fand diese Lösung keine Nachfolge, sie bleibt für die damalige Zeit dort also ein Unikum. Über die Herkunft dieser in ihrer Umgebung sich so fremd ausnehmenden Struktur ist viel gerätselt worden. Doch ist die Antwort wohl darin zu suchen, daß die Abteikirche der Trémiti einzureihen ist in ältere Traditionsketten, in jene zahlreichen und ganz individuellen Umwandlungen spätrömischer Architektur, in jene »eingeschriebenen Pläne« und »verschachtelten Räume« des frühen Mittelalters und der Karolingerzeit. Man denkt unwillkürlich an Grundrisse wie jene von Reculever (England 7.–8. Jh.), St-Germigny-des-Prés (Anfang 9. Jh.), galizische Kirchen oder karolingische Westwerke (Corvey).

Größeres Echo hat die Kathedrale von SIPONTO ausgelöst (Farbabb. 5, 7). Der unter Bischof Leo neben der alten frühchristlichen Basilika errichtete Kathedralneubau war sicher auch ein Politikum ersten Ranges. Im Jahre 1023 hatte Siponto nämlich erreicht, daß der von den Langobarden nach Benevent verlegte Bischofssitz nicht nur nach Siponto zurückverlegt, sondern mit Benevent gleichgestellt, d.h. als Erzbistum anerkannt wurde. Rom hatte wenige Jahre später die byzantinische Entscheidung sanktioniert und unter Papst Leo IX. 1049 eine Synode und unter Papst Alexander II. 1067 sogar ein Konzil in der damals wohl fertiggestellten Bischofskirche abgehalten. Eine Kirchenweihe für das Jahr 1117 brachte die Fachwelt zunächst in Datierungsschwierigkeiten. Gründliche bauarchäologische Untersuchungen haben aber ergeben, daß, offensichtlich nach Zerstörung des ersten Baus gegen Ende des 11. Jhs. durch Erdbeben, umfassende Restaurierungsarbeiten der Kathedrale ihr heutiges Aussehen gegeben haben – einschließlich der Westapsis und der Krypta als separate Hallenkirche. In seiner Grundstruktur ist aber der 1117 zum zweiten Mal geweihte Bau weitgehend identisch mit dem beschädigten Vorgängerbau des Bischofs Leo. Konsequenter als auf den Trémiti hat sich hier der Architekt an das byzantinische Schema eines Zentralbaus über quadratischem Grundriß mit Vierungskuppel

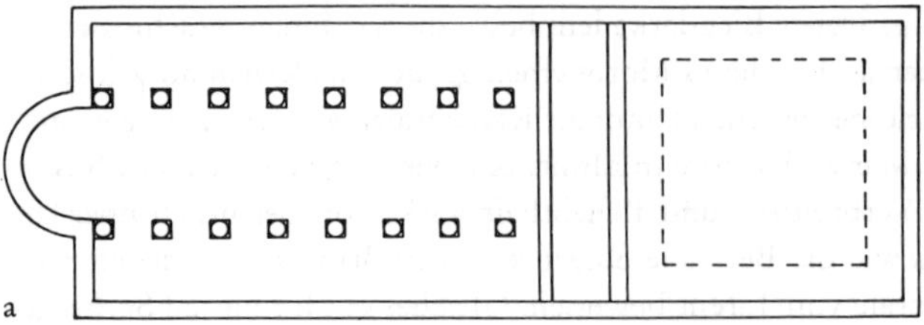

a

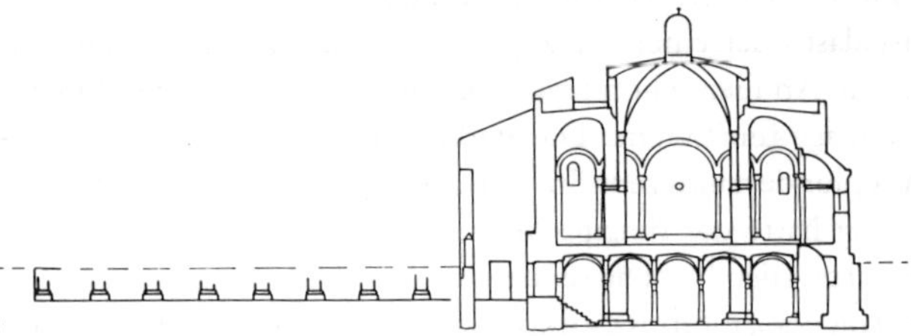

b

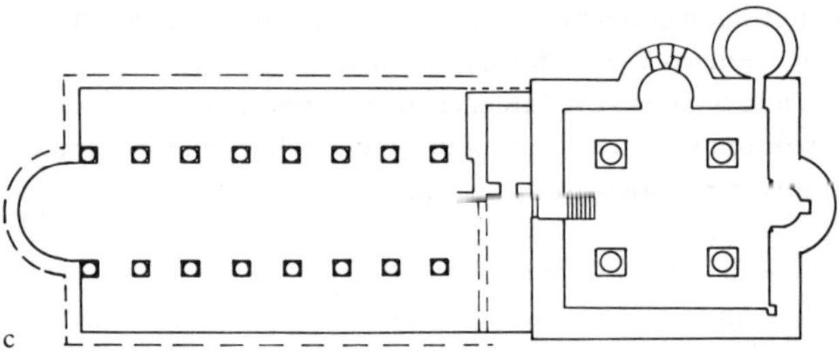

c

S. Maria di Siponto
a) Grundriß d. frühchristl. Basilika
b) Längsschnitt
c) Grundriß d. alten Basilika und des roman. Baus

über mächtigen kreuzförmigen Pfeilern gehalten. Der quadratische Zentralraum wird an den Seiten umgeben von vier gleich großen Nebenräumen. Das heutige Aussehen vermittelt leider keinen vollständigen Eindruck vom ursprünglichen Bau. Am Äußeren fehlt das komplette Obergeschoß, somit ein wesentlicher Teil der Fassade, und im Inneren die originale Einwölbung. Auch die Kathedrale S. Maria di Siponto ist in Grundriß und Struktur im Apulien des hohen Mittelalters ohne Nachfolge, also ein Unikum geblieben. Für die Wahl der byzantinischen Form eines Zentralbaus mit Kuppel über quadratischem Grundriß gibt es zwar überzeugende Vermutungen, die in der politischen Sondersituation von Siponto und seinem lateinischen Erzbischof von Konstantinopels Gnaden liegen, doch sind es eben nur Vermutungen.

In anderer Weise aber wurde der sipontinische Bau doch zum Modell für eine ganze Reihe anderer apulischer Kirchen. Das Motiv, das in der tremitischen Abteikirche den Innenraum so entschieden bestimmt, die Abfolge hoher Blendarkaden, bestimmt auch den Außenbau von Siponto. Besonders in der Capitanata hat dieses Motiv einen großen Widerhall ausgelöst, so daß man tatsächlich von einer Gruppe sprechen kann: die Kathedralen von Troia, Foggia und Térmoli sowie die Pfarrkirche S. Maria Maggiore in Monte S. Angelo wiederholen das äußere Sipontiner Dekorsystem. Seine Verbreitung und Beliebtheit wirkte offensichtlich über die Grenzen der Capitanata hinaus, wie die Beispiele S. Benedetto in Brindisi und die ältesten Wandkompartimente der Kathedrale von Tarent beweisen. Gleiches gilt für die auf Spitze gestellten Zierquadrate in den Blendarkaden. Beide, die Folge von Blendarkaden und Zierquadrate, finden sich gleichfalls am Dom zu Pisa. Doch die anzunehmende Datierung des Kernbaus von S. Maria di Siponto I. in die erste Hälfte des 11. Jhs. sowie Plattenfragmente im Museo Nicolaino zu Bari, vielleicht vom Katapanspalast oder einer der zugehörigen vier Kirchen stammend, belegen die Verbreitung des Motivs in Apulien schon lange vor Baubeginn des Pisaner Domes.

Relativ ungesichert ist die Faktenlage für Tarent. Die Stadt, damit wohl auch ihre Kathedrale, war 927 von den Sarazenen geplündert und zerstört worden. Irgendwann im Verlaufe der fortschreitenden Rebyzantinisierung hatte der dortige Metropolit – auch Tarent war autokephales Bistum mit lateinischem Ritus – den Neubau seiner Kirche in Angriff genommen, und zwar seiner Würde entsprechend groß und ambitiös. Stilkritischen Überlegungen zufolge kann dies wohl nicht vor dem ersten Drittel des 11. Jhs. erfolgt sein. Dieser frühromanische Neubau erhebt sich über einer kompletten Unterkirche gleichen Ausmaßes, deren drei erhaltene gleichlange Kreuzarme jeweils von einer mittleren Stützenreihe aus wiederverwendeten antiken Säulenstümpfen in zwei Schiffe geteilt werden. Die drei ebenfalls gleichlangen Kreuzarme der Oberkirche ragen steil in die Höhe und werden von durchgehenden, unprofilierten Halbtonnen eingewölbt. Die Vierung wird bekrönt von einer mächtigen Pendentivkuppel. An der Stelle des heutigen, sogenannten ›normannischen‹ Langhauses muß mit einiger Berechtigung ein vierter gleichlanger östlicher Arm für den ursprünglichen Bau angenommen werden (Abb. 101, 102). Damit wäre der in der ersten Hälfte des 11. Jhs. entstandene Kathedralneubau von Tarent sicher das aufwendigste und monumentalste apulische Kirchengebäude eines katholischen Bischofs nach eindeutig byzantinischem Vorbild gewesen, eine ins Großformat übersetzte byzantinische Kreuzkuppelkirche wie z.B. S. Pietro in Otranto, in der die heutige Forschung allgemein die alte byzantinische Bischofskirche (9.–10. Jh.) des dortigen Metropoliten sehen will. Am Außenbau in der Obergadenzone bis zur Dachtraufe lief eine Folge enggestellter, auf schlanken Diensten ruhender Blendarkaden um den Bau herum, als früher Vorläufer späterer Zwerggalerien. Auch Kuppelverkleidung und Westapsis wiederholen das im Apulien des 11. Jhs. so beliebte Blendarkadenmotiv (vgl. S. Basilio in Troia oder S. Maria di Siponto).

Schließlich dürfte mit einiger Wahrscheinlichkeit in die erste Hälfte des 11. Jhs. auch noch die Bischofskirche eines der ältesten und einflußreichsten Bistümer, jenes von Canosa, fallen (Abb. 30). In diesem Jahrhundert waren Canosa und Bari noch in Personalunion vereint. Der Streit um die Metropolitanwürde und um die Gebeine des ursprünglich Canosiner Bischofs S. Sabino entschied sich Ende des Jahrhunderts zugunsten von Bari. Zu Beginn des Jahrhunderts befanden sich beide Gemeinden noch in heftiger Konkurrenz, was sich auch im Bauprogramm niederschlägt.

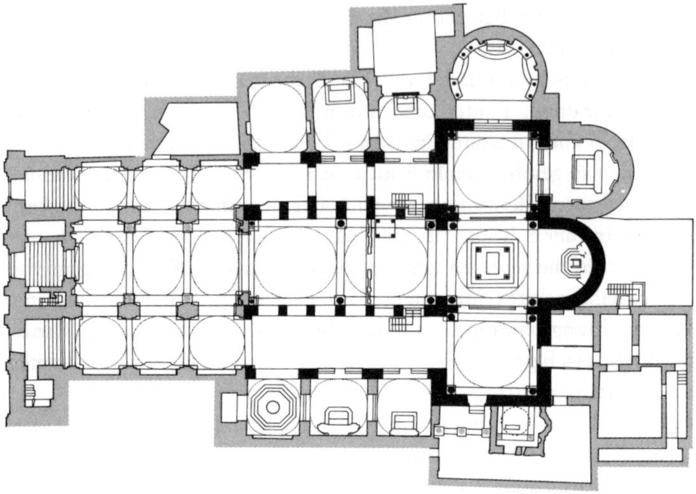

Canosa, Kathedrale, Grundriß

Im Grundriß erscheint der Canosiner Bau auf den ersten Blick nur geringfügig vom späteren Bareser Typ abzuweichen: ein kurzes, gedrungenes, dreischiffiges Langhaus mit Vierung, ein nur wenig ausladendes Querhaus und die östliche Mittelapsis in ganzer Breite des Mittelschiffs. Wie schon auf den Isole Trémiti enthüllt der heutige Außenbau nichts vom Inneren. Dieses wird definiert vom Vierungsquadrat, das sich nach Westen um zwei ebenfalls quadratische Joche verlängert und im Norden und Süden um ein solches Joch wiederum gleicher Größe erweitert, so daß eine einfache T-Form aus zwei gleichlangen, sich in der Vierung schneidenden Armen entsteht. Das Langhaus ist lediglich um die Tiefe der Chorapsis ›länger‹. Alles in allem ein kompaktes, in sich schlüssiges, ad quadratum entworfenes Ordnungssystem. Das Besondere aber an dem Bau besteht weniger in seinem Grundriß als in der tatsächlichen Raumgestalt. Jedes der fünf quadratischen Joche ist für sich eingedeckt – und wie konnte dies konsequenter und eleganter geschehen als mit einer Folge von fünf Kuppeln! Doch nicht das übliche Schema von engen dunklen Halbkugeln über Trompen oder oktogonalem Tambour, sondern eine Art angenäherter Stutzkuppeln, höchst ungewöhnlich für diese Zeit, jedenfalls Kuppeln, die in Ermangelung präzis ausmachbarer Auflagepunkte scheinbar schwerelos und leichtflügelig über den lichten Räumen zu schweben scheinen. Darüber hinaus, quasi um diesen Eindruck noch zu verstärken, werden die statischen Auflagelinien der Kuppeln, die Schildbögen als Gurte und die seitlichen als Scheidbögen von der Mauer abgesetzt und auf eigene Stützen – gebildet aus besonders schönen und kostbaren Exemplaren antiker Säulen – gestellt. Die tonnengewölbten niedrigen Seitenschiffe werden jochweise hinter jeweils drei kleinen rundbögigen Arkaden zwischen schmuck- und profillosen Mauerpfeilern versteckt, so daß sie für die Raumwirkung keinerlei Rolle übernehmen, und die großen rundbogigen Doppelfenster pro darüberliegendem Schildbogen spenden wohltuendes Licht, um das System aus kostbaren Säulen und Baldachinen ausreichend zu ver-klären. Ob vom Ende der Querhäuser oder vom Anfang des ursprünglichen

Langhauses aus gesehen, immer hatte der Betrachter die gleiche Abfolge von drei hintereinandergestellten schwebenden Kuppelräumen.

Einige Kapitelle im Querhaus lassen unschwer die Handschrift der Acceptus-Werkstatt erkennen, weswegen zumindest für diesen Bauteil die Datierung in die erste Hälfte des 11. Jhs. gesichert scheint. Doch vermitteln alles in allem Grundriß, Folge der Kuppelräume und ihre gegenseitige Durchdringung einen so geschlossenen Eindruck, daß eine zeitliche Auseinanderdividierung der verschiedenen Kirchenteile wenig zwingend scheint. Eines kann man aber mit Sicherheit feststellen: Wer auch immer Schöpfer dieser ebenfalls in Apulien ohne Nachfolge gebliebenen (wieder ein Unikat!) Kirche gewesen sein mag, wer eine solche Wertschätzung für antike Spolien besaß und so mit den Architekturelementen umzugehen verstand, muß aus einer Umgebung bzw. von einer Ausbildung kommen, die klassische Formen und spätantike Raumvorstellungen wie tägliches Brot zu sich genommen hatte. In der Normandie sind wohl weder Bauherr noch zuständiger Architekt zu suchen.

Die in jeder Hinsicht bedeutendste Stadt Apuliens im 11. Jh. war Bari. Dem dortigen Bischof mußte es ständig als ein Dorn im Auge, als persönliche Schande erschienen sein, nur Mit-Bischof von Canosa zu sein. Kaum hatte der Bischof Bisanzius 1034 vom Basileus die Würde eines eigenen Metropolitentitels erwirkt, als dieser tatkräftige und immens rührige neue Erzbischof mit dem Bau einer seinem Amte entsprechenden Kathedrale begann, also synchron zur Kathedrale in Canosa. Die letzten umfangreichen Restaurierungen und Grabungen haben erbracht, daß zwei Drittel des jetzt stehenden Langhauses über Substruktionsbauten, mit fischgrätenartig gemauerten Kreuzgratgewölben und ebenfalls gemauerten quadratischen Pfeilern stehen. Dieser Unterbau hatte aber offensichtlich ausschließlich Fundamentcharakter und Beinhausfunktion, ohne jegliche rituelle oder liturgische Bedeutung. Diese falsche Krypta ruht auf dem doppelten Mosaikboden eines frühmittelalterlichen, nicht präzis datierbaren Vorgängerbaus, wohl 6. bis 7. Jh.

Dieselben Arbeiten, die zur Freilegung des Unterbaus geführt hatten, ergaben auch, daß der vielleicht nicht ganz fertige Bau des Bisanzius und seiner Nachfolger bei der Zerstörung der Stadt im Jahre 1156 wohl nicht ad fundamentum niedergelegt, sondern lediglich beschädigt worden war. Das bedeutet, daß zumindest was die Außenmaße des Langhauses und Teile des Querhauses anbelangt, der nach 1166 erneuerte bzw. restaurierte und verschönerte Bau dem des unter Bisanzius begonnenen entspricht. Zu diesem Bau der Mitte des 11. Jhs. gehört sicher auch der heute noch stehende schmucklose Steinzylinder der nördlichen Seite, der wahrscheinlich ein Baptisteriumsbau war. Wenn man auch über das Aussehen des Bisanzius-Baus nur wenig sagen kann, so liefert er doch drei wichtige Fakten: 1. Es war der, von den Ausmaßen ausgehend, größte Kirchenbau Apuliens seiner Zeit. 2. Der Bau folgte im Grundriß zumindest dem lateinischen Schema einer dreischiffigen Säulenbasilika mit ausladendem Querhaus (kampanisch-lateinisches System). 3. Zur Bauhütte gehörte mit Sicherheit jene berühmte Acceptus-Werkstatt (S. 96).

Ein anderer Bau dieser ersten Phase apulischer Romanik – obwohl schon nach der Jahrhunderthälfte gelegen – muß hier, um das angestrebte Gesamtbild anzurunden, gleich einbezogen werden. Der nach 1060 begonnene Benediktiner-Bau von Ognissanti di Cuti (Abb. 81, 82) ist

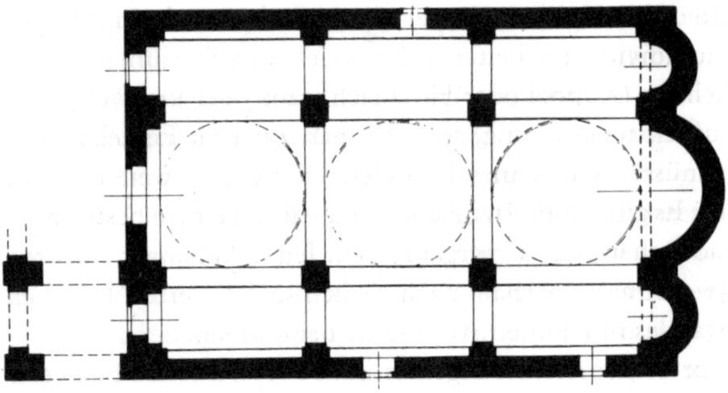

Valenzano, Ognissanti di Cuti, Grundriß

schon entwicklungsgeschichtlich von besonderem Interesse, bezeichnet er doch den ersten Höhepunkt eines in Apulien ganz speziell verbreiteten Kirchentypus, der sogenannten Kirchen mit Kuppeln in Achse, begleitet von engen Seitenschiffen, die mit Vierteltonnen eingewölbt sind. Auch dieser von außen so spartanisch schlichte und kaum gegliederte rechteckige Baukörper überrascht im Inneren mit einer stupenden Überschwenglichkeit und Raumfülle, daß – wer immer ein sensibles Gespür für architektonische Raumschöpfungen besitzt – nur hingerissen sein kann. Die Ökonomie der Mittel ist zu einem Höchstmaß an Wirkung gereift: kurz, die vollkommenste rein architektonische Formulierung der überkuppelten Hallenkirche, gegen die jede Basilika geradezu banal und hinterwäldlerisch erscheinen muß. Von außen ein Zwerg, von innen ein Riese, so müßte man die Kirche Ognissanti di Cuti beschreiben. Doch damit vergäße man die schwer mit Worten zu beschreibende Eleganz der Raumschöpfung. Einfachstes geometrisches Liniengerüst und stereometrische Begrenzungsflächen, also Halbkreise, Senkrechte, Vierteltonnen, Halbzylinder, Halb- und Viertelkugeln und ebene Flächen sind so miteinander verwoben, daß ein Raum sich bildet, der steht und schwebt zugleich, eine sakrale Hülle, die Feierlichkeit bewirkt – ohne zierliche Säulen, kostbare Kapitelle oder ähnlichen Zierat. Lediglich ein leicht vorkragendes, nach unten gerundetes, an der Stirnseite mit Zahnschnittfries besetztes Gesims bezeichnet dezent die Kämpferzone. Die Kirche Ognissanti ist aber kein Einzelfall, sie besitzt Vorläufer und Nachfolger. So ist die kleine Kirche Seppanníbale bei Fasano (sicher frühmittelalterlich, 7.–9. Jh.) geradezu eine bereits klar ausgeprägte aber doch embryonale Vorform von Ognissanti, und die Klosterkirchen von Conversano (S. Benedetto, Abb. 85, und S. Maria in Isola) sind spätere Geschwister. Ognissanti mag hier Anlaß sein, kurz die Baukunst Apuliens vom 10. Jh. bis zum Ende des zweiten Drittels des 11. Jhs. als Ganzes zu beleuchten.

Die Anzahl der erhaltenen Gebäude aus diesem andernorts spärlich belegten Zeitraum ist geradezu sensationell hoch. Die gewiß bedeutsamen Benediktiner-Kirchen von Trémiti und Cuti bei Valenzano, die Bischofskirchen von Bovino, Siponto, Tarent, Canosa und Bari, die Pfarrkirchen S. Basilio in Troia und S. Pietro in Bovino, die Metropolitenkirche S. Pietro in Otranto aus dem 10. Jh. und der Sonderfall der wichtigsten Pilgerkirche des Erzengels Michael als Grottenkirche auf dem Monte S. Angelo bilden zusammen eine höchst heterogene Versammlung, deren einzelne Bauten, fast alles Unikate, nicht unter den berühmten (stilistischen)

Hut zu bringen sind. Jeder Versuch einer Katalogisierung oder typologischen Ordnung muß bei einer solchen Anzahl ausgeprägter Bauindividuen scheitern. Von welchem Kriterium man auch ausgeht, z. B. von der Art der Eindachung (Kuppel oder Holzdach, ganz oder jochweise etc.), vom Grundriß oder der Art der Außenbaugestaltung, so wird man zwar zu Einzelgruppen kommen, aber gleichzeitig feststellen müssen, daß keines der anderen Kriterien jeweils ebenfalls an die so erzielte Gruppe gebunden ist. Es gibt keine zwingende Tendenz zu einem bestimmten Typus. Daher der Eindruck des Chaotischen oder Unorganischen. Jeder Anhänger einer wie immer gearteten Theorie der Form(werdung) innerhalb nachträglich so definierter ›Epochen‹ müßte angesichts des Denkmälerbestandes in Apulien Alpträume bekommen.

Doch die oben benannten und in ihrer spezifischen Eigenart kurz beschriebenen Bauwerke sind keineswegs Schöpfungen aus dem architektonischen Nichts. Neben ihnen besteht über ganz Apulien verstreut, im Barese besonders verdichtet, eine große Zahl kleiner Landkirchen, zum Teil stark verfallen, vergessen zwischen Olivenbäumen oder verbaut in Masserien. Als Beispiele können wir hier nur einige wenige anführen: Seppanníbale, Torre S. Croce bei Bitonto, Crepacore bei Mesagne, Tempio di Giano bei Bisceglie oder S. Eustachio bei Giovinazzo. Bei diesen kleinen Gotteshäusern handelt es sich meist um sogenannte Bauten *senza tempo*, zeitlose, will sagen schwer datierbare Findlinge, bar jeglichen Dekors, der dem fragenden Forscher behilflich sein könnte.

Eine der interessantesten Kirchen dieser Art mit dreischiffigem tonnengewölbten Langhaus, Dreikonchenchor und Kuppel, S. Lorenzo bei Mesagne, dürfte sicher frühmittelalterlichen Ursprungs, wahrscheinlich aus dem 7. Jh. sein. Andere, wie S. Eustachio, dürften unschwer ins 11. Jh., andere wieder gar erst ins 12. Jh. verlegt werden. Eines ist aber diesen Kirchen fast durchweg gemeinsam: ihre Wölbung in Stein, meist sogar jochweise. Zählt man also diese kleinen Gotteshäuser zu den Abtei-, Bischofs-, Pfarr- und Pilgerkirchen hinzu, so wird die an den eben benannten Großkirchen herausgefundene Untergruppe der holzgedeckten Basiliken sogar zur verschwindend kleinen Minderheit unter den Kirchenbauten des Landes. Stein ist eben doch alles in Apulien. Und die den holzarmen Ländern eigene Neigung zur jochweisen Einwölbung durch Kuppeln über Raumquadraten verbindet klimatisch, materialbezogen und bautechnisch das Land wieder mehr mit dem östlichen Mittelmeer. Alles wie gehabt, nur eben von den auf Cluny oder Chartres fixierten Kunsthistorikern nördlich der Alpen nicht erkannt. Die Kuppel- und Großraumkirchen Apuliens in Siponto, auf den Isole Trémiti, bei Valenzano oder in Canosa standen somit in einer intensiveren Landestradition als die nach lateinisch-kampanischen Vorbildern entstandenen Basiliken.

Doch zunächst noch ein anderes, nicht minder ruhmreiches Kapitel romanischer Kunst in Apulien. Diese erschöpft sich ja nicht in der Architektur. An sie gebunden waren, gerade an den erwähnten Großbauten, Ausstattungskünste wie Skulptur, Holzschnitzkunst, Textilkunst, Bronzeguß und Mosaik. An den Kult zusätzlich gebunden sind die sogenannten Kleinkünste wie Elfenbeinschnitzerei, Goldschmiede- und Emailarbeit, Stukkatur usw.

Während nun, abgesehen von der unbedeutenden Untergruppe der holzgedeckten Basiliken, die Beispiele der Kirchenbaukunst unter formal-stilistischen Kriterien nicht auf einen Nenner zu bringen sind, sich sozusagen durch Vielfalt auszeichnen, so ist im Bereich der stereotomen

Bildkünste nicht nur eine für die besagte Zeit einmalige Qualitätsdichte, sondern auch eine bemerkenswerte stilistische Geschlossenheit festzustellen. Dieser Umstand – nach allem, was bislang über die Region zu hören war, eine höchst unerwartete Notiz – ist vor allem einer einzelnen, herausragenden Künstlerpersönlichkeit zu verdanken. Dieser Meister muß zu seiner Zeit – bekannt zwischen 1039 und circa 1060 – großes Ansehen genossen haben. An den vier größten Baustellen, an den Kathedralen von Siponto (1039), Canosa und Bari und im Heiligtum von Monte S. Angelo (1041) hat er maßgeblich mitgewirkt und dort seine Signatur hinterlassen. Als *Sculptor et Acceptus + vulgo sic nomen adeptus* und *Acceptus peccator archidiaconus* stellt er sich auf den Ambonen von Monte S. Angelo bzw. Canosa vor. Auch in Siponto hat dieser »Acceptus«, offensichtlich ein Künstlername, seine Signatur auf einem Amboarchitrav hinterlassen, und in Bari, wo die von der Demolierung der Kathedrale verschonten Seitenportale deutlich seine künstlerische Handschrift verraten, soll der Sitz seiner Werkstatt gewesen sein. Schon Wackernagel hatte 1909 diese These vertreten. 1972 hat Schäfer-Schuchardt in seiner Dissertation seinen Kollegen von damals eindrucksvoll bestätigt, und die einheimische Forschung (Belli d'Elia, Calo Mariani) hat sich heute einhellig dieser Ansicht angeschlossen. Von der Hand des Acceptus stammen: die Ambonenfragmente von Monte S. Angelo (Abb. 13) und Siponto und der vollständig erhaltene, wenn auch bei den Restaurierungen Anfang unseres Jahrhunderts abgebaute und neu aufgestellte Ambo von Canosa (Abb. 31) sowie die alten Seitenportale der Bareser Kathedrale San Sabino und weitere Skulpturenfragmente in Bari (z. B. S. Pelagio). Neben diesem Hauptmeister ist uns von einem Fragment in S. Maria di Siponto, vielleicht Teil eines Bischofsthrones, der Name eines Magisters »David« aus dem zeitlichen wie stilistischen Umfeld der Acceptus-Werkstatt erhalten.

Die Kunst des Acceptus und seiner Werkstatt würde man wohl am besten kennzeichnen mit: streng und klar in der Form, präzise in der handwerklichen Ausführung, auf Symmetrie hin angelegt, mehr graphisch-dekorativ als zur Vollplastik neigend, doch auch begabt und erfindungsreich in der Vollrundung (z. B. am Lesepult die Adler-Kopf-Kombination). Die überwiegend pflanzlichen Motive stehen klar in Beziehung zur byzantinisch-klassischen Tradition ihrer Zeit. Die Figuren- und Tiermotive sind in der Region für das 11. Jh. auch in anderen Künsten belegt. Die Kunst des Acceptus bildet also in ihrer Zeit und in ihrem Umfeld keineswegs eine Ausnahmeerscheinung, sondern steht fest begründet in ihrem kulturellen Kontext. Dies gilt besonders für den graphisch-dekorativen Teil sowie für Auswahl und Form der Vorbilder.

Isoliert und ohne solche ›Vorbilder‹ erweist sich dagegen die bildhauerische Seite des *sculptor* Acceptus in seinen Neuschöpfungen, den vollplastischen Teilen seiner Ambonen. Mit anderen Worten, auch wenn mit dem Hinweis auf die Existenz der Tierformen und dekorativen Motive in der zeitgenössischen Kunst seines Umfeldes deren Herkunft als gesichert gelten kann, ist damit keineswegs die Herkunft des Bildhauers praktisch aus dem Nichts erklärt. Es genügt nämlich nicht, daß irgendein Auftraggeber den Wunsch äußert, daß dieses oder jenes Motiv, das ihm von islamischen Stoffen, byzantinischen Mosaiken oder adriatischen Holzschnitzern ver-

41 Barletta Büste Friedrichs II. ▷

DIM

42 BARLETTA S. Andrea: Tympanon

43 BARLETTA Dom S. Maria Maggiore

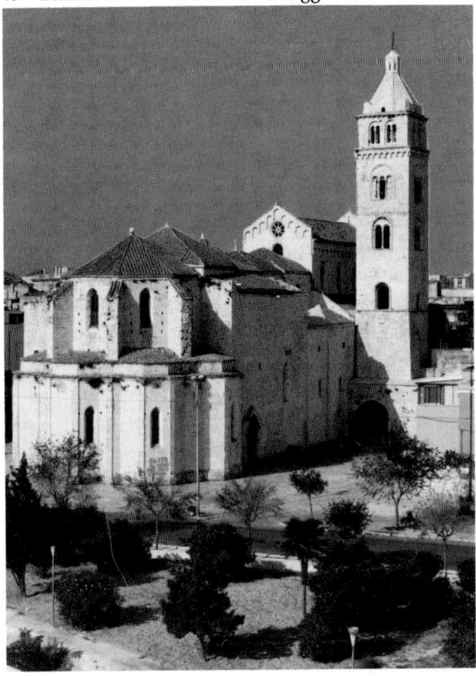

44 BARLETTA Koloß

45 Barletta Kastell

46 Trani Hafen mit Kirche Ognissanti

47 Trani Kastell

48 TRANI Kathedrale: Oberkirche

49 TRANI Kathedrale: Chorpartie und Südseite ▷

50 TRANI Palazzo Caccetta

51 TRANI S. Giacomo oder S. Maria de Russis

52 BISCEGLIE S. Margherita: Falcone-Gräber

53 MOLFETTA Innenhof eines Renaissance-Hauses

55 MOLFETTA Alter Dom: Gewölbe

◁ 54 MOLFETTA Alter Dom

56 Dolmen bei MOLFETTA

57 Bisceglie Kathedrale: Langhaushochwand

58 Andria S. Agostino

59 Castel del Monte Sog. Thronsaal

60 Castel del Monte Innenhof

61 Castel del Monte Kaminzimmer

62 Castel del Monte Konsolfigur

63 Ruvo Kathedrale

64 Bitonto Pulpito-Adler

65 Bitonto Kathedrale

66 Bitonto Kathedrale: Innenraum

67 Bitonto Pulpito

68 Bari Kastellhof

69 Bari Kastell: Äußere Mauer

70 Bari Kastell: Altes Portal

72 Bari S. Nicola: Altarziborium

73 Bari S. Nicola: Löwenkapitell in der Krypta

◁ 71 Bari S. Nicola: Eliasthron

74 Bari S. Nicola: Außenansicht

75 Bari Kathedrale S. Sabino ▷

traut ist, nun in großem Format und in Stein ausgeführt werden solle; für die Umsetzung dieses Wunsches bedarf es auch eines kongenialen Ausführenden. Wo es keine Bildhauer und damit verbunden die handwerkliche Tradition gab, wer sollte da, noch dazu in Konkurrenz zu den hoch entwickelten Textilkünstlern, Holz- und Elfenbeinschnitzern usw., diesen Auftrag halbwegs ordentlich realisieren? Und die bildhauerische Qualität der Arbeiten des Acceptus und seines Kreises stehen außer Diskussion. Also nochmals die Frage: woher kommt der *Bildhauer* Acceptus? Die zuständigen Wissenschaftler konnten darauf noch keine befriedigende Antwort finden. Lediglich eine Vermutung, allerdings eine von hoher Wahrscheinlichkeit und Einsichtigkeit kann diesbezüglich geäußert werden: Bari war um die Jahrtausendwende eine aufblühende und internationale Stadt mit hohem Ausländeranteil. Zu diesen Ausländerkontingenten dürften auch Handwerker und Werkstätten für damals begehrte Artikel hinzuzuzählen sein. Eine Reihe von hochwertigen Produkten wie der berühmte Sternenmantel Heinrichs II. in Bamberg oder reich geschnitzte Hörner aus Elefantenstoßzahn, sogenannte Olifante, z.B. im British Museum, sollen nach neuester Lesart in Bari hergestellt worden sein. Ebenfalls hier angesiedelt war die Produktion großartig illuminierter Exultetrollen (Bari Kathedrale, Abb.76). In Canosa soll eine Bronzegußwerkstätte existiert haben (s. o.), und die Benediktiner von den Trémiti haben sich für ihr qualitativ einzigartig hochstehendes Bodenmosaik sicher nicht bis nach Byzanz wegen eines guten Mosaizisten bemüht – alles hochwertige Schöpfungen der Kunst verschiedenster Gattungen.

Nach allem, was die jüngere Forschung weiß, bzw. mit einiger Berechtigung vermutet, war das zwischen Orient und Okzident gelegene Apulien in der ersten Hälfte des 11. Jhs. neben den salischen Rheinlanden (von Basel bis Hildesheim) eine der ausgeprägtesten und fortschrittlichsten Kunstregionen Europas. Zu Beginn des 11. Jhs. gab es in ganz Apulien nur eine Baustelle, an der alle jene Künste und Künstler eine Aufgabe finden konnten: den Katapanspalast in Bari.

Nachdem diese Stadt von Byzanz erwählt worden war, eine Art zweites Ravenna zu werden, hatte man für den dortigen Palast des Katapans, des Repräsentanten des Basileus und Gouverneurs von Italien, sicher keine Mittel gescheut, um den Bau zum würdigen Vorzimmer des Blachernen-Palastes auszugestalten. Es gab nur dieses Bauvorhaben in Apulien, wo gleichzeitig neben Stukkateuren, Mosaizisten, Bronzegießern und Architekten Steinmetzen en masse und natürlich auch Bildhauer Beschäftigung fanden. Hier, und nur hier, ist es sinnvoll bzw. naheliegend, Ausbildung und künstlerische Formung des Bildhauers Acceptus zu suchen. Auch zeitlich paßt die Bauzeit des Katapanspalastes (2. und 3. Jahrzehnt) vorzüglich in das Thesenpuzzle. Nach Beendigung der Arbeiten am Stadtsitz des byzantinischen Gouverneurs fanden Werkstätte und Künstler jedes Genres reiche Betätigungsfelder an den neuen Großbaustellen der Kathedralen von Siponto, Canosa oder Bari. Alles nur eine Hypothese! Mit der Zerstörung des Katapanspalastes hat Apulien sein wichtigstes Bauwerk des frühen 11. Jhs., jenes vermutlich unschätzbare Bindeglied zwischen frühmittelalterlicher und romanischer Kunst, zwischen griechisch-orientalischen Vorbildern und beginnenden abendländischen Bautraditionen verloren. Die bis heute nicht erfolgten systematischen Grabungen im Bereich der Nikolausbasilika könnten eventuell Auskunft geben. So bleibt der Kunstgeschichte nichts anderes übrig, als erst einmal Acceptus als einen der ältesten, bedeutendsten und namentlich sogar bekannten Bild-

Monte S. Angelo, Bischofsstuhl von Acceptus (nach Schulz)

hauer dieser entscheidenden Epoche zu akzeptieren und die Geschichte der mittelalterlichen Skulptur etwas umzuschreiben.

Mit dem Bau von Ognissanti hatten wir bereits die Jahrhundertmitte überschritten. Bis hierher waren festzustellen: eine hochentwickelte Baukunst ohne klare Tendenzen zu einem bestimmten Typus, es sei denn zu Steinwölbung und Kuppel, eine regelrechte Bildhauerschule mit einem großen Künstler an ihrer Spitze, besagtem Acceptus, eine Reihe an Einzelwerken nachweisbarer Kunsttraditionen wie Elfenbeinschnitzerei, Buchmalerei, Textilherstellung, Bronzeguß, Mosaik usw., so daß sich das Panorama einer hochentwickelten Kunstlandschaft vor unseren Augen abzeichnet, die keineswegs, ebensowenig wie im ökonomischen Bereich, erst die Ankunft der Normannen abwarten mußte, um kulturfähig zu werden.

Die Jahrhundertmitte brachte dann außen-, innen- und kulturpolitisch eine veränderte Situation. Zwei Daten kennzeichnen die Lage: der 18. Juni 1053 und der 16. Juli 1054. 1053 war der letzte Versuch eines militärischen Bündnisses zwischen Rom und Byzanz durch Niederlage und Gefangennahme des Papstes bei Civitate gescheitert. Der neue salonfähig erklärte politische Partner von Rom waren die Normannen. Die apulischen Städte, Normannen und Päpste vereinigte für kurze Zeit der gemeinsame Gegner Byzanz. 1054 markiert den endgültigen Trennungsstrich zwischen zwei Partnern, die sich auseinandergelebt, ihren eigenen Einflußbereich entwickelt und verschiedene Zielvorstellungen hatten, nämlich die lateinische, nun ausschließlich von Rom gelenkte Kirche und die griechische Christenheit. Umstrittene Grenzregion war Apulien. Die jetzt offene, von Normannen und Städten unterstützte Feindseligkeit Roms gegen die künftig ›Andersgläubigen‹ des griechisch-orthodoxen Bekenntnisses schlug sich auch in der Baukunst nieder.

Alle wichtigen Großbauten zeigen von nun an das lateinisch-kampanische Schema der dreischiffigen holzgedeckten Basilika. Die Festlegung auf einen der Region zwar nicht unbekannten aber weniger geläufigen Typus engte momentan Erfindungsfreudigkeit und Entwicklungsfähigkeit der apulischen Architekten und Bauherren ein. Es dauerte eine geraume Zeit, bis die Apulier aus dieser quasi verordneten Bauvorgabe ihren Typus gewinnen sollten.

Die zwei wichtigsten Kirchen dieser Übergangsphase von der steingewölbten Vielfalt der räumlichen Möglichkeiten zur holzgedeckten Einheitsform entstehen zwischen 1070 und 1085. Es ist dies nicht nur zufällig der Zeitraum, in dem die normannische Eroberung des Landes abschließt, sondern auch die Zeit der intensivsten Zusammenarbeit zwischen offensiver lateinischer Kirche und normannischen Eroberern gegenüber den griechischen Christen in den traditionell am stärksten graecophilen Landesteilen, den Bistümern von Tarent und Otranto. So ist es gewiß ebensowenig Zufall, daß in diesem kirchenpolitischen Grenzland ausgerechnet in dem Moment, als jeweils der politische Anschluß an die normannischen Eroberungen abgeschlossen und ein Erzbischof mit normannischem Namen auf der Kathedra überliefert ist, im Falle von Tarent Erzbischof Drogo und in Otranto Erzbischof Wilhelm, mit dem Neubau einer lateinischen Basilika begonnen wird. In Tarent, nach 1070, scheint man es besonders eilig gehabt zu haben, weil man dem vielleicht an dieser Stelle unfertigen Vorgängerbau lediglich an der Seite des vierten, östlichen Kreuzarmes ein dreischiffiges basilikales Langhaus über Säulenarkaden angegliedert hat. Für diese Säulenarkaden wurde ausnahmslos zurückgegriffen auf antike Spolien. Auch ein Teil der Kapitelle sowohl aus klassischer wie auch aus frühmittelalterlicher Zeit wurde als Spolien übernommen. Etwa in der Mitte der linken Säulenreihe finden wir ein Kapitell mit Adlern und Pfauen, das offensichtlich neu gearbeitet und von anderen Steinmetzen als Muster genommen worden war. Dieses aus der Zeit der Erbauung des Langhauses stammende Kapitell zeigt Anklänge an die Acceptus-Werkstatt, doch ist der enorme Qualitätsverlust,

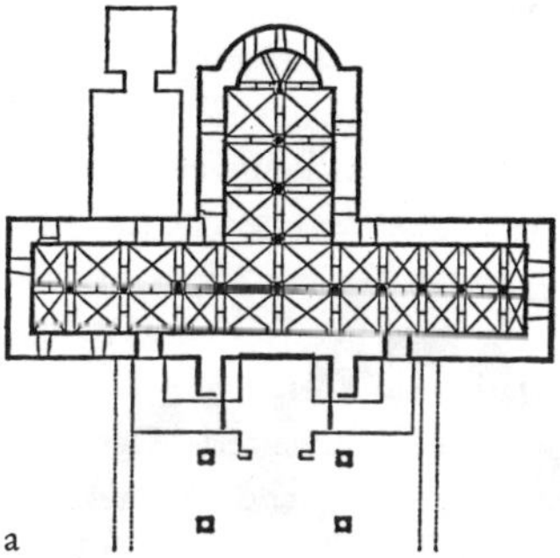

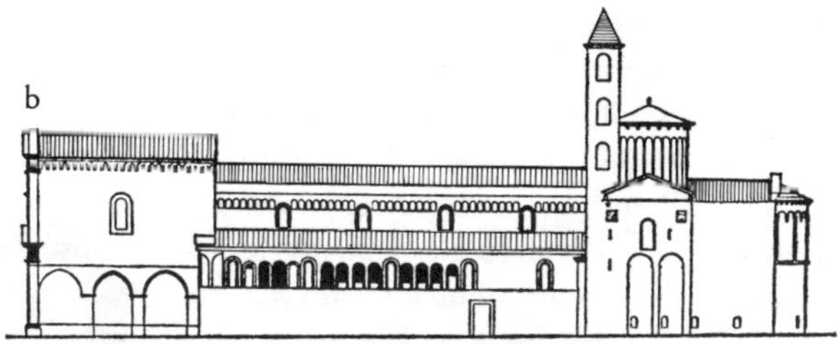

Tarent, Dom San Cataldo a) Grundriß der Krypta b) Aufriß Längsseite c) Längsschnitt

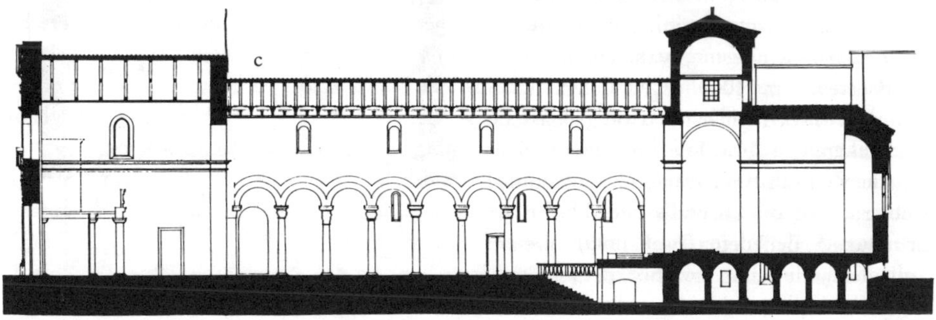

der offenbar inzwischen eingetreten war, unverkennbar. Es wäre wohl zuviel verlangt, zu diesem frühen Zeitpunkt von einer Region mehr als einen Künstler vom Range eines Acceptus zu erwarten. Um 1090 scheint das ›normannische‹ Langhaus des Tarentiner Domes fertig zu sein, da man um diese Zeit bereits von der Fensterausstattung spricht. Neue Impulse hat dieses erste Werk eines normannischen Bauherrn nicht gebracht.

Entscheidender für die zukünftige apulische Romanik wird der um 1080 begonnene Bau der neuen lateinischen Kathedrale von Otranto, dem einstigen Hort der griechischen Orthodoxie. Bezeichnenderweise wurde hier die alte Kirche des griechischen Metropoliten belassen und in Konkurrenz dazu, außerhalb der Akropolis, direkt an der Stadtmauer, ein völlig neuer Bau begonnen. Die starke Hanglange ermöglichte die Anlage einer Ostpartie, die für Apulien fast kanonisch werden sollte: saalartig geweitetes Querhaus mit drei Ostapsiden. Auch die erste romanische Kathedrale von Bari zeigte schon diese Grundrißlösung, sicher war sie aber schon in dem ab 1071 begonnenen Dom von Salerno verwirklicht. Doch hier in Otranto stand diese Ostanlage vollständig über einer die Grundrisse der Oberkirche vorzeichnenden Hallenkrypta von 48 quadratischen kreuzgratgewölbten Jochen. Auf 42 schlanken Freisäulen und 23 Wandsäulen ruht das schier unendliche Säulenmeer von fast 50 in dämmriges Dunkel gehüllten Steinbaldachinen. Diese als liturgischer Raum konzipierte Hallenkrypta unter Chor und Querhaus war die erste ihrer Art in Apulien und sollte Vorbild für alle weiteren in S. Nicola und den Kathedralen von Bari, Siponto, Bisceglie, Bitonto usw. werden. Die 65 Kapitelle der Hydruntiner Krypta bilden zusammen ein Universum der apulischen Skulptur im 11. Jh. Wiederverwendete antike und frühmittelalterliche, grob überarbeitete antike, unbeholfen nachgebildete byzantinische und apulische Kapitelle des 11. Jhs. stehen sich kontrastreich gegenüber. Interessant ist eine Reihe von Tier- und Figurenkapitellen, z. B. jene Adlerkapitelle, die an Nachwirkungen der Acceptusschule denken lassen. Jedenfalls die Zauberwelt der apulischen Krypten nimmt hier in Otranto um 1080 ihren Anfang.

Otranto, Kathedrale, Grundriß der Krypta

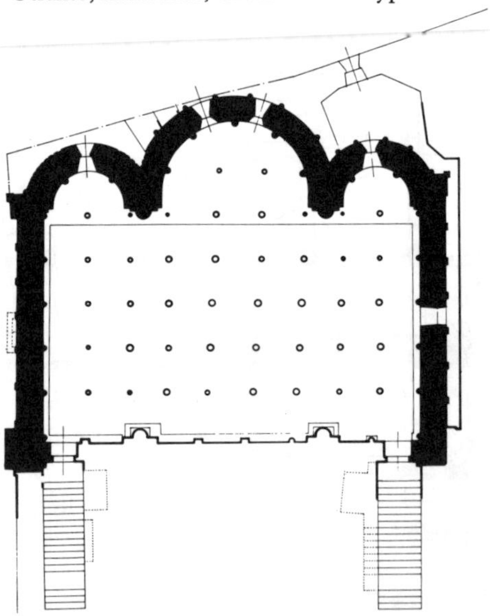

Zum Kreis der vom Zeitrahmen hier zu erwähnenden Kirchen zählen noch drei in Brindisi. Von der ersten, wahrscheinlich bedeutendsten, um 1060 gegründeten Abtei S. Andrea blieben leider nur zwei gigantische Figurenkapitelle übrig. Die Vorstellung orientalischer Zentralbauten tradiert S. Giovanni al Sepolcro, und die ebenfalls benediktinische Gründung S. Benedetto (nach 1080) folgt am Außenbau, wie schon erwähnt, dem Sipontiner Vorbild, während im Inneren ein späterer

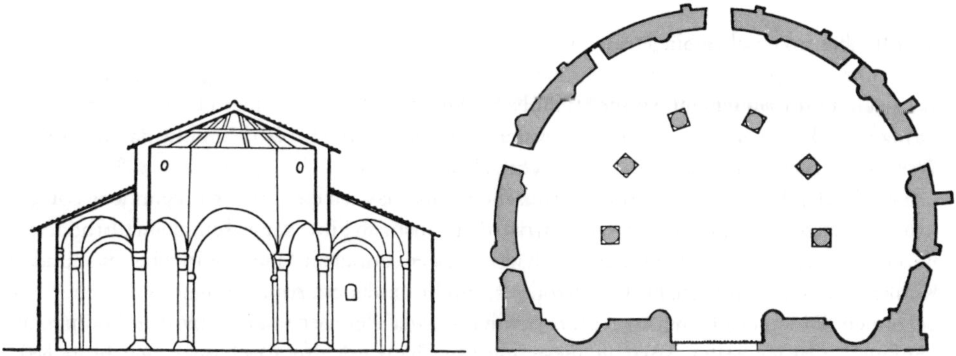

Brindisi, S. Giovanni al Sepolcro, Schnitt und Grundriß

(12. Jh.), fast filigran verspannter Raum überrascht, eine dreischiffige Halle, die sich über zwei Reihen schlanker Säulen im Mittelschiff kreuzrippig und in den Seitenschiffen mit Vierteltonnen wölbt. Zusammen mit S. Benedetto in Conversano, S. Maria di Trémiti und Ognissanti belegt der Brindisiner Kirchenbau, daß die Benediktiner Apuliens bzw. ganz Unteritaliens keineswegs, wie man so vielfach lesen kann, als Kolporteure der normannischen Romanik wirkten, im Gegenteil, sie hielten sich ganz eng an hier vorgefundene Schemata und Bauvorstellungen. Im übrigen taten dies auch die Normannen selbst in ihrer Funktion als Stifter und Bauherren. Denn was diese ursprünglich mit sich gebracht hatten, waren ihr Schwert, ihr Mut und ihre strategisch-politische Begabung, auf dem Kulturboden des Landes aber waren andere Früchte gewachsen. Die diesbezügliche Rolle der normannischen Eroberer sieht die Landesforschung heute distanzierter und weniger enthusiastisch: »Im Widerspruch zu einer geläufigen Logik des Geschichtsablaufs fallen Geburt und Ausbildung der ersten Anfänge des romanischen Stils zusammen mit einer besonders turbulenten Periode der apulischen und süditalienischen Geschichte«, eben jenem Eingreifen normannischer Reisläufer in die Befreiungskriege gegen Byzanz. Und Musca resümiert: die Normannen wären fasziniert gewesen von der überlegenen byzantinischen Zivilisation und weit davon entfernt, Träger ihrer heimischen Kultur oder der Anregungen der normannischen Kultur zu sein, so daß sie vielmehr die in Süditalien vorgefundene Kunst und Lebensweise assimilierten.

Conversano, S. Benedetto, Grundriß

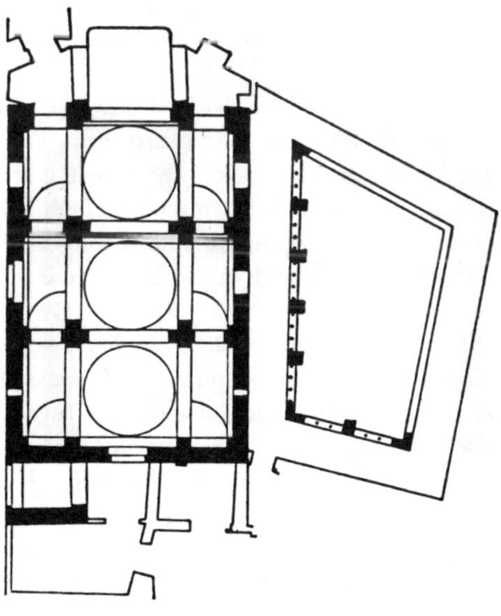

b) Das Projekt S. Nicola

»O Bari mit all deinen Einwohnern, juble auf vor Freude zusammen mit dem himmlischen Jerusalem über die unermeßliche Gunst, die dir zuteil wurde. Freue dich ohne Zaudern, Bari, denn dein Glück ist voll ... Freue dich, Bari, daß du dieses neue Unterpfand deines Heils an dich ziehen durftest! Freue dich, denn du hast dich als preiswürdiger erwiesen denn alle übrigen historischen Städte Apuliens! Freue dich, daß du gekrönt wurdest mit ruhmreichem Sieg! Denn ›Nikolaus‹ bedeutet im Griechischen ›Sieg des Volkes‹. Freue dich, denn nun wirst du bekannt werden in allen Zonen der Erde wegen der Kunde von deinem neuen Rang.«

Der diesen Hymnus auf Bari gesungen hatte, war der Benediktinermönch Nicephorus (Anfang 12. Jh.), und der Anlaß zu diesem Preislied war ein erfolgreich abgeschlossener Reliquienraub. Dies war im hohen Mittelalter absolut nichts Ungewöhnliches. Doch in diesem Falle handelte es sich um ganz besondere Reliquien und um eine delikate historische Situation. Alles zusammen führte schließlich zum kunsthistorisch bedeutsamsten Bau der sogenannten apulischen Romanik, der Pilgerkirche des hl. Nikolaus (Abb. 71–74).

Wir schreiben das Jahr 1087. Es ist wieder ein kritisches Jahr. Die Zeit kreißt. Genauer: der heftig entfachte Investiturstreit hat Pause. Die erste Runde ist doch noch an den römisch-deutschen Kaiser gegangen. In der Verbannung zu Salerno, vergessen von seinen Zeitgenossen, verflucht von den Bürgern seiner Stadt Rom und selbst verbittert, stirbt Gregor VII. am 25. 5. 1085 im Schutze der Burg Robert Guiscards. »Ich habe die Gerechtigkeit geliebt und das Unrecht gehaßt, deshalb sterbe ich in der Fremde«, hatte er noch selbst für seinen Grabstein diktiert. Mit Übereifer, Maßlosigkeit und Unerbittlichkeit hat sich dieser gewiß ehrenwerte und gutmeinende Nachfolger Petri selbst die Grenzen gesteckt. Für die Fortsetzung des neuen Kurses brauchten Reformpartei und Kurie Zeit, um in Ruhe den richtigen Weg und den geeigneten Mann zu finden. Als Übergangslösung war der greise Abt von Monte Cassino gewiß eine akzeptable Lösung. Aber nur um Zeit zu gewinnen.

Im selben Jahr vollendet sich auch die Bahn eines anderen Gestirns. Der Schlaukopf selbst hatte, nachdem er gerade zum zweiten Mal einen fehlgeschlagenen Versuch zur Eroberung von Byzanz unternommen hatte, vor dem mächtigsten Gegner, vor dem es kein Entrinnen gibt, seine Knie beugen müssen. Fiebrig und krank verläßt die ruhelose Seele den mächtigen Leib des Unbesiegbaren: der »Terror Mundi« ist nicht mehr. Damit ist die Episode der normannischen Eroberungen im Mittelmeer abgeschlossen. Bohemunds und Tankreds Antiochia-Abenteuer gehört bereits in die Geschichte der Kreuzzüge.

Das Spannungsfeld Rom – Byzanz war seit 1081 wieder etwas entschärft. Der Riese vom Bosporus begann nach einer Zeit der Schwäche und des Ruins, bedingt durch die Phase der Dekadenz nach dem Aussterben der Makedonischen Dynastie, sich wieder auf seine alten Tugenden zu besinnen. Alexios I. Komnenos hatte dem Blachernenpalast nicht nur eine neue Dynastie zugeführt, mit ihm saß auf Konstantins d. Gr. Thron wieder ein Mann von politischer Weitsicht, mit allen Wassern der Diplomatie und des Taktierens gewaschen, ein schwer berechenbarer und ebenso schwer auszuspielender Gegner. Immerhin zwischen Rom und Konstantinopel wurden wieder Noten ausgetauscht, man sprach wieder miteinander. Von einer Hoffnung auf Kittung

Bari, Panorama-Ansicht. Stich von Borghi, 1770

des von Kerullarios und Humbert verursachten Risses war allerdings keine Spur zu erkennen. Rom blieb in der Offensive und suchte nach neuen Waffen, die bald gefunden sein sollten. Das kirchenpolitische Ausgreifen in Apulien findet seine konsequente Fortsetzung. Das Bündnis mit den bis 1085 erfolgreichen Eroberern des Landes wird aufrechterhalten.

Für die wirtschaftlich aufblühenden Seestädte zeigt die Tendenz weiter steil nach oben. Betroffen davon sind natürlich die den Seehandel tragenden Schichten. Höchste wirtschaftliche Effizienz beweist auch das zu einem neuen Faktor gewordene Pilgertum. Wichtige Reliquien sichern reiche Pfründe. Die unternehmerisch aktivsten Seestädte hatten fast alle ihren hoch angesehenen Heiligen: Venedig seinen Markus (Evangelist), Neapel seinen Januarius (frühchristlicher Märtyrer), Salerno seinen Matthäus (Apostel und Evangelist) und die älteste Seerepublik Amalfi ihren Andreas (Apostel). Genua sicherte sich als eine der letzten der großen italienischen Seestädte bei der Gelegenheit des ersten Kreuzzuges die Gebeine von Johannes dem Täufer, und Bari hatte sich eben 1087 die Reliquien des hl. Nikolaus verschafft.

Die Seeleute dreier Bareser Handelsschiffe auf dem Rückweg von der Levante machten beim Passieren der kleinasiatischen Küste einen kurzen Halt im lykischen Myra, wo die im ganzen östlichen Mittelmeer noch verehrten Gebeine des hl. Thaumaturgen Nikolaus ruhten. Die Erbeutung der kostbaren Reliquien war offensichtlich ohne große Widerstände von Seiten der Bewacher abgelaufen, so daß die Bareser Grabschänder und Räuber dies als Wohlwollen Gottes und Wunsch des Heiligen, nach Bari gebracht zu werden, auslegen konnten. Immerhin war Kleinasien seit 16 Jahren in Händen der Seldschuken, die erst etwa eine Generation vorher freiwillig den Islam angenommen hatten und sich ebenfalls als Verteidiger des rechten Glaubens wähnten, so daß eine Zerstörung oder Plünderung des Nikolausheiligtums in Myra durchaus im Bereich des zu Befürchtenden gestanden hätte.

Am 9. Mai 1087 gingen die erfolgreichen ›Kauf‹-fahrer beim Hafen von S. Giorgio an Land, wo ihnen, nachdem sich die Nachricht von ihrer Beute wie ein Lauffeuer in der Stadt verbreitet hatte, ein begeisterter Empfang bereitet wurde. Erzbischof Urso weilte (welch günstige Konstellation!) gerade auf Dienstreise in Canosa. Bis der auf Siebenmeilenstiefeln zurückeilende Urso aber wieder in Bari ankam, hatte sich die Situation bereits ohne ihn geklärt. Die stolzen Seeleute hatten ihre unschätzbare Beute in die Obhut des Abtes von S. Benedetto in Bari, des weisen und hochgeschätzten Elias, gegeben, der die Gebeine des hl. Nikolaus provisorisch in der Kirche S. Eustazio deponierte, natürlich schärfstens bewacht. Kaum in Bari angelangt, heischte der Erzbischof, daß die Reliquien selbstverständlich ihm, dem geistlichen Oberhirten der Stadt, unterstünden und deswegen in seiner Kirche, der Kathedrale aufgestellt werden müßten. Doch die Seeleute verweigerten die Herausgabe ›ihrer‹ Reliquien und forderten, daß nur eine eigens dafür errichtete Kultstätte dem kostbaren Schatz genügen könne.

Nach einer sogar blutig ausartenden Konfrontation (zwei Tote) gab der Bischof nach und gestattete Elias, in seinem Auftrag mit dem Bau eines neuen Heiligtums ausschließlich für die Verehrung der Gebeine des hl. Nikolaus zu beginnen. Die Auseinandersetzung um die Reliquien und ihr Ausgang zeigte einerseits die bislang latenten sozialen Spannungen innerhalb der Bürgerschaft der Handels- und politischen Verwaltungsstadt Bari und legte andererseits die veränderten Verhältnisse der Kräfte untereinander offen.

Erzbischof Urso war von Gregor VII. auf ausdrücklichen und persönlichen Wunsch Robert Guiscards in sein Amt eingesetzt worden, sozusagen als geistlicher Statthalter des Normannenherzogs. Er war also kein Mann der Reform. Inzwischen war die von oben diktierte Kirchenreform weiter fortgeschritten und die Glaubensspaltung zwischen Ost- und Westrom praktisch unüberbrückbar geworden, so daß verstärkt auch die früher völlig apolitischen Benediktiner Apuliens nun von der Reformpolitik gezielt eingesetzt wurden. Die mächtigste Benediktinerabtei Süditaliens, die schon seit dem 10. Jh. die Ideen der Cluniazensischen Reform vertrat, war Cava dei Tireni. Von dort stammte der nun in Bari in Aktion tretende Abt Elias. Er war der neue starke Mann der Kurie in Bari. Die Stadt war gleichzeitig das Zentrum der Unabhängigkeitsbewegungen, des Widerstandes zuerst gegen die Byzantiner, nun gegen die Normannen. Das Zentrum des Bareser Widerstandes gruppierte sich aber traditionell um die Kathedrale, ihren Bischof und die Angehörigen der Stadtnobilität. Die niederen und vor allem wirtschaftlich aufstrebenden mittleren Schichten waren eher mit dem jeweiligen herrschenden Status quo zufrieden.

Nach dem Tod von Gregor VII. und Robert Guiscard im gleichen Jahr waren weder der Stuhl Petri noch der normannische Thron optimal besetzt. Aber zusammen bildeten Kurie und Normannen eine entscheidende Macht. Unterstützt von den bürgernahen Benediktinern und den aufstrebenden unteren Schichten, wurden sie schließlich zur tonangebenden Kraft. Das

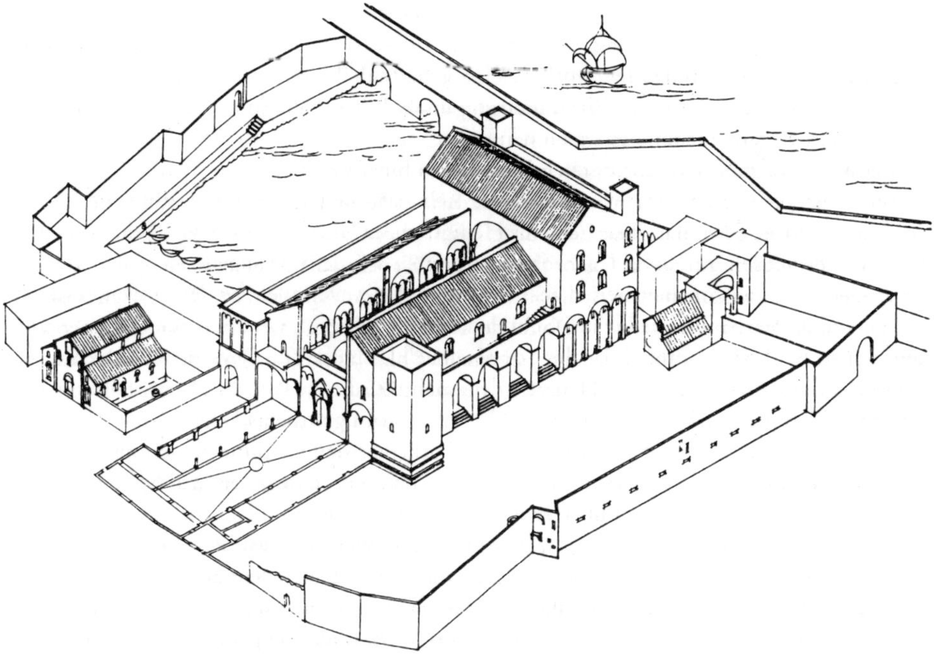

Bari, Lageplan des Katapanspalastes (nach Schettini, umstritten)

Projekt S. Nicola vereinigte genau diese für die künftigen Geschicke Apuliens so entscheidenden Mächte. Nach dem baldigen Tod von Urso (1089) wurde Abt Elias nach dem Willen des Volkes zum neuen Erzbischof gewählt. Damit war vorübergehend, immerhin für die relativ lange Amtszeit des Elias, auch die Kathedra von Bari den nun praktisch oppositionslosen ›fortschrittlichen‹ Kräften zugeführt.

Im Gebietsabtausch mit seinem Halbbruder Bohemund war nach dessen Niederlage bei Benevent Roger Borsa, der Haupterbe Guiscards, eben erst offizieller Herr von Bari und damit auch Besitzer des verwaisten Katapanspalastes geworden. Daß Roger unverzüglich dieses sein neues Stadtgrundstück dem Abt Elias und den Seeleuten für die Errichtung des geplanten Heiligtums zur Verfügung stellte, erwies sich als genialer Schachzug. Zum einen schuf Roger sich und seinen Nachfolgern eine unschätzbare massenpsychologische Stütze in der immer aufsässigen Stadt und außerdem eine zumindest für seine Regierungszeit befristete Beruhigung der sozialen Spannungen. Stiftungen und Schutzgarantien seitens der normannischen Herrschaft knüpften zusätzliche Bande.

Auch für die Kirche erwies sich die keineswegs geplante Ankunft der Gebeine des hl. Nikolaus als überaus vorteilhaft. Die Kurie nahm sofort die zu errichtende Pilgerkirche unter ihren direkten Schutz, d. h. sie war dem Stuhl Petri unmittelbar unterstellt und damit exemt; außerdem erhielt der Tempel des hl. Nikolaus Titel und Rang einer *basilica palatina*. Vor allem war ja der Heilige ein solcher der Ostkirche. Die römische Kurie erlangte somit in Bari, zusätzlich zu dem im westlichsten Teil seiner Einflußsphäre gelegenen Pilgerzentrum Santiago de Compostela, ein zweites internationales Pilgerzentrum am östlichsten Punkt seiner neu abgesteckten Domäne, ein Pilgerzentrum, das durch den erwarteten Zustrom östlicher Pilger auch in den Verwaltungsbereich des byzantinischen Patriarchen hineinwirkte.

Von nicht geringerem Vorteil aber erwies sich natürlich die erhoffte Wirkung auf das Geschäftsleben der Stadt Bari. Daß das neue Heiligtum des Nikolaus von Myra Ruhm und Ehre der Stadt vermehren und über den Erdball verbreiten würde, war angenehm, doch: viel Ehr wenig Geld. Erst die von allen Seiten anströmenden Pilger, vor allem an den beiden Festtagen im Mai und im September, ließen das Geld in der Kasse klingeln. Heute würde man sagen, der Zustrom großer Massen internationaler Touristen ließ Umsätze und Deviseneinnahmen rapide in die Höhe schnellen. Und einem Heiligen, dem man alles dies zu verdanken hatte, konnte man gar keinen Tempel errichten, der zu groß oder zu pompös gewesen wäre.

Dies, wie gesagt, war die Situation a. D. 1087, im Jahr der Ankunft der Gebeine und des Beschlusses eines neuen Kirchenbaus. Im folgenden Jahr wurde das Projekt S. Nicola noch um eine zusätzliche Dimension erhöht. Der neue Pontifex Maximus in Rom war ein Mann ganz anderen Kalibers als vorher Gregor VII. Auch Urban II. war zunächst Benediktiner, Vertreter der Cluniazenser Reform und als solcher Anhänger der allgemeinen Kirchenreform. Seine Langzeit- und Zielvorstellungen, vor allem aber seine Methoden, waren diffiziler, flexibler und wirkungsvoller. Alles war bei diesem neuen Papst wohldurchdacht, zu Ende kalkuliert und präzise vorbereitet. Nichts war dem Zufall oder der persönlichen Stimmung unterworfen. 1095 in Piacenza und 1096 in Clermont-Ferrand war die akribische Vorbereitung der neuen päpstlichen Universalpolitik so weit gediehen, daß man die breite Öffentlichkeit damit konfrontieren konnte. Der Aufruf zum Kreuzzug war nur Teil eines groß angelegten Planes zur Durchsetzung der unter Gregor VII. vorläufig gescheiterten Reformpolitik.

Urban II. verfolgte und erreichte mit seinem Kreuzzugsaufruf mehrere Ziele gleichzeitig: Einigung und Befriedung der abendländischen Christenheit, Stärkung des ramponierten Ansehens des päpstlichen Amtes, Schaffung eines päpstlichen Heeres – wenn auch nur zu Kreuzzugszwecken –, Ausweitung des römischen Einflusses auch auf das östliche Mittelmeer, Rückgewinnung des Heiligen Landes unter römischer Führung, eventuelle Wiedervereinigung der schismatischen Kirchen bei römischem Primat usw. Und Bari als neues internationales Zentrum eines im Osten wie im Westen verehrten Heiligen, als inoffizielle Hauptstadt der östlichsten Kirchenprovinz Roms und als wichtigster Sammlungs- und Einschiffungsort der Pilger und Kreuzfahrer nach Jerusalem nahm in der neuen päpstlichen Politik eine zentrale Position ein. Als Urso 1089 starb und Elias zum neuen Erzbischof gewählt worden war, ließ es sich Papst Urban II. nicht nehmen, seinen Freund Elias persönlich in Bari zu weihen. Die Wahl von Bari, genauer der neuen Basilika des hl. Nikolaus, als Tagungsort des Konzils von 1098 bestätigt und unterstreicht die vorher skizzierte Rolle von Bari.

Alles dies zusammen macht erst verständlich, weswegen der Neubau sowohl aus historischer Perspektive als auch in der Sicht der Zeitgenossen eine kaum zu überschätzende Sonderrolle gespielt hatte, und dies nicht minder im Bereich der regionalen Kunstentwicklung. Es ist klar, daß ein Bau dieser Größenordnung und Bedeutungsdimension alle Kräfte des Landes und der Zeit auf sich konzentrierte, ähnlich wie bei vergleichbaren Großbauten, z. B. Klosterkirche von Monte Cassino (geweiht 1071), Dom von Salerno (beg. 1073), Pilgerkirche von Santiago de Compostela (beg. zw. 1071 und 1077), St-Sernin in Toulouse (beg. um 1080), Kaiserdom zu Speyer, Bau II (beg. 1082), Cluny III (beg. um 1085). Nimmt man noch die geringfügig früher begonnenen Kirchen S. Marco in Venedig, Dom von Pisa (beide 1063) und St-Etienne in Caën (nach 1068) sowie die gegen 1098 begonnenen Stephanskirchen von Cahors und Perigueux, so hat man innerhalb einer Zeitspanne von reichlich 30 Jahren das fast komplette typologische Universum der romanischen Architektur vor Augen. Und S. Nicola nimmt darin auch zeitlich keine rückständige oder anderen Stilentwicklungen verpflichtete Rolle ein. S. Nicola in Bari ist einer der vielen in der zweiten Hälfte des 11. Jhs. entstandenen Schöpfungsbauten. Als Konzentrationspunkt aller führenden und qualitativ hochstehenden fortschrittlichen Kräfte übernimmt er auch Pilotfunktion für die anderen Bauten seiner unmittelbaren Umgebung.

Kein Wunder also, wenn der Kirchenbau, befrachtet mit solchen Erwartungen und Bedeutungen, gleichzeitig gestützt und gefördert von den wichtigsten Kräften des Landes, über die Maße des Herkömmlichen hinaus geraten mußte. Glücklicherweise können die bis vor kurzem noch geltenden, einander widerstreitenden Theorien zur Baugeschichte (Krautheimer, Schettini) als abgelegt gelten, so daß wir heute, wie zuletzt eindringlich, einsichtig und überzeugend dargelegt von Schäfer-Schuchardt (siehe Literaturauswahl), davon ausgehen können, daß die Kirche des hl. Thaumaturgen Nikolaus in Bari in einem Zug nach einem von Anfang an bestehenden Entwurf gebaut wurde.

Hier die wichtigsten quellenmäßig abgesicherten Daten zur Baugeschichte:

9. Mai 1087: Ankunft der Gebeine des Heiligen.

Juni 1087: Übereignung des wahrscheinlich 1079 beim Bareser Aufstand gegen Robert Guiscard zerstörten Katapanspalastes durch Roger Borsa an den Erzbischof Urso, mit der Auflage auf dem Grundstück einen Tempel zu Ehren des hl. Nikolaus zu bauen. Urso delegiert die konkrete Ausführung an den von den Seeleuten persönlich beauftragten Abt Elias. Beginn der Arbeiten zur Krypta nach dem Vorbild von Otranto.

8. Juli 1087: schweres Unglück bei den Ausschachtungsarbeiten der Krypta. Erstes ›Wunder‹ des Heiligen in Bari: nur 5 Bauarbeiter werden verschüttet, aber nicht verletzt.

Zwischen 1087 und Mai 1089: ständige Nachrichten über die laufenden Bauarbeiten.

1. Okt. 1089: Fertigstellung der Krypta. Transferierung der Gebeine des hl. Nikolaus dorthin.

5. Okt. 1089: Nominierung von Abt Elias zum Erzbischof von Bari und Bestätigung durch Urban II.

3.–10. Okt. 1089: Konzil unter Urban II. in der offensichtlich weit fortgeschrittenen Basilika.

1103: erste seriöse Notiz über die Fertigstellung der Basilika.

23. Mai 1105: Tod von Elias und anschließende Bestattung am Eingang zur Krypta (rechte Treppe).

18. Nov. 1106: angenommene Fertigstellung der größeren Bauarbeiten; in der von Papst Paschalis II. im gleichen Jahr ausgestellten Bulle heißt es bereits: *»congrua iam aedificatione*

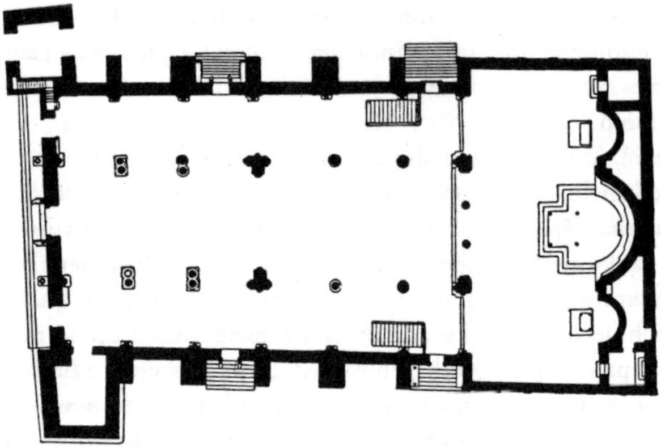

Bari, S. Nicola, Grundriß

perfecta est«. Auch in anderen Quellen der folgenden Jahre 1108, 1111 und 1117 ist jeweils von der *»basilica edificata«* die Rede, d. h. daß Krypta und Oberkirche des heute vor unseren Augen stehenden gewaltigen Baus in der relativ kurzen Bauzeit von 26 bis 29 Jahren entstanden sind. Da aber detaillierte bauarchäologische Untersuchungen des Mauerwerks keine erheblichen nachträglichen Änderungen im Gesamtentwurf anzunehmen gestatten, bedeutet dies auch, daß alle Eigentümlichkeiten der Basilika des hl. Nikolaus bereits in der vermutlich von Mai bis Juni

Bari, S. Nicola a) Nordansicht b) Westansicht c) Ostansicht d) Südansicht

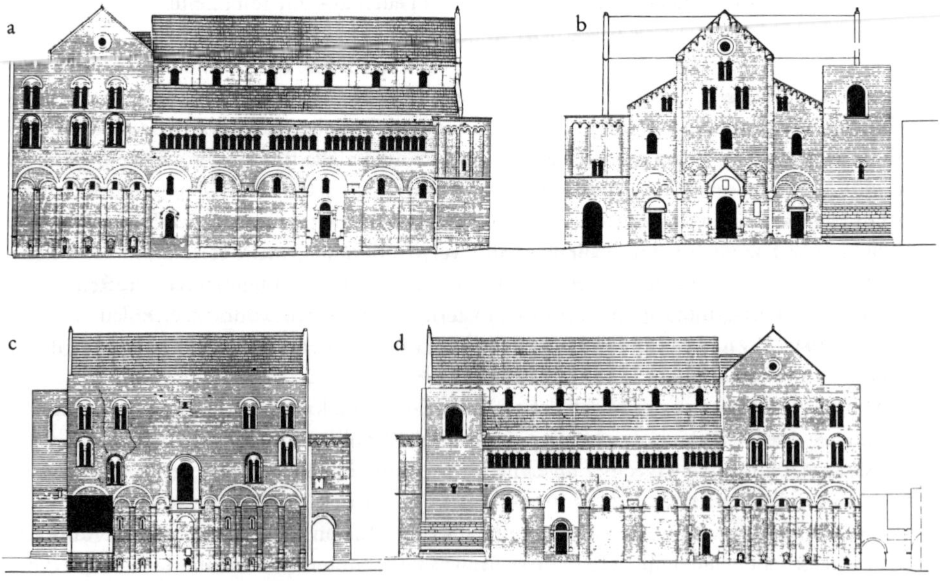

des Jahres 1087 stattgefundenen Planung enthalten waren. Da aber noch 1973 (Willemsen) gerade dieser Bau »als Sinnbild des heroischen Geistes der normannischen Gründerzeit« galt, muß die beschworene ›normannische‹ Natur dieser regionalen Sonderform der romanischen Architektur erheblich korrigiert werden.

Betrachten wir den Grundriß dieser einheitlich und als Ganzes konzipierten Baugestalt, so können wir zunächst und prinzipiell nichts Außergewöhnliches daran feststellen: ein sechsjochiges, dreischiffiges basilikales Langhaus über zwei jeweils aus vier Säulen und einem Mittelpfeiler bestehenden Arkadenreihen und östlich davon ein nur wenig seitlich ausladendes aber saalartig tiefes Querhaus mit drei direkt östlich anschließenden, verschieden tiefen Absiden. In dieser allgemeinen Tendenz reiht sich der Bau nahtlos ein in die kirchenpolitisch bestimmte Ausrichtung auf den lateinisch-kampanischen Basilikatyp (vgl. Monte Cassino, Salerno, Otranto). Bei genauerem Hinsehen stößt man jedoch auf kleinere Abweichungen, von Osten nach Westen: vor den Apsiden eine durchgehende, in tangentialer Höhe der Mittelapsis mit dieser zu einem Verband verschmelzende Mauer, die zwischen Seitenapsis und Stirnwand des Querhauses noch je einen quadratischen Raum (Turmsockel) umschließt. Zwischen quadratischer Eckkammer, der gekrümmten Apsismauer und der durchgezogenen Ostmauer ergibt sich ein unregelmäßiger Zwischenraum. Bandartige Mauervorlagen an den Außenseiten des Querhauses. Am Langhaus weite, d. h. genau um die Tiefe des seitlich überständigen Querhauses, bündig mit diesem endend, vorstehende Mauerstreben. Im dritten und sechsten Joch jeweils zwei Seitenportale mit Treppenrampen. Im Westen eine um ganze 3 Grad vom Lot abweichende Fassadenwand mit drei Portalen und einem Fassadenturm, der nicht bündig mit der Fassade selbst abschließt.

Auch dieser Besonderheiten des Grundrisses eingedenk, kann selbst beim besten Willen nichts ›Normannisches‹ entdeckt werden. Weder die seit Ende des 10. Jhs. durch den Bau von Cluny II. verbreitete Form des Staffelchores, z. B. Bernay (1017 bis 1055) oder l'Abbaye-aux-Dames (beg. 1062), noch die besonders bei Pilgerkirchen verbreitete Form des Chorumganges mit oder ohne Radialkapellen findet irgend ein Echo im Plan der Bareser Kirche, und die Ostlösung mit der hallenartigen Krypta als Oratorium findet ihr direktes Vorbild in Otranto. Ungewöhnlich, gemessen an der Landestradition, sind lediglich die beiden Flankentürme an der Westfassade und die durchgezogene Mauer östlich der Apsiden. Doch dazu an späterer Stelle.

Verfolgen wir zunächst am Außenbau im Aufriß, diesmal von Westen nach Osten, die Umsetzung der im Grundriß festgelegten Möglichkeiten. Hoch aufgerichtet, streng symmetrisch und dreiachsig gibt sich die flache Westwand. Die einzelnen dahinterliegenden Kirchenschiffe sind klar in Dachhöhe und Seitenerstreckung voneinander geschieden und an der Fassade ablesbar. Über kostbaren antiken Monumentalsäulen beginnen die glatt und ohne Unterbrechung bis zur Dachschräge des Mittelgiebels hochgezogenen, kantig vortretenden Lisenen, die die Breite des Mittelschiffs kennzeichnen. Getreppte Rundbogenfriese und einfach profilierte Gesimsleisten schließen die Dachschrägen nach oben rahmenhaft ab. Jedem der drei Schiffe entspricht ein rundbogiges Portal, das mittlere breiter, höher und prächtiger mit Tympanon und Protirorahmung. Die beiden antiken Monumentalsäulen bilden auch gleichzeitig den Kämpferpunkt für die über den Seitenportalen im Mauerwerk versenkten großen Überfangbögen (echte

Schildbögen), die ihrerseits unterfangen sind von zwei kleineren, auf eigener Mittelkonsole gestützen Rundbögen. Die Seitenportale sind einfacher gebaut aus rechteckigen, mit skulptierten Ranken- und Pflanzenmotiven gezierten Türbalken, einem geradezu klassischen Architrav und nachträglich gearbeiteter Bogenstirn mit Außenarchivolte – die nördliche davon noch in situ. Die Fassade des Hauptschiffes ist dreigeteilt. Zwischen zwei schlanken und höhergezogenen Blendarkaden nach dem Vorbild der seitlichen folgt das eigentliche Hauptportal, das sich als doppeltes erweist. Zunächst die Rahmung des tympanonlosen, rundbogigen inneren Portals und dann, dieses rahmend, die Scheinarchitektur des Pseudoprotiros.

Die Wandzone über den Portalen bleibt weitgehend ungestaltet, lediglich ein einfaches rundbogiges Fenster mit einmal zurückgetreppter Bogenstirn öffnet sich pro Achse. In der Giebelzone markieren kleine Biforienöffnungen die Seitenschiffe, während im Mittelteil eine symmetrisch aufgebaute Dreigruppe größerer Biforien den Giebel selbst vorbereitet; dessen Feld ist besetzt mit einem ebenfalls unprofilierten einfach zurückgetreppten Okulus.

Seitlich der Fassade, fast in Fluchtlinie der Außenwand des Langhauses, zwei mächtige im Grundriß leicht rechteckige Türme, die beide nicht mehr ihre ursprüngliche Höhe besitzen und die wie Fremdkörper die Fassade zwischen sich einzwängen, deren durchaus gegebene elegante Höhenentwicklung beeinträchtigen. Beide Türme stammen erkennbar aus verschiedenen Bauphasen und sind auch innerhalb ihres jeweiligen Mauerwerks nicht einheitlich. Der südwestliche steht nicht im Verband mit den angrenzenden Kirchenmauern und dürfte auf jeden Fall aus einer anderen Zeit als der Kirchenbau selbst stammen. Sein Mauerwerk besteht in der Sockelzone aus einer dreifach getreppten Krepis und aus einer doppelten Schicht von jeweils einer Lage von geglätteten Quadern und darüber vier Lagen stark rustizierter Bossenquadern. Erst darüber, in etwa doppelter Mannshöhe, beginnt glattes Kalksteinquaderwerk in alternierend hoher bzw. flacher Schicht. Nach vier Doppellagen wird die Regelmäßigkeit der alternierenden Schichten zugunsten einer willkürlichen Lagestärke der Mauerquadern aufgegeben. Das große portalartige Rundfenster im Obergeschoß ist reich dekoriert in der Formensprache der fortgeschrittenen Romanik (12. bis 13. Jh.).

Der nordwestliche Turm tritt stark vor die Fluchtlinie der Fassade, vergleichbar den *versurae* des römischen Theaters. Sein Untergeschoß ist durch ein hohes Portal durchbrochen, dessen einfache Bogenstirn dieselbe Mauertechnik der unteren Fensterreihe an der Fassade verrät. Das durch eine durchgehende Profilleiste abgetrennte obere Geschoß zeigt mit Biforienfenstern, gliedernden Diensten und Bogenfries eine feingliedrigere und entwickeltere Formensprache.

Die Längsseiten des Langhauses bieten sich dem Betrachter dreifach gegliedert in Höhe und Breite. Zwischen zwei vertikalen Gliedern, dem jeweiligen Westturm und der hoch aufgerichteten Querhausfassade, entwickelt sich die dreifach gestufte horizontale Baumasse des Langhauses; zuunterst eine Folge von fünf (= Südseite, Nordseite = sechs) überdimensional hohen und sehr tiefen Arkaden auf stämmigen Wandpfeilern, darüber eine Reihe von enggestellten kleinformatigen Hexaforien als echte Galerie und schließlich die Fensterzone des Obergadens. An Wandpfeiler 1, 2 und 3 der Südseite, und entsprechend gegenüberliegend auf der Nordseite, befinden sich zwischen den auslaufenden Arkadenbögen eingestellte Schrägsteine zur Aufnahme eines (nie ausgeführten?) Gewölbes. Die tiefen Arkaden des Langhauses setzen sich motivisch als flache Blendarkaden an den Stirnseiten der Querhäuser fort. Diese werden durch lisenenhaft flache Wandpilaster gestützt. Auch die Dreigeschossigkeit ist am Querhaus beibehalten. Den unteren großen Arkaden entsprechen im ersten und zweiten Geschoß jeweils monumentale rundbogige Biforien. Die Wandfläche der Querhausfassade bleibt kühl und schmucklos, selbst auf Eckbetonung und Giebeldekor ist verzichtet, lediglich ein dezenter Kreisokulus öffnet bescheiden das Tympanonfeld. Die Giebelspitze war offensichtlich mit einem Akroter besetzt. Einziges plastisches Element der Langhausaußenwand sind die feingliedrigen Hexaforien und die in höherem Relief vor die Wand tretenden Fensterrahmen der Mittelzone.

Der Ostabschluß, wie schon dem Plan zu entnehmen war, wird gebildet von einer glatt hochgezogenen, die Apsiden verbergenden Fassadenmauer enormen Ausmaßes. Die Gliederung mit einem doppelten System von hohen Blendarkaden in der unteren Zone ist beibehalten, lediglich die Zusammenstellung und Rhythmisierung der darüberliegenden Fenstergruppen erfolgt nach eigenem Schema. Bestimmendes Element ist das große, portalähnliche Mittelfenster mit reliefgeschmückter Sockelbank und Stylophorenrahmung, nach außen zu diagonal ansteigend zwei ungleich große Biforien; in Achse darüber, aber in horizontaler Reihung, vier weitere Biforien. Zwischen diesen und dem Mittelfenster entsteht eine für Fassadenvorstellungen eigentümlich ›leere‹ Wandfläche. In den unteren Blendarkadenzonen vier kleine Fenster, deren Bogenstirn Reste von Natursteinintarsien aufweist, eine Technik, die besonders bis Ende des 11. Jhs. in Süditalien verbreitet war. An den drei nördlichen Lisenen in etwa 3 m Höhe ebenfalls Ansätze zu Bogenkonstruktionen. Ansatzlos und abrupt endet die Ostfassade über der oberen Fensterreihe.

Stärker als am Außenbau haben im Inneren Veränderungen und Umbauten das ursprüngliche Gesicht entstellt. Die einschneidendsten Maßnahmen dieser Art, die 1451 im Hauptschiff eingezogenen Traversbögen und die bemalte flache Holzdecke über allen Haupträumen, sind trotz tiefgreifender Restaurierungen immer noch nicht behoben. Höhen- und Längsentfaltung vor allem des Langhauses sind somit erheblich beeinträchtigt. Dort, wo in den lateinischen Säulenbasiliken des herkömmlichen Typus (Bovino, Troia, Tarent, Otranto) zwischen Seitenschiffarkaden und Obergaden eine relativ hohe und über die gesamte Länge des Langhauses durchgezogene Wandfläche, ursprünglich sicher bemalt oder mit Wandteppichen behängt, einst für Ruhe und ausgesprochene Horizontalität gesorgt hatte, befindet sich in S. Nicola eine Folge von rundbogig zusammengeschlossenen Triforien mit dahinterliegendem Korridor (Emporen). Die ungeheure Dynamik dieses Motivs, sowohl als Einzelform als auch in seiner Reihung in Kirchenflucht, ist gerade durch die nachträglich eingezogenen Schwibbögen erheblich gebremst.

Die Seitenschiffe unter den Emporen wurden über quadratischem Joch kreuzgratgewölbt. Eine letzte Zäsur erlebt die Langhausflucht in der zwischen den westlichen Vierungspfeilern eingestellten sogenannten »Ikonostasis«, hinter der schließlich erst die Besonderheit des Querhauses erkennbar wird. Seine saalartig weite und hochaufgerichtete Dimension konnte man bereits von außen erahnen. Was man von dort aber nicht sehen konnte, waren die gleichfalls durch enormen Höhenzug gekennzeichneten Apsiden, deren aufgeschnittene und hochgetürmte Halbzylinder die an sich breite Ostwand an die vertikale Tendenz des Gesamtraumes angliedern. Auch hier fehlt allerdings ein wesentliches Element des ursprünglich konzipierten Querhauses: Die Verstärkung der Vierungsecken und die Trompen, welche das Rechteck der Vierung in ein Oktogon überführen, lassen annehmen, daß zumindest im Projekt des Elias noch eine bekrönende Kuppel geplant war, wie sie später in der örtlichen Kathedrale zur Ausführung kam. In den beiden östlichen Jochen der Seitenschiffe führen schließlich breite Prozessionstreppen in die Hallenkrypta, die ja die gleichen Ausmaße wie die Ostanlage des Oberbaues aufweist und der älteste Teil des Gesamtbaues ist.

Resümee: Die hier vorgestellte, von Benediktinern der Reformpartei betriebene Pilgerkirche S. Nicola in Bari scheint sowohl für ihre Zeit als auch für ihre Umgebung ein ganz ungewöhnlicher Bau zu sein. Für die Enthusiasten nordischen Kulturexportes wurde der Baubeginn von S. Nicola »zur Geburtsstunde der apulischen Romanik« erklärt. Was von einer solchen zugespitzten Formulierung zu halten ist, mag schon aus dem vorangegangenen Abschnitt erkennbar geworden sein. Listen wir die unschwer feststellbaren baulichen Besonderheiten von S. Nicola auf, ergibt sich zwangsläufig ein übersichtliches Ordnungssystem nach Formen, die a) kurz vor 1100 als international verbreitet und gültiges Repertoire angesehen, b) regional als verbreitet oder zumindest bekannt vorausgesetzt und c) nur und ausschließlich hier und jetzt an S. Nicola nachgewiesen werden können.

Bereits im Grundriß sind, bis auf drei, alle wesentlichen, den Bau konstituierenden Merkmale vorgezeichnet, zum Beispiel die den Ostbau bestimmenden Kennzeichen wie Dreigeschossigkeit, ebenerdige Krypta mit Tageslicht, eine die Apsiden verblendende zusätzliche Mauer, nämlich die Ostfassade, und die beiden in sie eingearbeiteten quadratischen Ecktürme. ›Normannisches‹ ist am Grundriß nicht zu entdecken. Zieht man die gegen Ende des 11. Jhs. im hispano-gallo-normannischen Raum verbreitete Tendenz zur Ausformung immer komplizierterer Chorlösungen zum Vergleich heran, muß die Bareser dagegen als simpel und traditionell erscheinen. Dies trifft jedoch nicht für den Aufriß zu. Um das Originelle, Einzigartige und doch höchst Funktionale dieser kühnen Zurschaustellung einer überdimensionalen, zur Achse des Baues senkrecht gestellten Aula regia des Querhauses ganz zu erfassen, muß man sich nochmals die macht-, kirchen- und wirtschaftspolitische Bedeutung des Baus und seiner topographischen Situation vor Augen führen.

Der zu errichtende Nikolaustempel sollte ja den Platz besetzen, den der im Bewußtsein der Bareser Bürger verhaßte Katapanspalast, das Hoheitszeichen von Byzanz, in der Stadt eingenommen hatte. Er kontrollierte eine in der Stadtentwicklung neuralgische Stelle. Das erste, also peuketische Barium lag ähnlich wie Gallipoli oder Tarent auf einer fast vollständig vom Wasser umschlossenen Halbinsel. Die Akropolis der vorrömischen Niederlassung erhob sich dort, wo heute der Klosterkomplex von S. Scholastica liegt. Eine kleine Bucht, damit ein von den Nordwestwinden geschützter Naturhafen, trennte Alt-Bari von der südlich sich anschließenden römischen Siedlung und dem weiter südlich folgenden Burgus (Kathedralbezirk) der Spätantike. Genau an dieser kleinen Bucht, dem sogenannten *Mare di Chiaffaro,* dem alten Hafen von Bari, dem Scharnier zwischen Akropolis und römischer Neustadt, lag also kontrollierend und unübersehbar der *palacio* der byzantinischen Gouverneure, und gleiches war vorgesehen für S. Nicola. Prägt man sich die von Schettini versuchte Rekonstruktionsskizze der ursprüng-

Bari, S. Nicola, Krypta. Stich aus dem 19. Jh.

lichen topographischen Situation der zu erbauenden Kirche ein, bleibt unverrückbar der Eindruck: Auch S. Nicola, wie heute noch die Kathedralen von Trani, Molfetta und Giovinazzo, lag direkt am Meer, von diesem lediglich durch die noch erhaltene Seemauer getrennt. Die zu errichtende Basilika stand unter dem persönlichen Schutz der weltlichen Machthaber (Roger Borsa) und war dem Heiligen Stuhl direkt unterstellt. Diese Exemtion zeigt aber, daß der Bau als Konkurrenz zur Kathedrale, der Kirche des städtischen Bischofs, errichtet worden ist. Dies war auch durch den Bau selbst, nicht nur durch seine Ausmaße allein zum Ausdruck zu bringen. Schließlich war der hier zu verehrende Heilige zunächst und vor allem ein solcher der Ostkirche. Der Strom der zu erwartenden Pilger würde also auch in beträchtlichem Ausmaße vom Osten, d.h. vom Meer her kommen, und die Pilgerführer sollten sofort, schon von weitem für sie erkennbar, die richtige Kirche ansteuern.

Diese drei konkreten Faktoren – Meerlage, Konkurrenz zur Kathedrale und Ausrichtung auf Pilgerschiffe – diktierten die Gestalt der für ihre Zeit völlig neuartig hoch aufgerichteten Ostteile als flache, aber unübersehbare Fassade. Kulturtradition und Topographie bestimmten offensichtlich auch die Gestalt dieser meereszugewandten zweiten Fassade im Osten. Nimmt man an, daß die heutige Höhe der alten Stadtmauer östlich von S. Nicola in etwa derjenigen der

Seemauer zur Zeit der Erbauung von S. Nicola entspricht, wird verständlich, warum bei der Gestaltung der unteren Fassadenteile auf große Effekte verzichtet wurde und man sich mit der einfachen Folge flacher Blendarkaden begnügte. Auch die portalähnliche Struktur des großen Mittelfensters wird plötzlich zwingend, muß es doch den zu Schiff auf diese Fassade Zufahrenden als über der Mauer erkennbares Portal der Kirche erscheinen. Nehmen wir als Anhaltspunkt für Größenordnung und Aussehen der Ostfassade von S. Nicola jene der Kathedrale (s. Abb. 75), die recht und schlecht in ihren wesentlichen Teilen eine Kopie bzw. Fortführung der Gedanken der Nikolauskirche ist, also inklusive der ausgebauten Türme (heute nur noch einer) und der byzantinisierenden Vierungskuppel, so bekommen wir einen rechten Eindruck von der schon unter Elias konzipierten Seeseite seiner Pilgerkirche.

So weit bewegen wir uns auf faktisch nachvollziehbarem Boden. Umstritten bleibt die auffällige Leerfläche zwischen Mittelfenster und Dachlinie. Der *horror vacui* des Mittelalters oder die graphische Logik des Fassadenaufbaues würden hier zwar ein weiteres Schmuckelement, vielleicht eine Rose oder einen Okulus wie an der Querhausfassade vorgesehen haben, doch muß die Frage korrekterweise unbeantwortet bleiben. Allein was faktisch nachvollziehbar ist, bestätigt eine großartige Schöpfung. Es fällt auf, daß die für ihre Zeit einzigartige Ostfassade erheblich breiter und höher ausfällt als ihr sonst übliches Pendant im Westen.

Die Beliebtheit von Turmgruppen seit der Karolingerzeit und deren Fortentwicklung zur Zweiturmfassade bleibt wohl Verdienst und Besonderheit nordalpiner Kunst (Trier, Tournus, Jumieges), doch können für den Sonderfall S. Nicola in Bari keine zwingenden Vorbilder genannt weden. Eine Reihe hier nicht zu erörternder zeitgemäßer und praktischer Überlegungen schließt geradezu eine aktive Mitwirkung normannischer Bauleute aus. Besonderheiten der Bauaufgabe und Erfindungskraft des Spiritus rector, Abt Elias, scheinen hier ausschließlich für die im Jahre 1087 konzipierte Baugestalt verantwortlich zu sein.

Wenn es also für die auffälligste und markanteste Besonderheit von S. Nicola wenig sinnvoll erscheint, deren Ahnen woanders als in der Region selbst zu suchen, so liegt das Problem der Herkunft für andere, ebenfalls charakteristische Partien, vor allem solche des Langhauses, weniger klar auf der Hand. Da ist am Außenbau zunächst die Folge hoher und extrem tiefer Arkaden des Langhauses. Ihre ungewöhnliche Tiefe hat Anlaß zu kühnen Spekulationen gegeben, z. B. sie als Reste des Katapanspalastes anzusehen (Schettini). Da aber nach der sorgfältigen Untersuchung des Mauerwerks kein Grund mehr für eine irgendwie zeitlich anders gelagerte Datierung als die für den Hauptbau anzunehmen besteht, muß über Grund und Ursache dieses Architekturdetails weiter gerätselt werden. Statische Beweggründe sind nicht auszuschließen. Bedenkt man die hafen- und mauernahe Lage der Basilika, könnten tatsächlich wehrtechnische Vorstellungen Pate gestanden haben; eine Vermutung, die durch die für Fassadentürme unübliche hervortretende Eckstellung der Westtürme und deren wehrhafte Natur eine Bestätigung finden könnte. Die darüberliegende Folge von grazilen Hexaforien ist ebenfalls für die Langhausgestaltung ein ungewöhnliches aber auch glückliches Motiv, es ersetzt die andernorts angedeutete oder ausgeführte Zwerggalerie. Das Motiv hier in S. Nicola ist eigentlich kein für den Kirchenbau typisches. Seine Herkunft aus der Klosterbaukunst scheint überzeugend, und zwar dort als Kreuzgang-Galerie. Die architektonisch-ästhetische Funktion, nämlich die verschiedensten an

Bari, S. Nicola, Inneres vor der Restaurierung. Stich aus dem 19. Jh.

den Klosterhof angrenzenden Baumassen durch ein umlaufendes Band aufgestellter kleiner vertikaler Säulen bzw. Stützen formal und ideell zu einer Idealarchitektur zusammenzufassen, ist gerade in der benediktinischen Tradition zur Vollendung gereift.

Bei dieser Gelegenheit dürfen wir keineswegs vergessen, daß die Äbte Elias und Eustasius in dieser Tradition der Klosterbaukunst groß geworden sind. Da die beiden an der Flanke der Kirche gelegenen Höfe als Pilgerzentren keine ausgesprochenen Klausurteile waren und somit der Kreuzgang nicht nötig war, wurde das vertraute Motiv auf den Bau selbst, und zwar in erhabener Position, übertragen. Seine sowohl schmückende als auch verbindende und vermittelnde Aufgabe ist hier am Außenbau von S. Nicola unverkennbar. Eine ähnliche Aufgabe, in entsprechender Höhe, übernimmt im Langhausinneren der für Apulien neue (?) Architekturteil der Emporen, die sich jochweise über rundbogig zusammengefaßte Triforien zum Hauptschiff hin öffnen. Von ihrer Funktion her sind die Emporen eher ein Traditionsgut der östlichen Kirche und damit der byzantinischen Baukunst. Rundbogig zusammengefaßte Polyforien sind seit Ravenna über die Karolingische Renaissance bis zum hohen Mittelalter ein bekanntes

Architekturdetail, das um 1100 längst abendländisches Allgemeingut war. Daß solche Polyforienreihen auch in der Hochwand der normannischen Architektur eine vorrangige Rolle spielen, ist bekannte Tatsache; doch was ist damit für Bari bewiesen, wo dieses Motiv offensichtlich zum ersten Mal an einem wichtigen Kirchenbau der fortgeschrittenen Romanik erscheint? Ungewöhnlich und neu, aber sicher apulisches Patent, ist die Vorbereitung der Vierungskuppel nicht durch ein Chorjoch von gleicher Höhe des Langhauses, sondern durch eine entsprechend hochgezogene Mittelapsis im direkten Anschluß an das Querhaus.

Fazit: Von den objektiv feststellbaren Besonderheiten des Schöpfungsbaues der ›Bareser Romanik‹ sind die meisten erklärbar oder herleitbar aus der topographischen Situation, der heimischen Tradition oder der speziell an diesen Bau gestellten Aufgaben als Pilgerkirche. Einige Formen, wie hochgezogene Apsiden und saalartiges Querhaus sind wohl aktuelle Erfindungen der mit dem Plan beauftragten Bauleiter bzw. Architekten. Lediglich die Form der Matronäenöffnungen findet Parallelen in der zeitgenössischen normannischen Architektur. Doch erscheint dies insgesamt als viel zu wenig, um von einem wie auch immer gearteten Einfluß normannischer Architektur auf die Entstehung der Bareser Romanik sprechen zu können. Noch eklatanter liegt der Fall in dem nun folgenden Bereich.

Skulptur und Ausstattung

Kaum daß sich die für die apulische Kunst zuständige Fachwelt darüber einig war, daß der Bau S. Nicola, so wie er heute vor uns steht, mit allen wesentlichen Teilen zwischen 1087 und 1105 entstanden ist, also beim Tode von Elias fertiggestellt war, ist ein neuer Zwist entbrannt. Zankapfel im Paradiesgarten der Kunstgeschichte ist diesmal eines der Hauptwerke der apulischen Skulptur, der zu Recht gefeierte und berühmte Bischofsstuhl des Elias in S. Nicola (Abb. 71). Prunk-Kathedren dieser Art stehen in einer langen Traditionskette, die sich im Adriaraum anhand von Beispielen direkt zurückverfolgen läßt bis ins 6. Jh., z. B. der Prachtthron aus geschnitzten Elfenbeintafeln in Ravenna (sogenannte Kathedra des Maximinian, Mitte 6. Jh.) oder der heute in Venedig befindliche Marmorthron, den Kaiser Heraklius im Jahre 630 dem Patriarchen von Grado zum Geschenk machte. Über Ravenna gelangte die Tradition steinerner Herrschersitze bis nördlich der Alpen (z. B. Aachen), wo offensichtlich bis dahin Throne aus Holz oder Metall gebräuchlich waren, z. B. der berühmte Thron Dagoberts I. (Anfang 9. Jh.). Im Zusammenhang mit der von Rom geförderten Erstarkung der lateinischen Bischöfe im byzantinischen Thema Langobardia kam es in der ersten Hälfte des 11. Jhs. zu einer regelrechten Renaissance dieser Hoheitszeichen bischöflicher Macht. Acceptus und sein Umkreis haben der Marmor-Kathedra ihre für das 11. Jh. fast kanonische Form gegeben. Jüngstes erhaltenes Zeugnis davon ist die Kathedra des Meisters Romuald in Canosa.

Stilistisch, qualitativ und im formalen Aufbau gänzlich unterschiedlich von seinen berühmten Vorgängern ist dagegen der Thron des Elias, genauer gesagt dessen Unterteil. Sitzfläche, Lehne – abgesehen davon daß beide nach Transennenart durchbrochen sind –, Dorsale sowie Schmuckknäufe sind vertrautes Formengut. Das ganze tragende Unterteil jedoch ist auf eine völlig unorthodoxe, nie mehr versuchte Weise durch die Kunst des Bildhauers verwandelt, ja verzaubert worden. Statt der üblichen tragenden ›Architektur‹ ist eben diese in Handlung,

Szenerie und Dynamik übersetzt worden durch Einführung unterschiedlich agierender Personen bzw. Handlungsträger: Dramatisierung von Architektur! An den beiden vorderen Ecken Atlanten, aber keineswegs romanisch starre Telamonen, sondern vollplastisch gearbeitete autonome Figuren, einseitig kniende, nur mit Lendentuch bekleidete Jünglinge, die auf Nacken und Händen die Kathedra nicht nur förmlich, sondern augenfällig real tragen. Anstrengung, Leid und Last sind formal einzigartig schön und doch eindringlich expressiv zur Kenntnis gebracht. Zwischen den beiden schwerarbeitenden seitlichen Trägerfiguren eine mittlere, ebenfalls jugendliche Gestalt mit Pilgerstab in der Rechten. Auch sie trägt mit, aber nicht ächzend unter Einsatz all ihrer Kräfte, sondern eher so, wie man en passant eben mal mit anfaßt; sie hilft ja nur. Ihr Attribut, der Wanderstab, zeigt ihre eigentliche Aufgabe: die Pilgerschaft. Diese Person ist weder als Jakobs- noch als Jerusalempilger gekennzeichnet. Hier in S. Nicola kann nur der Pilger zum hl. Nikolaus gemeint sein, und der ist schließlich ein wesentlicher ›Träger‹ der neuen Bedeutung von Bari im allgemeinen und vom Abt von S. Nicola im besonderen. Die Rückseite des Thron-Unterbaus ist schließlich doch durch drei kurze achteckige Säulchen als Architektur gekennzeichnet. Auch hier überwiegt die Aktion, denn zwischen den Säulchen ungleich gewichtiger sind zwei große Löwinnen ganz darauf konzentriert, irgendeinen Erbarmungswürdigen zwischen ihren Fängen zu reißen. Löwen, im Mittelalter ganz allgemein als Sinnbild des Tierischen und Bösen, aber auch als Symbol für Christus verstanden, haben hier in ihrer Anbringung auf der Rückseite wohl apotropäische Funktion. Zur Ausstattung des Throns gehört noch ein flacher, die Höhe des Piedestals ausgleichender Marmorschemel, ebenfalls über liegenden Löwen.

Sowohl die Erfindung, den Unterbau des Throns in freie Handlung aufzulösen, als auch die eminent vollplastische Durchbildung der Handlungsträger erweisen den namentlich nicht bekannten Meister, der Einfachheit halber Elias-Meister genannt, als einen Genius vom Format des Acceptus, einen Formenschöpfer, der über alle Tugenden eines Bildhauers verfügt. Der geschickte Handwerker von Lehne und Sitz der Kathedra liefert im Sockelteil unerwartet Proben einer bildhauerischen Begabung, wie sie selbst bei Acceptus so ausgeprägt noch nicht erkennbar war: Jede Oberflächenschicht, jede Außenebene des dreidimensional erlebten Materials Stein wird von einem gedachten Energiezentrum, von einem Kern aus empfunden, hat sozusagen Seele, atmet. Jede Extremität rundet und wächst regelrecht organisch von innen nach außen. Darüber hinaus haftet diesen Figuren des Elias Meisters, man ist versucht sie Personen zu nennen, nichts Schablonenhaftes an. Obwohl die Gesamtanordnung des in Handlung versetzten Thronsockels durchaus als symmetrisch zu bezeichnen ist, weicht jede der Einzelfiguren gemäß ihrer eigenen Individualität von der insgesamt waltenden Spiegelachse gerade so viel ab, daß anstelle von schematischer Starre kinetische Energie frei wird, die der leblosen Thronarchitektur eine unübersehbare Eigendynamik verleiht. Das Abweichen von steriler Symmetrie und Schablone macht die Einzelfiguren zu echten, autonomen Gebilden, zu Individuen. Auch in Habitus, Gestik und Gesichtsausdruck übersetzt sich diese Tugend der Individualität. Inmitten der aus Stein geborenen und meist Stein gebliebenen Bildwerke seiner Zeit und seiner Umgebung nimmt sich der Schöpfer des Elias-Throns wahrlich wie ein Pygmalion aus. Tatsächlich haben die Eigenschaften dieses Meisters für die bislang angenommene Zeit seiner Tätigkeit, nämlich Ende des 11./Anfang des 12. Jhs., eine derart reife, ja geradezu antikisch-klassische Auffassung von Skulptur, daß man versucht ist, denselben Fehler, den eine ungläubige Forschung im Falle des Acceptus begangen hatte, am Beispiel des Elias-Meisters zu wiederholen.

An den Außenseiten des Bischofsstuhles (und Elias war der einzige Abt von S. Nicola, der gleichzeitig Erzbischof von Bari war!) steht unmißverständlich die folgende Inschrift:

INCLITUS ATQUE BONUS SEDET HAC IN SEDE PATRONUS PRESUL BARINUS HELIAS ET CANUSINUS (= Auf diesem Stuhle *sitzt* der berühmte und gute Schutzherr Elias, Bischof von Bari und Canosa). Das heißt die Quelle ist eindeutig, sie sagt: »sitzt« und nicht »saß« oder ähnliches. Die einzigen Skulpturen von ähnlich hohem Rang, z. B. die Archivoltenfiguren von Acerenza, auch dort mit einer Inschrift für das Jahr 1107 versehen, werden ebenfalls für diese Zeit als zu früh abgelehnt. Doch die konjektorale Umdeutung von eigentlich eindeutigen Quellen zugunsten von lediglich auf Stilkriterien basierenden Datierungsvorstellungen ist gefährlich.

Schäfer-Schuchardt, der bisher gründlichste Erforscher der apulischen Skulptur des Mittelalters, sieht keinen Anlaß für eine Datierung, die wesentlich über den Anfang des 12. Jhs. hinausgeht. Immerhin läßt sich aufzeigen, daß die Fähigkeit des Elias-Meisters in Ansätzen bereits vor Ort abzulesen ist und daß, wie immer auch die Datierung des Elias-Throns letztlich ausfallen mag, feststeht, daß jene der Region erst unter Friedrich II. zugesprochene Neigung zum antikisch-klassischen Gestalten längst entweder am Ende des 11. Jhs. oder spätestens am Anfang des 12. Jhs. vorhanden und nicht erst gotischer oder staufischer Import war.

Damit sind wir bereits weit weg geeilt von S. Nicola. Zu den denkwürdigen Entscheidungen bei der Planung dieses für Apulien damals einzigartigen Bauwerkes gehörte sicher die völlige Neuformulierung der Rolle des Baudekors. Im Vergleich zu allen bisher erwähnten Großbauten des 11. Jhs., die geradezu spartanische Zurückhaltung im Gebrauch der dekorativen Plastik an den Tag legten, ist die neue Konzeption des mobilen wie immobilen Dekors recht aufwendig. Die Wirkung auf die angesprochene Zielgruppe der Pilger war dabei sicher ein leitender Gedanke. Doch spiegelt sich darin auch ein verändertes allgemeines Bewußtsein für eine ›schöne‹ Architektur und ein damit verbundenes Sozialprestige des Berufsstandes der Bildhauer-Architekten. Denn in Apulien wird es wohl nicht anders gewesen sein als sonst im Mittelalter, daß nämlich der jeweils beste Steinmetz/Bildhauer zugleich der Chef der Bauhütte und damit auch planender und organisierender Architekt war, der für sich die kompliziertesten oder wichtigsten bildhauerischen Arbeiten reservierte. Das bedeutet aber, daß wir unter den mit erstaunlichem Selbstbewußtsein an markanten Stellen hinterlassenen Signaturen auch die Namen der Architekten wichtiger Bauabschnitte kennen.

In S. Nicola ist der Umfang der bildhauerischen Ausgestaltung mächtig angestiegen: zunächst die Kapitelle der Krypta, dann die Kapitelle der Langhaussäulen, die der Emporen und der sogenannten Ikonostasis, schließlich die Türrahmen der sieben Langhausportale inklusive ihrer Archivolten und Kapitelle, die Chorschranken, das wichtige portalartige Mittelfenster der Ostfassade, die Kapitelle der äußeren Hexaforien zuzüglich deren Arkadenkonsolen und nicht zuletzt die aufwendige Innenausstattung mit Altar und Abt- bzw. Bischofsthron. Leider gibt es keine systematische und kritische Bauuntersuchung nur unter dem Aspekt der Abfolge bzw.

der Mitarbeit der beteiligten Werkstätten. Bei der Kürze der Bauzeit, nämlich reichlich 20 Jahre, waren sicher mehrere Meister mit ihrer Equipe gleichzeitig tätig. Für die Frage nach der Identität des sogenannten Elias-Meisters und damit der Datierung wichtiger Schöpfungen der apulischen Romanik kann die überfällige Untersuchung dieser Frage nicht wichtig genug eingeschätzt werden.

Der älteste, in etwa zwei Jahren abgeschlossene Bauteil, die Krypta, bietet noch allein auf die Kapitelle bezogen ein ungeordnetes Nebeneinander aller Richtungen und Möglichkeiten der Skulptur in Apulien, wie sie im Jahre 1087 verbreitet war (vgl. Otranto). So finden sich neben wiederverwendeten spätantiken und byzantinischen, frühmittelalterlichen und vielleicht langobardisch beeinflußten, nach- und umgearbeiteten älteren Kapitellen freie Interpretationen des Kapitellblocks schwer zu bestimmenden Alters und Kapitelle offensichtlich aus der Entstehungszeit der Krypta. Allgemein und ähnlich wie in Otranto ist gerade an den Kapitellen der Entstehungszeit der Krypta ein Niedergang der seit der Acceptus-Werkstatt gewohnten Qualität erkennbar.

Unter den Kapitellen der 28 freistehenden Säulen findet sich aber eines, ein einziges, das sich in Art und Qualität völlig aus der Masse heraushebt, eines das für 1087 geradezu sensationell genannt werden muß. Einen Grund, dieses Kapitell für eine spätere Einfügung zu halten, gibt es nicht. Es handelt sich um das vielfach abgebildete Löwenkapitell (Abb. 73). Von derselben Hand, als Vorarbeit sozusagen, könnte noch das nahestehende Kapitell mit dem Löwenkopf im Zentrum und den Vogelpaaren an den Ecken sein. Beim Löwenkapitell bilden jeweils zwei die ganze Seitenfläche des Kapitellblocks ausfüllende Löwen eckständig einen gemeinsamen mächtigen Kopf, so daß nur an zwei Ecken ein symmetrischer Anblick aufgebaut wird. Die an der Rückenseite des Löwen befindliche Ecke ist mit einem isoliert gearbeiteten Stierkopf besetzt. Dem an sich ›richtungslosen‹ Kapitell wird eine vom Bildhauer bestimmte Perspektive auferlegt. Originalität in der Spielerei mit dem Motiv und Souveränität im Umgang mit der üblicherweise streng respektierten Kapitellgrundform sind nur zwei Eigenschaften eines Künstlers, der – und das ist das allein Entscheidende – darüber hinaus über erstaunliche bildhauerische Fähigkeiten verfügt. Zum einen füllt der einzelne Löwe jeweils die zur Verfügung stehende Kapitellfläche vollständig aus, geht sozusagen an die Grenzen des Operationsfeldes, zum anderen weist die Darstellung von Pfoten und Physiognomie erstaunliche zoologische Kenntnisse und Naturalismen auf, die weit über die für die Zeit gewohnten Schemazeichnungen von Löwen hinausgehen. Schließlich führen ein überaus waches Gespür für Proportionen, eine unbestreitbare Fähigkeit zur Entmaterialisierung des Werkstoffes Stein zu samtweicher Charakterisierung von lebendiger Tierhaut und einer außergewöhnlich plastischen Durchformung aller Teile zu einem organischen Ganzen, zu einer Skulptur, die in ihrem historischen Umfeld offensichtlich exzeptionell ist.

Gerade das Vermögen dieses unbekannten Meisters, das gesamte Kontinuum der Tiefenerstreckung vom Kapitellgrund bis zur vordersten höchsten Stelle des Kapitellblockes – hier nicht verstanden als erhabene Reliefffläche vor unbestimmter, meist im Dunkel verschwimmender Hintergrundfolie – voll auszuspielen und durchzumodellieren, bis ein plastisch empfundener Körper entsteht, macht die besondere bildhauerische Qualität dieses Kapitells aus. Die stilistische Verwandtschaft zum Löwenkapitell der sogenannten Ikonostasis, das ja gelegentlich dem Elias-Meister zugeschrieben wird, ebenfalls aufgrund unverkennbarer Verwandtschaften der Löwenköpfe, ist offenkundig. Krypten-Kapitell und Ikonostasis-Kapitell zeigen ähnliche stilistische Merkmale, verhalten sich aber zueinander wie Frühwerk zu Spätwerk. Weitere Schlußfolgerungen sind erlaubt, aber nicht gefordert. Wesentlich und deshalb zu betonen bleibt, daß gerade die herausragenden Eigenschaften des Löwenkapitell-Meisters der Krypta identisch sind mit jenen singulär bildhauerischen Fähigkeiten, die den Elias-Meister auszeichnen und von seinen Zeitgenossen unterscheiden. Wir wollen den bekannten, allein auf Stilkriterien basierenden Theorien keine neue hinzufügen und – so verlockend es sich anböte – keine genealogische Linie Kryptenkapitell – Ikonostasis-Kapitell – Kathedra daraus folgern. Es erschien mir lediglich wert darauf hinzuweisen, daß selbst für die bislang angenommene Entstehungszeit des Bischofsstuhls noch zu Lebzeiten des Elias, worauf ja die Inschrift eindeutig Bezug nimmt, eine aufzeigbare künstlerisch-bildhauerische Basis im Lande selbst vorhanden war und somit weder eine Datierung gegen Ende des 12. Jhs. noch eine Anleihe bei fremden Kunstlandschaften ernsthaft geboten sind.

Vorausgesetzt, der Bau ist wie üblich von unten nach oben, sozusagen in Jahresringen gewachsen, dann hätte die nächste bildhauerische Aufgabe in der Erstellung der Langhauskapitelle an Säulen und Pfeilern gelegen. Doch gerade diese eignen sich am wenigsten für Versuche einer präzisen Datierung. Der Großteil von ihnen ist mit einer solch hervorragenden handwerklichen Meisterschaft gearbeitet, daß es in ganz Apulien keine Vergleichsmaßstäbe gibt. Das Distel- und Akanthusblattwerk der Kapitelle ist so geformt und angeordnet, daß nur byzantinische Vorbilder oder gar byzantinische Künstler in Frage kommen. Auf jeden Fall besteht überhaupt kein Zusammenhang mit der Krypta-Werkstatt. Akuratesse und Präzision im Steinschnitt und byzantinischer Geschmack in Blatt- und Kapitellform geben zu allerlei Spekulation Anlaß. Details, wie z. B. an den Mittelpfeilern der Arkadenreihen und an den westlichen Vierungspfeilern, machen es sehr wahrscheinlich, daß diese Kapitelle eigens und genau für diesen Bau gearbeitet worden sind. Die Anhänger von Schettinis Vorstellung, daß der Kernbau wesentlich originales Mauerwerk vom Katapanspalast übernommen hätte, könnten durch den unübersehbaren byzantinischen Zug voreilig triumphierend diese Tatsache für sich buchen, wenn nicht andere Einzelheiten eine solche frühe Ausführung zumindest fraglich erscheinen ließen. Wenn diese Kapitelle aber tatsächlich in der heute für den Bau angenommenen Zeit entstanden sein sollten, stellen sie zumindest für Apulien ein Unikum dar, das keinerlei Datierungshilfen gewährt.

Für die Triforienkapitelle der Emporen liegt der Sachverhalt eindeutiger. Sie sind erkennbar überwiegend für diese Verwendung gearbeitet. Die Vorbilder sind zum Teil den großen Langhauskapitellen entnommen. Ihre bildhauerische Qualität ist sehr unterschiedlich, nur einige sind in Form und Güte den Vorbildern ebenbürtig, so daß deren Einordnung in das späte 11. Jh. dadurch vage gerechtfertigt erscheint.

Die skulpturale Ausstattung der neuen Pilgerkirche hatte in extensivem Maße auch den Außenbau mit einbezogen. Zunächst waren es die Portale, die sich für reicheren Baudekor empfahlen. Davon hatte S. Nicola sieben an der Zahl: drei an der Westfassade und jeweils zwei an den Langhausseiten. Fünf von diesen Eingängen zur Kirche, die beiden westlichen an der Langseite und die drei der Fassade, waren dem Bauherrn üppigen Schmuck wert. Beginnen wir mit dem westlichen Nordportal, der sogenannten *Porta dei Leoni.* Warum gerade dieses Portal den tradierten Namen erhalten hat, scheint unklar, zeigt es doch den gleichen Aufbau wie das entsprechend gegenüberliegende Südportal: eine einfache, hochrechteckige Türöffnung mit schlanker rechteckiger Rahmenleiste, die in gleicher Breite auch als Türsturz herumgeführt ist. Darüber ein weit vorkragender abschließender Fries. Das Bogenfeld, mit leerem, ursprünglich wohl bemaltem oder mosaiziertem Tympanonfeld schließt mit einer flachen Bogenstirn ab und wird schließlich gerahmt von einer ebenfalls weit vorkragenden Außenarchivolte. Die Tympanonrahmung steht auf einer eigenen Portalarchitektur aus schlanken monolithischen Säulen über senkrecht zur Mauer gesetzten Konsolen in Löwenform. Zwischen Archivoltenansatz und Abakus der Portalsäulen ist ein hochrechteckiger Kämpferblock eingefügt. Alle rahmenden Teile sind bei beiden Portalen der Langhausseiten mit einem dichten Netz von Ornamenten besetzt. Die einzelnen Motive wie Palmettenfries, Blattranken, die aus krummhenkeligen Krügen wachsen, usw. sind den verschiedenen Dekorationskünsten längst vertraut. Neben dem guten Erhaltungszustand der dynamisch nach innen gekrümmten Basislöwen des Nordportals sind eben dort als Besonderheit zu erwähnen, ein wenn auch kleines, so doch an solcher Stelle in Apulien bislang unbekanntes ikonographisches Programm. Am meisten besprochen und abgebildet ist natürlich die Geschichte, die im Bogen der Tympanonrahmung erzählt wird: die Belagerung einer verschlossenen Stadt (Jericho?) durch berittene Nordmänner (erkennbar als solche an der Art der Bewaffnung). Als Vorbild wird gerne die ebenfalls berühmte *Porta della Pescheria* am Dom von Modena zitiert. Doch kann diese nur schwerlich vor dem Bareser Portal entstanden sein. An der Stirnseite der beiden Kämpferblöcke ebenfalls zwei figürliche Monatsdarstellungen, links ein Schnitter mit Korngarben und rechts ein Winzer bei der Lese, vielleicht beide zusammen gesehen Anspielungen auf die hl. Eucharistie: Brot und Wein? Insgesamt betrachtet zeigt sich das Löwenportal aufwendiger im Rahmendekor und auffälliger geschmückt als sein südliches Gegenüber, doch in der feinfühligen Meißelführung und der Zartheit der ausgeführten Details scheint letzteres künstlerisch noch hochstehender gewesen zu sein.

Bleibt als wichtigstes der sieben Portale noch das mittlere der Westfassade zu erwähnen, das Hauptportal der Basilika. Auch hier scheiden sich die Geister. Es besteht ebenfalls aus einem inneren, der Mauer selbst eingelassenen Portal und einer prunkhaften Portalrahmung in Form eines spitzgiebeligen Pseudoprotiros mit schlanken oktogonalen Säulen auf Trägerfiguren, die hier, einzigartig geblieben in der romanischen Architektur, aus halben Stierleibern bestehen. Ihre ikonographische Botschaft ist nicht klar. Diese Trägerstiere und der bekrönende Giebelakroter in Form einer Sphinx mit antikisch-klassisch gescheiteltem Frauenkopf bereiten ebenfalls Datierungsschwierigkeiten. Die in diesen beiden Monumentalskulpturen zutage tretende Plastizität, die hier vorgetragene Vorstellung von Skulptur, atmet Geist vom Geiste des Elias-Meisters, und da dessen zeitliche Einordnung zumindest theoretisch umstritten ist, wird auch die Chronologie der Entstehung des Mittelportals zum Nebenkampfplatz der Gelehrtenfehde. Da die innere Türrahmung, bestehend aus einem rundbogig abgeschlossenen Bogen und einer äußeren inwendig abgeschrägten Rahmenleiste, die rechtwinkelig zusammengeführt ist, problemlos in die erste Bauphase unter Abt Elias gerechnet werden kann, der Elias-Thron aber ins letzte Viertel des 12. Jhs. gerückt werden soll (Belli d'Elia), wird letztere Datierung auch für die äußere Portalrahmung nötig. Glücklich wird mit dieser Spätdatierung niemand, und überzeugend ist sie ohnehin nicht. Abgesehen davon, daß sowohl die Einzelmotive von Bogenstirn und Schrägleiste als auch die bildhauerische Qualität weitgehend als identisch erkennbar sind, gibt es zusätzliche Indizien dafür, daß Pseudoprotiro und inneres Portal gleichzeitig entstanden, zumindest aber in einem Zuge so und nicht anders konzipiert worden sind. Da ist zum einen der bemerkenswerte Umstand, daß das Wandgliederungssystem aus Blendarkaden und -bögen in Breite und Höhe genau auf die jetzt stehende Portalarchitektur abgestimmt ist. Das innere Portal aber verlöre sich völlig im nicht mehr proportionalen Wandteil, säße in Art und Dimension gänzlich unmotiviert in seiner Umgebung. Eine Protirorahmung, genau der jetzigen entsprechend, muß also konzipiert gewesen sein. Zum anderen wird bei genauerem Hinsehen auffällig, daß das Relief der rahmenden Ranke, dessen Motiv an allen drei Fassadenportalen wiederkehrt, an den seitlichen kräftig und tief ausgeführt wurde, in der mittleren Türlaibung betont flach gehalten ist. Was nur sinnvoll und erklärbar ist, wenn man die Notwendigkeit des vitaleren Reliefs an den für sich allein wirkenden Türbalken des Seitenportales einsieht, während ja eine solche rustikal-derbe Reliefstruktur für das Mittelportal überflüssig war, da ja hier eine zusätzliche Rahmung von hoher Eigenplastizität vorgesehen war.

Ähnlich wie an der Porta dei Leoni finden sich auch hier Ansätze zu einem Figurenprogramm. Zu den gewohnten, in das Rankenwerk eingearbeiteten Kleinfiguren und den sicher ›sprechenden‹ Stieren der Säulensockel, ursprünglich mit kräftigen Bronzehörnern ausgestattet, gesellen sich noch huldigende Engel in den Rahmenzwickeln des ›älteren‹ inneren Portals und ein von Ochsen gezogener Karren im Scheitelpunkt des inneren Bogens. Die (Hostien haltenden?) Engel und der (die mystische Weinlese symbolisierende?) Karren sollen ähnlich wie an der Porta dei Leoni auf das Mysterium der Eucharistie hinweisen und entsprechen dem am Scheitelpunkt des äußeren Portalbogens abgebildeten siegreichen Christus, symbolisiert durch die antike Vorstellung vom Sol invictus, dem unbesiegbaren Sonnengott, auf seiner Quadriga.

Von welch erlesener Feingliedrigkeit und bildhauerischer Qualität das heute leider sehr vom Zahn der Zeit angefressene innere Portal war, zeigt ein Blick auf ein Detail der rechten inneren Laibung, wo unten als Basis wieder ein im Apulien des 11. Jhs. besonders beliebtes Motiv erkennbar wird: der Elefant. Auf einem solchen Elefanten mit mächtigen Stoßzähnen steht eine bauchige Vase, aus der sich ein astreicher und vielblättriger Baum hochrankt. Links und rechts der Vase, am Fuße des Baumes, zwei unbekleidete Menschen (Adam und Eva?). Der im Physiologus im Zusammenhang mit dem Elefanten erwähnte Mandragorabaum, der innerasiatische Lebensbaum, wird ins Christologische, den Paradiesbaum, umgedeutet und der Sündenfall thematisch an die oben gezeigte Eucharistie angebunden.

Aber nicht nur diese gut erkennbaren Ansätze zu einer programmatischen Bauskulptur – in jedem Fall neu für Apulien –, auch die Portalform selbst bleibt ungewöhnlich für ihre Zeit. Wenn auch die endgültige, genaue zeitliche Fixierung noch einiger Debatten und Erörterungen bedarf, so wird es wohl keine Übertreibung sein, wenn man soviel festhält, daß zumindest Größenordnung und Protirorahmung in der heute sichtbaren oder einer dieser ähnlichen Form schon während der ersten Bauphase konzipiert und damit in ihrer Entstehungszeit ungewöhnlich war. Aber an S. Nicola war so vieles neu, daß dies schon nicht mehr sonderlich auffällt.

Gleiches gilt für das Portal-Fenster der Ostfassade. Genau eingepaßt in das System der Blendarkaden erhebt sich dieses zentrale Prunkfenster über einer von weit vorkragenden Konsolen gerahmten Sockelplatte, deren Mitte ein Relief einnimmt. Das rundbogige Fenster selbst ist durch einen dreifach zurückgestuften Rahmen in die Tiefe der Wand eingelassen. Innere und äußere Leiste sind mit einer von figürlichen Darstellungen gefüllten Wellenranke geschmückt. Die Ausführung im Detail ist gekennzeichnet von Präzision der Linienführung und manchmal etwas kantiger Meißelführung. Diese und andere Einzelheiten, z.B. die Art der Stilisierung des Federkleides der Vögel, lassen an Eigenarten der Acceptus-Werkstatt bzw. deren Nachfolger denken. Das Fenster selbst wird von einer z. T. vollplastisch vor die Wand tretenden Scheinarchitektur gerahmt, die auf senkrecht zur Mauer gestellten, weit vorspringenden halben Elefanten über den Konsolen des Fenstersockels ruht. Die Rückenhöhe der Trägerelefanten übersteigt nur geringfügig die Sohlbanklinie des Fensters. Auf dem Elefanten bauen sich Basisplatte, hoher doppelter Torus und schlanke Säulchen mit hohen, an den Ecken tierköpfig besetzten Kapitellen auf. Über den Säulchen, zwischen Bogen und Stütze vermittelnd, entsprechen die weit vorspringenden Sphingen den Basislöwen. Auch die Elefanten dieses Fensters und ihre Stilisierung, ganz besonders die horizontalen Rüsselfalten, erinnern ausgesprochen an das mögliche Vorbild des Canosiner Bischofsthrons von Meister Romuald. Diese stilistischen Merkmale und die damit verbundene Möglichkeit der direkten Anbindung an die ältere eigene Landestradition (Acceptus) erlauben auch eine Datierung dieses Ostfensters als eine Art Bindeglied zwischen der apulischen Tradition der Jahrhundertmitte und der Skulptur der Hochromanik, die mit dem 12. Jh. einsetzt (Elias-Meister), d. h. das vielleicht sogar noch im letzten Jahrzehnt des 11. Jhs. entstandene ›Portal-Fenster‹ der neu konzipierten Ostfassade von S. Nicola ist damit das älteste dieses säulengerahmten Typs und das direkte Vorbild nicht nur für alle späteren apulischen Fenster an Kirchen und Domen, sondern auch noch für das Westportal selbst.

Zur immobilen plastischen Ausstattung von S. Nicola gehören schließlich noch die Kapitelle und Konsolköpfe der äußeren Hexaforiengalerien. Da einige der hervorragenden Konsolköpfe und Krückenkapitelle die Handschrift bzw. zumindest den Einfluß des Elias-Meisters verraten, steht und fällt die Datierung der Galerie mit derjenigen dieses Meisters. Zweifellos jüngeren Datums ist die im Dekor bescheidenere nördliche Galerie.

Wie dem auch sei, im Jahre 1105, beim Tode des großen Abtes und Erzbischofs Elias, sind offensichtlich Kirchenbau und dazugehöriger Skulpturenschmuck weitgehend abgeschlossen, so daß sein Nachfolger Abt Eustasius (1105–1123) mit der Innenausstattung von S. Nicola beginnen konnte. Zumindest geht dies aus der Inschrift hervor, die Eustasius auf der oberen der unter seiner Ägide errichteten Altarstufen hatte anbringen lassen: ... UT PATER HELIAS HOC TEMPLUM QUI PRIMUS EGIT, QUOD PATER EUSTASIUS SIC DECORANDO REGIT. Zu dieser somit dokumentarisch verbürgten Innenausstattung unter Eustasius dürften gehört haben: a) der Hochaltar, von dem noch das Ziborium im Originalzustand erhalten ist (Abb. 72), b) der dreistufige Unterbau des Altares mit dem zugehörigen Fußbodenmosaik aus

Natursteinen und mit der Aussparung für den (schon fertigen?!) Elias-Thron, c) vielleicht die Bögen der Ikonostasis und d) wahrscheinlich die damals unverzichtbaren, heute leider verlorenen Pulpito und Ambo.

Im Museo Nicolaino auf den Emporen (s. S. 294/95) befindet sich der originale Marmorpaliotto des ursprünglichen Altars, noch ganz in der Tradition byzantinischer Dekorationskunst. Einer in der Mitte des dem Kirchenschiff zugewandten Ziboriumarchitravs angebrachten Emailtafel (heute ebenfalls im Museo Nicolaino) zufolge, auf der König Roger zusammen mit dem hl. Nikolaus abgebildet ist, soll das Ziborium erst um die Zeit nach der Königsweihe Rogers (1131) entstanden sein. Auch in diesem Falle wäre das nikolainische Ziborium noch das älteste erhaltene dieser Art in Apulien. Von besonders erlesener Qualität sind die vier Kapitelle, keines dem anderen gleich und offensichtlich von verschiedenen Meistern ausgeführt. Die Engel an der Ecke der beiden vorderen Kapitelle sind vollrund herausgearbeitet, was diesen Arbeiten besondere Zierlichkeit und einen Anstrich von Zerbrechlichkeit verleiht.

S. Nicola zu Bari, d. h. die Gesamtheit der diese Kirche bildenden Bausteine besonderer Art, bildet ein Universum der Kunst für sich. Innerhalb der sich nun abzeichnenden Fülle und Abfolge großer Kunstwerke in Apulien vom 10. bis zum 13. Jh. nimmt die Verehrungskirche des kleinasiatischen Thaumaturgen doch eine unbestrittene Sonderstellung ein. Selbst in der hier nur skizzenhaft und verkürzt vorgetragenen Beschreibung dieser Kirche ist dies zumindest ansatzweise zum Ausdruck gekommen. Insofern war S. Nicola tatsächlich sowohl für die Region als auch im europäischen Vergleich ein Schöpfungsbau. Gesamtbedeutung und bauliche Besonderheit ließen den Tempel des hl. Nikolaus sofort für die nähere Umgebung, z. B. Bari selbst, Bitonto, Giovinazzo, Bitetto oder Palo, vorbildlich und damit zu einem klassischen Bauwerk werden. Nur hier, für den unmittelbar der Stadt Bari benachbarten Raum, war S. Nicola prägend im typologischen Sinne. Wenn man S. Nicola als den Prototyp der apulischen Romanik bezeichnet hat, so muß man, gerechterweise die ganze Region im Auge behaltend, modifizierend einengen und das, was man bislang als ›apulische Romanik‹ bezeichnet hat, wohl zutreffender als Bareser Typ oder ›Bareser Romanik‹ definieren.

Und doch, bei allen Superlativen, welche die Kirche S. Nicola wahrhaft zu bieten hat, und allen Elogen zum Trotz, die zu Recht auf diesen Bau gesungen worden sind, niemand verläßt diesen Baukomplex mit ausschließlich erhebenden und beglückenden Empfindungen. Gewiß, alles daran ist eindrucksvoll und groß im Sinne von monumental, imponierend. Der Bau flößt Ehrfurcht, Respekt und Bewunderung ein, aber überwältigt nicht. Das ist es. Der Bau ist eine Stein gewordene Tragödie, das alte Drama vom Gegensatz von Wollen und tatsächlichem Vermögen. S. Nicola ist ein gigantischer Abbozzo, ein Entwurf. Über die kleiner dimensionierten Abbozzi Michelangelos, z. B. die Bobolisklaven, erfahren wir, daß der Künstler sie gerade so weit in ihrer visuell erfaßbaren Gestalt vom Stein befreit hatte, als diese ›Ideen‹ einer menschlichen Gestalt fähig waren, die ihnen innewohnende unbändige Kraft und Energie, die Vorstellung von Menschen unter solchen Kraftanstrengungen, zu vermitteln, ohne dabei vollendete ›schöne‹ Gestalt zu werden. Die Sklaven Michelangelos seien als Werk gerade in dem schwebenden Zustand stehengeblieben, in dem die Idee sichtbar geworden wäre, aber der Stein ein Mehr an Form nicht mehr zugelassen hätte, bzw. der Künstler keine Kraft zur letzten Realisierung der Idee in kanonisch empfundener ›vollendeter‹ Schönheit hatte. Genau das trifft den Kern der Situation von S. Nicola. Wir finden ein größeres Nachbild davon in der Kathedrale San Sabino von Bari, mit Kuppel und noch stehendem Turm; wenige Kilometer entfernt, in Bitonto, steht die perfekteste Verwirklichung von S. Nicola; aber das Original gibt es nur als Fragment. Die unglückliche Turmlösung an der Westfassade mit den zwei unproportionierten, wahrscheinlich nie fertig gewordenen Wehrtürmen, die nie gebaute Kuppel, statt dessen die erzwungene, halbherzige und deshalb völlig mißratene Verbindung von Lang- und Querhausdach, die heute verschwundenen Osttürme, die unfertige mittlere Wandpartie an der Ostfassade über dem Portal-Fenster, die Schwibbögen im Hauptschiff, die unpassende weil optisch zu schwere Barockdecke, was soll man noch aufzählen? S. Nicola ist ein malträtierter Riesenleib, der flach hingestreckt zwar Bewunderung aber schwerlich Begeisterung auslösen kann. Das Schicksal des Unvollendeten, das von seiner angestrebten Größe mehr ahnen läßt, als es wirklich zeigt, ist das Los von S. Nicola.

Die materielle Verwirklichung mittelalterlicher Vorstellungen von Schönheit, von Erhabenheit, von gemessener religiöser Erregung, von Stein gewordenem Gebet, von Kontrapunktik aus Natur- und Kunstschönem, all dies finden wir umgesetzt in einem anderen Bau. Es war der schärfsten Konkurrentin von Bari unter den Seestädten, Trani, vorbehalten, die apulische Romanik zu einem *finale glorioso* zu führen.

c) Die Königin der Kathedralen: Trani

Das Schicksal einer zunächst langwährenden Geringschätzung und danach einer Fehleinschätzung seitens der Fachwelt, das Apulien im ganzen und die dortige romanische Kunst im speziellen erleiden mußten, wird fast paradigmatisch erkennbar am Dom S. Nicola Pellegrino in Trani. Zitieren wir nur unsere deutschsprachigen Reisenden, so fällt ins Auge, daß Riedesel von Trani aus einen Brief an Winckelmann schrieb, darin aber nichts anderes vermerkte, als daß dies »ein allerliebstes Städchen« sei. Werke von ›edler Einfalt und stiller Größe‹ zumindest waren ihm in seiner radikalen Haltung nicht aufgefallen. Gregorovius, dessen Feder wir so Treffendes und Geistreiches über Manfredonia, Monte S. Angelo und Castel del Monte verdanken, erwähnt Trani nur dreimal. Und zwar lamentiert er über das erste Gasthaus der Stadt, welches er »in einem geradezu unerträglichen Zustande« befand, dann hält er es für unverzichtbar zu erwähnen, daß Manfreds Gemahlin Helena hier durch schändlichen Verrat in Karl von Anjous Hände geriet, und schließlich enthüllt die Abschiedsszene in Andria, was seine nächste Etappe sein würde, nämlich Trani. Weder den dortigen Dom, noch seine gewiß einzigartige Lage findet der große Historiker für beschreibenswert, dies im Jahre 1874.

Gerade letzteres aber ist es, was knapp ein Jahrhundert später uneingeschränkt als das Besondere von Trani gilt. Zwar wagt es Willemsen nicht, den Kathedralbau selbst vor anderen »gleich Schönen« herauszuheben, doch geht aus dem Platz, den er dem Dom von Trani beschreibend einräumt und ganz entschieden aus der Formulierung selbst hervor, daß er diese Kirche ganz besonders vor allen anderen schätzt und liebt, und zwar über die »einzigartige Lage« hinaus:

Trani, S. Nicola Pellegrino. Stich von Des Préz

»... in der blendenden Helle des südlichen Lichtes leuchtet sie wie der weiße Leib einer Anadyomene, und bei Sonnenuntergang steht sie im goldbraunen Glanz ihres Gesteins wie eine alte Monstranz vor dem violetten Tabernakel des Himmels«. Weniger enthusiastisch, mehr sachlich orientiert, liest sich die Einstellung Schwedhelms, der wir die erste fundierte, kritische und bislang im Detail unübertroffene Monographie der Kirche verdanken. Schwedhelm sieht in der Kathedrale von Trani lediglich eine gewiß abgewandelte Nachfahrin von S. Nicola in Bari, und nur die Lage des Baus erhebe diesen in den Rang des Einmaligen. Mit Willemsen und Ronchi eines Sinnes, halte ich S. Nicola Pellegrino in Trani für das Juwel der apulischen Romanik, im Kirchenbau das, was im Burgenbau Castel del Monte darstellt.

In Trani ist alles etwas anders als in den übrigen Städten Apuliens. Von allen Hafenstädten, von Manfredonia bis Brindisi, ist es einzig und allein Trani, das dem Wasser zu eine schöne Fassade, eine Schauseite entwickelt, sich dem Meere im Galakleid zuwendet, während die anderen Städte – Manfredonia, Barletta, Monopoli oder Brindisi, selbst Bari mit seinem mißglückten Versuch einer Schaufassade für S. Nicola – sich meerseitig im Arbeitsdrillich zeigen. Schon die Küstenlinie von Trani beschreibt eine Situation, die sich förmlich zum Ausgestalten anbot.

Im Norden drängt in flachem Schwung kapartig der Küstenverlauf ins Adriatische Meer, bereitet mit seinem Bogen die südwärts folgende, einen annähernden Dreiviertelkreis bildende Hafenbucht vor. Das diesen großzügigen Naturhafen begrenzende südliche Kap trennt letzteren von einer dritten, wieder weit und leicht geschwungenen Bucht, die im Capo di S. Maria di Colonna ihren Finalpunkt findet. Das Geordnete und Musikalische dieser Küstenformation könnte man beschreiben mit den Termini: Anschwellen, Steigerung, Ausklingen. Alle markanten Punkte der Seeseite sind besetzt mit ebenso markanten Gebäuden: Castello Svevo, Palazzo della Giustizia, Duomo, S. Teresa, Ognissanti, Palazzo Antonacci, Palazzo Quercia, Chiesa del Carmine, Fortino, S. Domenico und Monastero S. Maria di Colonna. In diesem Kranz historisch bedeutender Bauten nimmt die Kathedrale den ihr nach Rang und Funktion zustehenden Ehrenplatz ein. Was man als Eigenart der Kathedrale allein bislang zuschrieb, gewinnt auch Geltung für andere wichtige Bauwerke. Alle haben Platz vor sich und zum Teil um sich, da ist Luft und Licht zum Atmen, für Fernwirkung, und doch ist alles irgendwie einander zugeordnet. Selbst die Häuser der Hafenfront zeigen Distanz zum eigentlichen Hafenbecken. Überall waltet ein unauffälliges aber stets gewahrtes Gespür für Größenverhältnisse und Raumbezüge, für Anordnung, ja Ordnung im ureigensten Sinne.

Das Gespür für Schönheit und Ordnung, für Gesetzmäßigkeit und aufeinander bezogene Flächen drückt sich nicht nur allenthalben in der städtebaulichen Gestaltung aus, es ist dem Tranenser offensichtlich tiefstes Anliegen und Erbgut. Es führte letztlich auch dazu, daß Trani sich als erste aller italienischen Seestädte schon im Jahre 1063, noch vor Amalfi, ein geschriebenes Seerecht, die *ordinamenta maris*, gab. Und diese Sensibilität für das, was richtig und in sich stimmig ist, war es letztlich wohl, die dazu führte, daß die Kathedrale – an der länger als an allen gleichzeitig mit ihr begonnenen Bauten gearbeitet wurde, von 1097 bis circa 1360 – trotzdem kein Konglomerat verschiedenster Zeitströmungen, sondern als wohlempfundene bauliche Einheit zu Ende geführt wurde.

Raum und Verdichtung, Verlangen nach dem Gesetzmäßigen und Empfänglichkeit für das Schöne sind die Komponenten, mit deren Hilfe sich in der berühmten *pietra tranese* die Formen verdichten. Und dazu die bewußt gewählte Lage! Auch andere Seestädte hatten ihre Dome ans Wasser gestellt, so Molfetta, Giovinazzo und Bari, aber keine so unmittelbar wie Trani. Selbst die ebenfalls unvergleichliche Wirkung des Doms von Cefalù wird durch den bedrohlich naherückenden Steilabhang des Burgberges beeinträchtigt. Gerade ihre Lage ist ja ein ausgesprochenes Charakteristikum der Traneser Kathedrale. In dieser Hinsicht erinnert der Bau mehr an die griechische Tradition, man denkt unwillkürlich an die Tempel von Selinunt, Agrigent und auf Cap Sunion. Der Vergleich mit der griechischen Haltung erweist sich als überaus fruchtbar. So isoliert, artikuliert und exponiert wie sich die Traneser Kathedrale von allen Seiten anbietet, tut dies keine andere der großartigen apulischen Kirchen. Was übrig bleibt, ist das den Elementen Ausgesetztsein: allein zwischen Himmel, Meer und Felsen oder – archaisch ausgedrückt – zwischen Wasser, Luft und Erde tritt der Bau in Dialog mit den Elementen, ein grenzenloser Dialog. Und nur die besondere Lebenshaltung der Apulier ermöglichte ein solches Vorhaben.

Wie schon des öfteren beschworen: Stein ist alles hier. Die elementare Auseinandersetzung mit dem Stein hat das Verhältnis der Apulier zu diesem Werkstoff geprägt, das gekennzeichnet ist von der Erfahrung des Steins als Körper, als zu bearbeitender, aber doch fester Körper. Die Apulier bauen keine Räume sondern feste zeitlose Körper. Weder in den Trulli noch in den Kathedralen geht es ihnen um die Erstellung eines Raumes, sondern immer um feste Gebilde, die mit Bildhauerästhetik behandelt sind. Der Apulier baut nicht, er formt. Was man vom Stein sieht, ist seine Oberfläche. Mit ihr setzt sich der apulische Baumeister, der ja schon von seiner

Ausbildung her auch Bildhauer ist, auseinander. Mauern, Wände, Oberflächen sind sein Thema. Die Fläche als der sinnlich erfaßbare Teil des Körpers Stein. Die eminent plastische Einstellung des apulischen Architekten zum Bauwerk ist sein Firmenzeichen. Der Körper und seine Oberfläche werden aber erst zum Leben, zur Existenz erweckt durch das Licht. Körper, Fläche und Licht, das sind die Bauelemente des hiesigen Architekten. Der Stein ist Projektionsfläche für die Stimmungen des Lichts, sozusagen die Leinwand, auf der sich das täglich anders abspielende, aber immer gleich endende Drama der Zeit, von Vergänglichkeit und Wiederkehr, malt. Die Allsichtigkeit bedeutet: in den unendlichen Raum gestellte Riesenplastik, die Architektur aber: selbst raumhaltiger, plastisch empfundener Körper. Nirgends wird dies deutlicher als an der den Elementen so gnadenlos ausgelieferten Kathedrale von Trani.

Um dieser Persönlichkeit unter den großen Kirchenbauten ganz nahe zu kommen, habe ich, den Gedanken von Willemsen aufgreifend, versucht, die verschiedenen, durch das jeweilige Licht ständig neu erschaffenen Zustände dieses Baues zu erleben, zu allen Tageszeiten, vom Land und vom Wasser aus. Es ist erstaunlich, wie sich dieses Werk dank seiner sensiblen Oberflächenstruktur im Laufe eines Tages zu wandeln vermag.

Kurz nachdem die noch unschlüssige Dämmerung sich für den Sieg des Lichts entschieden hat, beginnt die Geburt der Lichtschöpfung S. Nicola Pellegrino. Aus der nachtdunklen Silhouette wird eine lichtsaugende Folie, die, kaum daß sie genommen hat, schon wieder verschmilzt mit dem milchigen Grauweiß der Morgennebel, von deren Schwaden sie sich kaum merklich abzuheben beginnt. Doch entsteht im kalten Morgenlicht gar kein richtiger Körper; etwas aus der Ferne betrachtet, z. B. von der anderen Hafenseite, nimmt die gewaltige Steinmasse, die rein materiell der Bau zunächst darstellt, etwas Ätherisches, Unstoffliches an. Die weiße, leicht rosafarben getönte *pietra tranese* saugt sich mit dem kühlen Morgenlicht voll und, solchermaßen selbst Licht geworden, wetteifert sie, fast entmaterialisiert, als heller Lichtschein, nicht als Körper, mit dem lichtschwachen, daher dunkleren Morgendunst. Es dauert weit in den Vormittag hinein, bis die Kathedrale von der Ferne gesehen als körperliche Wirklichkeit obsiegt. Dann aber, im flirrenden Glast der Mittagssonne, wenn Stadt und Mensch träge, bewegungsunfähig und dumpf dösend ihre Siesta halten, steht die Kathedrale in ihrer unübersehbaren Vertikalität und Blockhaftigkeit durch das harte Licht kantig aus dem Äther gemeißelt da wie der einzig wach gebliebene Wächter der Stadt, ein Symbol förmlich für die nie schlafende Macht des Glaubens, ein steinerner stummer Schutzengel. Vom späten Nachmittag bis zum Sonnenuntergang wandelt sich erneut und grundlegend der Charakter der Kathedrale. Sie wirkt nun festlich, triumphierend, im Wetteifer mit der langsam sterbenden Sonne. Der am Morgen so kalt-bleiche Stein von Trani ist nun vollgesogen mit dem Licht des ganzen Tages und, ganz Caritas im christlichen Sinne, gibt er nun förmlich die geliehene Wärme der Sonne zurück und verwandelt sich in eine »leuchtende Gottesburg am Meeresufer«. Der Dialog Sonne–Kathedrale endet abrupt. Doch vorher noch glüht der Bau; es ist weniger eine Reflexion der schwächer werdenden Sonnenstrahlen, sondern tatsächlich ein Aufleuchten des Steins aus sich heraus, wenn

1 MONTE S. ANGELO Blick auf die südliche Altstadt ▷

2 Vieste von Pizzomunno aus

3 Isole Trémiti

4 Küste zwischen Vieste und Peschici

5 S. Maria di Siponto Löwenportal

6 S. Leonardo di Siponto Nordportal

7 S. Maria di Siponto Fassade

8 Castel del Monte Portal

9 Trani Portal der Kathedrale

10 Troia Bronzetür der Kathedrale, Detail mit Drachen-Türklopfer

11 Trani Detail vom Portal der Kathedrale

12 Molfetta ▷

4 TOMOS

13 Bari Byzantinische Tafel mit der Legende des hl. Nikolaus. Pinacoteca di Bari

14 Mottola Grottenkirche S. Nicola: hl. Michael

15 Galatina S. Caterina: Deckenfresko

16 TARENT Golddiadem, 3 cm hoch. Museo Archeologico

17 BARLETTA »Frühstück im Garten« von Giuseppe De Nittis. Galleria De Nittis

18 Bari Dächer der Altstadt

20 Bari Lungomare ▷

19 Bari Kathedrale vom Kastell aus

21 Locorotondo

23 Polignano ▷

22 Oria

29
33

DEIPARE MONTIS CARMELI VIRGINI

25 Lecce Piazza del Duomo

◁ 24 Ostuni

26 Lecce SS. Niccolò e Cataldo, erster Kreuzgang

27 Lecce Obelisk und Porta Napoli ▷

S.CATALDO
OTRANTO
S.CESARIA
ZINZULUSA
GALATINA
GALLIPOLI
MAGLIE
NARDO'

28 Lecce S. Matteo

29 Lecce Seminario: Hof

30 Lecce Palazzo Marrese

31 Ruffano Palazzo Licci ▷

32 CASARANELLO S. Maria della Croce: Deckenfresko 12. Jh.

34 OTRANTO Detail aus dem Bodenmosaik im Dom ▷

33 CASARANELLO S. Maria della Croce: Deckenmosaik 5. Jh.

SEP
TE
BER
NOE

35/36 Blumenfelder im SALENTO

37 Küste bei OTRANTO ▷

auch mit geliehener Kraft. Selbst bei Nacht, den fast nächtlichen Sternenhimmel vorausgesetzt, spricht der Bau weiter. Die Details wie Portal, Fenster, Apsiden oder Skulpturen sind nun unwichtig geworden, der Nacht zum Opfer gefallen. Wie am Mittag gewinnt der klar als Silhouette am Nachthimmel sich abhebende Bau wieder den Charakter des Aufrechtstehenden und Schützenden. Nicht das benachbarte Kastell, sondern die aufsteilenden Baukörper wie Querhaus, Turm und dazwischenliegendes Langhaus wirken von See her wie der wahre Wehrbau der Stadt.

Diese Beobachtung, wie je nach Lichtsituation der Charakter der Kathedrale von Trani sich wandelt, dank seiner plastisch empfundenen, kristallinen Körperlichkeit mit großen aber empfindlichen Flächenstrukturen, kann jeder selbst machen. Die Tranenser wissen um die Besonderheit ihrer Kathedrale. Am Hafen mit einem einfachen Fischer ins Gespräch gekommen, fragte mich dieser, was mir in Trani besonders gefiele. Wahrheitsgemäß antwortete ich natürlich: »Il Duomo.« Sichtlich befriedigt nickte er mir zu. Nun fragte ich ihn umgekehrt, ob er denn die Kathedrale überhaupt noch wahrnehme, wenn er sie doch jeden Tag so vor sich stehen sehe, immer gleich. Da wurden seine Augen fast aggressiv eng. Ganz empört über eine solch dumme Frage platzte er erregt heraus: »Nein, nein, die Kathedrale da, die ist nie gleich, die ist immer eine andere. Wie ein Mensch!«

Nur zweimal gab es in dem innigen Verhältnis der Tranenser zu ihrer Kathedrale eine Fehlleistung, eine ganz verheerende noch dazu. Dies war im 18. und 19. Jh., genauer zuletzt unter Erzbischof Gaetano M. de Franci. Bereits bei den ersten Restaurierungen 50 Jahre später hatte man sich inzwischen wieder eines besseren besonnen und fehlende und schadhafte Außenskulpturen genau im romanischen Stil wieder ergänzt. Und in den 50er Jahren dieses Jahrhunderts scheute man nicht vor astronomischen Kosten zurück, als sich herausstellte, daß der Campanile, der ja ein unersetzlicher Bestandteil der Gesamtkomposition ist, einsturzgefährdet war. Stein für Stein wurde der Turm abgetragen, wurden Fundament und Sockelgeschoß mit Gußbeton versteift und schließlich mit den Originalteilen wieder aufgerichtet. Die Nachwelt kann den Tranensern für diesen Aufwand gar nicht dankbar genug sein. Doch letztlich haben diese es ja wohlwissend für sich selbst getan. Die Tranenser zeichnet also hohes Bewußtsein für Umweltgestaltung und erlesener Kunstsinn aus. Bei der historischen Beurteilung der künstlerischen Leistung die Kathedrale betreffend wird man nicht umhin können, dies zu berücksichtigen. Die solchermaßen rühmliche Grundhaltung der Tranenser gegenüber gebauter Umwelt findet noch eine zusätzliche Förderung durch einen für die Stadt ganz besonderen Glücksfall. Trani war nicht nur als Hafen-, Bischofs-, Pilger- und Handelsstadt bedeutend, die Stadt zog auch noch Nutzen aus dem reichen Vorkommen eines Steines, der in seiner direkten Umgebung gebrochen wird. Wegen seiner Eigenschaften: hart, wetterbeständig und von schöner weißer Farbe mit leicht rötlicher Tönung, war der Stein von Trani, die *pietra tranese,* schon seit jeher begehrtes Baumaterial und Handelsgut, das heute noch einen beträchtlichen Anteil am Handelsvolumen der Stadt ausmacht. Und man kann sich vorstellen, was dies in einer Region, in wel-

◁ 38 In den Murge bei Castel del Monte

cher der Stein alles bestimmt, bedeutet. Aus künstlerischer Sicht haben diese Steinvorkommen eine nicht zu verachtende Nebenwirkung. Wo der Stein gebrochen wird, ist der Berufsstand der Steinmetzen nicht wegzudenken und wo Steinmetzen in großer Zahl das Selbstverständlichste der Welt sind, ist der Weg zum Bildhauer und Architekten vorgezeichnet. Tatsächlich, geht man die Liste der namentlich bekannten Meister des hohen und späten Mittelalters durch, so ist augenscheinlich und augenfällig der hohe Anteil von Künstlern, die ihrer Namensführung nach aus Trani stammen oder urkundlich als Einwohner der Stadt erfaßt sind oder als Meister über längeren Zeitraum hier gearbeitet haben:
Anseramo da Trani (Werke in Bisceglie, Bari, Terlizzi)
Barisano da Trani (Bronzegießer, Werke in Trani, Monreale, Ravello)
Gualtiero da Foggia (1262 als *habitator civitatis Trani* urkundlich belegt)
Magister Paolo (sein Sohn; 1285 Hausbesitzer in Trani)
Magister Simeon da Ragusa (bez. sich in Barletta, S. Andrea, als *incola tranensis*)
Protomagister et sacerdos Nikolaus (1229 Ambo in Bitonto, danach Campanile in Trani)
Stefano da Trani (Castello in Trani)

Doch dürfte diese Liste uns bekannter Künstlernamen nur einen Bruchteil der tatsächlich aus Trani stammenden Künstler angeben. Es scheint einleuchtend und legitim, alle die hier genannten Faktoren den Erbauern der Kathedrale, also den Einwohnern von Trani, als Leistung zuzuschreiben. Auch die Platzwahl und die Gestaltung des Objekts in bezug auf die topographische Situation ist eine echte schöpferische Leistung. Somit ist es offensichtlich ungenügend, wenn man das Einzigartige der Kathedrale von Trani lediglich dem mehr zufällig vorhandenen Ambiente zuschreibt. Künstlerische Befähigung und geistige Haltung sind heute längst neben der letztendlich materiellen Realisierung als wichtige, die künstlerische Leistung konstituierende Qualitäten anerkannt. Gewählte Lage, ambientale Konzeption und materielle Ausführung sind also alle zusammen die unwiederlegbare künstlerische Leistung der Autorenschaft, die von den Tranensern als Gesamtheit über fast zwei Jahrhunderte hinweg gestellt wurde. Wenden wir uns nun dem Bauwerk selbst zu.

Vorgeschichte: Trani I, II und Confessio des hl. Leucius

Die Geschichte des Christentums und der frühen Bischöfe von Trani liegt im historischen Dunkel. Die älteste Urkunde, die auf ein christliches Bauwerk explizit Bezug nimmt, stammt aus dem Jahre 834. Darin findet ein *»episcopio sancte dei genitricis virginis marie sedis tranensis«*, also eine der Gottesmutter geweihte Bischofskirche, Erwähnung. Die heutige Unterkirche der Kathedrale trägt das gleiche Patrozinium. Noch darunter eingegraben findet sich eine dunkle Ringkrypta mit Confessio, die dem hl. Leucius geweiht ist. Paulus Diaconus erwähnt einen Leucius, der von Petrus persönlich nach Brindisi geschickt worden sein soll und dort als erster Bischof verehrt wurde. Um die Mitte des zweiten Jhs. landete, aus Alexandrien kommend, in Brindisi erneut ein Märtyrer gleichen Namens, der nun für den ersten Bischof gehalten wurde. 633 zerstörten die Langobarden die Stadt Brindisi. Zwischen diesem Datum und dem Jahr 845 müssen die Gebeine des hl. Leucius nach Trani gelangt und diesem zu Ehren das heute noch begehbare Hypogäum eingerichtet worden sein.

Die 1970 bis 1971 von der Sopraintendenza in Bari im Fundament des Langhauses der Traneser Kathedrale durchgeführten systematischen Grabungen haben wertvolle Ergebnisse erbracht. Die 834 erstmals erwähnte Bischofskirche S. Maria konnte belegt und in Dimension und Grundrißform präzisiert werden. Der Vorgängerbau der heutigen Kathedrale erstreckte sich über die volle Breite des jetzigen Baus und reichte im Westen bis zur zweiten Säulenstellung der Oberkirche und im Osten bis zur Mitte des letzten Joches vor dem Querhaus. Eine einzige Apsis in annähernd der Breite des Mittelschiffs schloß die Ostwand ab. Eine Kuriosität lieferten die Säulenbasen des Langhauses. Sie stehen auf Einzelfundamenten, die queroblong zur Kirchenachse angeordnet sind, was nur einen Schluß zuläßt, nämlich den, daß schon diese Kirche die Besonderheit des romanischen Baues vorzeichnete, nämlich quer zum Langhaus angeordnete Doppelsäulen. Die Säulen der Oberkirche, die ja schon immer als antike Spolien erkannt worden sind, stammen offensichtlich aus der alten Bischofskirche, ebenso ihre für Apulien einmalige Anordnung. Doppelsäulenanordnungen in christlichen Kirchen finden sich in dieser Art nur in frühchristlichen Bauten des 4. bis 6. Jhs. in Nordafrika. Die Herkunft des Motivs von nordafrikanischen Vorbildern darf nicht verwundern, bestanden doch bis zur Eroberung durch die Moslems enge Handelskontakte auch zur anderen Seite des Mittelmeeres. Überdies erbrachten dieselben Grabungen noch Reste eines Mosaikfußbodens und Freskenfragmente von allerhöchster Qualität.

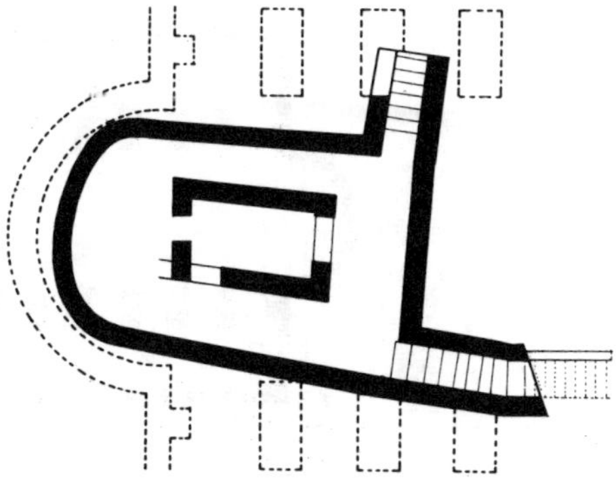

Trani, Confessio des hl. Leucius

Das Gesamtbild, das man von dieser ursprünglichen Marienkirche rekonstruieren kann, ergibt eine weite dreischiffige Basilika mit Mittelapsis und zwei Reihen von eng gestellten monumentalen Doppelsäulen auf einem Areal, das fast dem des romanischen Langhauses entspricht. Größenordnung der Säulen, Grundrißabmessungen, Freskenschmuck, Fußbodenmosaik und bruchstückhaft erhaltene Marmorausstattung lassen vor unserem geistigen Auge einen frühmittelalterlichen Bau entstehen, für den es bislang nichts Vergleichbares in Apulien gibt. Lediglich die großen Basiliken von Aquilea oder Ravenna ließen sich als Vergleichsbeispiele heranziehen. Die allgemein akzeptierte und sehr vorsichtige Datierung legt sich lediglich auf eine Entstehungszeit vor 633 fest. Die hohe Qualität der Fresken ließe eine noch frühere Entstehung denkbar erscheinen. Zur größten Überraschung der Ausgräber selbst fand sich aber 85 bis 90 cm unter der nun archäologisch gesicherten Marienkirche der Fußboden eines noch älteren Vorgängerbaus unbestimmter Größe und Bestimmung, so daß die heutige Unterkirche des 12. Jhs. bereits den dritten Großbau (Trani III) an eben dieser Stelle darstellt.

In den Fußboden der Marienkirche hinein, diesen damit beschädigend, wurde irgendwann im 7. oder 8. Jh. das Hypogäum des hl. Leucius gegraben. Trani besaß damit um diese Zeit eine Doppelkirche, bestehend aus der Confessio mit Ringkrypta des in Apulien hoch verehrten Leucius, der auch zahlreiche Pilger anzog, und dem für seine Zeit großartigen Mariendom (Trani II), der

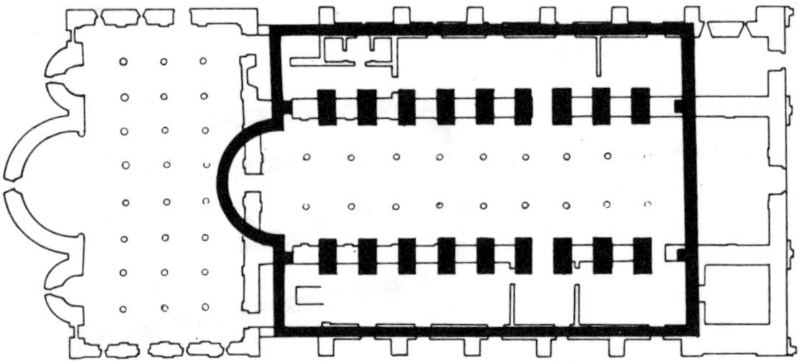

Trani, Grundriß der alten Bischofskirche S. Maria II

größten bislang in Apulien bekannten frühchristlichen Kirche. Auf der Nordseite befand sich noch eine Kirche zu Ehren des hl. Johannes des Täufers, vermutlich ein Baptisterium. Das war die Situation bis zum Ausgang des 11. Jhs.

Im Mai 1087 gelangte die große Rivalin Bari in den Besitz der unschätzbaren Reliquien des hl. Nikolaus von Myra. Die wirtschaftlichen und kulturellen Folgen dieses Reliquienbesitzes sind bekannt und wurden damals sicher mit mehr neidvollen als bewundernden Blicken der Nachbarstädte betrachtet. Sieben Jahre später, der Legende nach ebenfalls im Mai, hatte der Himmel ein Einsehen mit der benachteiligten Nachbarin Trani und sorgte selbst für Abhilfe. Auf seinem Pilgerweg von Griechenland nach Rom war der fromme wie einfältige Pilger Nikolaus über Otranto, Brindisi und Bari schließlich nach Trani gelangt. Da er offensichtlich des Lateinischen nicht mächtig war, stammelte er nur griechische Worte, vor allem das »Kyrie eleison«. Hier erlag er nach wenigen Tagen einer fiebrigen Krankheit. Schon vor seinem mysteriösen Tod hatte dieser eigenwillige und offensichtlich Aufsehen erregende Pilgersmann Wunder in seiner Umgebung bewirkt. Nach seinem Tod vermehrten sich die Wunder an seinem Grabe noch. Die Tranenser hatten den Wink des Himmels verstanden. Gott selbst hatte ihnen diesen jungen Pilgersmann namens Nikolaus geschickt. Nun hatten auch sie einen Heiligen und, welch wunderbare Fügung, gleichen Namens wie die Konkurrentin Bari. In Unterscheidung dazu hieß ihrer nun Nikolaus der Pilger (S. Nicola Pellegrino). Bereits drei Jahre später auf dem Konzil von Bari war es offensichtlich dem Erzbischof von Trani gelungen, Urban II. dazu zu bewegen, den Wunsch nach Heiligsprechung des verstorbenen wundertätigen Pilgers zu erfüllen. Unmittelbar danach wird man mit Planung und Bauvorbereitungen der neuen Kathedrale, die zugleich Pilgerkirche zu Ehren des neuen Stadtpatrons S. Nicola Pellegrino sein sollte, begonnen haben. Noch in den letzten Jahren des 11. Jhs. wird die Apsis der Marienkirche wegen Bauarbeiten an der neuen Krypta eingerissen.

Mehr noch als die Bareser Nikolauskirche ist der Bau von Trani Gegenstand heftiger Datierungskontroversen, vor allem was die einzelnen Bauabschnitte und die Bauskulptur betrifft. Ohne die strittigen Punkte hier zu klären, wollen wir uns mit jenen Daten bescheiden, die durch Quellen oder historische Personen wie Stifter, Bauherren oder Künstler gesichert sind:

Zwischen 1097 und 1099 Beginn der Bauarbeiten. 1131 Schenkungsurkunde für den Kathedralbau. Dezember 1138 erneute Schenkungsurkunde für die Bauarbeiten an der Kathedrale und *»fabrice sancte dei genitris«*, also auch für die Marienkirche. 4. Oktober 1142 feierliche Überführung der Reliquien des hl. Nikolaus in die offensichtlich fertige und nun für den Kult zur Verfügung stehende Kryptenkirche unter dem Querhaus. 15. Juli 1163 erneute Schenkungsurkunde für die Bauarbeiten der Kathedrale. 1165 Terminus post quem für die Verlegung des Mosaikfußbodens. Mit dieser Jahreszahl hat Meister Pantaleone sein Fußbodenmosaik von Otranto signiert. Technische, stilistische und motivische Überlegungen rechtfertigen die Zuschreibung der Ausführung des Traneser Mosaiks an Pantaleone oder seine Werkstatt. Eine Datierung in die ersten sechziger Jahre ist auszuschließen. Die von Ronchi vorgeschlagene Ansetzung für das Jahr 1166 dürfte realistischer für die siebziger Jahre zutreffen, denn für 1169 erfahren wir von der Entfernung der letzten noch stehenden Bauteile der ursprünglichen Marienkirche. 1179 wahrscheinlicher Terminus ante quem für die Fertigstellung des Bronzeportals von Trani. In diesem Jahr firmiert Meister Barisanus da Trani sein Portal in Ravello. Zwischen 1175 und 1186 muß die Oberkirche weitgehend fertig gewesen sein, da für diesen Zeitraum mit Sicherheit die Kathedrale bereits gottesdienstlich genutzt wurde. Ein offizieller Einweihungsakt ist leider nicht schriftlich überliefert. Jedoch nimmt Ronchi, der beste Kenner der diesbezüglichen Quellen, an, daß jede anderslautende Vermutung keine Existenzberechtigung habe. Am 12. August 1222 überträgt Erzbischof Bartholomäus den vierten Teil des Kirchenzehnten für Bauarbeiten an seiner Kathedrale. Mit einiger Wahrscheinlichkeit dürfte diese Summe für die Planänderung und Herstellung der jetzigen Gestalt des oberen Teils des Querhauses verwendet worden sein, da der Traneser Fries auch aus stilkritischen Erwägungen zwischen 1220 (Kathedrale von Foggia) und 1237 (Kathedrale von Ruvo) datiert wird. 1229 Terminus post quem für die Errichtung des Campanile und Teile des Fassadenportikus. Im besagten Jahr hat *»Magister et sacerdos Nicolaus«* in Bitonto seine Kanzel signiert. Am Sockelgeschoß des Campanile von Trani hat derselbe Künstler erneut seinen Namen hinterlassen, nun aber mit dem Titel des »Protomagister« (= Chefarchitekt und Bauleiter). Der Baubeginn des Traneser Campanile durch Protomagister Nikolaus kann also erst nach Beendigung seiner Arbeiten in Bitonto angesetzt werden. 11. Mai 1313 testamentarische Stiftung nur und ausdrücklich für *»operi fabrice campanilis«*. 1352 bis 1379 Amtszeit von Erzbischof Tura Scottini.

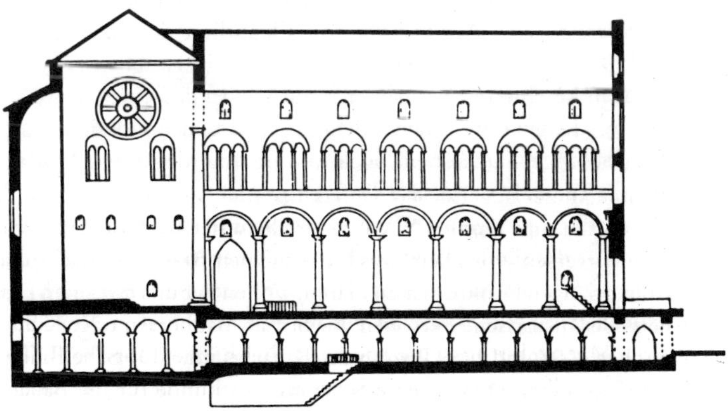

Trani, S. Nicola Pellegrino, Längsschnitt

Während seines Episkopats wurde der Turm, zumindest bis zur Höhe des abschließenden Kranzgesimses, fertiggestellt.

Von den ersten Aushebungsarbeiten für die Krypta bis zur Quasi-Fertigstellung des Turmes sind reichlich zweieinhalb Jahrhunderte verstrichen. Selbst für mittelalterliche Kathedralbauten, z.B. in Frankreich, eine beträchtliche Zeitspanne. Verwunderlich, oder besser bewundernswerter, ist in Trani die schlafwandlerische Sicherheit, mit der man diesen Bau über eine so lange Bauzeit hinweg zu einem harmonischen, künstlerischen Ganzen zu Ende geführt hat.

Als man sich gegen 1097 in Trani mit dem Neubau einer kombinierten Pilger-, Bischofs- und Bürgerkirche beschäftigte, standen die Baustellen der Bareser Nikolauskirche und der Kathedralen von Otranto, Tarent und Troia in vollem Betrieb. An der Stelle der heutigen romanischen Kirche lagen damals die von den Tranensern besonders hochgeschätzte Marienkirche und das Hypogäum des hl. Leucius. Dem neuen Stadtpatron Nicola Pellegrino aber sollte nun auch ein würdiger Tempel errichtet werden, und zwar ebenfalls an der so bewußt gewählten Stelle. Die vermutlich nie ernsthaft bestrittene Ortswahl einerseits und die beschlossene Absicht, keinesfalls auf die beiden alten Heiligtümer zu verzichten, ließ nur eine, wenn auch sehr aufwendige und für Apulien ganz einmalige Lösung zu: den Bau einer Doppelkirche unter Einbeziehung des Leucius-Hypogäums. Dies war auch gleichzeitig eine technisch unerhört schwierige Aufgabe. Da die einzelnen Bauabschnitte zeitlich nicht exakt präzisiert werden können, wollen wir uns mit dem begnügen wie das Problem technisch und künstlerisch gelöst wurde. Auch hier soll im Auge behalten werden, daß die Kathedrale den sogenannten Normannen-Domen zugerechnet und als architektonisches Erbe von S. Nicola in Bari bezeichnet wird.

Baubeschreibung ohne Daten

Beginnen wir auch hier mit einem Blick auf den Grundriß. Da es sich um eine Doppelkirche handelt, müssen wir allerdings zwei Grundrisse zu Rate ziehen, den der Unterkirche und den der Oberkirche.

Grundriß a (Unterkirche): Klar und übersichtlich zeigt sich die Grundform. Die Ecken des Baus, unter Berücksichtigung des Narthexvorbaus, besetzen genau die Eckpunkte eines Rechtecks mit einem Seitenverhältnis von annähernd 1:2 (genauer 1:2,15). An der Ostseite treten die drei verschieden tiefen Apsiden über die Fluchtlinie des Grundrechteckes hinaus. Zwischen Narthex im Westen und Querhaus im Osten tritt die Langhausaußenwand um die Tiefe der als Blendarkaden kaschierten Strebepfeiler zurück, so daß eine leichte T-Form entsteht. Auf der Höhe des westlichen ersten Joches befindet sich auf der Südseite ein in Richtung der Gebäudeachse längsoblonger Fundamentblock für den offensichtlich schon an dieser Stelle vorgesehenen einzigen Turm. In der Achse der Trennwände zwischen den Apsiden ist das Langhaus von jeweils einer durchgezogenen Wand in drei Schiffe eingeteilt. Lediglich in Höhe der östlichen Trennwand ist das südliche Seitenschiff von einer Mauer in Stärke der Außenwand, wohl als Widerlager zum Turm, abgetrennt. Von Nord nach Süd ergibt sich eine klare Dreiteilung von unterschiedlicher Breite. Gleiches gilt für den Mittelteil in Nord-Süd Erstreckung. Das vermeintliche Mittelschiff des Langhauses ist durch eine doppelte Reihe von jeweils 12 Stützen wieder in der Längsachse unterteilt in drei Schiffe, deren Seitenschiffe über quadratischen

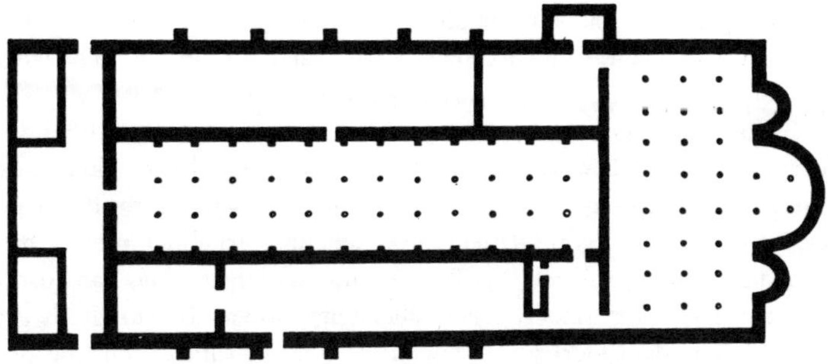

a

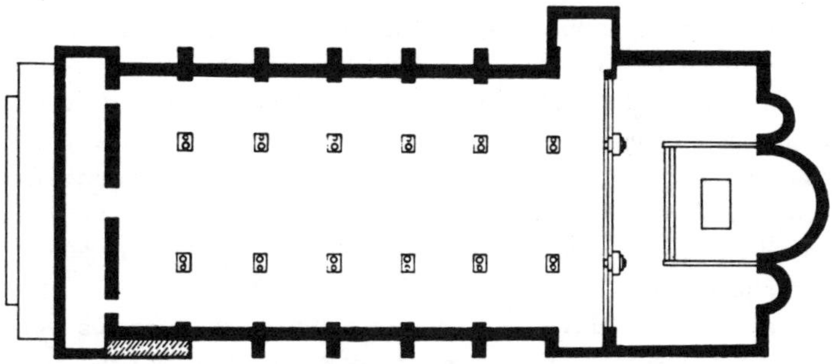

b

Trani, S. Nicola Pellegrino
a) Grundriß Unterkirche
b) Grundriß Oberkirche

Jocheinheiten, dessen Mittelschiff über queroblongen Jochen kreuzgratgewölbt sind. Dieser durch zwei Säulenreihen unterteilte Mitteltrakt entspricht der Ausdehnung des dazwischenliegenden Hauptschiffes der Oberkirche und bildet die Unterkirche, die das Patrozinium der alten Kathedrale weiterführt. Die bislang als Seitenschiffe angesprochenen schmalen Parallelräume entpuppen sich als Seitentrakte verschiedenster Funktionen und liegen an der Stelle der ursprünglichen Seitenschiffe der alten Marienkathedrale bzw. an der Stelle der heute darüberliegenden Seitenschiffe des romanischen Nikolausdoms.

Östlich davon schließt sich quer zur Gebäudeachse stehend die durchgehende Hallenkrypta über 24 Säulen an. Ihre 36 Joche wölben sich über quadratischem Grundriß. Die Achsen der Kryptenjoche bestimmen genau die Lage der Apsiden. Auch deren lichte Weite wird durch die Maße der Quadratseiten der Kryptenjoche vorgegeben, d.h. der Radius der Apsiden beträgt eine halbe bzw. drei halbe Quadratseiten des Kryptenjoches. Die Außenabmessungen der Kryptenwand betragen in der Tiefe das Fünffache und in der Breite das Zehnfache des Kryptenquadrats. Die Gesamtlänge der neuen romanischen Kirche beträgt wieder, ohne die Applikation des Narthex' der Unterkirche, das Doppelte der Kryptenbreite. Das heißt, S. Nicola Pellegrino in Trani war exakt ad quadratum entworfen, wobei die Quadratseite des Kryptenjoches als Modul für die Verschnürung der Kathedrale diente. Da einerseits die Breite der frühmittelalterlichen Marienkirche, die zu erhalten Bauaufgabe war, die Breite der Krypta bestimmte, andererseits 1/10 der Kryptenbreite Modul für die gesamte neue Kirche bildete, mußte, um die rigorose Konstruktion ad quadratum einzuhalten, das Langhaus um 2½ Joche länger als der Vorgängerbau ausfallen.

Bleibt auch hier zu fragen, was an diesem Bau normannisch sei. Und die Antwort ist wiederum simpel: nichts. Die andere Frage, die nach der Abhängigkeit von S. Nicola in Bari, scheint mir gleichfalls einfach zu beantworten. Allein die Betrachtung des Grundrisses der Unterkirche ergibt eine Anzahl von Gemeinsamkeiten, aber erheblich mehr Abweichungen. Gemeinsam sind die Anlage als dreischiffige Basilika mit saalartigem Querhaus, das die Breite des Langhauses um die Tiefe der Mauerstreben übersteigt, sowie drei ungleich große Apsiden direkt im Anschluß an das Querhaus und dessen Unterkellerung durch eine gleich große Hallenkrypta. Abweichend dagegen sind: a) der Verzicht auf die für Bari als typisch geltende östliche Mantelmauer mit eingeschlossenem Turmpaar, also Verzicht auf eine eigene Ostfassade, b) die von dieser Entscheidung abhängige Möglichkeit der gegenseitigen Ausrichtung von Kryptenjochen und Apsiden, wie dies schon ähnlich organisch in Otranto verwirklicht war, c) die vollständige Unterkellerung des Mittelschiffes durch eine Unterkirche von identischen Dimensionen, d) die Anbringung eines über die gesamte Breite der Unterkirche durchgezogenen Narthex' und e) die Entscheidung – statt der vier Türme – für einen einzigen asymmetrisch zur Stadtseite hin angeordneten Turm. Die Abweichungen sind meines Erachtens gravierender als das Gemeinsame, da ja der Grundriß selbst und die Einführung der Krypta unter dem Querhaus gar keine Bareser Erfindung sind.

Was als typische Errungenschaft von S. Nicola übernommen wurde, ist lediglich die Reihe hoher und tiefer Blendarkaden, welche die Außenwand des Langhauses begleiten. So besehen ist S. Nicola Pellegrino eine eigenständige, von S. Nicola in Bari weitgehend unabhängige Weiterentwicklung eines in Süditalien seit dem 11. Jh. sich rasch ausbreitenden Kirchentyps.

Grundriß b (Oberkirche): In den Grundzügen zeichnet die Oberkirche genau den Grundriß der Unterkirche nach. Im Gegensatz zu letzterer erweist sich die Anordnung der Oberkirche als geschlossener und übersichtlicher, fehlen doch hier die kleinen Jocheinheiten der Kryptenwölbung. Während Krypta, Marienkirche und gangartige Seitentrakte in der Unterkirche jeweils für sich isolierte Raumeinheiten sind, besteht in der Oberkirche eine klare Beziehung der Raumteile zueinander, was erleichtert wird dadurch, daß auch hier das Kryptenmodul Gültigkeit besitzt. Den quadratischen Seitenschiffjochen mit doppelter Seitenlänge eines Kryptenjoches entspricht ein queroblonges Mittelschiffjoch von exakt doppelter Breite. Der Grundriß der Oberkirche zeigt ein weiteres Element, das vom Bareser Schema abweicht, nämlich die schon erwähnten Doppelsäulen im Langhaus. Hinzu kommt die Anlage des Portikus vor der Westfassade, über dem Narthex der Unterkirche, mit einer zweiwangigen Treppenrampe genau in der Symmetrieachse der Kirche.

Aufriß Außenbau: Alle vier Außenansichten der Kathedrale sind, nicht nur wegen des asymmetrisch an die Südwestecke gestellten Einzelturms, voneinander verschieden; dies verwundert vor allem in bezug auf den üblicherweise zu erwartenden gleichen Aufriß für die Langhausseiten. Doch See- und Stadtseite weichen im Detail voneinander ab. Die der Stadt zugekehrte Flanke ist die prächtigere. Trotz der Längserstreckung dominiert sogar an dieser Ansicht das Vertikale. Der links begrenzende, knapp 60 m hohe, fast freistehende, unten durch einen spitztonnig gewölbten Durchgang durchbrochene, siebengeschossige Campanile und rechts die um eine Achse schlanker als in Bari sich auftürmende südliche Fassade des Querhauses setzen die Akzente. Dazwischen die Hauptmasse des Baus, das von Strebepfeilern gestützte dreischiffige Langhaus.

Daß hier im Gegesatz zu S. Nicola in Bari nicht die Breitenlagerung, der horizontale Grundzug dieses Bauteils zum Tragen kommt, ist auf drei typisch tranesische Besonderheiten zurückzuführen. Zum einen ist die Höhenerstreckung der Traneser Kirche schon dadurch bedingt, daß die Unterkirche nur geringfügig in den Boden versenkt ist und daher weitgehend Tageslicht erhält. Zum anderen sind die ohnehin schlankeren und weniger tief angelegten Arkaden insgesamt höher als in Bari, und schließlich fehlt die abschließende Hexaforiengalerie. Gerade diese stellt ja am Bareser Typ ein aufdringliches, die Horizontalität noch unterstreichendes Architekturdetail. Ihr Fehlen bewirkt in Trani sowohl eine Straffung der in blanker Stereometrie vorgetragenen Einzelelemente als auch ein größeres optisches Eigengewicht der allein übriggebliebenen, hochgezogenen Arkaden, die somit direkt als Addition ausschließlich vertikaler Elemente vom Turm zur Querhausfassade hinüberführen. Lediglich an der südlichen Querhausfassade werden die Arkaden, wie beim Bareser Typ, zu Blendarkaden, aber auch hier, durch die Reduktion auf nur zwei Überfangbögen, als Vorbereitung der alles in allem vorherrschenden Aufwärtsbewegung.

Mit der vollplastisch vor die Mauerebene vorspringenden Figurengruppe im Zwickel zwischen den beiden großen Blendarkaden beginnen die Probleme der Datierung und der Interpretation. Die spartanisch-strenge, mathematisch-rationale und schon zisterziensisch-rigorose Architektur der unteren Bauteile erfährt durch diese offensichtlich erst nachträglich versetzte, stilistisch der Friederizianischen Epoche zugehörigen Figurengruppe eine erhebliche plastische Akzentuierung, die beim ersten Hinsehen merkwürdig kontrastiert mit der sie direkt umgebenden, an der Fläche orientierten Bauweise. Sogar die von weitem so verästelt und verspielt wirkende Rose gehört bei näherer Betrachtung noch zu der Architekturauffassung der unteren Bauglieder, die die Wand, die gebaute Mauer, also die körperbegrenzende Fläche allein akzeptiert. Diese Rose ist nämlich im Gegensatz zu allen anderen, sicher späteren, keine plastische Applikation auf der Wand, keine dreidimensionale Durchformung, sondern Teil der Wand. Ihr Rahmen ist unüblicherweise nicht halbrund reliefartig der Mauer aufgesetzt, sondern in deren Ebene eingelassen. Diese Respektierung der Wand erfährt noch eine Bestätigung dadurch, daß die paarweise angeordneten, V-förmig auseinanderstrebenden Speichen aus quadratischen Stäben mit flacher Stirnseite und nicht wie üblich aus Rundstäben oder Säulchen gebildet sind. Auch das innere Kreisfeld mit dem Vierpaß und die Felderfüllung der inneren Rosette mit Marmortransennen kennzeichnen die Südrose von Trani als Bestandteil der Wand, geboren aus einem zutiefst apulischen Verständnis von flächenbezogener Architektur.

Ganz anders dagegen die links und rechts unter der Rose eingelassenen Biforien. Aufbau und Gestalt dieser beiden Biforien mit Mittelsäule, Kugelstabfries in der Archivolte und vor die Mauer gesetzter Rahmung verraten eine andere Auffassung als untere Bauteile und Rose. Sie artikulieren eindeutig in Richtung bewegter Wandstruktur. Zusammen mit der bereits erwähnten Figurengruppe und den beiden vollrund gearbeiteten Tierköpfen über ihren Scheiteln arbeiten diese Biforien in Richtung einer plastisch-räumlichen Durchdringung der vorgegebenen Mauerfläche. Damit träten sie zwar in einen Konflikt mit ihrer unmittelbaren Umgebung, doch die Traneser Baumeister wußten sehr geschickt das Problem zu umgehen mit einer, zumindest in dieser Art vorgetragen, einmaligen Lösung, nämlich den Abschluß des Querhauses mit einem weit vorkragenden klassischen Konsolgesims. Die vordere Kante des Gesimses schafft eine neue fiktive Ebene, hinter der die plastisch vortretenden Elemente zurückgestuft und damit wieder in eine Fläche eingebunden sind. In der strengen, kompromißlosen Weise, wie dieser Fries ausgeführt ist, zeigt sich erneut der ›klassische‹ Geist der Traneser Bauherren und -meister. Zu Recht ist darauf hingewiesen worden, daß diesem Fries ganz im Gegensatz zu den bereits erwähnten von Foggia und Ruvo überhaupt nichts Dekorativ-Malerisches eignet, sondern daß er ganz als architektonisches Bauglied gestaltet ist. Wiederum eine Formgebung von unübersehbar klassisch-antiker Gesinnung, die Hand in Hand geht mit der allgemein den Bau kennzeichnenden Grundtendenz der körperlich-plastischen Auffassung der Mauerbetonung. ›Gotisches‹ ist da trotz der aufsteilenden Raumproportionen nirgends auszumachen. Ebenso wenig wie für die Architektur dürften demnach die unübersehbaren Klassizismen in der dazugehörigen Skulptur (z. B. die Köpfe der erwähnten Figurengruppe) als Gotikimport der Friederizianischen Zeit, vielmehr als ständig latent waltender Teilcharakter des Genius loci zu sehen sein. Der Friederizianische Klassizismus, was immer darunter definiert werden mag, findet seine wenn auch nur ansatzweise Vorbereitung, wie z. B. beim Elias-Meister, in der Landestradition des 12. Jhs.

Von antiker Gesinnung, nämlich der römischen Neigung zur Schau-Wand, zeugt auch die Art des sehr spitz nach oben geführten, erst relativ hoch über dem Fries ansetzenden und von einer dreifachen Profilleiste gerahmten Giebels, dessen Form ein Doppeltes bewirkt: für die Fernsicht wird dadurch die aufragende Grundhaltung des steilproportionierten Querhauses unterstrichen und konsequent abgeschlossen. Aus der Nahsicht, was ja immer bedeutet von schräg unten, wird durch die perspektivische Verzerrung der Giebelabschluß klassisch-flacher und überdies, durch die Höherlegung des Ansatzes der Schräge, der Sichtverlust durch den weit vorspringenden Fries gemildert. Alles in allem eine wohldurchdachte Lösung, bewirkt mit einfachsten Mitteln.

Verlassen wir die Südseite und wenden wir uns dem Chor zu (Abb. 49), so erfährt das ›Prinzip der einfachen Form‹ bzw. der ›geometrischen Architektur‹, so wie es an der Langhausaußenwand realisiert wurde, sogar noch eine Steigerung. War zumindest noch an der Querhausfassade der Wille zur dekorativen Lösung, zur schönen Kleinform erkennbar, so wird an der Ostseite rigoros alles Überflüssige ausgeschieden. Geradezu von umwerfender Kühnheit ist der kompromißlose Rückgriff auf stereometrische Grundformen in ihrer blanken, abstrakten Schönheit. Die Ostseite ist keine Fassade wie beim Bareser Typ, vielmehr eine Großplastik, deren Proportionen bewußt auf Fernwirkung, nämlich die Sicht vom Meer bzw. Hafen, ausgerichtet ist. Das Spiel von Licht und Schatten auf den eng aneinandergerückten, hochaufschießenden, verschieden tiefen bzw. breiten Halbzylindern der Apsiden vor der glatten Fläche der aufgerichteten rechteckigen Tafel der Querhaus-Ostwand mit abschließender oberer Rahmung durch das herumgeführte Konsolgesims, findet in der mittelalterlichen Sakralarchitektur kaum Gleichwertiges. Rundkörper auf ebener Fläche, plastisch empfundene und entsprechend zueinandergeordnete Urformen an einer insgesamt als plastisch-körperhaft behandelten Architektur und wagemutige Gesinnung in der Proportionierung der Einzelteile finden eine sozusagen ›graphische‹ Ergänzung durch die zusätzliche Rhythmisierung der Fläche mit einem ausgeklügelten System von Fenster- bzw. Türöffnungen. Es gibt nur einen einzigen Bau des hohen bzw. ausgehenden Mittelalters, und den ausgerechnet ebenfalls in Apulien, an dem eine radikal mathematisch-geometrisch ausgerichtete Grundhaltung, gepaart mit einer zutiefst körperlich-plastischen Baugesinnung zu einer noch kompromißloseren und ›idealen‹ Baugestalt reift: das ist natürlich Castel del Monte. Zwischen dem Traneser Kathedralbau und Castel del Monte besteht eine vermutlich im Genius loci verwurzelte, unverkennbare Verwandtschaft. Etwa gleiche Zeit und gleicher Geist. Der Sakralbau, der zwischen dem Bareser Typ und der Staufischen Klassik vermittelt, ist Trani. Ihm gebührt unter den apulischen Kathedralen die Krone, nicht weil er auf Castel del Monte hinweist, sondern weil er belegt, daß das spezifisch ›Staufische‹ der Friederizianischen Kunst in apulischer Wesensart und Vorstellung vom Bauen bereits eine Entsprechung vorfand und somit zum Teil in der Landestradition ruht. Castel del Monte ist kein Fremdkörper, kein Transplantat fremder Vorstellungen nach Apulien.

Doch nach diesem Exkurs zurück zur Ostseite der Kathedrale. Die breitere Mittelapsis hat pro Kirche, d.h. für Krypta und Oberkirche, je ein Fenster. Gleiches gilt für die Nebenapsiden. Über den flachkonischen Dächern der Apsiden, allerdings nicht genau in deren Achse, wiederholen an der Ostwand des Querhauses Biforien in Form und Größe jene der Apsiden. Ihre Rahmung fällt relativ schlicht aus. Als dekorative und plastische Steigerung versteht sich das einzige Fenster der großen Apsis, wie ein Karfunkel an härenem Gewand. Die kräftig hervortretende Außenleiste wird über zwei Archivolten hinter die Ebene der Mauer zurückgeführt zur schlichten Innenrahmung. An Basis, Kämpfer und Bogenscheitel verzahnen weit vorspringende Sphingen, Greifen und Löwen Bau und umgebenden Raum. Die kostbare Borte am zurückhaltend schlichten Gewand, das abschließende Konsolgesims, ist genau über der Mittelapsis unterbrochen und nur optisch ergänzt. Mauerreste zeigen, daß die Mittelapsis ursprünglich höher geführt oder zumindest höher konzipiert war, vielleicht als Vorbereitung und Widerlager des Auflagerings der geplanten aber nie ausgeführten Kuppel. Dieses ›Flickwerk‹ ist der einzige Makel am Ostbau, doch berücksichtigt die nach Preisgabe des Kuppelprojekts vorgenommene Korrektur die auf Fernwirkung bedachte Anlage, so daß sie aus dieser gemeinten Sicht gar nicht wahrnehmbar ist. Im Gegenteil ist die heutige Fassung so in sich geschlossen und konsequent, daß eine andere Lösung, z.B. mit Kuppel, gar nicht mehr recht vorstellbar ist.

Die Nordfassade des Querhauses weicht von der gegenüberliegenden Südwand insofern ab, als an Stelle der Rose ein großes Quadriforienfenster angebracht ist, im unteren Bereich die Blendarkaden nicht ausgeführt sind und eine große Tür auf dem Niveau der Oberkirche ›in die Luft‹ führt. Die beiden letzteren Erscheinungen erklären sich einfach aus dem Umstand, daß sich an dieser Stelle das Haus des Domkapitels anschloß. Erst in unserem Jahrhundert, aus Anlaß von Restaurierungsarbeiten, wurde dieser Trakt als kunsthistorisch ›wertlos‹ leider abgerissen. Die zwischen den vier hochrechteckigen Fenstern und den beiden großen Biforien in der leeren Wandfläche eingesetzte, vollplastisch vor die Wand tretende Figurengruppe »Samson im Kampf mit dem Löwen« beweist, daß sich die Höhe der Klerikerbehausung im Vergleich zur Kathedralgröße recht unbeträchtlich ausgenommen hatte.

Ebenfalls ungewöhnlich im Vergleich zum Bareser Typ und erheblich von diesem abweichend präsentiert sich die Westfassade. Auch sie blickt zum Meer und ist sowohl auf Fernwirkung als auch auf Nahsicht konzipiert. Alle Bauteile wie Hauptschiff, Seitenschiffe und seitliche Strebepfeiler sind durch die Abtreppung der Giebelschrägen kenntlich gemacht. Die Fassade selbst wiederholt die Einteilung der Kirchenschiffe im Gegensatz zum Bareser Typ nicht mit durchgezogenen Lisenen, sondern bleibt ganz ebene Fläche, Hintergrundfolie für die künstlerisch besonders kostbare Dekoration. Obwohl die Mittelachse durch dieses Dekorsystem besonders aufwendig (flacher Bogen der Vortreppe, Portal, stylophorengerahmtes Fenster, 16-speichiges Radfenster und plastisch gerahmtes Giebelmonoforium) betont ist, wirkt die Fassade keineswegs, und dies abweichend von der sonst am Außenbau unterstrichenen Ausrichtung an vertikalen Gliedern, aufsteilend, sondern geradezu klassisch ausgewogen. Der durch das Dekorationssystem betonten Mittelachse antworten die beiden Horizontalgliederungen der oberen Fensterreihe und der angehobenen Arkadenreihe der Portikuszone.

Hierin liegt nun erneut eine absolut singuläre, nur in Trani verwirklichte Sonderform, denn dieser Portikus vor der Westfassade ist neben der Mittelachse der zentrale Ausgangspunkt für die Komposition der Gesamtansicht. Auch die heute als zu groß empfundene, ungestaltete freie Wandfläche zwischen Portikusarkaden und Fensterreihe findet ihre Rehabilitierung in der notwendigen Ergänzung durch die Portikusbedachung. Über deren Form ist viel theoretisiert und rekonstruiert worden, doch jegliches Fehlen von Balkennischen oder Kragsteinen zur Auflage von Gebälk, lassen eine Pultdachlösung fraglich und die von Ronchi vorgeschlagene ebene Eindachung als wahrscheinlich erscheinen. Zwischen den beiden Seitenflügeln wäre dann wohl, wie auch die Steinsetzung über dem äußeren Portalbogen verrät, ein flachgiebeliges Vordach denkbar.

Verantwortlich für die ausgewogene Fassadenproportion ist vor allem, neben dem Verzicht auf vertikale Wandgliederung und der Einführung gleich zweier Horizontalelemente, die für Trani allein gültige Lösung, derzufolge die extreme Höhenerstreckung von Unter- und Oberkirche dadurch gemildert ist, daß die Masse des Baublocks nicht vom Bodenniveau beginnend gestaltet ist, sondern durch die Anhebung des Portikus vermittels des nach Westen über zwei weite Arkaden offenen Nathexgeschosses der Marienkirche eine Art horizontal betontes Sockelgeschoß erhält. Welchen Wert die Tranenser selbst auf diese einzigartige Fassade gelegt haben, geht schon aus der Wahl der kostbaren Materialien und der beauftragten Meister hervor. Portalrahmung, Portikus, Figurenfenster und Westrose sind aus feinstem weißen Marmor gearbeitet. Die äußerst feingliedrigen Akanthusblätter der Portikusbögen sind von erlesener handwerklicher Qualität. Noch großartiger ist die Portalskulptur. Sie gehört zum qualitätsvollsten, was je in Apulien im 12. Jh. geschaffen worden ist (Detailbeschreibung s. S. 182). Einige Experten wollen in der Traneser Portalskulptur südfranzösischen oder zumindest emilianischen Einfluß erkennen. Bei der Drehscheibe internationaler Bewegungen, die Apulien nun einmal im 12. Jh. war, wäre die Beschäftigung auswärtiger Wanderkünstler zwar grundsätzlich vorstellbar, doch die meisten Motive und Formen lassen sich durchaus von der heimischen

Tradition ableiten. Umstritten ist auch die Datierung des Portals. Doch ist meines Erachtens ein eindeutiger Terminus ante quem gegeben durch das Bronzeportal, denn die gut erkennbare, nicht recht glückliche Einpassung der Bronzetür in die besondere, nämlich rundbogig abschließende Portalform, setzt das fertige Portal praktisch voraus. Da Barisanus seine Tür in Ravello 1179 datiert hat und Ronchi die Betriebnahme der Oberkirche für den gemeindlichen Gottesdienst in dem Zeitraum von 1175 bis 1186 als gesichert ansieht, müßte aus praktischen Überlegungen die Fertigstellung des Portals einschließlich der Bronzetür vor Ravello, also zwischen 1175 und 1179, angenommen werden. Ausschließlich stilkritische Überlegungen für eine Späterdatierung müssen wohl mit einem kräftigen Fragezeichen versehen werden.

(Die Oberkirche ist z. Zt. wegen Restaurierungsarbeiten nicht zu besichtigen.)

Die Bronzetür des Barisanus

Erhaltene Bronzetüren des Mittelalters sind eine Kostbarkeit. Unwillkürlich denkt man an die Bernwardstür in Hildesheim, die Domtür zu Augsburg, die der Sophienkathedrale in Nowgorod oder S. Zeno in Verona. Der geographisch kleine Raum des nördlichen Apulien kann allein fünf in situ erhaltene Türen aufweisen: Monte S. Angelo, Canosa, Troia (zwei) und Trani. Bedenkt man, daß die Canosiner Tür aus zwei Flügeln verschiedener Epochen und Herkunft besteht, die Löwen-Türklopfer vom Museo Nicolaino von einer Bronzetür stammen, und rechnet man noch Benevent, Ravello, Atrani, Amalfi und Monreale zum kulturellen Einzugsbereich, so kommt Süditalien auf die unglaublich stolze Zahl von 13 ganz oder teilweise erhaltenen Bronzetüren des Mittelalters. Aus diesem beträchtlichen Fundus von anderswo kaum überlieferten Exemplaren dieser Kunst, wird man wohl schlußfolgern müssen, daß in Süditalien eine besonders intensive und langlebige Tradition dieser antiken Fertigkeit des Bronzegusses fortexistiert hat. Die Namen der Bronzegießer sind zum Teil überliefert und bezeugen ihre einheimische Herkunft, z. B. Oderisius von Benevent, Roger von Melfi oder Barisanus von Trani.

Die älteste erhaltene Bronzetür ist nur hälftig auf uns gekommen. Es ist dies der linke Flügel der Canosiner Türe von Bohemunds Mausoleum. Dieser Flügel ist in einem Stück gegossen; technisch eine außerordentliche Leistung, die um so bemerkenswerter erscheint, als alle späteren Türen nur aus kleineren gegossenen Platten zusammengesetzt sind. Weder Herkunft noch Entstehungszeit dieses Flügels sind gesichert. Er war unten beschädigt und mußte bei der Wiederverwendung ergänzt werden. Eine Dekorleiste, außen breiter, mit feingliedrigem Palmettenfries rahmt vollständig die Türfläche, die von drei großen Tondi besetzt ist. In breiter Bandrahmung ist das jeweils innere Kreisfeld mit unterschiedlichen Motiven verziert. Oben ursprünglich ein Relief mit einer Sitzmadonna mit Kind, in der Mitte eine Löwenmaske als Ringhalter und unten eine sechsblättrige Blume. Die Mähne des Löwen ist strahlenförmig wie eine Corona angeordnet. Die Art der Palmettenrahmung und die an kufischen Schriftzeichen orientierte Kreisfelderrahmung lassen an orientalisch-islamische Vorbilder denken. Doch die lateinischen Inschriften und die originale Madonnendarstellung deuten darauf hin, daß das Werk von Anfang an für einen christlichen Sakralbau gedacht war. Der noch existente Bronzelöwe am Portal der Canosiner Kathedrale, in Stil und Größe demjenigen der Mausoleumstür eng verwandt, läßt den Schluß zu, in dem erhaltenen Türflügel die eine Hälfte des ursprünglichen

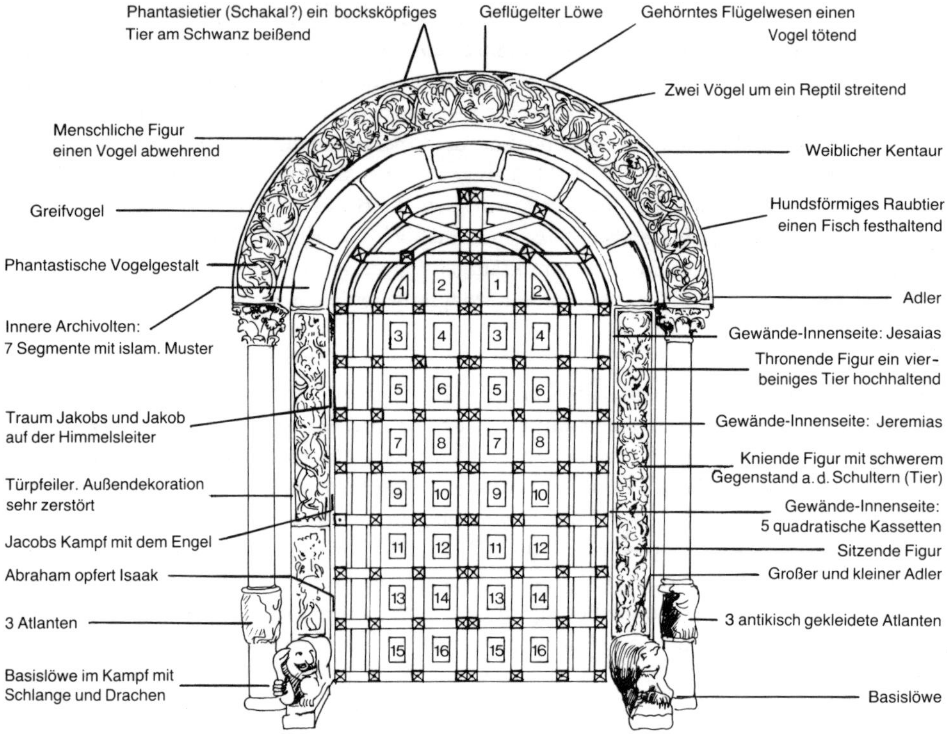

linker Türflügel		rechter Türflügel	
1 Engel	2 Majestas	1 Majestas	2 Engel
3 Joh. d. Täufer	4 Madonna	3 Petrus	4 Elias
5 Joh. Evangelist	6 Thomas	5 Simon	6 Auferstehung
7 Jacobus	8 Paulus	7 Thaddäus	8 Andreas
9 Philippus	10 Bartholomäus	9 Nicola Pellegrino	10 Kreuzabnahme
11 Georg	12 Türgriff	11 Türgriff	12 Eustachius
13 Lebensbaum	14 Bogenschütze	13 Bogenschütze	14 Lebensbaum
15 Gladiatoren	16 Lebensbaum	15 Bogenschütze	16 Gladiatoren

Trani, Portal von S. Nicola Pellegrino

Kathedralportals zu sehen. Denkbar wäre damit eine Datierung in die Zeit der Entstehung der frühromanischen Bischofskirche, also erste Hälfte 11. Jh. Doch fehlende direkte Vergleichsmöglichkeiten stempeln jede genauere Datierung zur Theorie.

Die nächstältere Bronzetür ist jene von Monte S. Angelo. Durch Inschrift sind hier zumindest Stifter, Herkunft und Datum bekannt. Der einflußreiche und wohlhabende Amalfitaner Pantaleone di Mauro hat die Tür 1087 in Konstantinopel in Auftrag gegeben und dem Michaelsheiligtum geschenkt, wie auch die Kathedralen von Amalfi, Atrani, Monte Cassino und S. Paolo fuori le mura in Rom ihre Prunkportale demselben Mäzen verdanken. Das Garganische Portal ist in der herkömmlichen Weise zusammengesetzt aus kleinen rechteckigen Bronzeplatten, die vermittels ebenfalls erzener Rahmenleisten auf einen Holzkern aufgenagelt sind. Die Felder sind in Niellotechnik mit Szenen aus der Wirkungsgeschichte des Erzengels geschmückt. Aus der Türinschrift geht noch zusätzlich hervor, daß die Betreuer des Heiligtums verpflichtet werden, mindestens einmal pro Jahr das kostbare Stück zu reinigen und zu polieren, *»ut sint semper lucide et clare«*.

Direkt in die Nachfolge des noch byzantinischen Portals von Monte S. Angelo ist der rechte Türflügel vom Bohemund-Mausoleum in Canosa einzureihen (Abb. 33 und 34). Bohemund, der erste lateinische Fürst von Antiochia und Halbbruder des in Apulien herrschenden Roger Borsa, starb 1111. Urkundlich ist das Bronzeportal erstmals 1118 erwähnt. Dazwischen müssen also Guß und Montage des Portals erfolgt sein. Der rechte Türflügel setzt sich im Gegensatz zum älteren linken aus vier Einzelplatten unterschiedlicher Größe zusammen. Unterstes und oberstes Feld zeigen eine mit Pflanzenmustern versehene Kreisplatte. Die beiden hochrechteckigen mittleren Felder zeigen in Niellotechnik zwei Figurenszenen: unten, beiderseitig von einer nicht mehr erkennbaren aber durch das Kreuz als Christus identifizierbaren Figur die beiden zu Lebzeiten feindlichen Brüder Bohemund und Roger Borsa, und die darunter liegende Platte vereint deren Nachkommen Roger II., Wilhelm und Tankred, die sich zur Versöhnung und zum Frieden bereit die Hände reichen. Der durch Inschrift namentlich bekannte einheimische Künstler, Roger von Melfi, hat sich im Rahmenwerk und in den Tondi an die arabisierende Vorlage des linken Flügels gehalten, bei den Figurenplatten aber die vertraute byzantinische Technik des Niello angewandt.

Unmittelbar nach Canosa erhielt auch Troia 1119 unter dem ehrgeizigen Bischof Wilhelm II. sein Hauptportal. Der ausführende Meister Oderisius stammt aus Benevent. Der Künstler hielt sich in der Grundstruktur an die bekannten Vorbilder, also kassettenartige Felderaufteilung zwischen kräftigen Zierleisten. Die in den Feldern eingravierten Bischöfe von Troia – nur ein Bruchteil der Platten stammt noch von Oderisius, der Rest besteht aus Nachschöpfungen des 16. Jhs. – sind nicht mehr in Niello ausgeführt. Völlig neu und noch heute von bestürzender Expressivität und Lebenskraft sind die vollplastisch gearbeiteten Türbeschläge und Griffe in Form von geflügelten Drachen (Farbabb. 9 und 10). Hier offenbart sich der Beneventaner Meister als großartiger Gestalter und Neuschöpfer. Weniger aufwendig und einfacher in der Komposition präsentiert sich derselbe Meister acht Jahre später in der Bronzetür des südlichen Portals.

Natürlich dürfen wir auch für die anderen sakralen Großbauten, zumindest für die Bischofskirchen, ähnliche Bronzetüren voraussetzen, doch sind diese leider verloren. Zum Arbeitsfeld des Bronzegießers gehörten nicht nur Portale, sondern – und dies in viel größerem Umfang – der Glockenguß und die Anfertigung von allerlei Kirchengerät, wie z. B. Leuchter, Kerzenständer usw. Von Meister Roger aus Melfi wissen wir ausdrücklich, daß er nicht nur die Türe für Canosa, sondern auch den dortigen Osterleuchter gegossen hat: »... *Rogerius ... fecit has ianuas e(t) candelabrum!«* Das letzte und jüngste Werk dieser in Süditalien weitverbreiteten Kunst ist uns im Hauptportal von Trani erhalten (Farbabb. 9).

»Umrahmt von dem reichen sepiafarbenen Ornamentschmuck des Gewändes und der Archivolten, funkelt darin im hellen Licht der mittäglichen Sonne wie ein feinziselierter riesiger Smaragd in seiner Fassung von edelster alter Goldschmiedearbeit die Bronzetür.« Willemsen, aus dessen Feder dieser Hymnus auf das Traneser Portal geflossen ist, datiert das Werk um 1175 und meint, daß diese für dessen Heimatstadt geschaffene Tür den Ruf des Barisanus als Meister des Bronzegusses begründet hätte. Beidem ist aus oben angeführten Überlegungen wohl zuzustimmen. Nicht zu übersehen sind die islamischen, byzantinischen und abendländischen Quellen, aus denen Barisanus gleichermaßen geschöpft hat. Wichtig für die apulische Situation aber ist die Anbindung an die lateinisch-abendländische Vorstellung, indem der Tranenser etwas für Unteritalien völlig Neues einführt, nämlich die Relieftechnik für die figürliche Darstellung. Die Abkehr von der byzantinischen Tradition der Niellotechnik und der flachen Zeichnung und statt dessen die Hinwendung zur Reliefplastik erheben die Traneser Türe zu einem Schöpfungswerk. Auch wenn die byzantinische Herkunft einiger Motive und ihre Formulierung, z. B. die Sitzfiguren, der hl. Georg, oder der hl. Eustachius, nicht zu verleugnen sind, schmälert dies das hier angesprochene eigene Verdienst des Werkes keineswegs. Als typisches Werk an der Grenze zweier Einflußzonen bleibt die plastische Umsetzung noch verhalten und unentschlossen. Die doppelte Rahmung der Reliefplatten bindet die proportional kleinen Figuren entschieden in die Textur der Randleisten. Die Zierknäufe der Beschlagnägel sind ausschließlich in ihrer quadratischen Form dem orthogonalen Feldersystem zugeordnet. Doch auch wenn das Relief der figürlichen Darstellung äußerst flach bleibt, erkennt man an einzelnen Motiven, wie z. B. der Sitzmadonna, der Kreuzabnahme oder der Gestalt des Kirchenpatrons Nicola, daß Barisanus ein gelehriger Schüler der Steinbildhauer war, die er ja vom Augenschein her kennen mußte. Welche Probleme der Meister mit der für Bronzetüren ungewöhnlichen Form des nicht mit Architrav sondern rundbogig abgeschlossenen Türrahmens hatte, ist bequem erkennbar. Das Motiv der Engel (oberste Reihe) in dreieckigem, nach außen zu rundbogig abgeschlossenem Feld, dürfte wohl ausschließlich aus der Traneser Sondersituation erklärbar sein. In Ravello (1179) wird dieses, dort sinnlose Motiv übernommen und durch zwei kleine Figurentondi ergänzt. Ebenfalls in Ravello wird dann auch das Repertoire der quadratischen Zierknäufe um Rosettenköpfe erweitert, die eigene Figurenrahmung ausgeschieden und das Gesamtrelief der Türstruktur stärker betont, wodurch die Figurenreliefs eine höhere Eigengewichtung im Kontext erlangen. Einmal die angesprochene künstlerische Entwicklung von der Einführung des Flachreliefs in den Türfeldern zur plastischen Durcharbeitung der gesamten Textur bei Betonung der die Entwicklung einleitenden Figurenreliefs angenommen, wäre das Traneser Werk mit Sicherheit die erste Schöpfung und das Portal von Ravello der Endpunkt der Reifung des Barisanus. Die Tür von Monreale müßte aus hier nicht genannten Gründen zeitlich dazwischen liegen.

Turm

Die Fassade von S. Nicola Pellegrino wäre aber nicht vollständig beschrieben, vergäße man den davon nicht wegzudenkenden Campanile. Nun gibt es hinreichend freistehende Kirchentürme, als daß dieser bloße Umstand etwa besondere Beachtung verdiente. Doch auch in dieser Hinsicht ist hier in Trani wieder alles ganz anders. Der Baumeister, zumindest der des Sockelgeschosses ist durch Inschrift namentlich bekannt: Protomagister Nikolaus. Der Campanile ist somit das letzte in Angriff genommene Bauglied der Kathedrale. Wer will bestreiten, daß der Traneser Turm der schönste und eindrucksvollste seiner Spezies in Apulien ist, zumindest für den Zeitraum des hohen Mittelalters. Doch genügt diese Erkenntnis keineswegs zum Verständnis des künstlerischen Werts dieses Architekturteils.

Wie schon die bewußt gewählte Lage der Kathedrale selbst Kunstwert besitzt, gilt ähnliches auch für die topographische Anordnung des Turmes. Er steht stadtzugewandt am rechten Eck der Fassade, ist demnach asymmetrisch angeordnet und in starker Spannung zur Gesamtordnung des Baues, und doch könnte er nirgendwo anders stehen. Das Ungewöhnliche ist mit einer solch verblüffenden Selbstverständlichkeit arrangiert, daß man es glatt übersehen könnte. Gleichzeitig verleiht er der Kathedrale einen solch individuellen und unvergeßlichen Akzent, daß der Totaleindruck des Baues ohne ihn ein wesentliches Element verlöre. Einordnung und Spannung halten sich die Waage. Dialogpartner und Teil der Fassade in einem zu sein, ist Aufgabe dieses Turms. Auch hier ist die Lösung des Problems so einfach wie genial.

Von S. Apollinare in Classe bis Pisa bildet der freistehende Campanile ein autonomes wie eigengesetzliches Bauwerk, das in Addition zum Hauptbau Teil der Gesamtanordnung ist – oder auch nicht. Der Turm von Trani ist Fassadenturm und Campanile zugleich. Die Nordseite seines Sockels ist Teil der Südmauer des Langhauses, somit ist er nicht freistehend. Dieses Attribut aber gewinnt er dennoch dank eines Kunstgriffes. Parallel zur Langhauswand ist das Sockelgeschoß durchbrochen mit einem spitzbogig gewölbten Durchgang, der den Blick frei gibt auf Meer und Himmel. Die südliche Sockelmauer steht dadurch frei. Mit dieser Lösung erreichte Protomagister Nikolaus aber einen zusätzlichen Effekt, der ebenfalls einzigartig ist: der in seiner Abmessung gewiß beachtliche Turm (59,7 m Höhe) gewinnt eine Schwerelosigkeit, eine Leichtigkeit, die einen Teil seiner Eleganz erst ausmacht. Die glatt und ohne Rücksprünge hochgemauerten quadratischen fünf Geschosse des Turms bis zum abschließenden Kranzgesims wachsen als seitlicher Appendix der Fassadenwand in die Höhe, denn, und auch dies ist ungewöhnlich, die Grenze zwischen Turm und Fassade im Mauerverband ist weder im Sockelgeschoß noch im ersten Turmabsatz in irgendeiner Form markiert oder hervorgehoben. Das Gesimsband des Turmsockelgeschosses beginnt unvermittelt im Fassadenmauerwerk. Die Schrägleiste des Fassadengiebels spielt umgekehrt in den Turmbereich hinein. Wie selbstverständlich verschmelzen Fassadenwand und untere Turmzone zu einem gemeinsamen Mauerwerk. Auch sonst findet zwischen beiden Bauteilen ein Dialog statt. Das erste Turmbiforium antwortet, nur geringfügig nach oben versetzt, der Fensterzone der Fassade. Ebenso ist der Sockel fassadenbezogen. Die rechte freistehende Sockelmauer ist nicht als Turmunterbau aufgefaßt, sondern als eigene, wenn auch schmale Fassade, und zwar so, daß sie in Höhe und Form der benachbarten Langhausfassade entspricht: eine große Blendarkade, deren Ansatzhöhe identisch ist mit derjenigen des Portikus und deren innere Archivolte in der Größenordnung etwa die Blendarkaden der Fassade wiederholt. Wie der Portikus, der auf den flachen Bögen des Narthexunterbaues schwebt, ruht die Blendarkade, den ganz anderen Proportionen des Turmes entsprechend, auf einer zierlichen Biforienblende. Auch die andere Seite des Turmsockels ist als kleine Fassade aufgefaßt.

Folgt schließlich als oberer erster Abschluß das ähnlich wie am aufragenden Querhaus weit ausladende Konsolgesims, das seine Vorbereitung im abschließenden Gesims des Sockels findet. Geradezu klassisch empfunden ist auch dies. Zwischen diesen beiden rein architektonisch sprechenden Gesimsen reckt sich der Campanile in den Himmel, und zwar in der vertrauten Form, daß nach oben zu die Öffnungen breiter und die Zahl der Poliforienstellungen vergrößert werden. Die beiden obersten Geschosse werden von Ecklisenen gerahmt und gestrafft und schließlich von einer lombardischen Arkatur abgeschlossen. Zurückversetzt und hochaufgerichtet vollendet den Turm ein schlichtes, nur an den Ecken von schlanken Halbsäulchen besetztes, spitzhelmig abgeschlossenes Oktogon des 15. Jhs., dessen prismatisch-kubischer Charakter aus Graten und Flächen sich dem Wesenszug des Gesamtbaues gehorsam fügt.

Das Innere

Leider ist der direkte Zugang durch das Hauptportal nicht immer möglich. Der Besucher verliert dadurch die Möglichkeit, nach dem Erlebnis des Außenbaues direkt die Raumgestalt der Oberkirche auf sich wirken zu lassen. Statt dessen führt der Zugang meist über das Südportal in die der Gottesmutter geweihte Unterkirche, die in ihrer flachen und fensterlosen Gestalt Kryptencharakter bewahrt hat. Schon einmal in der Unterkirche, sollte der nächste Weg zum Hypogäum des Leucius und dann natürlich in die sogenannte Krypta führen. Letztere, in voller Ausdehnung des darüberliegenden Querhauses, ist gar keine echte Krypta, da sie ebenerdig angelegt ist. Diese Grabeskirche des Stadtpatrons ist viel höher als die Marienkirche, durch die direkte Durchfensterung nach außen ungewöhnlich hell und war ursprünglich, wie am Außenbau noch gut erkennbar ist, durch vier Türen direkt zugänglich. Dies war auch notwendig, da während der Bauarbeiten an Marien- und Oberkirche diese ›Krypta‹ als Pilger- und Bischofskirche fungierte. Die durchweg mit pflanzlichen Motiven versehenen Kapitelle stammen aus der Entstehungszeit des Baues, also um 1100.

Gelangt man schließlich, aus der Krypta zurückgekehrt, über die Marien- in die Oberkirche (Abb. 48), geschieht fast ein Wunder, ein Lichtwunder. Wer vor Trani einen Teil der apulischen Kirchen und Kathedralen besucht hat, ist überwältigt von der unerwarteten Lichtfülle. Neben dieser für mittelalterliche Kirchen ungewöhnlichen Helligkeit fällt eine zweite Besonderheit ebenfalls sofort ins Auge: die weiten Arkadenstellungen zwischen Haupt- und Seitenschiff werden getragen von spätantiken Doppelsäulen, deren Anordnung und Material, wie ja die Ausgrabungen nach 1970 ergeben haben, noch vom Vorgängerbau stammen. Transparenz und Feingliedrigkeit der weiten Säulenstellung erschließen die benachbarten Schiffe füreinander. Es entsteht im unteren Raumbereich eine großzügige Weite und bei Diagonalsicht ein lichter Säulenwald von fast orientalischer Pracht. Die ausdrückliche Säulenbezogenheit des Langhauses (vgl. Canosa!) hat etwas ausgesprochen Antik-Klares, nichts Mittelalterlich-Mystisches.

Es ist bemäkelt worden, daß das Langhausinnere etwas Monströses besäße, von »Stilbruch« (Schwedhelm) ist die Rede. Tatsächlich wirkt heute in seiner nachträglich mißhandelten Raumgestalt das Verhältnis von weit ausladender Arkadenzone und steilaufragender Proportion des Mittelschiffs (1:3) etwas unproportioniert, was im Vergleich zum Bareser Typ zu einer weniger ›nordischen‹, also weniger struktural-tektonischen Einsetzung der Obergadentriforien führt. Die Beobachtung ist korrekt, doch ihre Interpretation um so weniger. Wiederum ausgehend von der ›normannischen‹ Einführung dieses Motivs wird Falsches gefolgert. Gerade die Art der Kombination von Langhausgestalt und spezieller Verwendung der Triforien der Emporen läßt tiefere, offensichtlich weiter zurückreichende Unterschiede in der Bauauffassung zwischen apulischer und französischer Architektur erkennen, wobei die apulische deswegen nicht falsch sein muß. Übersehen wird nämlich allzu leicht, daß der Traneser Bau vielmehr frühchristlich-spätantik und ravennatisch-byzantinisch gemeint ist als hochmittelalterlich. Was natürlich zur Folge hat, daß die Matronäenöffnungen rein dekorativ aber keineswegs tektonisch-strukturierend oder als Öffnungen mit der Tendenz zur Auflösung der Wand aufgefaßt sind und deshalb gar nicht axial auf die Stützenordnung ausgerichtet sein müssen.

Die völlig ungegliederte Obergadenwand beweist deren beabsichtigten Hintergrundcharakter für aufliegende Mosaiken oder mindestens Fresken. An eine irgendwie geartete räumliche Strukturierung der Wand war nie gedacht, auch nicht mittels der Triforien, die lediglich als ein Teil der allein flächenbezogenen Dekoration gemeint waren. Diese dekorative, nicht funktionale Auffassung der Triforienöffnungen geht schon aus dem Umstand hervor, daß die dahinterliegenden Emporen auch wegfallen können, wie z. B. in der Kathedrale von Bari. Als hochgestellte Bilderwand stimmt nämlich dann auch das Verhältnis von waagerechter Arkadenzone und Hochwand, in der die Triforien mit leicht geändertem Rhythmus ein zusätzliches horizontales Dekorband liefern.

Neu und ganz mittelalterlich ist dagegen die Kombination dieses in älteren Traditionen beheimateten Langhauses mit dem saalartig weiten und hoch aufragenden, senkrecht dazugestellten Querhaus. Hier herrschte auch offensichtlich nicht die gleiche gestalterische Sicherheit, wie aus der anfänglich konzipierten Kuppel ersichtlich ist. Der Verzicht auf diesen Planteil und die später entschiedene Lösung mit dem durchgehenden Querhausdach führt auch am Innenbau zu kleinen Unstimmigkeiten, die jedoch, abgesehen von den stehengebliebenen Trompen, kaum wahrgenommen werden. Die Lösung des Raumproblems wurde umgewandelt zu einer Lichtlösung. Die Durchdringung von Hauptschiff und Seitenschiffen in der Arkadenzone des Langhauses führte schließlich über die besondere Querhausform zu einer Raumweitung auch in vertikaler Richtung und gleichzeitig zu einer Lichtsteigerung im Osten, die beide den Traneser Innenraum doch noch als eine großartige mittelalterliche Schöpfung erstehen lassen, trotz des heute seiner Dekoration und Innenausstattung beraubten Antlitzes.

Durch die späte Barockisierung des Kathedralinneren in der ersten Hälfte des 19. Jhs. gingen zwar Wandschmuck, Kapitellgestalt, Chorschranken, Kanzel, Altarziborium, Bischofsstuhl usw. unwiederbringbar verloren, zwei wesentliche Elemente konnten aber wenigstens während der verschiedenen Restaurierungsphasen dieses Jahrhunderts gesichert werden: Teile des ursprünglichen Mosaikfußbodens und die Basis des Pulpito oder Ambo. Von letzterem ist eine sehr detaillierte Beschreibung noch vor 1719, dem Jahr seiner Zerstörung, erhalten.

Apulische Mosaiken

Schließlich haben die Restaurierungsarbeiten im Boden der leicht angehobenen Vierung noch Fragmente eines sicher einst die ganze Kirche ausfüllenden Bodenmosaiks zutage gefördert. Eindeutig erkennbar sind die Motive: Adam und Eva links und rechts des Paradiesbaumes postiert; ähnlich symmetrisch beidseitig eines jungen Baumes: Hirsch und Hirschkuh; ein Trompete blasender Kentaur; König Alexander d. Gr.; Medaillonreste mit Salomon und einem Elefanten, der von einem Fabeltier, halb Greif halb Löwe, zu Fall gebracht wird. Motive, Anordnung, Stil und Art der Ausführung sind von solch frappierender Übereinstimmung mit dem fast vollständig erhaltenen Bodenmosaik von Otranto (1163–1165), daß als ausführende Künstler nur Meister Pantaleone und seine Werkstatt in Frage kommen (Farbabb. 34). Das Hydruntiner Mosaik erlaubt somit auch eine hypothetische Ergänzung des Traneser Bodens in Form eines das ganze Hauptschiff ausfüllenden überdimensionalen Lebensbaums, in dessen Geäst die einzelnen Motive und ikonographisch nicht immer leicht zugänglichen Szenen eingearbeitet waren. Als Entstehungszeit kommt dementsprechend wohl nur die Zeit zwischen 1165 und 1175 in Frage.

Auch hier – wie in allen anderen Bereichen – erweist sich ein hervorragendes Einzelteil des Gesamtkunstwerks Kathedrale als Glied in einer unendlich langen regionalen Eigentradition, völlig unabhängig von den zugegebenermaßen hinzukommenden Außeneinflüssen (Motivwahl). Gerade Denkmalpflege, Archäologie und Kunstgeschichte dieses Jahrhunderts haben ständig den Bestand bekannter mittelalterlicher Bodenmosaiken ergänzt und unsere Kenntnis über einen bis in die Spätantike zurückzuverfolgenden Traditionszusammenhang vertieft. Hier einige Beispiele von musivischer Kunst in Apulien seit der Spätantike. a) Bari: frühmittelalterliche Kathedrale, Fußboden, 6. Jh.?; b) Canne della Battaglia: zwei verschieden große Basiliken mit Bodenmosaik; c) Canosa: S. Leucio, Fußbodenmosaik des 6. bis 7. Jhs.; d) Canosa: Baptisterium S. Giovanni, Fußbodenmosaik, vermtl. 6. Jh.; zugehörige Basilika mit Fußboden- und Wandmosaiken, selbes Jahrhundert; e) Casaranello: S. Maria della Croce, im Chor älteste erhaltene frühchristliche Wand- und Deckenmosaiken (Farbabb. 33), wohl noch 5. Jh.; im Langhaus Fußbodenmosaik, 6. Jh. (?); f) Egnazia: Basilika I, Fußbodenmosaik, 6. Jh.; Basilika II, Fußbodenmosaik, 5. Jh.; g) Mesagne: S. Lorenzo, Fußbodenmosaik, 6. bis 8. Jh.; h) Siponto: alte Bischofskirche, Fußbodenmosaik, Ende 5. Jh.; i) Trani: alte Marienkathedrale, 6. bis 7. Jh.; j) Venosa: Abbazia della Trinità, Fußbodenmosaik 5. bis 6. Jh.

Allein dieses bis heute schon recht beträchtliche Corpus von teilweise erhaltenen Mosaiken läßt den Schluß zu, daß die solchermaßen verbreitete Kunst auch in Zeiten der byzantinischen Herrschaft, dies um so mehr bei deren bekannter Vorliebe für diese Technik, keine nennenswerte Unterbrechung gefunden hat. Der Vorgängerbau von S. Marco in Venedig, 9. Jh., und der Katapanspalast in Bari, Anfang 11. Jh., sind nur schwer ohne jeglichen musivischen Schmuck vorstellbar. In Bitonto besitzt die Kirche S. Catarina ein vollständig erhaltenes Bodenmosaik des 10. eventuell des frühen 11. Jhs. Ein überzeugendes Indiz für diese Annahme liefert uns das kostbarste Bodenmosaik, das uns in Apulien überliefert ist, jenes auf den Tremitischen Inseln (Abb. 4). Nicht nur seine Größenordnung und sein Erhaltungszustand, sondern vielmehr und darüber hinaus ist es die mit den späteren Werken dieser Art nicht mehr vergleichbare hohe technische und künstlerische Meisterschaft in der Feinheit der Abstufungen, der Präzision der Anordnung und der Kleinheit der einzelnen Steinchen, was uns das Tremitische Mosaik so unschätzbar macht. Ein solches Werk aber ist überhaupt nicht als isoliertes Einzelstück ohne eine lebendige, ständig praktizierte Tradition erklärbar. Durch dieses so qualitätvolle musivische Meisterwerk ordnen sich quasi lückenlos die erhaltenen Bodenmosaiken des 12. Jhs., jene von Brindisi, Otranto, Tarent oder Trani, in eine lange ununterbrochene Kette einer durchaus bodenständigen Kunst ein. Motivwahl und Einzelformen mögen im Universum der mittelalterlichen Kunst, vom keltischen Sagengut bis zu sassanidisch inspirierten Stoffmustern der islamischen Welt, herleitbar sein. Vielfach war die Kunst des Mosaizierens auch Bestandteil der Bildhauerausbildung, wie die Bischofsthrone des Acceptus, des David oder Romuald beweisen. Auch später in Kampanien oder Sizilien aber auch in Latium (die Kunst der Cosmaten!) bestand eine enge Verbindung zwischen Architektur, Skulptur und Mosaik. Dieses als integrativer Bestandteil apulisch-adriatischer Baukunst hat also seine eigene, weit zurückreichende Verwurzelung. Und Trani bietet all dies, vom Bodenmosaik über die doppelte Säulenstellung bis zur plastischen Innenausstattung, in einer solchen Dichte und Qualität, daß man sich beim Stand des heutigen Wissens nur erstaunt fragen muß, wie es denn möglich war, die sogenannte apulische Romanik als Ableger nordischen Kunstwollens zu interpretieren.

Die Kathedrale von Trani kann für sich in Anspruch nehmen, eine der ganz großen architektonischen Verwirklichungen mittelalterlicher Frömmigkeit und Formvorstellungen zu sein, wobei letztere geprägt sind von landeseigenen Traditionen, Materialien und Gestaltvorstellungen. Trani ist aber kein Schöpfungsbau. Das konnte diese Kathedrale schon wegen der langen Bauzeit, der nicht kopierbaren topographischen Situation und einiger nur für Trani zutreffender Bauaufgaben (z.B. Doppelkirche) gar nicht werden. Trani ist vielmehr eine Art Vollendungsbau, in dem alles an damals regional vorhandenen Vorstellungen und Traditionen in fast paradigmatischer Weise zusammenfloß und zu einer nicht nur erstaunlichen, sondern in seiner Art vollendeten, organisch empfundenen Schöpfung zum Gesamtkunstwerk reifte. Trani ist die Krönung der mittelalterlichen Sakralarchitektur Apuliens.

3 Staufisches Licht über Apulien: Friedrich II. von Hohenstaufen

Von der Parteien Gunst und Haß verwirrt
Schwankt sein Charakterbild in der Geschichte
(Friedrich Schiller)

a) Der Staatsmann und Kaiser

Natürlich weiß jeder, auf wen Schiller dieses sein Urteil gemünzt hatte, nämlich auf Wallenstein. Doch fast mehr noch als auf diesen mag der treffliche Ausspruch des großen Klassikers auf die faszinierendste Herrschergestalt des europäischen Spätmittelalters, Kaiser Friedrich II. von Hohenstaufen, zutreffen. Die Literatur über ihn füllt nun gewiß schon eine kleine Bibliothek. Weder eine umfassende Darstellung seines Lebens noch eine kritische Bestandsaufnahme der Forschungsgeschichte zu Friedrich II. wird hier zu leisten sein. Eine relativ detaillierte Geschichtstabelle zur Lebenszeit des großen Staufers in der hinteren Umschlagklappe sowie eine auf das Notwendige zusammengestrichene Literaturauswahl im Anhang werden zusätzliche Hilfe leisten. Hier sei die mehr literarische Form der essayistischen Darstellung gestattet, in der ohne Anspruch auf Vollständigkeit eine Reihe der wichtigsten Aspekte von Wirken und Leben Friedrichs II. angesprochen werden sollen, und zwar unter Berücksichtigung des neueren, durch die gegenwärtige Forschung von den Schlacken historisch gewachsener Vorurteile und Anfeindungen weltanschaulicher, nationalistischer oder parteilicher Art befreiten Friedrich-Bildes. Zwei Beispiele mögen dies sogleich verdeutlichen:

Gelegentlich, noch bis in die allerjüngste Literatur, läßt sich der Vorwurf verfolgen, Friedrich II., mehr Italiener bzw. Normanne, hätte Deutschland nur als Nebenland seines gewaltigen Imperiums betrachtet. Aus welcher weltanschaulichen bzw. politischen Ecke dieser Wind wehte, ist leicht zu erraten. Schon 1940, also zu einem Zeitpunkt, da dies noch keineswegs opportun oder offizielle Auffassung war, hatte Mitteis befunden, daß Friedrich II. der »echte Vertreter und Fortsetzer der schon von Friedrich Barbarossa inaugurierten staufischen Reichspolitik« gewesen war. In jüngerer Zeit hat nun Klingelhöfer endgültig dem in der deutschen Forschung stets virulenten Vorwurf die Berechtigung entzogen, indem er darauf hinweist, daß die Vorstellung von nationalen Interessen gar keine Anwendung finden könne auf einen mittelalterlichen Kaiser, da es im 12. oder frühen 13. Jh. weder Nationalstaaten noch ein nationales Ethos gegeben habe. Friedrichs Haltung muß daher aus seiner Auffassung des mittelalterlichen Kaisertums verstanden werden, denn er »fühlte sich weder als Italiener noch als Deutscher, sondern in erster Linie als Kaiser, d. h. als weltliches Haupt der Christenheit«. Friedrich II. war zu jeder Minute seines Herrschens Realpolitiker. Zur Wiederherstellung der Rechte seines Kaisertums hatte sich aus der von ihm vorgefundenen Situation unabdingbar die Reihenfolge Sizilien – Italien – Deutschland ergeben.

Daß die beiden Fürstenprivilegien (Confoederatio und Statutum) die Magna Charta des deutschen Partikularismus bedeutet hätten, wird durch Friedrich II. selbst im Falle des Mainzer Landfriedens und in der Österreichfrage eindeutig widerlegt. Bei der ersten Gelegenheit, die sich also dem Kaiser bot, nämlich beim Mainzer Landfrieden, formulierte Friedrich einen Rechtstitel, der die Privilegienfrage zugunsten des Kaisers auslegte. Der zeitgenössische Chronist Matthäus von Paris läßt Friedrich II. von sich sagen: »Ich habe, wie die Welt weiß, geschworen, die zerstreuten Güter des Reiches wieder zu sammeln und ich werde nicht ablassen dies zu tun.« Von seiner ersten Amtshandlung als frisch gekrönter Kaiser des Heiligen Römischen Reiches, nämlich der Übernahme der Führung in der Kreuzzugsbewegung, über die »Goldene Bulle von Rimini« oder die Verleihung des Reichsschutzes für Lübeck bis zum Mainzer Landfrieden, immer hat Friedrich, wo er konnte, der Einheit und Sicherung des Reiches gedient.

Ein anderes kapitales Vergehen, das dem Staufer angelastet wurde und vereinzelt noch angelastet wird, liege in seiner kirchenfeindlichen Haltung. Er sei Verfolger der Päpste, heimlicher Mohammedaner, Epikuräer und Materialist gewesen. Was wurde ihm nicht alles unterschoben um sein ›Image‹ als christlicher Herrscher zu untergraben. Aus welcher Ecke diese Kanonade von Anschuldigungen und Verleumdungen herrührt, muß nicht betont werden. Diese im Auftrag der päpstlichen Kurie vor allem von den (mißbrauchten) Franziskanern in die Welt gesetzte antikaiserliche Hetzpropaganda hat ihre Wirkung auf den einen oder anderen gläubigen Historiker bis heute nicht ganz verloren. Als Beweise wurden angeführt seine arabischen Konkubinen, die Besetzung von Bistümern mit eigenen Leuten (Laieninvestitur) oder der Umstand, daß unter Friedrich II. fast keine Kirchen, dafür um so mehr Burgen und Paläste erbaut wurden.

Von Friedrichs echter Gesinnung zeugt ein ganz persönlicher Brief an seinen Sohn Konrad aus dem Jahre 1238, in dem er zu den Tugenden des Herrschers meint: »Sei in rechter Weise fromm und in frommer Weise gerecht, ein friedlicher und wahrhafter König.« In diesem intimen Brief an seinen Sohn hätte er wohl keine politisch-diplomatische Rücksicht nehmen müssen. Mochte man die Übernahme der Führung in der Kreuzzugsbewegung in erster Linie als politischen Schachzug und nicht als religiöse Haltung einschätzen, das Schreiben vom 21. Aug. 1215 an das Generalkapitel der Zisterzienser war ein öffentliches Bekenntnis zum christlichen Glauben. Daß sich auch später, trotz der Konflikte mit den einzelnen Päpsten, an dieser Haltung nichts geändert hatte, beweist Friedrichs Einstellung gegenüber diesem strengsten und unerbittlichsten aller mittelalterlichen Orden, den er nicht nur außerordentlich hoch schätzte – auch sonst verband Friedrich sehr viel mit den Söhnen des heiligen Bernhard –, sondern auch wo es ging unterstützte und sich für ihn einsetzte. Selbst auf dem Sterbebett hielt er diesem Orden die

Treue. Wohl war, wie Kantorowicz richtig bemerkte, die Einkleidung des sterbenden Kaisers in Mönchsgewänder eine Übernahme byzantinischer Kaiserrituale, doch die Wahl der weißen Kutte der Zisterzienser war nur ein abschließendes Bekenntnis einer lebenslang unter Beweis gestellten Treue zu diesem Orden.

Doch dies war kein isolierter Fakt. So befremdlich es klingen mag, auch die Haltung gegenüber der Kirche im allgemeinen und dem Papstamt im speziellen war ausschließlich positiv, sicher nicht devot und insgesamt aufgeklärt unkonventionell, doch nie kirchenfeindlich. Im Gegenteil könnte man als Advocatus Diaboli postulieren, daß Friedrichs grundsätzliche und traditionell bedingte Kirchentreue dessen größter Fehler war. Aus heutiger, säkularisierter Sicht möchte dies vielleicht gelten, zum historischen Verständnis trüge es nur wenig bei. Friedrich II. war wie seine Vorgänger ein unerschütterlicher Anhänger der von Bernhard von Clairvaux nochmals formulierten Zwei-Schwerter-Theorie. Unverzichtbar und unverrückbar mit seiner Vorstellung als oberster weltlicher Herr der Christenheit war die durch die Nachfolger Petri repräsentierte einheitliche, universale christliche Kirche. Selbst in schwerster Bedrängnis oder im politischen Vorteil war er stets zum Ausgleich und zur Versöhnung mit der Kirche bereit und ging bei seinen Vorschlägen bis an die äußerste Grenze des für den ›Kaiser‹ Zulässigen. Mochte er Gregor IX. bezeichnen als den »achtlosesten Lenker und unnützen Hirten der Herde Gottes«, als den »gegenwärtigen römischen Priester, den übelwollenden Ausleger unserer Tat und Rede«, als den »Nebenbuhler der Könige und Fürsten des Erdkreises«, oder Innozenz IV. als »Heuchler, dessen Habsucht hofft, daß sich der ganze Jordan in sein Maul ergieße«, so vergaß er nie gleichzeitig darauf hinzuweisen, »daß wir diesen Stellvertreter Christi, Nachfolger Petri und Herrn über die Seelen der Gläubigen für unwürdig halten, nicht um die Würde seines Amtes anzugreifen, sondern aufgrund seiner unzureichenden Persönlichkeit«. Friedrich II. hat nie versucht, einen Gegenpapst aufzustellen oder eine Papstwahl zu beeinflussen! Worum es dem Kaiser einzig und allein ging, ist in zwei Punkten festzuhalten: Wahrung der ererbten kaiserlichen Rechte und Rückgewinnung der von den Päpsten usurpierten Ansprüche bzw. Gebiete.

Da seit Gregor VII. die Reformkirche das sakrale Königtum in Frage stellte und damit auch dem Kaiser die ideelle Grundlage seiner Macht entzog und gleichzeitig für sich selbst kaiserliche Vorrechte forderte, blieb den Kaisern ihrerseits wenig anderes übrig, als den Spieß umzudrehen und der ›Imperialisierung‹ des Papsttums die ›Sakralisierung‹ des weltlichen Herrschertums entgegenzustellen. Schon Barbarossa (Heiligsprechung Karls d. Gr.) hatte mit dieser Politik begonnen. Auch hierin erwies sich Friedrich II. als konsequenter und unbeirrbarer Fortsetzer staufischer Kaiserpolitik.

Als unerschütterlicher Anhänger abendländisch-christlicher Traditionen hatte sich Friedrich II. – und dies sollte sich noch als verhängnisvoll für die Papstkirche herausstellen – schon in Abwendung des drohenden zweiten Bannspruchs auf eine altchristliche Rechtsposition besonnen, nämlich die Anrufung eines allgemeinen Kirchenkonzils. Vollends entwickelt wurde die Konziliarsidee ausgesprochen in Friedrichs Brief an seine Getreuen in Pisa (1245), also im Endkampf zwischen Imperium und Sacerdotium. Nach der Absetzung des Kaisers durch das Konzil von Lyon (ebenfalls 1245) ging Friedrich sogar noch weiter. In seinem Schreiben an die christlichen Fürsten (Februar 1246) heißt es: »(unsere Vermutung) wird durch die Anmaßung des

Seesieg Friedrichs II. bei Giglio. Aus: Chronik des Matthäus von Paris. Cambridge, Corpus Christi-College

Papstes Innozenz IV. bestätigt, der ... gewagt hat, das Urteil der Absetzung zu beschließen, die er nicht ohne ungeheure Beeinträchtigung der Rechte aller Könige bestimmen konnte ... Denn wir haben die Reinheit Unseres Gewissens und folglich Gott mit Uns, dessen Zeugnis wir anrufen, daß es immer Unseres Willens Absicht war, die Geistlichen jeglichen Ranges dahin zu führen, und am meisten die höchsten, daß sie als solche auch am Ende verharren, wie sie in der ursprünglichen Kirche gewesen sind: in apostolischem Lebenswandel die Demut des Herrn nachahmend«. Ein Vorgang von unerhörter Tragweite, nämlich der Aufruf zu einer allgemeinen Kirchenreform von oberster, sprich kaiserlicher Stelle aus. Die ideologischen Grundlagen zur Reformation waren gelegt, auch wenn sie erst im 16. Jh., und nur von einem Teil der Christenheit befolgt, zum Tragen kommen sollten.

Ausgerechnet ihm, Friedrich II., dem immer rechtgläubigen (= katholischen) Kaiser, wollte man es gar als Zwiespältigkeit seines Charakters auslegen, daß er mit aller Schärfe die sein Amt und die Kirche ihm geboten, gegen die Ketzer vorging. Dabei waren einerseits die Ketzer-Erlasse von Ravenna (1232) praktisch von seinem Vormund und Lehrer in vielerlei Hinsicht, nämlich Innozenz III., vorgezeichnet, und andererseits war er in Ausübung seiner anerkannten Pflichten als Beschützer der Kirche (= weltliches Schwert) dazu verpflichtet. Die Ketzer waren in den Augen der Zeit ja nicht Andersgläubige, wie z.B. Juden oder Mohammedaner, sondern Abtrünnige vom rechten Glauben im Kaiserreich, Frevler gegen Kirche und Kaiser, also Störenfriede der gottgewollten Ordnung. Friedrich II. verletzte demnach nicht die sonst geübte Toleranz gegenüber Andersgläubigen, sondern handelte als Organ der Rechtstaatlichkeit; kein Zugeständnis an das Papsttum, um dieses für die eigenen Ziele verhandlungswillig zu machen, sondern Ausübung der durch ihn selbst personifizierten Staatsmacht. Gleiches gilt für die Unterwerfung und Umsiedlung der sizilianischen Sarazenen. Nicht den Mohammedanern, vielmehr den Staatsfeinden galt die ›Friedensaktion‹. Einmal unterworfen und zum Baustein des Reiches umgewandelt, durften sich diese aller (moderner) Toleranz in Glaubenssachen erfreuen.

Schließlich wollte man Zwiespältiges und Ungereimtes in vielen anderen Belangen im Wesen Friedrichs erkennen, z.B. in seinem Verhalten gegenüber den Städten. Doch auch hier hat sich der scheinbare Knoten des Unverständlichen längst aufgelöst in die Erkenntnis von je nach

Situation in Deutschland, in der Lombardei oder Sizilien zwar unterschiedlichen, aber alles in allem zielgerichteten, realpolitisch vernünftigen und durchaus zeitgemäßen Teilaktionen. So trifft denn Wolfs Zusammenfassung: »Friedrich II., Italiener von Geburt, Normanne und Deutscher durch Abstammung, Christ aus Tradition und – wie wir glauben – aus Überzeugung, dennoch frei in seinen Anschauungen von der Schwere des Traditionalismus, Freund der Wissenschaften und selbst deren hervorragender Vertreter, dennoch Ketzerverfolger aus Glauben und Staatsraison, zweiter David und Freund der Muslim, Messiaskaiser und apokalyptisches Untier, war nicht eines: er war dies alles« gewiß zu, doch birgt die Formulierung eine nicht zu unterschätzende Gefahr in sich, die in fast allen Biographien des Kaisers zum Ausdruck kommt, eine Gefahr, die sich umschreiben läßt mit Vereinzelung und Personifizierung komplexer Probleme der Zeit.

Gewiß zu Recht beeinflußt, ja eingenommen von der einzigartigen Persönlichkeit, die Friedrich II. nun einmal war, ist man versucht, alle die am Staufer festzumachenden Eigenschaften tatsächlich widersprüchlichster Art ausschließlich als Charaktermerkmale dieser Person zu vereinzeln und damit zu isolieren. In Wirklichkeit liegt der Sachverhalt genau umgekehrt und vieles Widersprüchliche oder Zwiespältige an der Person Friedrichs II. wird als Merkmal seines Jahrhunderts erkennbar. Bei aller Faszination, die von dem einen großen Baum ausging, hat man ganz den Wald, d. h. das Jahrhundert selbst, vergessen. Dies klingt banal, verhält sich aber beklagenswerterweise doch so.

Auch hier sofort ein Beispiel. An einem einzigen Satz – ohne hier renommierte Autoren oder Historiker namhaft zu machen – der bis in die allerjüngste Literatur hinein immer wieder abgedroschen wird, ist diese Personifizierung der Vielseitigkeit des Jahrhunderts durch Friedrich II. nachweisbar. Dieser besagte Satz ist jedermann vertraut und lautet: »Friedrich II. war seiner Zeit voraus.« Der Satz an sich ist schon Nonsens, weil unlogisch. Niemand kann seiner Zeit voraus sein, die Zeit als solche ist ebensowenig überholbar wie sie rückholbar ist. Man kann bestenfalls seinen Zeitgenossen einen Schritt in einer bestimmten Richtung oder später eintretenden Entwicklung ›voraus‹ sein. Dies ist auch gemeint. Doch ist die Formulierung als solche eben symptomatisch, weil hier der Gemeinte so überbewertet wird, daß die Zeitspanne, in welcher er gelebt hat, mit ihm identifiziert wird, das Zeitgebundene an ihm aber, wo nicht übersehen, so doch zu niedrig bewertet wird.

Übergeht man einmal die ohnehin der Geschichtsforschung kaum in Einzelheiten bekannten ersten sechs Lebensjahre Friedrichs II., so umfaßt dessen Leben genau die erste Hälfte des 13. Jhs., eine Zeitspanne also, die ohne Einschränkungen dem Mittelalter, keineswegs aber der Neuzeit zugeschrieben wird. Als das Übergangsjahrhundert wird nach wie vor das 15. betrachtet. Damit wären wir beim Hauptproblem, dem Begriff des Mittelalters.

Jeden Mediävisten beschleicht ein berechtigtes Unbehagen, muß er mit dem Terminus Mittelalter hantieren. Der von den Humanisten des 16. Jhs. geprägte Begriff ist heute problematischer denn je. Sowohl die Abgrenzung nach rückwärts, noch mehr aber seine Definition nach vorwärts ist ungelöst bzw. je nach Autor oder ›Schule‹ verschieden festgelegt. Wie problematisch sich tatsächlich eine solche präzise Fixierung in Richtung Neuzeit erweist, bestätigt gerade eben Nipperdey, der in seinem Beitrag »Aktualität des Mittelalters« die eigentliche Neuzeit erst um

1800 einsetzen läßt und wesentliche Konstanten unserer heutigen abendländischen Kultur dem Mittelalter verdankt wissen will. Aus heutiger Sicht betrachtet ist nicht mehr das 15. sondern bereits das 13. das eigentliche Wendejahrhundert. Unter diesem Aspekt gerät wieder einmal mehr die Gestalt Friedrichs II. ins Rampenlicht historischer Betrachtung.

Überblickt man die wichtigsten historischen Ereignisse, die kulturellen Entwicklungen und die markantesten Persönlichkeiten dieses Säkulums, wird man dieser Neubetrachtung ihre Berechtigung nicht absprechen können. Das Mittelalter erlebt seine Krönung u. a. in der französischen Gotik (Chartres, Reims, Amiens, Ste-Chapelle), in der mittelhochdeutschen Dichtung (Wolfram von Eschenbach, Walter von der Vogelweide), im deutschrömischen Kaisertum (Friedrich II.), im Papsttum Innozenz' III. (4. Laterankonzil), in der Kreuzzugsbewegung (erneute Gewinnung Jerusalems), in der siegreichen spanischen Reconquista (Las Navas de Tolosa), in der Macht der Eschatologie (Joachim von Fiore), im Niedergang der Okzitanischen Kultur und der Zerstörung von Byzanz (1204). Dagegen stehen die Merkmale des Neuen. Die künftige politische Landkarte Europas gewinnt Konturen. England verliert weitgehend seine festländischen Besitzungen (Bouvines 1214) und beginnt seine neue Ära des Adelsparlaments (Magna Charta 1215). Gleichzeitig festigen sich die Kapetingische Königsmacht und der französische Zentralismus. Das Heilige Römische Reich Deutscher Nation mittelalterlicher Prägung verlischt mit den Staufern, und der Aufstieg Habsburgs zeichnet sich ab. Unter Jakob dem Eroberer wird Aragon als Großmacht im westlichen Mittelmeer geboren. In Italien, auf dem Höhepunkt der kommunalen Entwicklung, bereitet sich die neue Herrschaftsform der Signoría vor. Die Ostkolonisation des Deutschen-Ritter-Ordens weist dem Reich neue Expansionsräume, und die Hanse strebt ihrem Höhepunkt zu. Doch auch die Grenzen des christlichen Abendlandes werden neu abgesteckt. Jerusalem geht 1244 für immer verloren. In Kleinasien erlebt das Reich der Rum-Seldschuken seinen glanzvollen Höhepunkt unter Ala Eddin Kai Kobad I. und bereitet das Osmanische Reich vor. Die Eroberungswellen des Dschingis-Khan erreichen unter dessen Nachfolgern Polen (Liegnitz) und zeigen die Gefährdung der Ostgrenze auf. Das 13. Jh. kennzeichnet den Beginn der europäischen Entdeckungsfahrten (Marco Polo, Gebrüder Vivaldi, päpstliche Missionare).

Auch der geistige Horizont erlebt eine ungeahnte Ausweitung. Es ist das Jahrhundert der Universitätsgründungen (Paris 1210, Padua 1222, Neapel 1224, Toulouse 1229, Montpellier 1289) und der neuen Mathematik (Fibonacci); die Medizin macht kräftige Fortschritte, und das römische Recht ist selbstverständlicher Bestandteil der Gesetzgebung. Die neuen, auf die städtische Kultur hin ausgerichteten Mönchsorden der Dominikaner und Franziskaner lösen das benediktinische Ideal ab und bestimmen weitgehend das neue religiöse Leben. In der Mitte des Jahrhunderts stehen universal gelehrte Größen wie Albertus Magnus und Thomas von Aquin und Künstler vom Rang eines Nicola Pisano. Am Ende des Jahrhunderts treffen wir Dante und Giotto. Der Streit zwischen Philipp dem Schönen von Frankreich und Bonifaz VIII. kennzeichnet die gewandelte Situation: Ein mächtiger Territorialherr setzt den Bischof von Rom schachmatt, der nicht einsehen wollte, daß in dem großen Konflikt zwischen Imperium und Sacerdotium auch das Papsttum eines Innozenz III. für immer untergegangen war. Es war kein epochaler oder universaler Kampf mehr, der da ausgefochten wurde. Am Anfang des Jahrhunderts standen sich Weltbild gegen Weltbild, Kaiser gegen Papst, Fibonacci gegen Joachim von Fiore, Mittelalter gegen Neuzeit gegenüber, am Ende des Jahrhunderts war die geistige Welt des Mittelalters nur noch ein siecher Kranker, dem zwar noch lange das Sterben verwehrt, aber aktive Mitgestaltung der Welt weitgehend versagt bleiben sollte.

Wie gesagt, Altes und Neues überlappt und durchdringt sich noch in der ersten Jahrhunderthälfte. Mitten drin in den Turbulenzen der Zeit steht jene faszinierende Gestalt des letzten großen Kaisers des Mittelalters, heimisch in beiden Welten. Er war ein Mensch seines Säkulums. Alle ›Widersprüchlichkeiten‹ sind weniger Charaktersache, vielmehr die Pole seiner Zeit, die er wie kein anderer in sich vereinte: Messiaskaiser und aufgeklärter absolutistischer Fürst.

So befremdlich, ja unfaßbar es dem heutigen Leser erscheinen mag, die mächtigste Gestalt der ersten Jahrhunderthälfte war bereits 1202 gestorben. Nicht Innozenz III. oder seine Nachfolger auf dem Stuhle Petri, nicht Franz von Assisi und auch nicht der Kaiser bestimmten den Ablauf des Geschehens, sondern der ehemalige Zisterzienserabt Joachim von Fiore diktierte noch von seinem kalabresischen Grab aus den Leitfiguren des Dramas ihre Rollen. Verständlich ist dies nur dem Mittelalterkenner. Diese Zeitspanne des hohen Mittelalters, von der Mitte des 8. Jhs. (Aufstieg der Karolinger) bis zur Mitte des 13. Jhs., war eine Geschichtsepoche, die wie keine andere ausschließlich vom religiösen Denken bestimmt war. Nur vor diesem Hintergrund sind Kraft und Genie des Mittelalters überhaupt zu verstehen. Seit dem Jahr 1000, als die ersten Prophezeiungen und Auslegungen der Offenbarung auf das bevorstehende Ende der Zeiten auftauchten, quälte und beherrschte, über die Parusieverzögerung des 11. und 12. Jhs., die Angst vor dem nahestehenden Ende der Welt den abendländischen Menschen, der sein Schicksal als Teil der Heilsordnung sah. Joachim von Fiore hatte durch genaues Bibelstudium bestürzend klare Aussagen über den Zeitpunkt und die vorausgehenden Begleiterscheinungen des Zeitenendes gemacht. Wie langlebig diese Vorstellungen von den drei Zeitaltern nachgewirkt haben, mag ein Hinweis auf das Wiederaufleben von Endzeiterwartungen im 15. und 16. Jh. (Wiedertäufer), auf die idealistische (Hegel) und materialistische (Marx) Geschichtsphilosophie und die Benennung des Hitlerregimes als »Drittes Reich«, das ein tausendjähriges sein sollte, zeigen. Um

Exkommunikation und Absetzung Friedrichs II. durch Innozenz IV. in Lyon. Aus: Chronik des Matthäus von Paris. Cambridge, Corpus Christi-College

wieviel mehr mußte Joachims Prophetie das frühe 13. Jh. bewegen. Seine Lehre von den drei Zeitaltern besagt: aus der Hl. Schrift gehe eindeutig hervor, daß der Heilsplan sich in drei Etappen vollziehe. Jedem dieser drei Zeitalter gehe eine Vorbereitungsphase voraus, deren erste von Adam bis Abraham und deren zweite von Elias bis Jesus gedauert hätte. Jedes Zeitalter beträgt nach seinen Berechnungen 42 Generationen. Mit Benedikt von Nursia hätte die dritte Vorbereitungsphase begonnen. Das Ende der 42 Generationen werde zwischen 1200 und 1260 erreicht sein. Dann werde das Ende der Welt und die Stunde des Gerichts eingeläutet. Die Wiederkunft des Herrn und der Beginn des Zeitenendes müsse aber vorbereitet werden. Ein neuer Mönchsorden der das Evangelium des Herrn verkündet und ein neuer Herr (Novus Dux) werden den Weg des Herrn vorbereiten. Davor aber wird der Gegenspieler, der Antichrist, die verweltlichte und verderbte Kirche (Anspielung auf das Papsttum) züchtigen und zerstören. Wen wundert es, daß die Zeitgenossen in Franz von Assisi den Gründer des neuen, das Evangelium predigenden Ordens zu erkennen glaubten und in Friedrich II., dem »Stupor mundi«, den neuen Herrscher sehen konnten, der die Menschheit zur Erlösung führen würde. Als Antichrist blieb nur noch der weltliche Herrschaft beanspruchende römische Bischof.

Von Anfang an hat Friedrich II. seine Erhebung zum höchsten weltlichen Herrn der Christenheit als göttliche Fügung empfunden, ja, für seine Zeit besehen, so empfinden müssen. Seine unerwartete Wahl durch die deutschen Reichsfürsten nach dem Mord an Philipp von Schwaben, seine Empfehlung und Unterstützung durch Innozenz III., den natürlichen Feind der Staufer, sein Einzug in Genua, seine gelungene Flucht vor den Mailändern, sein mehr als glücklicher und ›wunderbarer‹ Einzug in Konstanz drei Stunden vor Otto IV., der Sieg seines ›Freundes‹ Philipp II. August über die welfische Koalition, dann später sein waffenloser Erfolg in Jerusalem, die überaus glückhafte Situation bei seiner Rückkunft in Brindisi, die ihm erlaubte, wiederum ohne einen Schwertstreich die päpstlichen Schlüsselsoldaten in die Flucht zu jagen, sein überraschend schneller Totalsieg über die lombardische Koalition bei Cortenuova, kurz, Friedrich II. hatte nicht den geringsten Anlaß an der Gottgewolltheit seiner Sendung zu zweifeln. Dies um so weniger, als sein Geburtsdatum, der 26. Dezember, der zweite Weihnachtsfeiertag, und der erste Name, den ihm seine Mutter gab, nämlich Konstantin, auch von seinen Zeitgenossen als Omen einer schicksalhaften Sendung verstanden wurden. Als die Erhöhung und letzte Bestätigung mußte Friedrich II. die friedliche Rückgewinnung Jerusalems betrachten. Er war der einzige mittelalterliche Kaiser, der in Jerusalem die Königskrone dieser Stadt tatsächlich trug. Seine dort vorgenommene Selbstkrönung war ein für seine Zeit unerhörter Akt. Mit der Königskrone Jerusalems konnte sich Friedrich II. berechtigter als jemand sonst als direkter Nachfolger Davids fühlen. Friedrichs Selbstverständnis als der prophezeite Messiaskaiser war demnach nicht die Ausgeburt persönlichen Cäsarenwahns, sondern, wenn man so sagen darf, der Zeitgeist hatte ihm diese Rolle geradezu aufoktroyiert.

Betrachtet man das Spektrum der großen Persönlichkeiten des frühen 13. Jhs., so sind darin Franz von Assisi und der Staufer wohl die herausragenden Gestalten. Papst und Kaiser waren in bestimmter Hinsicht gleichartig, sie trennte nur ein handfester Interessenkonflikt. Kaiser und ›Poverello‹ aber vertraten zwei ganz verschiedene Welten. Wie so oft hat Kantorowicz die treffendsten Worte für dieses polare Verhältnis gefunden:

»Ihm (Franz von Assisi), dem Einfältigen, hatte sich diese Kraft als die stetig wirkende Liebe, die als göttlich lebendiges Pneuma Mensch, Tier und Pflanze im Allzauber durchseelte, offenbart, während sie der Gelehrte und fast überwache Monarch im Welt- und Naturgesetz als göttlichen Fug erkannte ... beide auf ihre Weise, dieser durch den Geist jener durch die Seele die Gottheit im Diesseits und schon auf Erden erschauend.« Nach Joachim von Fiore sollte der kommende Zustand dem der Zeit Christi und seiner Apostel gleich sein. Nun, Franz von Assisi erfüllte auf seine Weise diese Prophetie. Und sein ›Gegenspieler‹, der Kaiser, suchte seinen Mitteln angemessen, die Epoche des Augustus zu erneuern.

Als End- bzw. als Messiaskaiser sah Friedrich seine Aufgabe in der Erneuerung der *aurea aetas* (des Goldenen Zeitalters) und der Verwirklichung von *pax* und *justitia* (Friede und Recht/ Gerechtigkeit), er, dem die göttliche Vorsehung *plenitudo potestatis* so offensichtlich verliehen hatte; wohl gemerkt, immer im Geiste des 13. Jhs. gesprochen.

Pax et justitia sind auch die Leitlinien, mit denen der Verstandesmensch Friedrich als Herrscher regiert. Er fühlt sich nicht nur als Messiaskaiser, er handelt auch als Friedenskaiser. Seine erste Waffe ist das Recht. Ohne Heer und Waffen beginnt er seine Laufbahn als Siebzehnjähriger. Als vom Papst Gerufener zieht er in Rom ein, als ein von den deutschen Fürsten erwählter und von Innozenz III. unterstützter rechtmäßiger Thronprätendent erscheint er in Deutschland. Nur mit der Basis der Rechtmäßigkeit ausgestattet, ohne einen Schwertstreich geführt zu haben, wird er in Aachen gekrönt und in Rom zum Kaiser gesalbt. Seine erste Amtshandlung nach seiner Rückkehr in sein angestammtes Königreich Sizilien ist die Verkündigung eines Verbrauchssteuer-Gesetzes, die »Akzisen von Capua«. Mit geringem militärischen Aufwand wird sein Königreich neu geordnet, klugerweise auf die Gesetze seiner normannischen Vorfahren aufbauend. Auch die Angelegenheiten im Regnum Italiae, also in der Lombardei, gedenkt er als Gesetzgeber auf einem Hoftag in Cremona zu regeln. Doch die Mailänder und der von ihnen eiligst erneuerte Lombardische Bund sind es, die das Schwert ergreifen. Immer wieder versucht er mit Diplomatie, Verordnungen und Verhandlungen die Angelegenheit friedlich zu lösen. Der Krieg mit den aufsässigen Lombarden war ihm aufgezwungen. Die Unterstützung der Rebellen und ›Ketzer‹ ausgerechnet durch die Kurie verbittert ihn von Jahr zu Jahr mehr. Der Krieg ist ein rechtloser und unnötiger. Neben großen Siegen (Cortenuova) stehen schwere Niederlagen (Parma).

Mit den Konstitutionen von Melfi schafft er sich die juristische Ausgangsbasis für ein absolutistisch geführtes Regime im Königreich Sizilien. In der Lombardenfrage war er zwar nicht unterlegen, aber eine siegreiche Lösung blieb ihm, bereits auf der Siegerstraße eilend, verwehrt. Der Tod löschte alle Teilerfolge mit einem Strich aus. Das mittelalterliche Kaisertum war mit Friedrichs II. Tod für immer Vergangenheit. In dem berühmten Proömium des »Liber Augustalis« (Konstitutionen von Melfi) erklärt Friedrich II. Aufgabe und Stellung des Herrschers als die Verkörperung des Rechts *(lex animata)*. Dieses größte und bedeutendste Gesetzgebungswerk des Mittelalters beinhaltet neben byzantinischen und normannischen Elementen auch Eigenes und Neues, z. B. eine Art Staatsanwaltschaft für bestimmte Schwerverbrechen, also Bruch mit dem Grundsatz: wo kein Kläger da kein Richter, die Abschaffung des Gottesurteils und die Einführung der sogenannten *defensa*. Letztere will sagen, daß jeder, der sich zu

Unrecht angegriffen fühlt, den Namen des Kaisers anrufen dürfe. Der Streit geht dann direkt vor das Hofgericht. Wer gegen die *defensa* verstößt, greift den Kaiser persönlich an, den, der sich selbst als »Vater und Sohn, Herr und Knecht der Gerechtigkeit in einem« definiert. Die Einführung der *defensa* bedeutet nicht nur einen bemerkenswerten Rechtsschutz für jeden Bürger des Königreiches und eine Ausweitung der Machtbefugnisse des Hofgerichts durch Ausschaltung der lokalen Gerichtsbarkeiten, sie ist darüber hinaus höchst bemerkenswert, weil sie einen ganz entscheidenden Wesenszug der Herrschaftsform Friedrichs erkennbar macht, nämlich die Omnipräsenz des Herrschers, und zwar im schützenden Sinne. Pax und Justitia sind dadurch an jedem Ort und zu jeder Zeit für den Schutzsuchenden durch Anrufung des Kaisers gegenwärtig. Zur selben Zeit wie die im August 1231 erlassenen Konstitutionen erscheint der Kaiser in anderer, nun ganz augenscheinlicher Form den Untertanen seines Reiches als Augustus, auf den neu geprägten Goldmünzen, den sogenannten »Augustalen« (Abb. S. 190). Das Bild des Kaisers als »Semper Augustus» geht somit von Hand zu Hand und verleiht auf seine Weise visuelle Gegenwärtigkeit. Auch auf einem anderen Gebiet wird uns dieses Prinzip der *defensa* und Allgegenwart des Kaisers mächtig vor Augen erstehen.

b) Das Genie

Der erfolgreiche Staatsmann, unfreiwillige Kriegsheld, geschickte Diplomat und wohltätige Gesetzgeber wäre für sich schon außergewöhnlich und verdienstvoll genug, um in das Pantheon der großen Kaiser aufgenommen zu werden. Doch es kommt noch etwas hinzu, was ihn aus dem Kreis seiner erlauchten Vorgänger und Nachfahren auf dem Throne um eine Stufe sozusagen höher emporhebt: das Geniale. Ihn allein umflort der Ruhm des Genies auf dem Thron der mittelalterlichen Cäsaren. Seine allumfassende Bildung, sein wacher Verstand und seine erstaunliche Auffassungsgabe machten ihn für seine Zeitgenossen zum »Stupor mundi« (Staunen der Welt), für seine Gegner, die Päpste, zum Proteus. Seine Fähigkeit Menschen einzuschätzen ließ ihn für jedes Vorhaben den richtigen und besten Mann wählen: z. B. den weit älteren, weisen und besonnenen Erzbischof Berard von Palermo zum persönlichen Berater, den rechtschaffenen Deutschordensmeister Hermann von Salza als Unterhändler mit der Kurie, den Gelehrten wie sprachgewandten Petrus von Vinea als Kanzler und Logoteten, Taddäus von Suessa als Großhofrichter, den angesehenen ehemaligen Professor der Rechte in Bologna, Roffred von Benevent, als Professor für Römisches Recht an seiner eigenen Staatsuniversität Neapel, den listigen wie grausamen Ezzelino da Romano zur Sicherung von Verona und damit des Brennerpasses, den berühmten Michael Scotus als wissenschaftlichen Berater und Übersetzer etc. etc.

Und er selbst! Abgesehen von den fünf oder sieben Sprachen die er fließend beherrschte, gab es kaum eine Wissenschaft, eine Kunst oder eine Technik, von der er nichts verstanden hätte, bzw. die er nicht gar selbst beherrschte: Medizin, Pharmazie, Rechtswissenschaft, Dichtung, Architektur, Biologie, Astronomie, Philosophie, Religion (einschließlich Judentum und Islam), Falkenjagd, Flotten- und Heerwesen, Wirtschaft, Handel, Waffenkunde, Mathematik,

Hochschulwesen usf. Nehmen wir als Beispiele nur drei Gebiete heraus: a) Forschung und Wissenschaft, b) Wirtschaft, Handel und Finanzen und c) Sprache.

Zu a): Als einen *»vir inquisitor et sapientiae amator«* hatte Manfred seinen Vater bezeichnet. Dieser hatte 1224 die erste Staatsuniversität Europas gegründet, gleichzeitig auch die erste, die frei von klerikalem Einfluß war und an der nur Laien unterrichteten. In dem Erlaß zum Besuch seiner Universität vom 24. Juni 1224 erfahren wir den Sinn dieser neuen Einrichtung: »Daß es in unserem Königreiche viele kluge und weitschauende Männer gebe, die durch das Studium der Natur und die Erforschung des Rechts Gott dienen können.« Weiter werden wir belehrt über den Wert »der Erwerbung des Wissens, ohne das das Leben des Menschen nicht würdig verlaufen kann.« Der Kaiser nahm sich selbst von dieser Forderung nicht aus. 1232 diktiert er in einem Brief an die Philosophieprofessoren in seinem Reich: »Zur Erhöhung des Gipfels der königlichen Hoheit halten Wir die Würze der Wissenschaft für unerläßlich.« Auch die schon circa 200 Jahre alte Medizinhochschule von Salerno erfährt tatkräftige Förderung. Auf Friedrich geht die erste Apothekerordnung des Abendlandes zurück. Das Medizinstudium schließt das Sezieren von Leichen ein, und kein Chirurg erhält seine Approbation ohne ein vorheriges Praktikum von zwei Jahren nachweisen zu können. Auch sind die Studenten der Medizin angehalten, mindestens drei Jahre Logik studiert zu haben. Bei seinem Aufenthalt in Pisa besucht er den Mathematiker Fibonacci, stellt ihm drei damals an sich nicht lösbare algebraische Aufgaben, die jener aber schnell löst, und hält diesen an, sein 1202 erschienenes Werk »Liber abacus« erweitert und vervollständigt neu herauszugeben. Gregor IX. beschwert sich: »Dieser König der Pestilenz hat offen erklärt, daß keiner geboren werden könne, es sei denn, daß seiner Empfängnis die Vereinigung von Mann und Weib vorausgegangen sei. Der Mensch dürfe nichts glauben, was nicht durch die Natur und die Wissenschaft bewiesen werden könne.« In dem päpstlichen Vorwurf kommt etwas ganz wesentliches von Friedrichs ›neuer‹ Einstellung zum Ausdruck. Friedrich stellte »neben die mittelalterliche Zweiheit von Gottesgesetz und Menschengesetz eine fremde dritte Größe, das Gesetz der Natur«. Auch beim Staatsmann und Gesetzgeber schlägt diese Einstellung durch, so daß im Proömium der Konstitutionen von Melfi ausdrücklich von der Notwendigkeit der Dinge an sich *(rerum neccessitas)* die Rede ist. In dieses neue Gesichtsfeld eingefügt findet sich auch seine Vorliebe für den Orient. Auch hier hat Kantorowicz so richtig hervorgehoben: »Doch was den Herrscher berauschte war nicht so sehr die Weite des Raumes, auch nicht das sinnenhafte Zauberspiel des Ostens, das ihm, dem Sizilianer wie keinem anderen, von früh auf eigen war ... ihn überwältigte eher die Unbegrenztheit des gelösten freien Geistes, die er als der erste und einzigste mittelalterliche Kaiser ... ganz unmittelbar aufnahm.« Sein Verfahren der Erkenntniserwerbung war für seine Zeit so unerhört neu (noch vor Roger Bacon!) und kulturgeschichtlich von solch unvorhersehbarer Zukunft, daß Friedrich II. in der Geschichte des modernen Sehens bis heute noch nicht voll rezipiert ist. Faszinierendes und bewegendes Beispiel dieser ›modernen‹ Methode ist das berühmte Falkenbuch »De arte venandi cum avibus«. Dort heißt es: »Unsere Absicht ist aber in diesem Buche über die Falknerei, das,

76 BARI Detail der Exultet-Rolle 11. Jh., Archiv der Kathedrale ▷

77 Bari Kathedrale: Innenraum

78 Bari Vase aus Ruvo. Museo Archeologico

79 Bitetto Portal der Kathedrale

80 Balsignano S. Pietro

81 Valenzano Ognissanti di Cuti

83 Conversano S. Catarina

82 Valenzano Ognissanti di Cuti: Gewölbe

84 CONVERSANO Kastell

85 CONVERSANO S. Benedetto: Kreuzgang

86 CONVERSANO Campanile von S. Benedetto und Megalithmauer

87 GIOIA DEL COLLE Kastellhof

88 GRAVINA Grabmal der Angela Castriota Skanderbeg

89 GRAVINA Chiesa del Purgatorio: makabres Portal

90 Altamura Kathedrale

91 Gravina

92 Alberobello

93 Landschaft mit Pinie und Trulli

95 ALBEROBELLO ▷

94 EGNAZIA Messapische Mauer

96–99 Ansichten aus Martina Franca

100 Martina Franca
S. Domenico

101 TARENT Dom: Westteile

102 TARENT Dom: normannisches Langhaus (innen)

103 TARENT Moderne Concattedrale

104 MASSAFRA Fresko in der Krypta della Candelora

105 Töpferware aus Grottaglie, einem der berühmtesten Keramikzentren in Apulien

106 Mottola Grottenkirche S. Nicola

107 FRANCAVILLA Palazzo Imperiali

108 MANDURIA Dom S. Gregorio Magno: Fassade

109 MANDURIA Kapuzinerkirche, im Vordergrund messapische Mauer

110 MANDURIA Palazzo Pasanisi (Via Omodei)

111 Manduria Eingang zur Fonte Pliniano

113 Manduria Palazzo Imperiali: Treppenhaus ▷

112 Schafe in Steinbrüchen bei Mottola

was da ist, auch so zu zeigen, wie es ist und als zuverlässige Kunst darzustellen«. Denn »Gewißheit erhält man nicht durch das Ohr« sondern »durch den Anblick des Auges, der dem Menschen mehr Eindruck macht, als was durchs Ohr geht«. Konsequenterweise scheut Friedrich nicht davor zurück, dann, wenn bei Aristoteles oder anderen damals akzeptierten Koryphäen etwas stand, was nicht mit seiner eigenen Beobachtung übereinstimmte, jene zu korrigieren.

Zu b): Auch hier ist, nicht weniger von ideologischen oder parteilichen Ausgangspositionen vorbelastet, viel Unhaltbares geschrieben worden. Betrachtet man objektiv mit heutigem Wissen ausgestattet das, was Friedrich tatsächlich beabsichtigt und realisiert hat, so hätte selbst ein Colbert nur davon träumen können. Der apulische Historiker Musca hat ausdrücklich darauf hingewiesen, daß der Staat Rogers II. keineswegs ein Modellstaat gewesen war, sondern mit mehr Berechtigung als kontrollierte Anarchie zu bezeichnen sei. Außerdem hatte Musca dargelegt, daß der deutlich erkennbare Wirtschaftsaufschwung der apulischen Städte eindeutig und allein mit dem seit dem 11. Jh. auflebenden Orienthandel und später mit den Kreuzzugsaktivitäten zu tun hatte, keineswegs aber auf einer irgendwie gearteten Verbesserung der Produktionsmittel oder -bedingungen beruhe. Von anderer informierter Seite wurde betont, daß der Außenhandel im sizilischen Königreich durch die Privilegienvergabe der normannischen Könige an die großen italienischen Seerepubliken in erster Linie Passivhandel gewesen sei. Das heißt der apulische Reichtum war nicht selbst gemacht, sondern empfindlich abhängig vom gerade im Umlauf befindlichen Geld oder – moderner ausgedrückt – von fremdkonjunkturellen Entwicklungen. Es war wieder einmal die geographische Lage, die Apulien hatte wohlhabend werden lassen.

Nach der Rückkehr in sein sizilisches Erbreich hatte sich Friedrich zunächst wenig um wirtschaftliche Belange gekümmert. Sein vielgescholtener Finanzabsolutismus und Staatsmonopolismus hingegen hat sich erst in der Zeit des fortgesetzten Kampfes mit den oberitalienischen Städten durchgesetzt. In einem Mandat vom Juli 1238 an den Justitiar von Bari wird den Apuliern vorgeworfen, »daß nicht Klima und höhere Fügung, sondern willentlich auch die Trägheit und Nachlässigkeit der Menschen zur Unfruchtbarkeit der Böden führten«. Beides, die aufgezwungene Kriegslast und die Ineffizienz der heimischen Wirtschaft, liefern uns die eigentlichen Motive für Friedrichs Wirtschaftszentralismus. Für den Krieg gegen die lombardischen ›Rebellen‹ brauchte er Geld, viel Geld sogar. Die übliche Weise, sich solches zu beschaffen, lag in der Erhebung von Sondersteuern. Dies widersprach Friedrichs eigenem Prinzip der Gerechtigkeit. Außerdem waren ja die Niedrigsteinkommen von der ursprünglich nur fakultativ im Turnus von drei Jahren vorgesehenen Generalkollekte ausgenommen. Für Friedrich überschaubares Einzugsgebiet war nur sein Königreich. Also nahm er zur Gewinnung von zusätzlichen Einnahmen kurzerhand die Wirtschaft selbst in die Hand. Der Erfolg war erstaunlich und zeitigte im Vergleich mit den tatsächlich erzielten Einnahmen geringe fiskalische Zusatzbelastungen für sein Staatsvolk (Maschke, s. Lit.). Maschke kommt zu dem Schluß, daß keineswegs erwiesen sei, daß die Unterdrückung der städtischen Autonomie den Verfall der Wirtschaft zur Folge gehabt habe, im Gegenteil hätten Einzelstudien erbracht, daß die wirtschaftliche Lage an den wichtigsten Handelsplätzen zur Zeit Friedrichs keine Verschlechterung erkennen ließe, im Einzelfall sich sogar günstiger entwickelt hätte.

Zu c): Obwohl es nicht zu den Belangen eines Herrschers gehört, hat Friedrich II. mehr als jeder andere Monarch Unschätzbares auf dem Sektor der Sprachentwicklung geleistet. Der Kanzleistil unter dem Sprachgenie Petrus von Vinea entwickelte eine so hochstehende, geschliffene, geschmeidige und elegante Ausformung des Lateinischen, wie sie das Mittelalter nie vorher und nie mehr später erreicht hat. Lediglich die Schreiber der römischen Kurie wußten noch dieses Sprachniveau zu erwidern. Hier wurde einmal mehr Friedrich II. und sein Kreis zum Vollender der Epoche. Gleichzeitig, wohl nicht nur durch seine besondere, höchst unkaiserliche Jugend in Palermo, suchte der Kaiser als Kommunikationspartner das Volk. Mit dem sicheren Gespür für künftige Entwicklungen hatte er die sich seit dem 12. Jh. abzeichnende Tendenz zur Ausformung regional begrenzter ›National‹-Sprachen erkannt. Der sich schüchtern abzeichnenden Verwendung des Deutschen als Kanzleisprache verlieh er einen mächtigen Impuls, indem er das wichtigste von ihm erlassene Reichsgesetz, den Mainzer Landfrieden, sowohl in lateinischer als auch in deutscher Sprache formulieren ließ. Dem griechischen Bevölkerungsanteil seines Königreiches kam er entgegen, indem er die Konstitutionen von Melfi auch in deren Idiom ausstellen ließ. Schließlich, wohl angeregt durch seine erste Frau Konstanze von Aragon, übte man sich am Kaiserhof fleißig in der Dichtung der Troubadoure, allerdings nicht in deren Sprache des Okzitanischen, sondern im italienischen Volgare. Wohl waren die Angehörigen des friederizianischen oder sizilianischen Dichterkreises nicht die einzigen, die anfingen im Volgare zu ›singen und sagen‹, doch erlebte die Bewegung zur Volkssprache durch die Bedeutung des kaiserlichen Hofes natürlich den entscheidenden Anstoß. Wenn auch Friedrich und sein Kreis nicht die eigentlichen Schöpfer der italienischen Sprache waren, dies zu verwirklichen blieb Dante am Ende des Jahrhunderts vorbehalten, so durften sie doch für sich in Anspruch nehmen, deren gewichtigster Wegbereiter gewesen zu sein. Kein Geringerer als eben Dante hat dies auch entsprechend gewürdigt.

Betrachtet man zusammenfassend die beiden wichtigsten Pole der historischen Gestalt Friedrichs II. von Hohenstaufen, nämlich den Kaiser und Herrscher einerseits und das Genie andererseits, zeichnet sich grob vereinfacht ab: a) Der Staufer in bezug auf sein Kaisertum und Selbstverständnis war eindeutig geprägt von der Vergangenheit und seiner aktuellen Gegenwart, dem späten Mittelalter: Messiaskaiser, Bringer der *aurea aetas,* oberster weltlicher Herr der gesamten Christenheit, *lex animata,* Gegensatz zum Papsttum etc. Demnach war sein Staatsmodell weder obsolet noch modern im heutigen Sinn, sondern für damals höchst aktuell, eben nur in der ersten Hälfte des 13. Jhs. *noch* möglich. b) Dort, wo des Herrschers unruhiger und wacher Geist frei war von amtsgebundenen und traditionellen Zwängen, in der Philosophie, der Wissenschaft und der Kunst, war er entschieden vorwärts orientiert. Er war auf diesen Gebieten zwar den meisten Zeitgenossen um Jahrhunderte voraus, aber eben nicht allen. So war er in der Mathematik keineswegs weiter als Fibonacci, in den Naturwissenschaften keineswegs weiter als Michael Scotus oder Roger Bacon, in der Rechtswissenschaft keinen Schritt weiter als Taddäus von Suessa oder Petrus von Vinea, in der Dichtkunst nicht begabter als seine Mitpoeten am Hof. Die Reihe ließe sich beliebig fortsetzen. Friedrichs besondere Größe lag zum einen darin, daß er in all diesen Einzelbereichen auf dem Höhepunkt der Entwicklung mithielt, und zum anderen, daß er dank seines allerhöchsten Herrscheramtes dies alles einsetzen und den jeweiligen

Entwicklungen einen kräftigen Schub in die eingeschlagene Richtung zu geben vermochte. Friedrich II. war ganz ein Mann seiner Zeit und vereinte die divergierenden Pole seines Jahrhunderts in seiner Person. Wo das 13. Jh. Mittelalter war, war auch er mittelalterlich. Wo dasselbe Jahrhundert beginnend neuzeitlich war, war auch er modern. So gehörte er tatsächlich beiden Epochen gleich mächtig an. Im wichtigsten Wendejahrhundert war er Abschluß des Mittelalters und des ihm zugehörigen Kaisertums und gleichzeitig wichtiger Geburtshelfer der sogenannten Neuzeit.

Sein Schicksal und Ende birgt den Stoff griechischer Tragödien. Er ist nicht am Unmöglichen gescheitert, auch nicht an seinen gewiß mächtigen Gegnern. Den Schlußstrich zog eine Macht, die stärker ist als alles Menschliche, der Tod. Daß nur dieser allein den »Hammer der Erde« bezwingen konnte, zeigt nicht nur das Titanenhafte dieses Genies auf dem Kaiserthron und die Schwächen des Systems als solchem, weil an die Person gebunden, sondern eben das wahrhaft Tragische. Dieses ›Scheitern‹ verbindet wieder, welcher Sarkasmus der Geschichte, die größten Antipoden des Jahrhunderts, Innozenz III., Franz von Assisi und Friedrich II. Was soll da kleinkrämerisches Mäkeln, Klassifizieren oder nachträgliches Richten!

4 Die Krone Apuliens: Castel del Monte

a) Voraussetzungen

An den beiden wichtigsten Bauten des *Romanico Pugliese,* S. Nicola in Bari und S. Nicola Pellegrino in Trani, haben wir exemplarisch einen wesentlichen Teil des Spektrums dieser Periode kennengelernt, dabei den Werdegang der Entwicklung vom späten 11. bis zum Ende des darauffolgenden Jahrhunderts verfolgt, die Probleme der Forschung gestreift und Einzelgattungen wie Mosaik oder Bronzguß in ihren heimischen Traditionszusammenhang gestellt. Mit der konzisen Darstellung der Baugeschichte des Domes zu Trani sind wir weit ins 14. Jh. enteilt und haben dabei den eigentlichen Zeitraum der apulischen Romanik hinter uns gelassen. Um Anschluß zu finden an die sogenannte Staufische Epoche wird ein kurzer Rückblick ins 12. Jh. unumgänglich.

Die seit dem 10. Jh. einsetzende wirtschaftliche Konsolidierung und deren konsequente Fortsetzung durch die stetig fortschreitende Öffnung des Mittelmeerraumes als Wirtschaftsraum hatten Apulien eine städtische Renaissance beschert, die zusammen mit der im 11. Jh. vollzogenen Latinisierung der Kirche und der Einwurzelung neuer Landesherren normannischer Abstammung dem wirren Boden langobardischer, arabischer, byzantinischer, kampanischer und adriatischer Kultursubstrate einen eigenständigen regionalen Stil abgerungen hatte. Im Kirchenbau kam es gegen Ende des 11. Jhs. im nördlichen und mittleren Apulien zur Verdichtung der Formen in räumlich begrenzten Schulen: Sipontiner Typ in der Capitanata und Bareser Typ im mittleren Bereich. Ebenfalls in der Landestradition verankert, als deren höchste Steigerung, die Kathedrale von Trani. Um die Mitte des 12. Jhs. wird diese als rein apulisch zu bezeichnende Romanik wieder komplexer und vielgestaltiger. Der Grund dafür liegt einfach in der allgemeinen geschichtlichen Entwicklung. Die kirchenpolitische, kulturelle Anbindung an Europa einerseits und die stete Ausweitung des mittelmeerischen Handelsraumes nicht zuletzt durch die expansive Kreuzzugsbewegung andererseits rückten die Region erneut ins Blickfeld der Entwicklung. Apulien war unversehens zum Transitraum Europas auf dem Weg ins östliche Mittelmeer geworden; das heißt der Horizont der Region, auch ihr kultureller, weitete sich von den ursprünglichen Anrainergebieten Adria, Kampanien und Sizilien aus, sowohl in Richtung West- und Mitteleuropa als auch bis Damaskus und Jerusalem. Diese Einflüsse verschiedenster Herkunft wurden aber praktisch frei Haus geliefert, ohne daß der Apulier sich von der Stelle bewegen mußte: Händler und ihre diversen Waren, Pilger aller Stände, Kreuzfahrer vom einflußreichen Feudalherrn bis zum Troß, Abenteurer und Mönche, fahrende Handwerksburschen und Spezialisten aller Art, Formen und Ideen. Was da alles an Menschen, Weltanschauungen, Kunstwerken und Ideen in Apulien zusammenfloß, ist nur schwer beschreibbar. Daß sich dies auch zwangsläufig in der eben gewonnenen eigenständigen Kunst auswirkte, kann man sich nicht nur lebhaft vorstellen, es ist auch ein bis heute ungelöstes Problem für die damit befaßten Kunsthistoriker. Stilgeschichtliche Kriterien allein bilden da oftmals nur inadäquates Werkzeug, dafür um so mehr Argumente und Thesen zu hitziger Debatte.

In der Jahrhundertmitte erlebte der Aufschwung der apulischen Städte und die Tätigkeit hiesiger Werkstätten eine begrenzte Beeinträchtigung durch die aufreibenden Unabhängigkeitskämpfe gegen den Zugriff des normannischen Zentralismus unter Roger II. und seinem Nachfolger Wilhelm I. Für Bari, das traditionelle Haupt des Widerstandes, bedeutete die Strafaktion Wilhelms I. – für die Apulier der »Böse« – eine Katastrophe, nämlich die totale Zerstörung der Stadt. Belli d'Elia will darin den Grund sehen für die Auswanderung der einheimischen Künstler ins Ausland und das Auftauchen von neuen Formen und Motiven in der zweiten Hälfte des 12. Jhs. durch die Rückkehr zwischenzeitlich im Ausland tätiger apulischer Künstler. Ob aber die Beeinträchtigung apulischer Baustellen so groß und der daraus gefolgerte massenweise Exodus heimischer Künstler so total waren, wie dies die Katastrophentheorie glauben machen will, muß in Zweifel gezogen werden. Daß apulische Künstler und Werkstätten in besagtem Zeitraum in den Nachbarregionen wie Kampanien, Abruzzen und Sizilien tätig und einige vielleicht dem Ruf nach Palästina gefolgt waren – alles Gebiete (außer Palästina), die traditionell im kulturellen Einzugsbereich Apuliens lagen –, beweist wenig. Drei Feststellungen müssen an dieser Stelle gestattet sein:

1) Daß im Laufe des 12. Jhs., vermehrt in der zweiten Hälfte, eine beträchtliche Bereicherung, sei es in Motivwahl, Formvorstellungen oder Stilmitteln stattgefunden hat, ist unübersehbar und muß als Faktum gelten. Der Weg, über den sich im Einzelfall dieser bemerkenswerte Vorgang vollzogen hat, bleibt unklar bzw. in der Fachdiskussion strittig. Seriöse Beobachter aber haben darauf hingewiesen, daß all diese ›Neuerungen‹ nicht rein, sondern stets gefiltert durch apulische Wesensart und Handschrift erscheinen.

2) Im günstigsten Falle konnte jeweils nur eine allgemeine ›Ähnlichkeit‹ geltend gemacht werden, eine Ähnlichkeit, die durchaus im Bereich dessen liegt, was man als künstlerisches

Allgemeingut der Zeit bezeichnen kann und in der damaligen aktuellen Ausbildung gelegen haben mag. In keinem einzigen Fall ist es meines Wissens bisher gelungen, eindeutig und überzeugend ein apulisches Werk dieser Zeit, sei es durch schriftliche Quellen, Signatur oder unwiderlegbare künstlerische Handschrift als von einem fahrenden Meister aus der Provence, aus Burgund usw. zu identifizieren oder auszuweisen.

3) Umgekehrt ist es der Forschung bis zum heutigen Tag nicht gelungen, irgendwo nördlich des Apennin irgendeinen der »massenhaft« ausgewanderten apulischen Bildhauer-Architekten namhaft zu machen oder mit Stilkriterien zu identifizieren.

Listet man die wichtigsten Bauten auf, die ab der Jahrhundertmitte im Entstehen begriffen sind, ergibt sich ein ganz anderes Bild. Die Kathedralen von Barletta (Abb. 40, die ersten vier Joche), Bitonto (Abb. 65) oder Palo gehören eindeutig dem Bareser Typ an. Die Kathedrale von Térmoli (Abb. 3) folgt in der Außengliederung der daunischen Tradition, und Molfetta (Abb. 54) setzt die landeseigene ältere Bauweise der Kuppelkirchen fort, eine Tradition, die sich in zahlreichen kleinen Kirchen, z. B. S. Francesco in Trani oder S. Margherita in Bisceglie bis zum Ende des Jahrhunderts lebendig hält. In SS. Niccolò e Cataldo in Lecce finden Einflüsse Siziliens und des Heiligen Landes ihren Niederschlag. Kein einziger bedeutender Kirchenbau, in dem Lombardisch-Emilianisches, Provenzalisches oder Nordfranzösisches seinen Widerhall fände. Signifikant dagegen: Der einzige Monumentalbau, der unstrittig nordfranzösische Vorstellungen nach Apulien transplantiert, die Abteikirche SS. Trinità von Venosa, 1135 von den dortigen Benediktinern über lateinischem Kreuz mit Umgangschor konzipiert, bleibt schon im Anfangsstadium als Ruine liegen. Der gescheiterte Versuch eines falschen Kunstwollens?

Kehren wir kurz nach Molfetta, Lecce oder anderen Orten mit Kuppelbauten zurück, so wird man einräumen müssen, daß durchaus zum typischen Anblick der romanischen Kunst Apuliens ein unleugbar ›östlicher‹ Eindruck gehört. Betrachtet man das Mausoleum Bohemunds in Canosa (Abb. 32) oder die sogenannte Fontana Tancredi in Brindisi (beide Anfang 12. Jh.), die Kuppel von SS. Niccolò e Cataldo in Lecce, die Außengestalt von S. Francesco in Trani mit ihrer Palme davor oder die Vierungskuppel vom Bareser Dom, so möchte man sich schon sehr ins östliche Mittelmeer versetzt fühlen. Nähert man sich von Foggia kommend S. Leonardo di Siponto (Farbabb. 6), vermeint man im anatolischen Hochland auf eine Karawanserei zuzufahren. Die Beispiele ließen sich vermehren. Welche Rolle das Heilige Land und die dort entstandenen Ritterorden für die apulische Kunst gespielt haben, wird schon am Beispiel S. Giovanni al Sepolcro in Brindisi deutlich. Gerade in der jüngeren Literatur gewinnen die Rolle Palästinas für Apulien sowie die lebendigen und vielfältigen Kontakte zwischen beiden Regionen neue Dimensionen, da erkannt worden ist, daß viele als französisch benannte Einflüsse nicht den direkten Weg, sondern den Umweg übers Heilige Land genommen haben. Nach der Niederlage von Hattin (1187) dürfte so mancher Künstler auf dem Weg zurück nach Europa arbeitsuchend in Apulien hängengeblieben sein. Die Zusammenhänge zwischen Bauten und Bildwerken Apuliens, der Abruzzen und des Molise und Kunstwerken des Heiligen Landes sind erst jüngst erhellt und untermauert worden. Die oben angeführte Auswahl zeigt, daß alle im 12. Jh. begonnen bzw. zu Ende geführten Großbauten überzeugend in die landeseigene Tradition eingeordnet werden können. Unter all den namentlich bekannten Baumeistern des

12. Jhs. findet sich kein einziger Lombarde, Emilianer, Provenzale, Burgunder oder Rheinländer; im Gegenteil, alle stammen aus Apulien oder dem kulturellen Umfeld. Wer nun aber einwenden wollte, in der Architektur gäbe es ja diesbezüglich ohnehin kaum mehr nennenswerte Kontroversen, die eigentlichen Streitpunkte lägen im Bereich der Skulptur, der denkt vom 20. Jh. aus. Es gab im hohen Mittelalter keine getrennte Ausbildung von Architekt und Bildhauer. Der begabteste und erfahrenste Bildhauer, im Regelfall der Meister und Chef der Werkstatt, war auch gleichzeitig der planende und ausführende Architekt.

Faßt man nun aber die drei angeführten grundsätzlichen Feststellungen, die Liste der in Frage kommenden Großbauten und die uns bekannten Namen von Architekten bzw. Bildhauern zusammen, fällt der Schluß nicht schwer, daß die Frage nach den Fremdeinflüssen im Bereich der Skulptur etwas überzogen, gar konstruiert erscheint und deshalb sich zwar nicht erübrigt, aber doch mächtig eingeschränkt werden muß.

b) Gotik oder Antikenrezeption?

Seit Berteaux 1904 sein fundamentales wie umfangreiches Werk der Fachwelt vorgelegt hat, läßt die darin vorgetragene Ableitung alles irgendwie Fortschrittlichen in der süditalienischen Romanik aus der französischen Gotik den Kunsthistorikern keine Ruhe. Doch die den Franzosen so teure heimische Gotik ist dabei in vielerlei Hinsicht hoffnungslos überfordert worden und wird es noch heute. Was wird da alles in der apulischen Kunst als gotisches Derivat gehandelt! Nimmt man den Stilbegriff der Gotik in seinem strengen Sinne, nämlich zunächst bezogen auf jene Kunst, die sich im Laufe des 12. Jhs. in dem begrenzten Raum von Normandie, Ile-de-France und Nordburgund entwickelt und in Chartres, Reims und Amiens ihre klassische Form erreicht hat, so muß man lapidar feststellen: In ganz Unteritalien gibt es nichts Gotisches im 12. Jh., und im nachfolgenden, dem wir uns jetzt zuwenden, nur sporadisch und ansatzweise. Von einer regelrechten Durchdringung der apulischen Kunst mit gotischen Elementen kann jedenfalls nicht die Rede sein. Auch die Rolle der Zisterzienser als Kolporteure der Gotik ist allgemein längst zurechtgerückt worden. Jene typisch zisterziensische Mischung aus burgundisch-spätromanischen und frühgotischen Formen, durchsetzt mit Elementen, die der Region, in der sie gerade bauten, entnommen sind, erreicht die Nordgrenze Süditaliens erst um 1200. Der direkte Einfluß auf die apulische Kunst bleibt gering, d. h. im wesentlichen beschränkt auf Architekturteile und Dekorformen wie Kapitelle, Bogenprofile usw.

Auch die innerhalb der gesamten Gotik nur eine verschwindend geringe Rolle spielende Reimser Sonderform der Antikenrezeption – die allgemeine Entwicklung folgte nicht diesem Werkstattstil – wird meines Erachtens immer wieder überstrapaziert. Damit sind wir beim zweiten Punkt, der Antikenrezeption und -nachahmung. Die Antike und deren künstlerische Äußerungen waren im Mittelalter beileibe nicht so tot, wie sie allgemein erklärt werden. Begriffe wie Karolingische Renaissance, Ottonische Renaissance, provenzalische und toscanische Protorenaissance, Metallkunst der Maas- und Rheinlande, Cluny III., Speyer II., große Teile der südfranzösischen Skulptur sind nur Facetten eines großen, ganz Europa überziehenden Spektrums solcher Rückgriffe auf Vorbilder der hellenistischen und römischen Antike. Von Gilabertus (Toulouse um 1130) über Antelami (letztes Viertel des 12. Jhs.) bis zu Nicola Pisano (13. Jh.) zieht sich der Reigen großer Namen, deren Kunst dem reichen Anschauungsmaterial der antiken Werke zu danken ist.

Die romanischen Länder am Mittelmeer vertreten einen ganz eigenen Entwicklungsstrang, der sich von den Kunstereignissen der nördlich der Alpen gelegenen Länder wenig beeinflußt zeigt, zumindest bis weit ins 13. Jh. hinein. Besonders Latium mit der Hauptstadt Rom und die Gesamtheit der süditalischen Länder zeigen seit dem 12. Jh. ganz entschieden in ihrer Skulptur sogenannte Klassizismen, also nicht nur gelegentliche Antikenzitate, sondern regelrechte Neubelebungen des antiken Geistes. Da entstehen 1123 in Rom das Grabmal des Alfanus und in Venosa etwa gleichzeitig das Grabmal der Alberada, beide ganz streng antikisch gebaut. In der Regierungszeit Rogers II. und Wilhelms I. werden Ambo und Osterleuchter in der Capella Palatina (Palermo) und kurz danach in Salerno der dortige Dom-Ambo geschaffen. In Bari, S. Nicola und Kathedrale, tauchen Skulpturen auf, deren Vorbilder in der heimischen Antike unverkennbar sind. Im Falle der sizilischen Beispiele wurden für die Herkunft französische Bildhauer angenommen. Doch immer noch gilt Wentzels lapidarer Satz: »Ich wüßte aber nicht, woher aus Frankreich um 1140 bis 1150 Bildhauer gekommen sein könnten, die etwa die Osterleuchter der Capella Palatina hätten gestalten können.« Gleichgewichtig kann diese Feststellung auf die apulische Situation bezogen werden. Zu Beginn des 13. Jhs. entstehen an den Kathedralen von Troia und Foggia Außenfriese, deren motivische Ableitung von antiken Vorbildern unverkennbar ist. Der ältere der beiden, in Foggia, wird in die zwanziger Jahre datiert. Dem Autor des Foggianer Frieses werden zwei inzwischen berühmt gewordene Kopfkapitelle aus Troia (eins im Metropolitan-Museum in New York und eines noch in Troia) zugeschrieben. Für die Kapitellform konnten als Vorlagen antike Kapitelle Apuliens benannt werden, z. B. in S. Leucio in Canosa oder im Städtischen Museum in Brindisi; kein Wunder »in einem Land des ewigen Klassizismus, wie Apulien« (Calo Mariani). Auch die Art der Köpfe, deren Realismus und Modellierung, sind in der an griechisch-römischer Kunst geschulten Bildnerei Apuliens durchaus eigenständig zu begründen, ohne die Kathedralwerkstätten von Chartres oder Reims bemühen zu müssen. Als vage Datierung für die besagten Kapitelle wird 1229 (Zerstörung von Troia durch Friedrich II.) angegeben. Doch diese Jahreszahl ist lediglich ein Terminus ante quem. Wenn der Künstler des Frieses von Foggia mit jenem der Kapitelle von Troia identisch sein sollte, wie allgemein akzeptiert wird, dann wäre eine Entstehung der Kapitelle schon im zweiten Jahrzehnt aus praktischen Überlegungen sogar gerechtfertigter.

Das ist also die künstlerische Situation in Apulien, speziell in der Capitanata, als nach 1221 Friedrich II. sich entschließt, seine künftige Residenz nach Foggia zu verlegen. Vom dortigen Palast ist so gut wie nichts erhalten, bis auf einen Torbogen mit Adlerkonsolen und eine Inschrift: ... SIC CESAR FIERI IUSSIT OPUS ISTUD/BARTOLOMEUS SIC CONSTRUXIT ILLUD (so hat der Kaiser dieses Werk zu schaffen befohlen und genauso hat Bartholomäus dieses errichtet). Außerdem enthält die vollständige Inschrift noch die Jahresangabe 1223.

Zeitgenössischen Berichten zufolge gab es in dieser Residenz Gärten, Brunnen, Statuen usw., woraus zu schließen ist, daß dieses kaiserliche Haus auf keinen Fall einer düster dräuenden

Festung nach feudalem Vorbild glich, sondern eher einem wohnlich repräsentativen Palast und insofern im Abendland seiner Zeit eine absolute Neuerung darstellte. Zieht man als Vergleich die Alhambra in Granada oder die Normannenpaläste von Palermo heran, wird in der vermuteten Anlage des Foggianer Palastes das sizilisch-morgenländische Erbteil des Staufers erkennbar. Gewissermaßen als Außenstellen der Residenz diente eine Reihe königlicher Güter, Jagd- und Lustschlösser *(loca solatiorum)* in der Umgebung von Foggia, so S. Lorenzo in Pantano mit Teichen, Tierpark und Garten, so das Jagdschloß bei Salpi, wo des Kaisers Falkenzucht untergebracht war, oder das andere Jagdschloß in Apricena, wo Friedrich II. besonders oft weilte. Auf jeden Fall, mit der Standortwahl Foggia als kaiserliche Residenz, Staatskanzlei und Großhofgericht begann ähnlich wie im Falle des Katapanspalastes in Bari circa zwei Jahrhunderte vorher ein neuer Abschnitt für die Kunstsituation in Apulien, zumindest für die Capitanata. Das nördliche Apulien um Foggia wurde zur Großbaustelle und zum Schmelztiegel neuer Ideen, Formen und Techniken. Für den Kaiser, in dessen Werkstätten, den *camerae regie*, arbeiteten Spezialisten aller Länder und Rassen, neben Griechen, Juden, Sarazenen und selbstverständlich Apuliern finden sich auch deutsche Namen. So bestellt Friedrich II. in Melfi bei einem Meister Henricus aus Köln ein Buch, und der Goldschmied Dietrich stammt aus Boppard am Rhein. Der Hofgoldschmied Magister Manfridus aurifex läßt ebenfalls deutsche Abstammung vermuten. Andere *camerae regie* finden sich in Canosa, Lucera, Brindisi und Messina. In beiden letzteren sind die kaiserlichen Münzwerkstätten beheimatet. Die wichtigsten Werke der Holzschnitzkunst verraten katalanische, nordfranzösische oder rheinische Herkunft. Eine ausgedehnte Europäisierung in dieser friederizianischen Hofkunst zeichnet sich ab.

Doch eines fällt dabei ins Auge. Alle die bekannten Meister nicht apulischer oder nicht süditalienischer Abstammung sind tätig im Feld mobiler oder sogenannter Kleinkünste: Buchherstellung, Goldschmiede, Stoffproduktion, Münzproduktion, Waffenhandwerk usw. Im Bereich der immobilen und monumentalen Künste wie Architektur oder Bildhauerei sind es ausschließlich einheimische Namen, die uns begegnen. Apulien, dieses Land der Steine, hat offensichtlich ausreichend viele und entsprechend qualifizierte bodenständige Meister, um die beträchtlichen Aufgaben im Kirchen-, Burgen- oder Städtebau aus eigenen Kräften zu bewältigen. Besonders aufschlußreich in dieser Hinsicht sind Torfragment und Inschrift vom Kaiserpalast zu Foggia. So kümmerlich gering diese einzigen Überreste des seinerseits für Prunk und luxuriöse Ausstattung berühmten Palastes auf den ersten Blick auch erscheinen mögen, so verraten sie doch recht viel: a) Name und Herkunft des Protomagisters, nämlich Bartholomäus von Foggia; b) Fertigstellungsdatum zumindest des Palastteiles, von dem das Fragment stammt. Daß der ganze Palast in vollem Umfang in reichlich einem Jahr vollendet gewesen sein soll, muß bezweifelt werden; c) Art, Form und Qualität der handwerklichen Meisterschaft dieses Bartholomäus und d) Verhältnis zwischen Baumeister und Bauherrn und den Anteil des letzteren am speziellen Aussehen des Baues.

Vor allem die beiden letztgenannten Aspekte verdienen eine nähere Erläuterung. Die Adlerkonsolen und die darauf gründende äußere Portalarchivolte sind einerseits von so erlesener Qualität und andererseits ruhen sie zutiefst in der romanischen Landestradition, daß Fries und Portal der Kathedrale von Foggia ebenso wie die angesprochenen Kapitelle von Troia direkt mit dem Palastfragment in Verbindung gebracht werden. Bei Protomagister Bartholomäus von Foggia handelt es sich offenbar um eine ganz herausragende Architekten- und Bildhauerpersönlichkeit, die voll in der heimischen Tradition gewachsen ist – erneut ein würdiger Nachfahre eines Acceptus oder eines Elias-Meisters –, eine Künstlerfigur, die offen für Neuerungen aller Art war, der vermutlich die jüngeren Strömungen und Entwicklungen der nördlichen Kunst nicht fremd waren und die sich schließlich als die geeignete Person erwies, um mit dem großen Bauherrn Friedrich II. in eine glückliche Symbiose zu treten. Die Portalinschrift bezeugt uns die enge Zusammenarbeit zwischen Protomagister und Cäsar, daneben aber auch das Selbstbewußtsein des Künstlers und seine Wertschätzung seitens des Bauherrn.

Im Bannkreis dieser Foggianer Romanik ist auch noch die Fassadenskulptur von Términoli zu sehen, und der andere große uns namentlich bekannte Meister, nämlich Protomagister Nikolaus (Bitonto, Bisceglie, Trani), gehört demselben Zeitraum an. Über die Kunstvorstellungen Friedrichs bis zur Rückkehr vom Kreuzzug wissen wir nichts Konkretes. Doch die einheimische Romanik, die ihr stets eigene Affinität zur antiken Kunst eingeschlossen, große Künstlerpersönlichkeiten und entsprechende Bauaufgaben erbrachten den überaus fruchtbaren Nährboden für die Entstehung einer später erheblich vom Kaiser mitgeprägten Kunst, den sogenannten Friederizianischen Klassizismus. Dieser individuelle Hofstil wirkte dann wieder zurück auf die apulische Romanik, sei es an kirchlichen oder profanen Bauwerken: das Ziborium des Alfano da Térmoli in der Bareser Kathedrale, eben dort die Rosenfiguren und Konsolen am Außenbau, die entsprechenden Konsolen an S. Sepolcro in Barletta, der gesamte Baudekor der Kathedrale von Matera, die großen Figurengruppen am Traneser Querhaus, die Kanzeln von Ravello und Teggiano, das Portal in Bisceglie, die Konsolköpfe in Ruvo und Lagopesole. Am reinsten und am ausgeprägtesten findet sich dieser Friederizianische Klassizismus auf drei Gebieten: der Glyptik, der Monumentalskulptur und in der Profanarchitektur. In einigen Gemmen aus den kaiserlichen Werkstätten ist die antike Kunst in ihrem Kern so erfaßt, daß es schwerfällt, sie als Schöpfungen des 13. Jhs. zu identifizieren, und die Gold-Augustalen, die Friedrich II. prägen ließ, gelten anerkannterweise als die schönsten Münzen des Mittelalters.

Zu den Neuerungen der Friederizianischen Kunst gehört die Wiederentdeckung von Porträtbüste und Reiterfigur. In den letzten Jahrzehnten konnte eine Reihe ganz antikisch aufgefaßter und gearbeiteter Porträtköpfe als staufische Schöpfungen erkannt werden. Drei davon, die Büste von Barletta, der Kopf aus Lanuvio in Rom und der Wiener Kopf, gelten der Forschung als Porträts Kaiser Friedrichs II. In ihnen mischen sich gotischer Charakterkopf und antikes Herrscherbild. Doch auch hier hat die apulische Romanik, denken wir nur an die Konsolköpfe der südlichen Hexaforiengalerie von S. Nicola in Bari, ausgezeichnete Vorarbeit geleistet. Derselben Motivation wie die Porträtbüsten, nämlich dem Repräsentationswillen des Kaisers als römischem Cäsar und neuem Augustus, dürfte auch die Wiederbelebung des Reiterstandbildes entsprungen sein. Ruinös erhalten ist noch das senkrecht zur Wandfläche gestellte Reiterbild im Innenhof von Castel del Monte. Bei der Büste von Barletta soll es sich gar um das Fragment einer überlebensgroßen Reiterstatue handeln. Doch Friedrichs Interesse an der Antike war nicht nur aus Gründen der Staatsraison oder der imperialen Geste der Selbstdarstellung geboren. Dem Friederizianischen Klassizismus jegliche ästhetische Dimension absprechen, wie dies Panofsky tat und einige seiner Jünger noch tun, ist sicher ein Schritt in die falsche Richtung. In der Cäsaren-Ikonographie setzte Friedrich nur die Kunstpolitik seines Großvaters konsequenter fort. Er selbst hat aber bei den verschiedensten Gelegenheiten sein persönliches Interesse an der antiken Kunst bewiesen. Er hatte ja nicht nur in Glyptik und Monumentalskulptur die klassischen Vorfahren nachahmen lassen, er war der erste passionierte Sammler dieser Kunst. In dem bekannten Brief an die Professoren von Bologna bekennt der kaiserliche Absender: »Wir haben immer die Schönheit geliebt und immer, ohne Unterlaß, ihren Duft eingesogen.« Eng verbunden mit der Wertschätzung der antiken Kunst war ein neues Verhältnis zur Natur, zum Realen, zum optisch wahrnehmbaren Umfeld. Das persönliche, ja leidenschaftliche Interesse für die Natur und deren Beobachtung teilte er nicht nur mit anderen großen Persönlichkeiten seines Jahrhunderts, von Fibonacci über S. Francesco zu Bacon, es war einer seiner hervorstechendsten Wesenszüge (s. Falkenbuch).

Für die apulische Bildhauerei waren es glückliche Jahre. Die Verbindung Friedrichs II. mit der apulischen Romanik zeugte laufend neue Künstlerpersönlichkeiten von durchaus internationalem Rang. Nur zwei seien namentlich erwähnt: Nicola di Bartolomeo da Foggia – vielleicht der Sohn des Bartholomäus von Foggia –, dessen Frauenköpfe in Ravello und Lagopesole zum Erlesensten gehören, was die spätmittelalterliche Bildhauerei je hervorgebracht hat, und das größte Genie des Jahrhunderts, Nicola di Puglia oder bekannter als Nicola Pisano, dessen apulisch-staufisches Erbe erst in der Toscana zu prächtiger Blüte reift und dort verwelkt. Sein Sohn Giovanni Pisano und sein Schüler Arnolfo di Cambio vertreten eine neue Generation, in der, jetzt erst, der gotische Geschmack in Italien seinen Einzug hält.

c) Der Bauherr

Der Kaiser habe nur eine einzige Kirche bauen lassen, dagegen das gesamte Königreich mit unzähligen Burgen, Residenzen und Kastellen übersät. Diese Aussage in ihrer Proportionalität ist zwar nicht ganz unberechtigt, enthält aber in Wirklichkeit einen Vorwurf, der die Kirchenfeindlichkeit Friedrichs II. belegen soll. Letzteres ist sicher in dieser Form ausgedrückt falsch. Die Latinisierung Unteritaliens war gegen Ende des 11. Jhs. abgeschlossen, alle Städte und Gemeinden hatten seit dieser Zeit, spätestens seit dem nachfolgenden Jahrhundert, einen neuen repräsentativen Kirchenbau begonnen. Ein Großteil der Bauhütten war im frühen 13. Jh. noch beschäftigt mit der Fortführung der im Gang befindlichen Bauarbeiten oder mit der Erstellung der Innenausstattung, z.B. in Bari, Barletta, Bitonto, Ruvo, Térmoli oder Trani. Wo Städte, Siedlungen oder Klöster neu gegründet wurden, beteiligte sich der Kaiser durch finanzielle Mittel; bekannteste Beispiele dafür sind Altamura, Ruvo und die Abbazia del Murgo. Die aufkommenden Bettelorden, die halbgeistlichen Ritterorden oder religiösen Bürgervereinigungen bauten ihre eigenen Gotteshäuser. Eine allgemeine Notwendigkeit zum Neubau großer Kathedralen war durch die vorherrschende Situation für den Kaiser nicht gegeben. Er hatte andere Sorgen: die Wiederherstellung von Recht und Ordnung im Reich. Außerdem mochte er nach dem Prinzip verfahren haben, »gebt dem Cäsar, was des Cäsars ist« und der Kirche was der Kirche ist.

Kirchenbau war die Sache des Papstes. Friedrichs entscheidende und heute noch die Landschaft prägende Eingriffe in die Gestalt des Landes lagen im Profanbau, in der Errichtung von Residenzen, sogenannten Jagdschlössern und Kastellen.

Über die Bautätigkeit des Kaisers in der Zeit nach der Rückkehr aus Deutschland bis zur Rückkehr vom Kreuzzug haben wir keine Informationen. In den Akzisen von Capua und Messina hatte sich Friedrich II. das notwendige und geeignete Instrument geschaffen, um die seit dem Tode Wilhelms II. illegalerweise errichteten Feudalburgen entweder einreißen oder sich für seine Dienste aushändigen zu lassen. Hinzu kamen Reparatur, Ausbau und wehrtechnische Verbesserungen bestehender Anlagen. Über Neubauten ist wenig bekannt, fast nichts erhalten. Wo normannische Vierflügelanlagen bestanden (Melfi, Bari, Trani usw.) wurde deren Grundriß beibehalten; wo es das Gelände nicht anders erlaubte, wie in Oria, entstanden in der Form unregelmäßige Anlagen. Ein bestimmtes feststehendes Schema ist nicht erkennbar. Die Verteilung der Wehranlagen über das Land ist ausgerichtet nach dem seit Römerzeit festgelegten Straßennetz und setzt fast überall existente Wehrbauten fort.

Die Situation ändert sich radikal nach 1230. Überall dort, wo der Kaiser nun ex novo bauen läßt, entstehen Anlagen, die von einer strengen geometrischen Regelmäßigkeit, Axialität und Symmetrie beherrscht sind. Der *esprit de géometrie,* der dem Jahrhundert eignet (Carcassonne, Provins, Queenborough, Aigues Mortes), hat nun auch auf die Bauten des deutsch-römischen Kaisers übergegriffen. Doch diese Erklärung ist zu wenig. Der Umstand, daß dieser erkennbare Gesinnungswandel in der Grundkonzeption der staufischen Bauten deutlich und unmittelbar nach der Rückkehr Friedrichs aus dem Heiligen Land stattfand, verleitete nicht wenige Forscher zu der Annahme, daß die augenscheinliche Kenntnis von islamischen Vorbildern den Wandel beim Kaiser bewirkt hätte. Doch all die herangezogenen und zitierten ›Vorbilder‹ von Moscheen, Karawansereien oder Burgen liegen in Gebieten, deren Boden Friedrich II. nie betreten hatte oder stammen aus einer viel späteren Zeit. Tatsächlich hat der Kaiser nie irgendwelche mit eigenen Augen gesehene, real vorhandene Vorbilder nachgebaut, offensichtlich auch nie beabsichtigt dies zu tun.

Der im Kaiser vorgegangene Wandel ist tatsächlich nach der Kreuzfahrt erfolgt und hat auch damit zu tun, nur war der Auslöser ein innerer Wandel des Kaisers. Die überaus glückliche und absolut friedliche Lösung des Jerusalemproblems und seine Krönung als Davidkönig einerseits und die Vorfälle bei seiner Rückkehr: Einfall der päpstlichen Schlüsselsoldaten, Weigerung des Papstes, den Bann zurückzunehmen, und glückliche wie friedliche Rückgewinnung seines Königreiches andererseits, haben dem Kaiser auf dem Höhepunkt seiner Erfolge die persönliche Gewißheit verschafft, daß *rerum neccessitas* und göttliche Fügung, beide zusammen, ihn ausersehen hatten, die Fülle der Zeit, der erwartete Messiaskaiser, der Bringer der *aurea aetas* und die Verkörperung des weltlichen Gesetzes *(lex animata)* zu sein. Im Proömium der Konstitutionen von Melfi hat er dies aller Welt kundgegeben. Er, der Davidkönig und Semper Augustus, fügt in dieses Gesetzeswerk einen Passus ein, der mehr als alle anderen Paragraphen die quasi göttliche Stellung des Kaisers bestätigt, die sogenannte *defensa.* Wieder einmal Kantorowicz war es, der in dem schon zitierten späten Aufsatz einen wichtigen Zusammenhang aufgedeckt hat, in dem er die durch das Gesetz der *defensa* garantierte Omnipräsenz des Kaisers als die herrscherliche Verwirklichung der »spätantiken Vorstellung von der Allgegenwart der Kaisernumina« ausweist. Das ideelle Kaisernumen der *defensa* erhält noch im selben Jahr materielle Geschwister. Am bekanntesten und offenkundigsten ist dies der Fall bei den neu geprägten Augustalen, auf denen sich Friedrich II. als Semper Augustus seine Omnipräsenz als von Hand zu Hand gehende, sinnlich erlebbare und wertvolle *imago* sichert. Der ebenfalls materielle aber ungleich monumentalere Bruder des Augustalen ist das Staufische Kastell, ebenfalls ein Kaisernumen.

Vorab zwei Beobachtungen. Die Kastelle Friedrichs sind – verglichen mit anderen hochmittelalterlichen Wehranlagen z.B. in Spanien, Frankreich, England oder im Heiligen Land – relativ klein. Außerdem sind sie offensichtlich nicht auf Uneinnehmbarkeit hin konzipiert. Das mag so manchen überraschen und erscheint für einen Wehrbau widersinnig, ist es aber nicht; es ist lediglich eine Frage des strategischen Konzepts – und dieses ist römisch, typisch römisch sogar. Die Römer errichteten mit Vorliebe ihre Kastelle in der Ebene, direkt an den Militärstraßen gelegen, nicht uneinnehmbar auf Bergeshöh'. Ihre Aufgabe war jedenfalls nicht, die Uneinnehmbarkeit zu garantieren, vielmehr Kontrolle und Präsenz. Die Strategie bestand in der Flächenverteidigung und dem mobilen, gut geschulten und gedrillten Heer. Die Castra waren alle gleich gebaut. Ein römischer Legionär, der von Asien an den Rhein versetzt wurde, fand sich in dem dortigen Castrum sofort zu Hause, erlebte die Ordnungsmacht Rom. Wie die römische Stadt und ihr Ordinatensystem von Cardo und Decumanus maximus die himmlische Ordnung abbildeten, repräsentiert das Castrum die irdische Ordnung. Wer ein römisches Castrum angriff, der griff gleichzeitig symbolisch und realiter Rom selbst, d.h. das ganze Imperium an. Deshalb war der Verlust eines Castrums für Rom kein existenzgefährdender. Das römische Castrum hatte also neben seiner militärischen auch Abbild- und Symbolfunktion.

Auch die mittelalterliche Architektur, diese geradezu in besonderer Weise, hatte Abbildfunktion, war Bedeutungsträger allerersten Ranges. Daß die gotische Kathedrale das Himmlische Jerusalem abbildete, ist längst festes Wissen. Weniger bekannt ist, daß das benediktinische Idealkloster die materialisierte Klosterregel und damit Abbild der angestrebten Apostolischen Pfingstgemeinde bedeutet. Aber auch die Militärarchitektur war bedeutungsgeladen. Turm, Tor und Mauer waren Herrschafts- und Hoheitszeichen und als solche nicht jedem gestattet.

Der frisch gesalbte Kaiser hatte bei seiner Ordnungsaktion gegen die Barone des Landes und besonders gegen die sizilianischen Sarazenen die Tücken des Guerillakrieges und die Vorteile der Flächenverteidigung erlebt und erkannt. In seinem Königreich Sizilien konnte er als uneingeschränkter Herrscher das römische System der flächendeckenden Verteidigung übernehmen. Es gab keine uneinnehmbaren Zwingburgen einer starken Feudalität. In seinen Kastellen, Festungen und Türmen wohnte kein Herr mit Familie und Gesinde, es waren reine Wehrbauten, meist mit nur geringer Besatzung, oft auch nur periodisch oder gar nicht besetzt, nur für den Bedarfsfall bereitstehend. Weil dies so war, konnte er daran denken, ein gemeinsames Grundmuster, ein Modell zu entwickeln, und dies erfolgte im Grundriß nach dem Vorbild des römischen Castrums. Der historische Moment für diese Entscheidung fiel offensichtlich zusammen mit der Neudefinition seines Herrscheramtes als Semper Augustus. Von den nach 1230 errichteten Neubauten zeigen wichtige Kastelle in Ostsizilien und Apulien alle den gleichen Grundriß, ein quadratischer Vierflügelbau mit Ecktürmen (rund, viereckig oder polygonal).

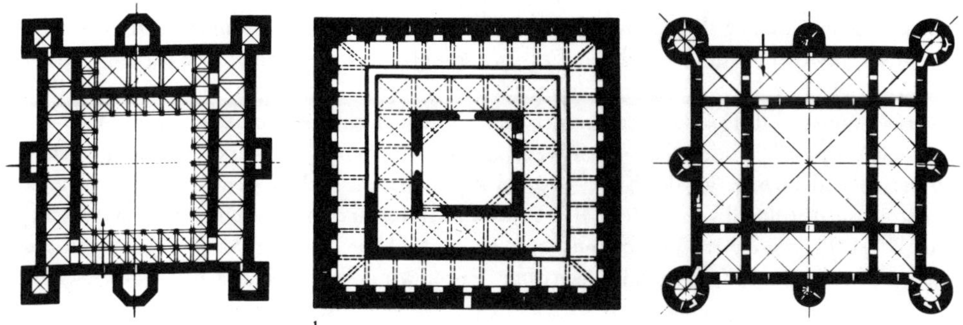

a b c

Grundrisse Friederizianischer Kastelle a) Augusta b) Lucera c) Catania

Wenn der Grundriß Verwandtschaft oder Ähnlichkeit mit muslimischen oder anderen europäischen Wehranlagen aufweist, dann ganz einfach deswegen, weil auch diese späte Erben des römischen Castrums sind. Friedrichs Kastelle waren aber nicht übermäßig groß und nicht auf Uneinnehmbarkeit konzipiert. Wer eines davon angriff, der griff den Kaiser selbst und damit sein Reich an. Weil sie nur militärischen Zwecken dienten, konnten die staufischen Kastelle alle nach dem gleichen Muster erstellt werden. Sie waren vor allem Hoheitszeichen der Staatsmacht, Repräsentanten eines Ordnungswillens, der römisch war. Die Kastelle Friedrichs waren Kaisernumina.

Dies gilt für die Kastelle von Prato in der Toscana, für jene von Manfredonia, Trani, Gioia del Colle in Apulien und für Augusta, Milazzo, Catania oder Syrakus in Sizilien. Es gilt aber auch für die besonderen Schöpfungen wie den Torbogen von Capua, für Lucera und Castel del Monte. Natürlich gab es auch Abweichungen in der Grundrißform wie z.B. in Lagopesole oder in kleineren Kastellen, z.B. Gravina di Puglia, doch ist auch hier der Wille zu einer geometrischen und regelmäßigen Grundrißlösung unverkennbar. Aus römischer Tradition schöpfend und mit Stilelementen seiner Zeit wie zisterziensische Frühgotik, apulische Romanik oder islamische Formenapperatur komponierte Friedrich II., der Bauherr, einen ihm eigenen, ganz für seine Repräsentationszwecke geeigneten Architekturstil, der vom Geist und der Handschrift des Kaisers geprägt ist und bauliche Individualität zuläßt. So sind zwar die Kastelle von Prato, Augusta, Catania, Syrakus und Lucera im Grundriß fast deckungsgleich, doch im Aufriß und der räumlichen Aufteilung zeigen sich die beiden letzteren als völlig einzigartige und individuelle Lösungen, dort mit zisterziensisch-islamischer Säulenhalle um ein Hofquadrat, hier mit Überführung des quadratischen Hofes in ein Achteck im obersten der drei Geschosse. Am Castel Maniace in Syrakus kommt Islamisches, im Capuaner Brückentor eindeutig Römisch-Imperiales zum Tragen. Einzigartig in unserem Bereich, in Apulien, bleiben Lucera – eine Mischung aus normannischem Donjon und römischem Castrum – und Castel del Monte.

Stil und Form aller zwischen 1230 und 1250 errichteten staufischen Großbauten, im besonderen die Kastelle über quadratischem Grundriß, das Capuaner Brückentor und Castel del Monte, atmen mit geradezu erdrückender Überzeugungskraft Geist von Friedrichs Geist, so daß für die

Forscher aller Couleur als unumstößliches Axiom gilt, der Kaiser persönlich, und nur er, ist direkt verantwortlich für die an diesen Werken erkennbaren gemeinsamen und paradigmatisch für Friedrichs II. Kaiservorstellungen stehenden Formverwirklichungen, für diesen nach ihm auch benannten Stil. Jeder andere Versuch, der, in dem er andere konkrete Herleitungen aus norwesteuropäischen oder islamischen Wehrbauten des hohen Mittelalters versucht und damit an der stilbildenden Kraft des Kaisers vorbei argumentiert, verliert sich im Unwahrscheinlichen. Also ausgehend vom Axiom, daß Friedrichs II. formgebende Impulse die hauptverantwortlichen für diese Architektur und Skulptur sind, bleibt dennoch der direkte Anteil des Bauherrn an Sonder- und Einzellösungen offen. Fassen wir deshalb zusammen, was als gesichert gilt:

Am ältesten erhaltenen Baudokument aus Friederizianischer Zeit, dem Portalfragment und der Inschrift vom Foggianer Palast, erfahren wir die enge Zusammenarbeit von leitendem Architekten und kaiserlichem Bauherrn. In bezug auf das Capuaner Brückentor (1234–1238) des Baumeisters Lyphantes berichtet der zeitgenössische Chronist Richard von S. Germano, daß es der Kaiser mit eigener Hand entworfen *(quod ipse manu propria consignavit)* hätte, wobei lediglich das Wort *consignavit* (statt *designare* = zeichnen) den Interpreten Probleme bereitete. Der apulische Historiker Musca behauptet sogar, allerdings ohne seine Quellen zu nennen, daß Friedrich II. auch das Castel von Lucera eigenhändig entworfen hätte. Aus der Notiz des Richard von S. Germano sowie der Bemerkung des Ricobald von Ferrara, daß der Kaiser *»omnium artium mechanicarum, quibus animun advertit, artifex peritus«* (in allen mechanischen Künsten, mit denen er sich befaßte, ein Meister; Übers. n. Willemsen) gewesen sei, wollte man schließen, daß er, der Verfasser des Falkenbuches, die zugehörigen Illustrationen ebenfalls von eigener Hand gefertigt hätte. Doch das einzige erhaltene Exemplar ist eine Kopie aus Manfredischer Zeit des bei Vittoria (Parma) verlorengegangenen Originals. Aus dem einzigen erhaltenen Dokument von des Kaisers Hand, das namentlich auf Castel del Monte Bezug nimmt, das Schreiben vom 29. Februar 1240 von Gubbio aus an den Justitiar der Capitanata, erfahren wir andererseits, daß der Kaiser auch in seiner Abwesenheit so genau über den Baufortgang in seinen wichtigsten Kastellen unterrichtet und deshalb in der Lage war, die konkrete Anweisung für Beschaffung und Verlegung der Marmorplatten erteilen zu können, und andererseits, daß er auch weiterhin genauestens und ständig auf dem Laufenden gehalten zu werden wünschte. Aus zahllosen anderen Briefen und Verordnungen etc. wissen wir auch, daß der Kaiser persönlich Ortswahl, Größenordnung, militärische Funktion usw. seiner Bauten verfügte und kontrollierte. Auch sind alle vier Grundelemente, die des Kaisers Vorlieben und Prägungen in Sachen Kunst bestimmen, an den vorab zitierten Beispielen erkennbar: die für seine Jugend prägende, normannisch-arabische Mischkultur Siziliens, die enge Verbundenheit mit den Zisterziensern, die er nicht nur tatkräftig förderte sondern auch für seine Bauten, in welcher Form und in welchem Ausmaß auch immer, einsetzte, die apulische Romanik, vertreten durch die für ihn arbeitenden und in dieser Tradition erzogenen Baumeister/Bildhauer und das, wenn auch u. a. politisch motivierte persönliche Interesse an der Antiken Kunst.

Daß der vielbeschäftigte und vielseitig interessierte kaiserliche Bauherr aber eigenhändig die Pläne und Bauzeichnungen angefertigt hätte, selbst wenn er technisch und praktisch dazu in der

Lucera, Idealrekonstruktion des staufischen Kastells innerhalb der angiovinischen Befestigung (nach Willemsen)

Lage gewesen sein sollte, ist völlig auszuschließen. Die wie im Falle von Bartholomäus von Foggia dokumentierte enge Zusammenarbeit und die konkrete Einflußnahme des Kaisers dürften dennoch plausibel rekonstruierbar sein. Wie in der juristischen und administrativen Aufteilung des Königreiches gab es unter Friedrich II. die später von Karl I. übernommene Instanz nach Regionen aufgeteilter *praepositi edificiorum*, nebst den Protomagistern für spezifische Bauvorhaben. Der Name des für Ostsizilien zuständigen Präpositus ist uns bekannt, den des für die Capitanata verantwortlichen kennen wir leider nicht. Für seine wichtigen, ihm besonders am Herzen liegenden Bauten wird Friedrich II. wohl den zuständigen Präpositus oder Protomagister zu sich bestellt haben, ihm seine Vorstellungen mitgeteilt und diese vielleicht sogar *manu propria* skizziert haben, letzteres ganz im Sinne des Wortes *consignare* (= aufzeichnen, einzeichnen). Die technischen, organisatorischen und künstlerischen Details waren die Aufgabe des jeweils mit dem Projekt betrauten Architekten. Die Auswahl und Bestimmung wichtiger Dekorationen oder Anbringung von Skulpturen, spezielle Portalform und Materialauswahl mögen aber vereinzelt wieder den persönlichen Eingriff des Bauherrn erkennen lassen.

d) Die Krone

»Als weithin sichtbares, die unermeßliche Ebene beherrschendes Wahrzeichen nennt es das Volk das Belvedere oder den Balkon Apuliens. Man könnte es noch passender als die Krone Apuliens nennen. Denn gleich einer Mauerkrone ruht dieses Schloß auf jenem Hügel. Wie das Diadem des Hohenstaufenreiches, das herrliche Land krönend, erschien es mir, wenn es die Abendsonne von Purpur und Gold funkeln ließ.« Seit des großen Gregorovius' Wortprägung ist der Vergleich mit einer Krone nicht mehr aus dem Castel del Monte betreffenden Vokabular wegzudenken. In seiner Entstehungszeit, als die vorstehenden Ecktürme noch reichlich 2 m die Oberkante des Kastelloktogons überragten, muß dieser Eindruck noch zwingender gewesen sein. In dem etwas früher oder fast gleichzeitig konzipierten anderen Symbolträger, dem Capuaner Brückentor, hatte der Kaiser schon einmal dieses Motiv, dort zwei germanische Zackenkronen als leuchtend weiße Marmorbasis der Zwillingstürme, gewählt. Gregorovius' Eindruck und somit dessen Wortschöpfung müssen also gar nicht so falsch gewesen sein, zumindest nicht in der Sehweise des 13. Jhs.

Noch immer erliegt jeder auf Castel del Monte zu Reisende dem Zauber dieses Höhenschlosses, das da, in sich ruhend majestätisch in die Runde blickend, der langsam anschwellenden Landschaft durch herrscherlichen Formwillen auferlegt ist. Schon von weitem bietet sich dem suchenden Auge der künstliche Hügelabschluß als fester Punkt am Horizont, wie ein magischer Konzentrationskern der Natur. Näher gekommen, verwandelt sich der zunächst undefinierbare Punkt in einen in seinen Einzelformen noch ungestalteten, erratischen Block, der schließlich ab einer Entfernung von etwa 4 km sich langsam zu differenzieren und seine einzigartige Form preiszugeben beginnt. Wie aus dem harten Licht des Südens gemeißelt, schälen sich die Einzelteile in der prismatischen Klarheit ihrer kristallinen Struktur heraus (Umschlagvorderseite).

Der Anblick war seit Anbeginn immer der gleiche. Castel del Monte war immer auf Weit- und auf Allsicht angelegt, d. h. der Bau war dazu errichtet, gesehen zu werden, und zwar wie es die herausragende topographische Situation förmlich herausfordert, von allen Seiten gleichermaßen. Die Waldtheorie Willemsens, die einer solchen Fernsicht widerspricht, wird heute von niemandem mehr ernsthaft aufrechterhalten. In der Natur des Werkes, nämlich von allen Seiten gesehen werden wollen, liegt schon ein Teil des Geheimnisses der Konzeption der Baugestalt. Das Verhältnis des Bauherrn zur Natur ist bekannt. In seinen Residenzen und *loca solatiorum* rund um Foggia war die Natur bereits einbezogen, Teil des Gesamtkonzepts. In Castel del Monte steigert sich das leidenschaftliche Verhältnis zur Natur zu einem rauschhaften Beherrschen der Umgebung, die zu einer *natura ad usum imperatoris* wird. Diese Art von Landschaftsplanung hat durchaus renaissancehafte Züge. Wie mit dem Palast von Foggia, dem von Lucera oder dem Brückentor zu Capua wollte Friedrich II. gewiß Gefühle provozieren: Bewunderung, Unterwerfung – und auch Angst, aber auch Herrschaft und Ordnung.

Aber nicht nur die topographische, auch die geographische Situation war offensichtlich sehr bewußt gwählt. Bei extremer Klarsicht reicht der Blick vom Dach des Castel del Monte, dem Balkon Apuliens, von der Garganischen bis zur südlichen Bareser Küste. Auch ins Landesinnere reicht weit der Blick. Also nicht nur gesehen werden, auch selbst sehen können, ist kennzeichnend für die Lage von Castel del Monte. In den sechziger Jahren hat eine minutiöse Studie unter militärisch-strategischen Gesichtspunkten (Manzi) eine genaue Vermessung der Luftlinienentfernungen zu den wichtigsten nord- und mittelapulischen Befestigungen ergeben, daß dieses Kastell an einem ganz neuralgischen Punkt liegt, was ihm so recht die Möglichkeit der Zentrierung, der Sammlung divergierender Militärpunkte erlaubt. Schließlich hat Tavolaro in einer Reihe von Einzelstudien aufgezeigt, daß Castel del Monte viele Merkwürdigkeiten aufweist, die heute erlauben davon auszugehen, daß die Vermessung von Lage, Außenbegrenzungen, Achsen und Proportionen unter exakt astrologisch-astronomischen Aspekten erfolgt ist. So weicht die durch das Portal gekennzeichnete Ost-West-Achse genau um 2,5 Grad von der Idealrichtung ab, genau jenen Winkel, der durch die Schräge der Erdachse vorgegeben ist. Jeweils zu bestimmten Uhrzeiten an den beiden Äquinoktien bezeichnet der Schatten der inneren Mauerkante wie eine Sonnenuhr präzise den Fußpunkt der gegenüberliegenden Achteckseite. Beim Übergang von einem Sternbild in das jeweils nächste bezeichnet der Mittagsschatten andere wichtige, das Bauwerk differenzierende Horizontal- oder Umrißlinien, z. B. würde die errechenbare Schattenlinie am 22. September zusammenfallen mit der Außenbegrenzung der Türme. Castel del Monte war also gewissermaßen ein überdimensionaler Himmelskalender oder umgekehrt ausgedrückt, seine Abmessungen und Proportionen waren vorgegeben durch die Gesetzmäßigkeiten des Sternenlaufs.

Einfach und überschaubar, weil aus einer einzigen geometrischen Grundfigur, dem Oktogon, entwickelt, bietet sich der Grundriß. Um einen achteckigen, offenen Innenhof legt sich ein ebenfalls achteckiger Gebäudering mit gleichfalls regelmäßigen, achteckig zusammengefügten Außenmauern, an deren acht Ecken wiederum achteckige Türme so angefügt sind, daß sechs Seiten des Oktogons frei stehen, während die inneren beiden Seiten dem Hauptbau inkorporiert sind. Wie ein Kristall, klar, logisch, organisch sich von innen nach außen entwickelnd, entsteht der Grundriß. Das Achteck ist mit geometrischen Mitteln problemlos auf verschiedene Weise aus dem Quadrat zu gewinnen. Viel ist über die Herkunft dieses Grundrisses geistreich geschlußfolgert worden. Eine typologische Untersuchung (1970) wollte die konsequente Herleitung aus der nordwesteuropäischen Wehrarchitektur belegen, doch bleibt diese Studie nur interessant eben für eine Typologie; genealogische Stringenz besitzt sie nicht. Neuerdings ist ein eigenes sehr aufwendiges Buch ausschließlich der achteckigen Grundrißform gewidmet worden (Götze). Den Bau selbst erklärt dieses Buch nicht. Ein wenig erinnert diese fieberhafte Suche nach Vorbildern oder Vorläufern an den Ausspruch eines großen Kunsthistorikers unseres Jahrhunderts: »Seit altersher ist die Kunstwissenschaft bestrebt, den künstlerischen Einfall des einzelnen durch den sorgfältigen Nachweis der Genesis seiner Motive zu diskreditieren.« (Braunfels)

Wollen wir wieder Bekanntes festhalten: Die berühmtesten Bauten mit oktogonalem Grundriß wie S. Vitale in Ravenna, Pfalzkapelle in Aachen oder die Omarmoschee in Jerusalem (Felsendom, vermutlich auch die Auferstehungskirche ebd. und die Geburtskirche in Bethlehem), kannte Friedrich II. vom persönlichen Augenschein. Wichtig auch der Hinweis (Hahn), daß die Barbarossapfalz von Hagenau, der Lieblingsaufenthalt von Friedrich II. in Deutschland, eine Nachbildung der Pfalzkapelle von Aachen besaß und daß die benachbarte Burg Egisheim einen achteckigen Mauerring besessen haben soll. Als sicher muß auch gelten, daß die im Mittelalter verbreitete Symbolik des Achtecks, vgl. Kaiserkrone und Barbarossaleuchter in Aachen, Friedrich II. wohl vertraut war. Diese besagt, daß der Kreis das Unendliche, den Himmel und damit das Göttliche symbolisiert. Das Quadrat dagegen mit seinen vier Ecken und gleichlangen Seiten (vier Himmelsrichtungen, vier Elemente usw.) stand für Erde, Diesseits, Welt. Das Achteck ist die ideelle Verbindung zwischen Kreis und Quadrat: Quadratur des Kreises, vermittelt also »in effigie« zwischen Diesseits und Jenseits. Das entsprach genau der staufischen Kaiserideologie: weniger als Gott aber mehr als der Mensch. Alles Gründe genug für Friedrich II., einem besonderen Bau diese sakrale Grundrißform zu geben. Die zitierten Beispiele liefern keine direkten

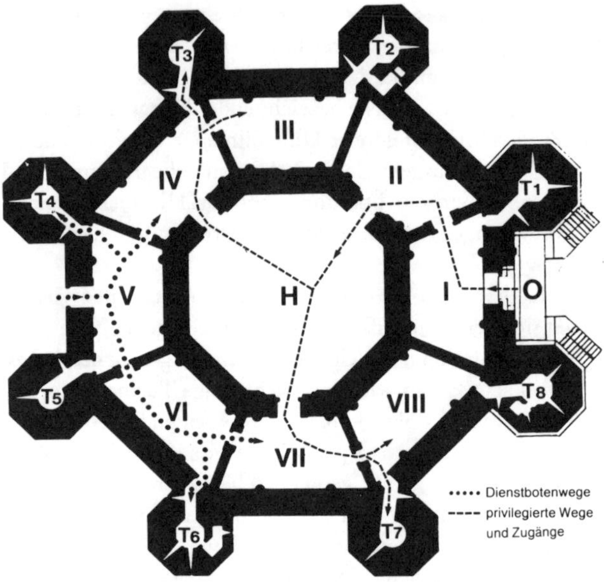

CASTEL DEL MONTE (Bezeichnung der Räume nach De Tommasi bzw. Musca)

Erdgeschoß

- 0 Portal
- I Eingangshalle
- II Durchgangsraum, evtl. f. Wachen, rechte Wand geschlossen. Zugang zum Hof. Inneres Portalgewande prächtiger als Hofseite
- III Nur ein Zugang von IV aus. Großer Kamin. Vermutl. Küche, Aufenthalts- und Ruheraum der Wachen
- T2 Zu III gehöriger Turm und nur von dort aus erreichbar. Zusätzliche Kammer mit Toilette
- IV Raum der Wache mit direktem Zugang zum Hof H
- T3 Sog. Falknerturm *(Torre del Falconiere)* mit Wendeltreppe zum Obergeschoß
- V/VI Weitere Räume für Personal
- VII Durchgangsraum. Prächtigstes Portal, darüber Reste einer Reiterstatue
- T5 Einziger Turm mit durchgehender Wendeltreppe bis zum Dach
- T6 Turmkammer mit zusätzlichem Raum
- VIII Kaminraum, Gesindeküche(?)
- T7 Mit Wendeltreppe zum Obergeschoß. Gewölbe über 6 Kreuzrippen auf Konsolen aus Atlanten in Hockstellung. Beste erhaltene Skulptur in Castel del Monte
- T8 Turmzimmer mit zusätzl. Kammer
- H Hof. Von der ursprünglichen Brunnenanlage ist nichts mehr erhalten

Vorbilder für den Gesamtbau Castel del Monte. Dessen Grundriß ist zwar der Achtstern einbeschrieben, doch um von dieser geometrischen Konstellation auszugehen hätte man die Mittelpunkte der Ecktürme als Ausgang nehmen müssen. Der erbrachte Nachweis der astrologischen Ausrichtung des Baues läßt aber daran zweifeln. Eher ist anzunehmen, daß bei der Verschnü-

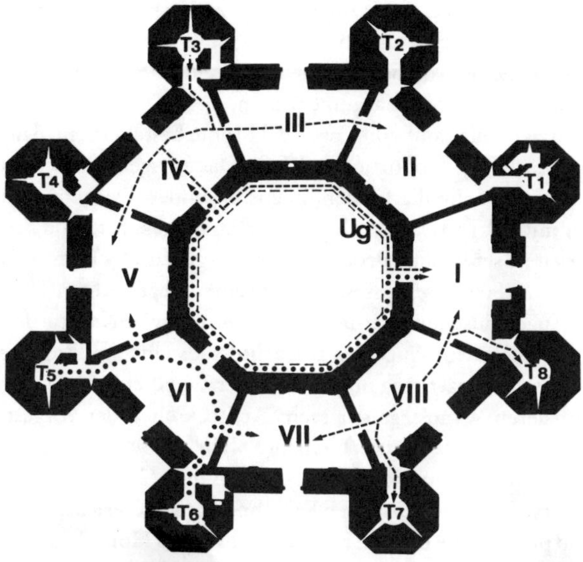

Obergeschoß

I	Sog. Thronsaal, großes Fenster, direkter Zugang zum Erdgeschoß über Hoftür
Ug	Hölzerner Umgang auf der Hofseite
T 1	Turmzimmer mit zusätzlicher Kammer und Klosett
II	Angenomm. Schlafzimmer des Kaisers, Kamin
III	Aufenthaltsraum
IV	Durchgangsraum
T 3	Turm d. Falkners, offen bis zur Dachterrasse, vermutl. mit Holztreppe ausgestattet; große Nebenkammer
V/VI	Schlafzimmer für höhere Hofbeamte
T 4	Turmzimmer mit Nebenkammer
T 5	Wendeltreppe bis zum Dach; Turmnebenkammer
T 6	Turmnebenkammer mit Toilette
VII	Kaminzimmer, vermutl. Speisesaal
T 7	Wendeltreppe zum Erdgeschoß
VIII	Vorzimmer zum Thronsaal
T 8	Wendeltreppe zum Dach

rung des Plateaus zur Einhaltung der beabsichtigten astralen Daten die einfachere Grundform des Quadrats der Ausgangspunkt war. Gemessen wurde in der neapolitanischen Elle (= 0,26 m).

Die persönliche Vorliebe des kaiserlichen Bauherrn für Mathematik, Geometrie, Astrologie usw. sowie seine Freundschaft mit führenden Wissenschaftlern seiner Zeit, nicht zu vergessen seine fast fanatische Liebe für alles Gesetzmäßige, dessen Verkörperung *(lex animata)* er ja selbst war, stehen so im Einklang mit Grundriß und Baugestalt von Castel del Monte, daß alle Herleitungsversuche, die an der Person des Kaisers und seinen bekannten Vorlieben vorbeidenken, wohl auch am Bauwerk selbst vorbeiargumentieren.

Eine Besonderheit der Baugestalt von Castel del Monte besteht darin, daß man nur aus extremer Fernsicht die eigentlichen Proportionen erfaßt. Diese zeigen nämlich im Aufriß ein flaches Rechteck, dessen kleinere Seite die Höhendimension bildet. Der tatsächliche Eindruck, den aber jeder Besucher mit sich fortträgt, enthält genau das umgekehrte Bild, einen hoch aufgerichteten Bau. Dies verleitete schließlich Produzent und Regisseur des Films »Der Name der Rose« in ihrer Nachbildung des Stauferschlosses, dieses zu einem regelrechten Turmwerk zu strecken. Erreicht wird die Augentäuschung beim Original durch zwei Kunstgriffe. Die hingelagerte, breite Baumasse zeigt sich dem Auge des Betrachters als eine Addition hoch aufgerichteter, durch die perspektivische Verzerrung ungleich breiter Wandfelder des Grundoktogons zuzüglich der noch schmäleren Wandstege der sechs Achteckseiten der vorgestellten Türme. Das Auge nimmt nur eine Folge vertikaler Elemente wahr. Dieser Eindruck wird noch vertieft durch die Höhenlage auf der Kuppe des Hügels, so daß man Castel del Monte praktisch immer nur aus starker Untersicht, der sogenannten Froschperspektive, erlebt, was natürlich eine Lüge, eine kalkulierte und provozierte Illusion ist. Lediglich eine in Höhe des Bodenniveaus des Obergeschosses um alle Bauglieder herumgeführte einfache Profilleiste und die Fensterzone sorgen für schwachen Ausgleich in der Horizontalen. Eine besondere Betonung des Höhenzuges bewirkt schließlich die Eingangsfassade mit der Übereinanderstellung von axialsymmetrisch angeordneter zweiwangiger Treppenrampe (vgl. Trani), Portal und Fensterbiforium.

Gesteigerte Aufmerksamkeit hat der Bauherr auf die Gestaltung des Portals gerichtet (Farbabb. 8), wie dies auch die anderen erhaltenen Beispiele in Prato, Syrakus und Capua eindrucksvoll belegen. Das Portal ist bei Friedrich II. wie kein anderer Bauteil vorgeschickter Sendbote der kaiserlichen Propaganda, sozusagen das Schaufenster, durch das man in abbildhafter Weise die kaiserliche Politik erfährt. Pilasterrahmung, Architrav und auf Konsolen ruhender Flachgiebel vertreten die Antike, die Kapitelle sind Leihgaben der Zisterziensergotik, und die rechteckige flachfeldrige obere Einfassung des Portals ist in der islamischen Architektur beheimatet. Auch der farbige Prunk des Portals mutet fast orientalisch an. Basislöwen am inneren Torbogen und die besondere Art, wie diese Farbigkeit bewirkt wird, stellen das Portal in die heimische apulische Romanik, deren besondere Vorliebe für farbige Steinintarsien an Fußböden, Bischofsthronen, Ambonen usw. auf eine langjährige Tradition zurückblicken kann. Dennoch vermittelt die Gesamtkonzeption des Portals keinen fantasielosen Eklektizismus, vielmehr stellt sie erneut die stilbildende Kraft des genialen Bauherrn und seiner apulischen Mitarbeiter unter Beweis. Das satte Rot der garganischen Breccia, das marmorne Weiß der oberen Rahmenfelder und das honigfarbene Gelb der Mauern stimmen einen sonoren Grundakkord an, der im darüberliegenden Biforienfenster durch Verdichtung der Formen und Vermehrung der Farbpalette um nobles Grau und frisches Grün der Kreisfelder aus Serpentin zu einem preziösen Abschluß gebracht wird. Der chromatische Charakter der friederizianischen Architektur feiert in der Ausgestaltung der oberen Räume wahre Orgien, wo in den Marmorleibern der Säulenbündel leuchtendes Zinnoberrot, samtiges Weinrot und kühles Blau aufleuchten. Apulien, das Land, dem Stein alles bedeutet, lieferte dem farbverliebten Kaiser den Schatz, den er für die Verwirklichung seiner Träume von einer eigenen Architektur gesucht hatte.

Betritt man durch dieses grandiose Portal des Lichts das Schloß, wird man etwas verwirrt feststellen, daß man nicht direkt in den Kastellhof treten kann, sondern in einen dunklen, fensterlosen und verließartigen Raum geführt wird. Erst und nur durch den benachbarten Raum gelangt man in den Hof (Abb. 60). Insgesamt gibt es nur drei Zu- bzw. Ausgänge des Hofes. Alle Innenportale sind verschieden in ihrer Form. Auch ihre Innen- und Außenseiten sind jeweils ungleich gestaltet. Nicht alle Räume sind also mit dem Hof verbunden, und auch untereinander kommunizieren nicht alle miteinander. Nur zwei Dinge haben alle 16 Räume gemeinsam, den trapezförmigen Grundriß und die eigenwillige Wölbart (s. a. Brückentor von Capua), daß nämlich nur das dem Trapez einbeschriebene Grundquadrat mit Kreuzrippen eingewölbt ist und optisch kaum wahrnehmbare Zwickelgewölbe an den Seiten übrigbleiben. Unfähigkeit der Baumeister, den ganzen Raum kreuzrippig einzuwölben, wie oft vermutet wird, muß wohl vernünftigerweise als Erklärung ausscheiden. Ansonsten gleicht im Detail kaum ein Raum dem anderen. Geheimniskrämer wollten darin den Willen des Bauherrn sehen, dem logisch geordneten Gesamtkonzept ein ›Labyrinth‹ einzubauen. Die letzten Restaurierungsarbeiten ab 1972 haben bei aufmerksamer Beobachtung aller Einzelheiten den Chefrestaurator De Tommasi zu einer einfacheren aber plausibleren Deutung veranlaßt. Der Umstand der verschiedenen Hofzuführungen, die komplizierten Raumverbindungen untereinander und die ungleiche Ausstattung mit Schmuck oder nützlichen Einrichtungen wie Kamin, Wasserleitungen, Toilette, zugehörige Turmkammer usw. läßt nur den einen Schluß zu, daß die verschiedenen Räume auch zu unterschiedlicher Nutzung gedacht waren, sowohl in praktischer Hinsicht (Küche, Waschraum, Audienzraum usw.) als auch in der Vorgabe einer sozialen Rangordnung (Abb. 59, 61). Eine akribisch genaue Beschreibung aller Räume geböte ein eigenes Buch. Dem Benutzer dieses Führers sei deshalb an Hand von Grundrissen die Detailkenntnis erleichtert.

Nicht ganz geklärt sind nach wie vor Baudatum und Grad der Fertigstellung beim Tode Friedrichs II. Der schon zitierte Brief des Kaisers aus dem Jahre 1240 läßt zwei Lesarten zu. Entweder das strittige Wort *adtractum* bezieht sich auf den Fußboden oder auf die Fertigstellung der Bedachung. Im letzteren Falle hätte damit Castel del Monte im Februar 1240 kurz vor der Vollendung gestanden. Dann aber hätte wegen der langen Abwesenheit des Kaisers der Bau inklusive aller Details, die die kaiserliche Handschrift vermuten lassen, vor 1235, also zeitgleich mit dem Capuaner Tor, vollständig konzipiert gewesen sein müssen. Die eigenwillige Wölbart, die beiden Bauwerken gemeinsam ist, könnte zusätzlich dafür sprechen; das heißt Friedrich II. hätte sich vor seiner Abreise nach Norditalien und Deutschland noch einmal intensiv mit seiner Repräsentation im Königreich durch ideologische Bauten (Kaisernumina) beschäftigt, später aber nicht mehr. Vieles spricht für diese Lösung. Auch die Bestellung von Bitonto, Bitetto und Monopoli zwischen 1241 und 1246 als verantwortliche Kommunen für die Unterhaltungskosten von Castel del Monte könnte diese Datierung erhärten.

Besonders stutzig hat die Forschung schon immer der Umstand gemacht, daß im Itinerar des Kaisers kein einziger Aufenthalt in Castel del Monte zu erkennen ist und auch kein einziges

Dokument wie Brief, Erlaß usw. auf einen Aufenthalt hinweisen. Wenn aber ein Bauwerk bei so skrupulöser Vorbereitung, so luxuriöser Ausstattung und so herrlicher Lage zur persönlichen Nutzung durch den Kaiser vorgesehen war, sei es als Refugium, als zeitweilige Residenz oder nur als ›Jagdschloß‹, was man ja leider besonders häufig lesen muß, warum hat er, der ja häufig in der Gegend weilte, nie das Schloß besucht oder bewohnt? War es als ganzes oder in wichtigen Teilen, z. B. die als letztes zu errichtenden hängenden Zisternen in fünfen der acht Türme, doch noch nicht fertig? Diente es ganz anderen geheimnisvollen Zwecken? Nur zweimal bis 1250 wurde der Prunkbau genutzt. Einmal, 1246, als Gefängnis und ein zweites Mal, 1249, als Zeremonienort für eine fürstliche Hochzeit.

Im Vorwort der Prato-Ausstellung (1975) klingen kritische Töne an, die eine gewisse Neuorientierung in der Deutung des Kastells erkennen lassen. Castel del Monte sei weder, wie Berteaux meinte, eine Mischform aus Antike und Gotik, noch sei es das Produkt einer bestimmten weit verbreiteten und bekannten Kultur, auch sei es kein Kastell im strengen Wortsinne, es sei vielmehr ein geheimnisvoller Bau, der seine eigentliche Bedeutung und seine wirkliche Funktion nicht preisgebe. Nun, die allerjüngste Foschung (Tavolaro, Musca, De Tommasi) hat den Schleier über diesem romantischen Geheimnis etwas gelüftet. Die alte These von der Unbewohnbarkeit konnte widerlegt werden. Castel del Monte war bewohnbar, allerdings nur für befristete Zeiträume und eine zahlenmäßig sehr beschränkte Gruppe. Dieser bot Castel del Monte allerdings größten Luxus und alle erdenkliche Bequemlichkeit. Man bedenke nur die üppige und ausgefeilte Installation der sanitären Anlagen. Die Hierarchie der Räume und die kostbare Ausstattung lassen als vorgesehenen Benutzer nur den Kaiser selbst vermuten.

Castel del Monte sei kein Kastell. In herkömmlicher Weise war es auch kein Kastell. Das auffällige Fehlen wichtiger, für einen zeitgemäßen Wehrbau typischer Einrichtungen wie Wassergraben, Zugbrücke, Stallungen, Ausfalltore, Arsenalräume usf. beweist, daß dieser ganz persönliche Bau Friedrichs II. nicht in erster Linie Wehraufgaben zu erfüllen hatte. Jedenfalls war er nicht geeignet, einem großen Heere zu trotzen noch einer längeren Belagerung standzuhalten. Doch die kräftigen Mauern und das komplizierte Zugangssystem beweisen andererseits, daß das ›Kastell‹ durchaus für kurze Zeit gegen eine kleinere Gruppe von Angreifern verteidigt werden konnte. Auch die geographische Platzwahl entbehrt ja keineswegs militärisch-strategischer Überlegungen. Gewichtet man aber die Nützlichkeitsaspekte wie Wehraufgabe oder Wohnsitz im Vergleich zu den dem Bau ebenfalls eigenen semantischen Aspekten, treten erstere ganz entschieden zurück. Ausrichtung des Baues nach dem ewigen Kalender der Gestirne, Grundrißform, symbolisch-luxuriöse Ausstattung und Allsichtigkeit lassen die *für* den Kaiser sprechenden, auf ihn in seiner besonderen Stellung hinweisenden Elemente als entschieden wichtiger erscheinen. Und gerade deren Wirksamkeit ist ja bis heute ungebrochen.

Erlaubt man nun eine Datierung für Konzeption, detaillerte Planung und Baubeginn vor des Kaisers Weggang nach Deutschland, also zwischen 1233 und 1234, so gewinnt Castel del Monte ganz unerwartet eine neue innere Logik. Nach dem Kreuzzug hat Friedrich II. seine Kaiserrolle neu durchdacht und formuliert. 1231 wird diese Vorstellung in Gesetzesform gegossen. Mit dem Schutzgesetz der Defensa wird die angestrebte Omnipräsenz des Herrschers erkennbar, und zwar als Wiederbelebung spätantiker Kaisernumina. Im selben Jahr erscheint ein anderes Kaisernumen in materieller Form, die Kaiserimago auf den Augustalen. Wiederum ein Jahr später gründet Friedrich II. eine neue Stadt mit dem bezeichnenden Namen Augusta Cäsarea. Das für dort vorgesehene Kastell ist eine Nachschöpfung des römischen Castrums, ebenfalls mit symbolischem Wert. Daß diese Kastellform in gleicher Weise in die Reihe der Kaisernumina einzureihen ist, dürfte akzeptierbar sein. Die Nachfolgebauten bestätigen es fast unzweifelhaft. Das 1239 fertige Kastell von Prato, das sich am stärksten an Augusta anlehnt und wohl kurz nach diesem begonnen wurde, und das um 1233 begonnene Castel von Lucera zeigen den gleichen Grundriß. In Lucera finden wir den ersten Ansatz zur Ausbildung des oktogonalen Hofes. Auch Castel Maniace in Syrakus, mit gleichem Grundriß und 1239 noch im Bau, dürfte Mitte der dreißiger Jahre konzipiert worden sein. Ab 1234 entsteht das Capuaner Brückentor, und parallel dazu könnte Castel del Monte entworfen worden sein. In diesen beiden Bauten findet die Suche nach einer neuen, sprechenden und repräsentativen kaiserlichen Architektur ihren Höhepunkt, die Steigerung des imperialen Gestus ihre letzte Formulierung. In beiden Bauten kommt das Kronenmotiv zum Ausdruck, in beiden finden wir die sonst unübliche Wölbart, und in beiden wird der unterstellte Anspruch Kaisernumen zu sein am reinsten erfüllt. In dieser kurzen Periode von der Gründung der Stadt Augusta bis zur Planung des Capuaner Brückentores hat sich Friedrich II. offensichtlich selbst am intensivsten mit der Schöpfung einer neuen Architektur, die seinem Kaiserbilde entsprechen sollte, beschäftigt. In diesem Zusammenhang allein erhält die Konzeption von Castel del Monte einen schlüssigen Stellenwert. Danach hat sich der Kaiser, nachdem er einmal die Beispiele gegeben hatte, nicht mehr intensiv mit Architektur auseinandergesetzt.

In dieser Sicht erhält auch der enorme Bedeutungsgehalt von Castel del Monte eine ganz rationale und natürliche Erklärung. Es ist ermutigend, daß gerade der so kritische Historiker Musca und der sonst so wohltuend nüchtern beschreibende und in Sachen Deutung so zurückhaltende Chefkonservator De Tommasi in bezug auf Castel del Monte die Bedeutungsebene als das vordergründige und wichtigste Element dieses einzigartig gebliebenen Bauwerkes sehen.

In diesem Zusammenhang ließen sich eine Reihe von Besonderheiten des Baues, wie z. B. die Ost-West-Ausrichtung mit Portal im Osten, sakrale Grundrißform für einen Profanbau, die durchgezogenen Steinbänke an den Wänden im Obergeschoß, die Anbringung des Thrones an der Stelle, an der bei Sakralbauten Altar oder Mihrab vorgesehen sind usw., als Mosaikstein zu einer Ausdeutung des Baues als *ecclesia imperialis* verwenden. Doch diese keineswegs unangebrachte oder ungerechtfertigte Interpretation verläßt den Boden der überprüfbaren und präzis beschreibbaren Fakten. In den wenigen Seiten, die hier zur Verfügung standen, habe ich versucht, den Gedanken von Kantorowicz die Kaisernumina betreffend für die Diskussion um Castel del Monte fruchtbar zu machen, mich nicht in den allzu verführerischen Einzelheiten zu verlieren und ansonsten »die Dinge, die da sind, so zu zeigen, wie sie sind« *(manifestare ea que sunt sicut sunt)*, ganz nach der Devise des Bauherrn.

IV Danach: Vom Mittelalter zur Neuzeit

Lecce, Stadtwappen an der Porta S. Biagio

1 Geschichte wiederholt sich

Der Tod des großen Staufers hatte noch einmal die Größe des »Stupor Mundi« und gleichzeitig die Schwäche des Systems, das keines war – weil allein an die Person des Kaisers gebunden –, gezeigt. Wieder einmal war in Süditalien der Versuch eine Utopie zu verwirklichen (vgl. Platon, Pythagoras) an den realen Verhältnissen gescheitert. Der »Hammer der Welt« hatte nicht nur die Kräfte seiner Gegner aufgezehrt, auch das Land, das ›sein‹ Land war, hatte der Titan erschöpft. Der Untergang der Staufer in Süditalien vollzog sich unwürdig, ebenso unwürdig wie ihr Einstieg in die Geschichte des Landes begonnen hatte. Die Blutweihnacht von Palermo (1194) beantwortete das Schicksal Auge um Auge, Zahn um Zahn. Der Rächer, wie konnte es anders sein, war vom Papst bestellt. Es war der jüngste Bruder von Ludwig dem Heiligen, der nur widerstrebend seine Einwilligung, aber kein Geld gegeben hatte. Der als Haupterbe und Nachfolger Friedrichs vorgesehene Konrad IV. starb schon nach vierjähriger Regierungszeit, nach wenig erfolgreichem Eingreifen in Süditalien. König Enzio saß – ohne jemals wieder die freie Luft der *puglia piana* atmen zu können – in lebenslanger Bologneser Haft. Manfred, seit 1257 auf Drängen seiner Barone König von Sizilien, hatte nicht das politische und strategische Geschick, vor allem nicht die Ausdauer seines genialen Vaters. Ohne zwingenden Grund hat er mit seinen rasch herbeigeführten und deshalb übermüdeten Truppen in falscher Einschätzung seiner zahlenmäßigen Überlegenheit sofort die Entscheidung in der Schlacht auf dem Rosenfeld bei Benevent (20. Januar 1266) gesucht. Manfred hatte den zu allem entschlossenen Kriegsmann Karl von Anjou unterschätzt. Er verlor Schlacht und Leben noch am gleichen Tag. Seine Frau Helena von Epirus mit den vier Kindern geriet durch Verrat des Kastellans von Trani in Gefangenschaft des als finster beschriebenen Karl.

Der letzte noch in Freiheit lebende Staufer, der Sohn Konrads, von den Italienern Corradino (Konradin) genannt, hatte gegen diesen Gegner keine Chance. Sein hochgemutes aber weltfremdes Unterfangen fand ein schnelles Ende, zuerst bei Tagliacozzo auf dem Schlachtfeld, dann, wiederum durch Verrat, rollte sein kindliches Haupt in den Staub der Piazza del Mercato in Neapel. Die »giftgeschwollene Schlangenbrut«, so die Päpste, war ausgetilgt. Unglücklicherweise nicht für Enzio und vor allem nicht für die drei im Kindesalter befindlichen Manfredsöhne und Friedrichenkel Enrico, Federico und Enzio. Auf direkten Befehl Karls von Anjou wurden sie geblendet und eingekerkert, »auf daß sie lebten, als wären sie nimmer geboren und stürben, als hätten sie nie gelebt«. Vollzugsanstalt für diesen heute nicht mehr begreifbaren, an Grausamkeit und Zynismus nicht zu überbietenden Befehl war ausgerechnet das schönste und vollkommenste Werk des staufischen Traums von einem Staat in Frieden und Gerechtigkeit und von einem goldenen Zeitalter der Menschheit: Castel del Monte. Die Mauern dieses Wunderwerks verbergen nicht nur noch so manches Geheimnis, sie waren auch Schauplatz einer Tragödie unbeschreiblichen Ausmaßes. Der Anjou und die Päpste müssen panische Angst vor den Staufern gehabt haben.

Und auch hier behielten die unersättlichen Schicksalsgöttinnen das letzte Wort für sich. Trotz aller unmenschlichen Anstrengungen war es den angiovinischen Henkern nicht gelungen, das letzte Schlangenei der staufischen »Vipernbrut« aus der Welt zu schaffen, König Manfred selbst hatte es rechtzeitig dem Zugriff der Rächer entzogen. 1262 hatte Manfred seine Tochter Konstanze, sei es aus traditioneller Verbundenheit der beiden Häuser, sei es aus politischer Weitsicht – Aragon – Barcelona war im 13. Jh. neben Genua zur führenden Macht im westlichen Mittelmeer aufgestiegen –, dem Infanten Peter von Aragon zur Frau gegeben. Welche Zusammenfügung von Verbindung und Namen gehen einem da gleich durch den Kopf! Friedrichs II. Mutter hatte Konstanze geheißen. Sein eigener erster Name lautete gleichfalls Konstantin und seine erste Frau trug denselben Namen. Diese hatte dem jungen König von Sizilien nicht nur die sehnsüchtig gewünschten 500 Ritter, sondern auch noch die catalano-okzitanische Zivilisation auf ihrem Höhepunkt (Troubadoure) als Heiratsgut ins Haus gebracht. Und jetzt war es die staufische Konstanze, die den Anspruch des schwäbischen Hauses auf Unteritalien mit in die expansive aragonesische Politik einbrachte. Die Anjous, und mit ihnen das Papsttum, hatten zu früh frohlockt. Schon 20 Jahre nach der Hochzeit zwischen Peter von Aragon und Konstanze konnte die neue Koalition ihrerseits triumphieren: Genua, Byzanz und Aragon brachen in die Phalanx von Anjou, Venedig und Papsttum ein. Der kurze angiovinische Terror der Insel war in den Flammen und dem Blutbad der Sizilianischen Vesper (1282) untergegangen. Als ihren Schutzherrn und rechtmäßigen König feierten die Sizilianer den Stauferenben Peter von Aragon. Die eben erst errungene Machtbasis von Karl von Anjou war erheblich abgebröckelt, sein Höhenflug (angestrebte Eroberung von Byzanz) durch die Kriege der Vesper empfindlich beeinträchtigt. Was sich nun erneut in Unteritalien abspielt, ist eine Wiederholung des Vergangenen.

Doch die apulische Geschichte rechnet in Millennien, nicht in Dekaden. Wiederum ist es weniger das Land selbst, sondern ausschließlich die gesamte mittelmeerische und abendländische Entwicklung, die Apulien die neue Rolle diktiert. Das östliche Mittelmeer verliert für Europa an Bedeutung, das Heilige Land ist endgültig verloren und damit auch die regen Handelskontakte dorthin. Die Region gehört nicht mehr zum Heiligen Römischen Reich, das es faktisch in mittelalterlicher Form der Stauferzeit nicht mehr gibt und dessen Zentrum sie für einige Jahrzehnte war. Byzanz ist nach der Vertreibung der Lateiner mit Hilfe der Genuesen nur noch ein kranker Mann am Bosporus, der mit seinen eigenen Gebrechen hinreichend beschäftigt ist. Mehmeds II. Fatih Vorkämpfer stehen schon bereit. Die neuen Mächte des Mittelmeeres liegen alle an dessen nördlichem Saum: Venedig (Adria), Genua (Tyrrhenis) und Barcelona (Iberischer Raum). Die künftigen Herrscher des Landes kommen wie gehabt von außen, ihr Regierungssitz liegt auf der anderen Seite des italienischen Stiefels in Neapel. Apulien wird zur Grenzregion, zur bequem ausbeutbaren Pfründe. Statt Goten, Byzantinern, Langobarden, Arabern wieder Byzantinern und Normannen heißen nun die verschiedenen in rascher Folge wechselnden Herren des Landes Anjous, Aragonesen, Spanier, Venezier, Habsburger, Bourbonen und Franzosen. Die Region verliert ihre Identität.

Im 15. Jh., mit der Einführung der *»Dogana delle Pecore«*, wird das einstige Kornland der Capitanata zum Durchzugsgebiet der Schafherden aus dem Molise. Das Skelett des Tavoliere bilden nicht mehr die einstigen römischen Heerstraßen, sondern die Herdenstraßen *(Tratturi)* blökender Schafarmeen – und Neapel sahnt mit seinen Zöllen ab. Südlich der Linie Gravina – Conversano – Monopoli findet die alte Landwirtschaft bescheidenen Garten. Doch die Gärtner säen aber ernten nicht. Dies besorgen andere, mächtigere Ableger des neapolitanischen Treibhauses. Die Namen verraten ihre Herkunft: Balzi (Les Baux i. d. Provence), Orsini (Rom), Sforza (Mailand) etc. Die Perlenschnur der einst stolzen Seestädte wie Manfredonia, Barletta, Trani, Bari, Brindisi, Otranto oder Tarent verliert ihren Glanz. Die Bevölkerung lebt wieder einmal vom Land, d.h. vom Boden und seinen Erzeugnissen. Seehandel und Geldwirtschaft sind fest in der Hand der Ausländer: Venezianer, Genuesen oder Toscaner. Zum täglichen Kleinkrieg aller gegen jeden kommt die Tod und Verwüstung bringende Bedrohung von außen. Nach der Einnahme von Konstantinopel 1453 erlebt Apulien das Meer wieder als Feind, dazu einen wiederholten Bevölkerungszustrom vom Balkan: Griechen auf der Flucht vor den Osmanen. 1480 wird der Besuch aus dem Osten blutiger Ernst. Das Massaker von Otranto erregt das ganze christliche Abendland. Wieder einmal zieht sich die verängstigte Küstenbevölkerung ins schützende Hinterland zurück. Die alten Grotten und Höhlen bekommen jungen Besuch. Ein Kreislauf, so alt wie die Menschheit in Apulien, schließt sich erneut. Das Land, sein Boden und seine Grotten helfen überleben, überdauern bis auf günstigere Entwicklungen. Wer in Äonen zu denken und zu leben gewohnt ist, weiß zu warten, wie ein Samenkorn in der Wüste, das beim ersten Regenguß in üppiger Blüte aufersteht. Und diese Blüte sollte kommen, auch wenn von der restlichen Welt wenig beachtet und geschätzt. Es ist eine Blüte, wie könnte es anders sein, aus dem Fleisch des Landes, dem Stein.

Die Entwicklung der Kunst folgt nicht immer und sofort dem Pulsschlag der politischen Entwicklung. So auch in diesem Falle. Noch im selben Jahr, in dem der letzte der den Anjous erkennbare Stauferebe, Konradin, unschädlich gemacht worden war, begann Karl I. mit ungeheurem Aufwand die Reorganisation seines erkämpften Reiches. Dazu gehörte auch ein ausgedehntes Bauprogramm: Erneuerung und Verbesserung der von Friedrich II. übernommenen Kastelle und Residenzen; daneben auch Kirchen, Klöster und Kapellen. Von Friedrich II. übernahm Karl auch die Institution des Präpositus. Für diese Schlüsselstellungen holte sich der Anjou Kräfte aus seiner Heimat. Der Protomagister Operum curie war demnach ein Franzose, Pierre d'Agincourt. Dieser hatte ein gewaltiges Arbeitspensum zu verrichten, so liegt die Bauleitung des Palastes von Pantano und die der Kastelle von Lucera, Manfredonia, Melfi, Canosa, Barletta, Bari und Mola di Bari in seiner Hand. In Lucera wirkten außerdem namentlich bekannt die Franzosen Johann von Toul und Thibaud d'Alzun mit. Auch für die Erbauung der Zisterzienserabteien bei Scurcola und Scafati wurden französische Baumeister berufen. Doch, und diese weit in der Überzahl, wirkten neben den ins Land geholten Ausländern einheimische Architekten und Bildhauer, Meister also, die noch im Geist der friederizianischen Kunst aufgewachsen und ausgebildet waren. So ist es verständlich, daß es zu keinem Bruch in der Kunstentwicklung kommt, im Gegenteil kann man heute mit Sicherheit feststellen, daß die erste Phase der Anjouzeit gekennzeichnet ist von einer ausgesprochenen Kontinuität, d.h. einem lebhaften Fortleben der staufischen Kunst. In Lucera arbeiteten neben den französischen Meistern die Apulier Roberto d'Andria und Jacopo da Salpi. In Manfredonia steht Johannes von Toul der einheimische Jordanus von Monte S. Angelo zur Seite, der zusammen mit seinem Bruder Maraldo im Jahre 1273 den achteckigen Turm seiner Heimatstadt in Abmessungen und Aufriß genau nach dem Vorbild der Ecktürme von Castel del Monte errichtet. Im Palast von Pantano ist neben Pierre d'Agincourt noch Pellegrino da Sessa (Kampanien) tätig, dessen Mitarbeit an den Kathedralen von Bari und Sessa als gesichert gilt. Melchiorre da Montalbano steht mit seinen Arbeiten in Rapolla (1253) und Teggiano (1279) noch ganz im Bannkreis der staufischen Zeit. Anseramo da Trani hat noch persönlich für Friedrich II. im Palazzo in Orta gearbeitet. Später ergeht an ihn der Ruf für wichtige Aufträge wie z.B. Portal in Terlizzi, Ziborium in der Kathedrale von Bari oder das Grabmal der Falcone-Kinder an S. Margherita in Bisceglie (1276). Das zweite Grabmal der Falcone, ebendort, wird von Magister Petrus Facitolus aus Bari erstellt. Dieser war schon tätig an der Kathedrale von Altamura, und an S. Maria Assunta in Castellaneta (Anfang 14. Jh.) soll er mitgearbeitet haben. Die 1270 vollendete Kathedrale von Matera steht ebenfalls ganz in der einheimischen Tradition, ist allerdings mehr am Lecceser Bau von SS. Niccolò e Cataldo ausgerichtet (Portal). Andere bedeutende Kirchenbauten wie S. Maria della Lizza in Alezio (1268), S. Maria del Casale bei Brindisi oder S. Domenico in Tarent bezeugen gleichwohl das Fortleben der einheimischen Tradition. Daneben blüht weiter die Kleinkunst und Luxusgüterherstellung der sarazenischen Werkstätten in Lucera. Lediglich in der Holzplastik erkennen wir, wie schon erwähnt, einen verstärkten Einzug fremder, gotischer Vorstellungen.

Direkt in der von der Antike mitgeprägten staufischen Kunst erzogen, vielleicht sogar der Sohn des Protomagister Bartholomäus, ist der sicher bedeutendste Bildhauer-Architekt Apuliens der nachfriederizianischen Zeit, Magister Nicola di Bartolomeo da Foggia. 1272 schafft er im Auftrag Nicola Rufolos die großartige Kanzel von Ravello. Zwei Jahre später holt Karl I. von Anjou den berühmten Meister zur Mitarbeit am Kastell von Lucera (Abb. 24), wo zwei Kopffragmente im dortigen Museum seine Handschrift vermuten lassen. Dann ergeht der Ruf zur Mitarbeit am Zisterzienserkloster von S. Maria di Realvalle, und als halbwegs gesichert gilt heute seine Mitarbeit am Kastell Lagopesole. Die dortigen Konsolköpfe und die Büste der Sigilgaita am Ravelleser Pulpito gehören zum Großartigsten, was die mittelalterliche Skulptur je geschaffen hat und stehen qualitativ auf gleicher Höhe mit den Arbeiten des größten apulischen Bildhauers des 13. Jhs., nämlich Nicola Pisano, der das antikisch geprägte Erbe der staufischen Kunst in die Toscana trägt.

Erst um 1300, unter dem bigotten Karl II. von Anjou, beginnt die Region ihre im 11. Jh. gefundene künstlerische Identität zu verlieren. Das den Apuliern politisch und wirtschaftlich keineswegs günstig gesinnte 14. und noch weniger das 15. Jh. bringen auch den Niedergang der Kunst. Wenn auch die gotische Kathedrale von Lucera (Anfang 14. Jh., Abb. 25) ein Einzelfall bleibt, dringen doch mehr und mehr von Neapel oder Venedig bestimmte Vorstellungen ins Land, besonders über die mit der Neapler Führungsschicht eng versippten Feudalherren, kirchliche Würdenträger und Ordensvorsteher. Von nun an prägen die landeinwärts gelegenen Feudalsitze wie Gravina, Conversano oder Andria und nicht mehr die Küstenstädte das Kunstgeschehen. Das Fortleben von spätromanisch-apulischen Formvorstellungen im Volk belegen zwar die Pfarrkirchen in Conversano, Rutigliano oder Acquaviva. Doch die adeligen Auftraggeber, z. B. die Fürsten von Tarent, richten ihre Aufträge nach dem neapolitanischen oder mittelitalischen Geschmack aus. Vorzugsweise auf dem Gebiet, in dem die apulische Kunst ohnehin nie eine eigene Größe entwickelt hat, nämlich in der Malerei, wo vorher Byzanz eindeutig den Ton angegeben hat (Fresken, Ikonen usw.), erhalten ausländische Werkstätten den Vorzug: so in Galatina (S. Catarina), Brindisi (S. Maria del Casale), Tarent (S. Domenico) oder Conversano (S. Maria all Isola). Begabte Einheimische wie Tuccio d'Andria wandern aus (Ligurien).

Als bedeutsam erweist sich in erster Linie, daß die Familie der Del Balzo von Andria den genialen Bildhauer Francesco Laurana an ihren Hof ruft. Seine Werke in Andria und Santeramo haben nachhaltig auf das größte bildhauerische Talent des Landes, auf Stefano da Putignano, gewirkt. Auch die Orsini von Gravina riefen dalmatinische Künstler für den Renaissance-Neubau der Kirche S. Francesco, und das Grabmal (nach 1518) der Angela Castriota Skanderbeg, Frau des Herzogs Ferdinand I. Orsini, könnte ebensogut in Venedig stehen (Abb. 88). Gleiches gilt für die Portale von S. Marco und S. Maria degli Angeli, beide in Lecce, und der Pfarrkirche in Parábita. Die zahlreichen Bilder der Vivarini-Brüder, von Veronese, Palma d. J., Bordone oder Tintoretto (die meisten in der Pinacoteca in Bari) aus verschiedenen Kirchen des Landes zeigen den venezianisch-adriatischen Einfluß. Über den Hof von Neapel ins Land kamen Maler wie Marco Pino (Sienese) oder Gaspar Hovic (Flame). Der einzige apulische Maler von Rang im 16. Jh., Gianserio Strafella, ist an Ort und Stelle nur noch in wenigen Kirchen zu betrachten, z.B. in S. Maria degli Angeli und S. Croce in Lecce und in der Collegiata in Copertino.

2 Blumen aus Stein: Lecce

Wollte man Apulien im touristischen Sinne aufteilen nach Interessenten oder Zielgruppen, ergäbe sich eine klare Dreiteilung der Region. Da stünde im Norden der Gargano für Erholung, Natur und schöne Strände und daran anschließend folgte ein Landesteil, Capitanata und Barese, der eindeutig das Interesse an der gemeinsamen deutsch-italienischen Geschichte und die Höhepunkte der mittelalterlichen Kunst mit Fixpunkten wie Troia, Lucera, Barletta, Trani, Castel del Monte, Bari, Molfetta und Bitonto anspricht. Schließlich, südlich der Linie Altamura-Mola di Bari, wird die anzusprechende Zielgruppe schwieriger. Diese Hälfte von Apulien, abgesehen von einigen Mikroregionen, ist kein ausgesprochenes Touristenland. Gewiß locken der Goldschatz von Tarent im dortigen Museo Archeologico, der steinerne Teppich des Mosaikfußbodens von Otranto, die liebliche wie malerische Trulli-Zone im Valle d'Itria, die große Karsthöhle von Castellana Grotte und die freskierten Grottenkirchen in und bei Matera, Mottola usw. die Apulientouristen auch in diesen Landesteil. Doch wer länger und gezielt ins südliche Apulien fährt, ist in der Regel kein Tourist, vielmehr ein Reisender im alten Sinne des Wortes, jemand der Land und Leute kennenlernen will, der insbesondere noch die Lust am Entdecken bewahrt hat. Und dafür bietet hauptsächlich das Salento, die alte Terra d'Otranto, Unerschöpfliches.

Der Grundakkord dieses Landesteils wird nicht vom Mittelalter sondern vom Barock angegeben. Neben wunderbar perspektivischen Platzanlagen in Martina Franca, Presicce oder

Lecce, Gesamtansicht. Kupferstich, 1835

Nardò und großartigen Stadtpanoramen wie Martina Franca, Locorotondo, Oria oder Gallípoli finden sich prächtige Stadttore und monumentale Kirchenbauten wie in Monopoli, Galatina, Francavilla oder Nardò. Keine Stadt, die nicht ihren Palast des örtlichen Feudalherrn hätte, darunter solche von protzigen Ausmaßen wie in Acquaviva, Manduria, Martina Franca, Cesario Lecc. oder Botrugno und andere, die wahre Kleinode der Palastbaukunst sind, so in Francavilla, Ruffano und Corigliano; daneben fast vergessen und recht heruntergekommene Palazzi mit kostbaren Architekturdetails in Carosino, Monteroni oder Andrano. Und schließlich, bislang noch mit keinem einzigen Wort erwähnt, Lecce, diese festliche, in gebauter Lebensfreude erstrahlende Barockstadt, ein Dresden des Südens.

Doch gilt der apulische Barock den ›Kennern‹ als ausgesprochen provinziell, überladen und überdies als mißratener Ableger des spanischen. Allein der Umstand, daß in Neapel spanische Vizekönige regierten und, oberflächlich betrachtet, typisch apulische Formverwirklichungen entfernte Ähnlichkeiten zu spanischen Bauten des gleichen Zeitraums nicht leugnen können, haben der ›Fachwelt‹ dieses Vor-Urteil erleichtert. Die erst spät erfolgte Rehabilitierung der apulischen Romanik des 11. und 12. Jhs. als eigenständig und hochstehend und die noch keineswegs abgeschlossene Diskussion um den Anteil von Fremdeinflüssen auf die Kunst des 13. Jhs.

(Gotik, Staufer usw.) lassen den aufmerksamen Leser schon ahnen, was es vermutlich mit der Geringschätzung des apulischen Barocks, der in kein vorgegebenes Raster wie Rom, Turin usw. passen will, auf sich hat.

Gewiß hat Apulien, dieses Mutterland der Steinbehandlung, geschickter Steinmetzen und große Bildhauer im Mittelalter, nun keinen Bernini, Puget usw. hervorgebracht. Auch wird man objektiverweise einlenken müssen, daß alle Lecceser Kirchenbauten, die vom Grundriß her eine unseren Vorstellungen vom Barock entsprechend bewegte, schwingende oder dynamische Raumlösung versprächen, wie z. B. S. Matteo, S. Chiara, Natività della Vergine und del Rosario, keine konsequente Endgestalt entwickelten und mit flacher Holzdecke alles einsargten. Die Grundrisse der Kirchen S. Matteo und Natività della Vergine stammen ohnehin von ›Ausländern‹, jene von Carducci (Lombarde) und diese von Salerni (Neapolitaner). Auch entwickeln die Fassaden in der Regel keine raumgreifende Tiefe und Bewegtheit, alles bleibt in der Wandebene. Die Ausnahmen, wiederum S. Matteo und Natività, stammen ja von fremden Künstlern und die Herkunft des Architekten von della Purità in Nardò ist mir nicht bekannt geworden. Auch die von der typisch Lecceser Dekoration abweichenden zurückhaltenden bis klassizistisch-kühlen Fassaden von S. Maria della Grazia (von Coluzio) und Il Gesù (von De Rosis) gehen ebenfalls auf auswärtige Künstler zurück. Eine einzige Ausnahme unter den Einheimischen Bildhauer-Architekten, Giuseppe Cino, schafft in del Carmine mit ovalem Langhaus und anschließender überkuppelter Vierung einen gewölbten, insgesamt dynamischen Raum.

Alles in allem ausreichende und gewichtige Einschränkungen, die geeignet scheinen, das allgemein akzeptierte Vorurteil für begründet zu halten. Andererseits, wenn man den Mut aufgebracht hat und das Risiko eingegangen ist, sich mit dem apulischen Barock unter fairen Bedingungen auseinanderzusetzen, wird man unversehens feststellen, daß diese Version eine sehr selbständige und durchaus glückliche regionale Sonderform dessen ist, was man summarisch unter dem Stilbegriff Barock versteht, und daß man nolens volens nach mehrtägigen Aufenthalten in Nardò, Martina Franca oder Lecce sich dabei ertappt, vom Charme dieser ambiental aufgefaßten Kunst als Lebenshaltung zunächst berührt dann aber bezaubert zu sein. Wieder einmal hat die Wissenschaft von der Fremde aus operierend mit vorgefaßten Kriterien die falsche Elle angelegt.

Die Fülle der Ereignisse und Denkmäler war schon immer ein Feind systematisierender Forschung. Eine detaillierte Beschreibung des Gesamtphänomens ›apulischer Barock‹, speziell unter den vorgegebenen Umständen, erforderte gewiß ein eigenes Buch. Deshalb hier nur im Stenogramm die Voraussetzungen und Besonderheiten der Kunst dieser Epoche. Es ist erstaunlich, mit welcher Präzision sich Geschichte wiederholt und sich ›das Apulische‹ als unverrückbare Konstante erweist, sowohl in der Periodisierung als auch in den historischen und künstlerischen Voraussetzungen. Der Ablauf des Geschehens läßt sich ähnlich wie im Mittelalter in drei klar unterscheidbare Phasen aufgliedern: a) Entstehung eines ausschließlich lokal gefärbten Formenschatzes von ca. 1550 bis nach 1600 (Riccardi, dell'Acaya); b) die Reife eines präzis beschreibbaren Regionalstils im 17. Jh. (Zimbalo) und c) eine letzte mehr internationale Spätphase mit Höhepunkten vom späten 17. bis zur Mitte des 18. Jhs. (Cino, Manieri). Die Voraussetzungen dieser neuen, rein apulischen Kunst sind zweifacher Art. Die historisch-politischen Bedingungen werden wieder einmal von außen geliefert. Die künstlerische Ausformung vollzieht sich fast ausschließlich über eigenständige Traditionskanäle.

Als nach Cambrai (1529) und Bologna (1530) die politische Zugehörigkeit Süditaliens zur Habsburger Hemisphäre gesichert war, nahm Karl V. die Neustrukturierung seines Landesteiles Apulien energisch in Angriff. Seine Inspekteure befanden das Salento als den meerseitig am meisten gefährdeten Teil, und Karl V. beschloß die Sicherung dieses südöstlichsten Vorpostens seines Reiches gegen die Osmanen. Neue Festungen nach modernsten militärischen Aspekten wurden errichtet, zum Beispiel Copertino und Lecce. Gerade diese Stadt wurde zur zweitwichtigsten im Königreich beider Sizilien und zur neuen geistigen und wirtschaftlichen Hauptstadt der Region. Das bevölkerungsreiche Salento war entsprechend gewichtig im Neapler Ständeparlament vertreten. Gleichzeitig, diesen Trend verstärkend, beginnt das Tridentinische Konzil seine ersten Wirkungen zu zeitigen. Im Rahmen der mächtig auflebenden Kirchenreform in den romanischen Ländern vollzog sich erneut eine Stärkung des klerikalen Einflusses und der Feudalität. Zahlreiche neue Orden (Jesuiten, Theatiner, Alkantarinen usw.) machten neue Kirchen- und Konventsbauten notwendig.

Drei einheimische Architekten, Gian Giacomo dell'Acaia, Gabriele Riccardi und Giovanni Maria Tarantino da Nardò stehen für diese erste Phase. In ihren Schöpfungen mischen sich ›moderne‹ Tendenzen (Renaissance), spätmittelalterlich-gotische Gewölbelösungen und seit der Romanik vertraute Formen der heimischen Kunst. Am entschiedendsten der Renaissance verpflichtet ist dell'Acaia in seiner Gestaltung der Hofbauten im neuen Lecceser Kastell und im Ospedale dello Spirito Santo (ebenda, Abb. 126). Doch in der zugehörigen Kirche des Ospedale erweist sich dell'Acaia ebenfalls in der Tradition der späten Gotik, das heißt, die Gründungsbauten des ›Lecceser Barocks‹ entstehen eigenständig zu einem Zeitpunkt, als es noch keinen Barock gab. Die Wurzeln dieses hybriden Stils reichen bis ins späte 14. Jh. zurück. Die Guglia von Soleto (Abb. 135), obwohl im Detail ausschließlich aus mittelalterlichen Formen zusammengesetzt, zeigt bereits alle Merkmale des späteren Lecceser Barock. Paradebeispiel für diese eigenwillige Kompositform finden wir am oberen Fassadenteil der Pfarrkirche in Galátone, am Turm der Hauptkirche von Copertino und ebendort am Portal des Kastells.

Am reinsten wird das Fortleben vertrauter mittelalterlicher Formen am Prunkstück dieser Frühphase, an der unteren Fassadenhälfte von S. Croce in Lecce (Abb. 130). Der Baumeister der neuen Zölestinerkirche, Gabriele Riccardi, kann als der eigentliche Schöpfer des sogenannten Lecceser Barocks bezeichnet werden. Die charakteristischen Elemente seiner Fassade von S. Croce, das übermächtige Kraggesims über Atlanten- und Tierkonsolen und die vier Okuli, rühren eindeutig aus der hochmittelalterlichen Bautradition. Das von der Antike entlehnte Konsolgesims erfuhr in Troia, Foggia und Trani eine erste dekorative Vergröberung, fand dann Eingang in die Profanarchitektur in Form von Prunkbalkonen (Loggia Balsamo in Brindisi und Palazzo Leo in Francavilla, beide 14. Jh.). Als üppiges Schmuckmotiv bleibt der Konsolbalkon

114 Brindisi Endsäule der Via Appia ▷

115 Brindisi S. Giovanni al Sepolcro

116 Brindisi S. Benedetto: Kreuzgang

117 BRINDISI S. Benedetto: Innenraum

118 BRINDISI S. Maria del Casale

119 LECCE SS. Niccolò e Cataldo: Vierungskuppel

120 LECCE SS. Niccolò e Cataldo: Innenraum

121 Olivenbäume

123 Beschneidung der Wassertriebe der Olivenbäume im Frühjahr ▷

122 Felder im Salento

124 LECCE Piazza Duomo mit Prozession zum Fest des hl. Oronzo. Aquarellierte Zeichnung von Jean Louis Des Préz

125 LECCE Piazza S. Oronzo

127 LECCE Loggien des Bischofspalastes und Domkampanile ▷

126 LECCE Ospedale dello Spirito Santo

128 Lecce Il Rosario

129 Lecce Porta Rudiae

130 Lecce S. Croce: Fassadendetail

131 Lecce Seminario: Fassadendetail

132 Lecce Palazzo d'Amore

133 Lecce Palazzo Morisco

134 Lecce Seminario: Hof, Brunnendetail

135 Soleto ›Guglia del Raimondello‹

136 Copertino Turm der Collegiata

137 Galatina S. Catarina: gotischer Chor

138 Copertino Collegiata

139 Gallípoli Fontana Ellenistica

140 Galugnano Pfarrkirche

141 Presicce Pfarrkirche und Andreassäule

142 Gallípoli Kirche Sacro Cuore

143 Otranto

144 Gallípoli

145 CORIGLIANO Palazzo de' Monti

146 NARDÒ Piazza Salandra

eines der markantesten Züge der Palast-Architektur des 17. und 18. Jhs., z. B. die Palazzi Marrese (Farbabb. 30), Constantini oder Castromediani in Lecce. Die Löwenkonsole an S. Croce ist so eminent mittelalterlich, daß der Löwe in Villard d'Honnecourts Bauhüttenbuch direkte Vorlage hätte sein können. Auch das Rosenmotiv, einmal von der apulischen Baukunst adaptiert, bleibt bestimmendes Fassadenelement bis ins 17. Jh. Die Rosen von Gravina, Ostuni und Otranto (alle 15. Jh.), diejenigen von Manduria, Mola di Bari (S. Maria di Loreto), S. Marco in Lecce und Minervino Lecc. (alle 16. Jh.) und die letzte monumentale Rose von S. Croce (17. Jh.) sind Meisterwerke filigraner Steinmetzarbeit.

Die polygonalen Riccardi-Chöre von S. Croce und in Minervino Lecc. sind gotische Räume in modischer Renaissanceform. Auch andere typisch romanische Prägungen, z. B. das Löwenportal (Porta dei Leoni an S. Nicola in Bari), tradieren sich über das späte Mittelalter (Bitetto und Altamura, beide 14. Jh.) bis ins 16. Jh. fort, so zu sehen in Nardò, Mola di Bari (S. Nicola) und Conversano (S. Benedetto, Ende 16. Jh.). Selbst die apulische Spezialität der Guglie in Léquile, Nardò, Ostuni und Bitonto und die Monumentalfiguren auf freistehenden Säulen können ihre landeseigene Tradition über die römischen Freisäulen am Ende der Via Appia (Brindisi, Abb. 114) bis zu den Menhiren im Salento und den daunischen Stelen um Manfredonia zurückverfolgen. Die besondere Portalform, in Apulien fälschlicherweise catalano-durazzesk genannt, stammt aus der islamischen Baukunst und fand über Castel del Monte Eingang in die apulische Architektur. Erst um die Mitte des 17. Jhs. werden die letzten mittelalterlichen Formen endgültig ausgeschieden.

Auf dieser Basis, in der sich alle apulischen Tugenden – wie Hang zu verspielt-dekorativer Lösung, Wandbezogenheit, Traditionalismus und ständige Nähe zur seit der Magna Graecia benachbarten klassischen Antike – glücklich vereinen, entsteht ein Formenkanon, der Kirchen- und Profanbauten mit einer gleichartigen, ja völlig identischen Maske überzieht, innen wie außen. Natürlich wandelt sich die Formenapparatur vom 16. zum 18. Jh., wird sozusagen internationaler, aber ihr apulischer Grundcharakter geht nie verloren. Verloren gegangen dagegen ist lediglich eine alte Fähigkeit, die zum Bauen von großartigen überwölbten Innenräumen – wie z. B. noch in Siponto, Canosa, Ognissanti di Cuti oder Molfetta. Ich vermute die Ursache für diese Rückentwicklung in der kirchenpolitisch verordneten Bauweise der holzgedeckten Basiliken lateinischer Art, die ja gegenüber Byzanz ein gezieltes Politikum darstellten. Wo sich apulische Baumeister an gewölbte Räume wagten, wie z. B. in Monopoli (Kathedrale), Martina Franca (S. Martino), Lecce (del Carmine) oder Léquile (S. Vito), sind durchaus bewegte und monumentale Innenräume entstanden. Doch sie bleiben eine Ausnahme. Auf diese Weise entstand ein Architekturstil, der besser ein auf die Wand bezogener Dekorationsstil genannt werden sollte. Die alte bildhauerische Fähigkeit der Apulier verbeißt sich ganz in die dekorative Gestaltung. Nicht dem Raum sondern seiner Begrenzung, der Wand, gilt alle Fantasie und Energie. Wirklich überladen sind aber nicht die Fassaden, abgesehen von Einzelfällen, sondern die Kirchenaltäre, wo die heimischen Bildhauer offenbar bis an die Grenze des technisch Möglichen gingen; hier verliert sich oft das Gespür für die Gesamtform im Virtuos-Technischen. Doch die eigentlichen Fassaden an Kirchen, Stadtmauern (Tore) und Palästen sind das Schöpferische und Geniale dieser Kunst, die ganz auf Vereinheitlichung aller Bauwerke in einem einzi-

a

Lecce, S. Croce
a) Fassade. Kupferstich von Strafforello
b) Grundriß

b

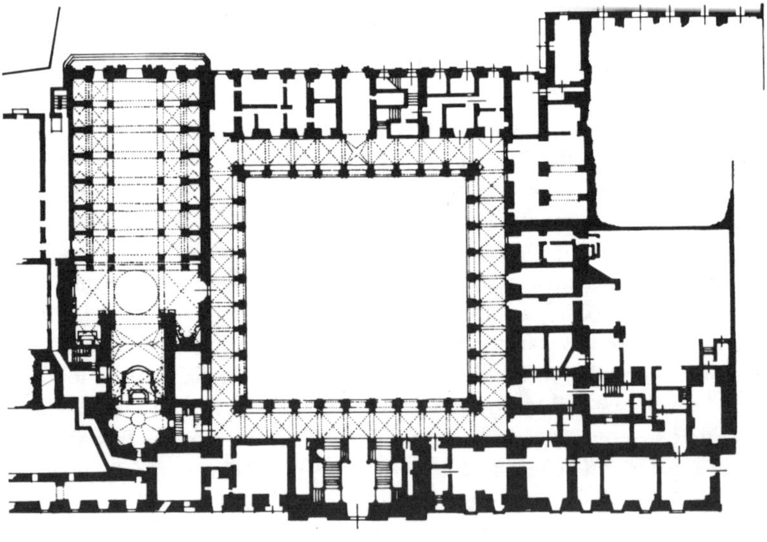

Lecce, Chiesa del Carmine
a) Innenraum (nach Briggs)
b) Grundriß

a

b

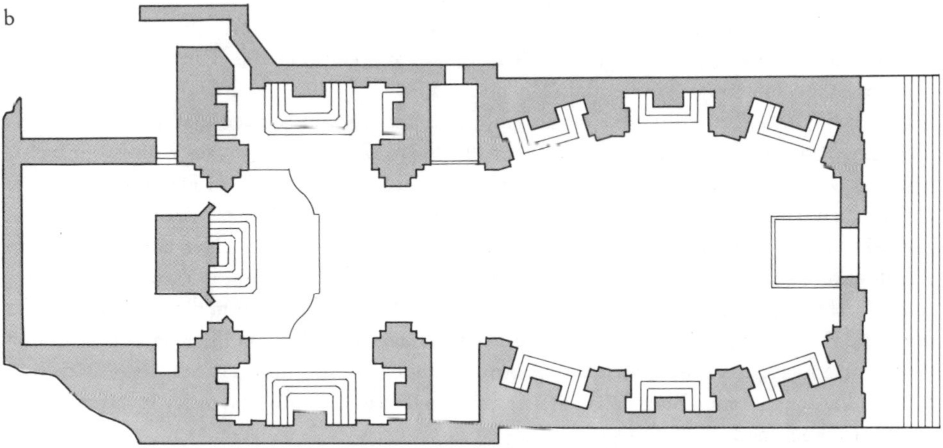

Lecce, Seminario im 19. Jh. Kupferstich von A. Deroy-Sargent

gen kostbaren Kleid ausgerichtet ist. Diese ambientale Gesinnung macht Städte wie Martina Franca, Nardò oder Lecce zu Juwelen der Stadtbaukunst. Obwohl berstend voll mit tausenderlei liebenswürdigen schmuckenden Einzelheiten sind letztlich nicht diese das Gemeinte, sondern immer die Gesamtheit aller Bauten. Lecce ist nicht die Summe seiner fantasievollen und schmucken Details, sondern ein Gesamtkunstwerk. So entstanden wunderschöne Innenhöfe wie im Seminario oder den Kreuzgängen von SS. Niccolò e Cataldo (Farbabb. 26), prachtvolle Palazzi und beschwingte Straßenzüge voller Sinnenhaftigkeit, ragende Türme und werbende Stadttore, dominierende Kirchenfassaden und malerische Plätze. Der Domplatz von Lecce (Farbabb. 25) ist architektonisch eine der schönsten und geschlossensten Platzanlagen Italiens, und das will viel heißen in einem Land, in dem die Piazza alles und die private Wohnstube nichts bedeutet. *Andare in piazza* ist in Lecce immer ein festliches Vergnügen. Der asymmetrische Domplatz mit seinen zwei Domfassaden, dem alles überragenden Menhir des Campanile, den perspektivisch ausgerichteten Propyläen, den auflockernden Arkadenfolgen des bischöflichen Palastes und der in festliches Ornat gekleideten Schauwand des Seminario ist die Summe Lecceser Vorstellungen von barocker Kunst, keineswegs aber der Innenraum der Kathedrale. Wer mit dem Wissen um das Besondere dieses apulischen Barocks und einem Blick dafür ausgestattet dem Land entgegentritt, wird viele beglückende Stunden erleben und gerne die dem Betrachter bereitwillig angebotenen Blumen aus Stein an all den Fassaden zumindest in der Erinnerung mit nach Hause nehmen.

3 Epilog

Wenden wir uns kurz dem bislang recht stiefmütterlich behandelten Bereich der Malerei zu. Natürlich muß der Liebhaber dieser Gattung auf seiner Apulienreise nicht ganz darauf verzichten. Die zahlreichen mittelalterlichen Fresken in Grotten und Kirchen, die ›Bildersäle‹ der barocken Kirchen und die Pinakotheken des Landes sind voll von bewundernswürdigen Beispielen. Doch ist es nicht gelungen bis zu Gianserio Strafella eine nennenswerte Malerpersönlichkeit namhaft zu machen. In der sogenannten Neuzeit gibt es jedoch zumindest zwei Künstler von solch hohem Niveau und solcher Könnerschaft, daß sie nicht nur auf allerhöchster europäischer Vergleichsebene ihren Rang beanspruchen dürfen, sondern auch mit einigem Fug von Apulien für sich in Anspruch genommen werden können.

Der eine ist Paolo Domenico Finoglia, um 1590 in Orta bei Neapel geboren. Weil den Kennern der neapolitanischen Barockmalerei meist nur seine Frühwerke in der Kartause S. Martino bekannt sind, blieb der Künstler bislang weitgehend unbekannt bzw. galt als »second-rate artist« und war Wittkower nur eine Fußnote wert. Wie wir seit kurzem wissen (Michele D'Elia), wurde der Künstler bereits 1634 von Giangirolamo II., Graf von Conversano, an seinen Hof geholt, wo er eine Reihe von Aufträgen ausführte, darunter einen zehnteiligen Zyklus zu Tassos »Befreitem Jerusalem«. Daneben entstanden zwischen 1636 und 1640 großformatige Bilder für die eben erst erbaute Konventskirche SS. Cosma e Damiano. Reinigung und Restaurierung der Bilder haben erst vor kurzem eine Neubewertung des schon 1645 in Conversano gestorbenen Finoglia ermöglicht. Was da unter der Tünche der Jahrhunderte verborgen lag, erwies sich als ein sensationeller Fund, als eine unschätzbare Bereicherung der italienischen Malerei des 17. Jhs. Insbesondere die beiden Bilder »Taufe des hl. Valerian« und »Martyrium des hl. Januarius« in SS. Cosma e Damiano offenbaren einen Maler von hervorragenden Fähigkeiten. Immer handelt es sich um großfigurige Kompositionen mit wenigen Handlungsträgern, monumental gruppiert in dynamischer Aktion, aber bei immer in sich ruhendem Bildaufbau. Entstofflichung der Farbe zu gleißendem Satin, dichtem Leinen, flauschigem Samt, metallisch harter Goldborte oder spiegelndem Erz, zartestes Karnat, caravaggesker Naturalismus und Chiaroscuro zu Weiß von farbiger Wucht, subtilste Verschränkung von Bildgrund und Handlungsträgern, leuchtender Kolorismus von venezianischer Glut und prangender Sinnlichkeit, veristische Detailzeichnung und großzügige Flächenverteilung, kurz, alles Tugenden, die in dieser Fülle nur ganz wenige Große ihr eigen nennen können. Ein Besuch des Museo Municipale und von SS. Cosma e Damiano in Conversano ist dem Malereienthusiasten damit ans Herz gelegt.

Gleiches gilt für das städtische Museum in Barletta, nicht nur der Stauferbüste wegen. Das Museum beheimatet über mehrere Säle verteilt eine Hommage an den größten Sohn der Stadt, den Maler Giuseppe De Nittis. Am 25. Februar 1846 in Barletta geboren, führte der rasche Aufstieg den hochbegabten Maler über die Akademie in Neapel (schon ab 1861) und den Kreis der Florentiner Macchiaioli des Caffè »Michelangelo«-Kreises (1867) nach Paris, wo er 1870 im Salon mit »Der Zug« und 1871 mit den drei Bildern »Abstieg vom Vesuv«, »Krater« und »Die Straße von Barletta nach Brindisi« nicht nur größtes Ansehen, sondern auch persönlichen

Anschluß an den Kreis der Impressionisten gewann. Speziell die Gruppe um Manet und Degas blieb sein engerer Freundeskreis. Nach deren Vorbild wandte er sich u. a. auch der Radierung zu. Umgekehrt wirkten seine Arbeiten in Pastell animierend zurück, vor allem auf Degas. Londonaufenthalt und Rückkehr nach Paris waren die nächsten Etappen seines Künstlerlebens. Sein großes Talent, seine Nähe zu Manet der mittleren Zeit aber auch zur Salonmalerei machten ihn ähnlich wie Tissot zu einem der begehrtesten und meistgekauften Maler im Paris der 70er und 80er Jahre. Dort starb er im Sommer 1884 und wurde mit großem Pomp auf dem Friedhof Père Lachaise beigesetzt. Daß ein Großteil seines Œuvre (u. a. 99 Ölbilder) heute in Barletta und nicht in Paris zu sehen ist, verdankt die Stadt einer großherzigen Familienstiftung.

Insgesamt ist es ein erfreuliches Œuvre, das die außerordentliche Begabung dieses apulischen Malers vor Augen führt. Zu sehen ist u.a. das 1870 in Paris ausgestellte Bild »Passa il treno« und zahlreiche Skizzen. Bestimmend bleibt die Nähe zu Manet und Degas und die oft unsichere, suchende Art. Insbesondere vermißt man die sinnliche und kraftvolle Farbigkeit eines Bazille, Renoir, Monet und Sisley, speziell deren konsequenten Drang zur reinen Spektralfarbe. Insofern war De Nittis nur ein Mitläufer des Impressionismus. Doch seine Suche hatte sich gelohnt. In einigen Werken, z. B. der »Abenddämmerung am Meer«, der »Seinebrücke« und besonders dem Spätwerk »Frühstück im Garten« (Farbabb. 17) hat der Barlettaner Maler durchaus seinen berühmteren Zeitgenossen und Vorbildern Gleichwertiges geschaffen.

Doch immer in Apulien, wenn es um Malerei geht, mischt sich ein Wermutstropfen ins Glas. Finoglia, der in Conversano sein Hauptwerk geschaffen hat und hier gestorben ist, war kein Apulier, und De Nittis konnte zwar auf apulische Abstammung verweisen, hat aber hier in seiner Heimat so gut wie nichts geschaffen, sein Arbeitsfeld war Paris. Die Region war und bleibt nun einmal das Land der Steine. Und immer, wenn eine europäische Kunstströmung Eigenschaften bevorzugt, die den apulischen Begabungen wie Antikennähe, Traditionalismus, Dekorationsfreude und Affinität zum Orient entsprechen, finden wir in der Region erwähnenswerte bis hervorragende Werke dieser Art.

Noch weniger als die Kunstgeschichte des apulischen Barock geschrieben ist, ist dies im Falle des 19. und 20. Jhs. gegeben. Dem Reisenden, der aber neben der Lust zum Entdecken auch Freude an der Kunst dieses Zeitraums findet, seien dennoch einige Hinweise mitgegeben: der Neoklassizismus des 19. Jhs. findet in der Region fruchtbaren Boden. Villen, Kirchen, Tore und Paläste in strengstem neoklassizistischen Kleid finden sich über das ganze Land verstreut, z. B. zwischen Nardò und S. Catarina bzw. in S. Maria di Léuca (Villen), in Lecce (Friedhofspropyläen, Palazzo di Studi Tancredi) oder in Ugento (Kathedrale). Für den Historismus seien als Beispiele der neue Dom von Cerignola und einige Villen im orientalisch-maurischen Stil bei Nardò, in Léuca und S. Cesarea Terme genannt. Schöne Jugendstilfassaden kann man in Corigliano, Francavilla und Manduria entdecken.

Atemberaubende moderne Architektur wird man vergeblich suchen. Einzig hervorhebenswert scheint mir die neue Concattedrale von Tarent (Abb. 103), eine der wenigen konsequent und stilistisch zu Ende gedachten modernen Kirchen. Die an sich kompakten und geradlinigen Abmessungen erfahren eine interessante Note vermittels der Durchbrechungen von Fassade und Campanile, was etwas durchaus ›Gotisches‹ ergibt, ohne dabei historistische Pastiche zu sein.

V Reisen in Apulien

Hier folgen vier Routen-Vorschläge mit den wichtigsten Orten und Sehenswürdigkeiten von Norden nach Süden.

Die Einwohnerzahl größerer Orte bezieht sich (aufgerundet) auf den Stand der letzten Volkszählung von 1981. Öffnungszeiten von Museen nach dem Stand von 1985 sind ohne Gewähr. Für Hinweise über geänderte Öffnungszeiten sind Autor und Verlag dankbar.

1 Das nördliche Apulien (Daunia und Gargano)

a) Der Einstieg

Térmoli

Heute in der Region Molise gelegen, ursprünglich zu Apulien zählende Kleinstadt. Im Laufe seiner Geschichte wurde es durch Kriege und Erdbeben mehrfach zerstört. Inmitten der malerischen Altstadt der DOM S. BASSO, einer der bedeutendsten Kirchenbauten der Region (Abb. 2). Der heutige Bau, eine dreischiffige holzgedeckte Basilika mit erhöhtem Chor und moderner Krypta, wurde im späten 12. Jh. begonnen. Außenbau im daunischen Stil (Siponto), Fassade mit ausgezeichneten Skulpturen vom Anfang des 13. Jhs. In der Krypta befinden sich Fundamente eines Vorgängerbaues aus dem 6. bis 7. Jh. und Reste eines Mosaikfußbodens, wahrscheinlich noch älter als der auf den Trémiti-Inseln. Interessantes TURMKASTELL (Abb. 6), 1248 im Auftrag Friedrichs II. über quadratischem, hoch geböschtem Sockel mit vier zylindrischen Ecktürmen errichtet. Wichtigster Einschiffungsort zu den Isole Trémiti (Farbabb. 3).

Isole Trémiti

Landschaftlich herrlich gelegenes Inselarchipel (Farbabb. 3). Vier Hauptinseln: S. Domenico, il Cretaccio, San Nicola und Capraia. Auf S. Nicola das mit Mauern und Kastell bewehrte, einst einflußreiche Benediktinerkloster (seit 9. Jh.) mit mehreren ruinösen Kreuzgängen und der Hauptkirche S. MARIA (Abb. 3, 4); s. S. 88 f.). Schiffsverbindungen im Sommer von Manfredonia, Vieste, Rodi Garganico, Ortona, Vasto und Térmoli. Aliscafo von Mai bis Anfang Oktober ab Térmoli (nur 1 Std. Fahrzeit).

b) Der Gargano

Peschici

Malerisch auf steilem Felsen am Meer gelegener Fischerort (Abb. 8). Inzwischen schon sehr touristisch. Im Talgrund an der landeinwärts führenden Straße nach Vieste die ehemalige Abtei Calena (10. Jh.); Ursprünglich Tochterniederlassung der Benediktiner von Trémiti. Privatbesitz.

Vieste (13 000 Einwohner)

Pittoresk auf einem schmalen Felssporn gelegene Fischerstadt (Farbabb. 2). Schon den Griechen als Apeneste bekannt. Der heutige Name geht angeblich auf einen römischen Vestatempel zurück. Heute Erholungszentrum. Südlich der Altstadt am Strand der Kreidefelsen Pizzomunno und das gleichnamige Hotel (Beispiel guter Ferienarchitektur). Im Ort Kathedrale (Anfang 11. und 19. Jh.). Nach der Restaurierung ist die frühromanische Struktur wieder erkennbar. Wichtigstes Beispiel ältester mittelalterlicher Skulptur in Apulien: Kapitelle im Langhaus und Nordportal. Kastell 1240 von Friedrich II. erbaut, im 16. Jh. erweitert. Ausflugsmöglichkeit per Motorboot entlang der Küste mit ihren zahlreichen Grotten und Kaps (Farbabb. 4, Abb. 1, 7).

Foresta Umbra

In einer Höhe zwischen 150 und 800 m erstreckt sich über 10 440 ha dieser einzige echte Hochwald Apuliens, bestehend vor allem aus Laubbäumen (Buchen, Ulmen, Eichen usw.). Großartige Stille und Kühle. Achtung: Naturschutzgebiet, das strengstens überwacht wird! Parken, Picknick und Wanderungen nur in den dafür vorgesehenen und erlaubten Zonen! Absolutes Verbot von offenem Feuer, wildes Zelten ist nicht gestattet.

Monte S. Angelo (796 m; 17 000 Einwohner)

Zur Geschichte s. S. 67ff. Schöne Altstadt. Städtebaulich interessant sind die direkt an den Abhang gebauten alten ›Reihenhäuser‹ der südlichen Altstadt (Farbabb. 1). Hauptsehenswürdigkeit: natürlich das Grottenheiligtum des Erzengels, um den sich hier alles dreht. Der ursprüngliche Zugang führte an der Nordflanke des Berges, etwa dort, wo heute die Trasse der Circonvallazione verläuft, direkt in die Grottenkirche. Unter den Anjous wurde der Eingang an die heutige Stelle verlegt, wo der achteckige Turm von 1273/74 und der zweibogige Eingangsportikus von 1395 (nur das rechte Portal ist Original, der Rest wurde 1865 rekonstruiert!) einen kleinen Platz umstellen. Über 85 Stufen durch einen künstlichen Grottengang wird der Pilger bzw. Besucher hinuntergeführt zum kleinen Atrium der eigentlichen Grottenkirche, dem ältesten Pilgerort des Abendlandes. Im romanischen Eingangsportal die berühmte Bronzetür (1087, s. Abb. 5) mit den Szenen vom Wirken des Erzengels. Über der Archivolte zwei

Monte S. Angelo, Grundriß des Grottenheiligtums des Erzengels Michael 1 Die zur Grotte herabführende Treppe 2 Bronzetür 3 Franziskusaltar 4 Kapitelsaal 5 Reliquienkapelle 6 Sakramentskapelle 7 Petrusaltar 8 Thronoreale 9 Marienaltar 10 Bischofsthron 11 Michaelsaltar

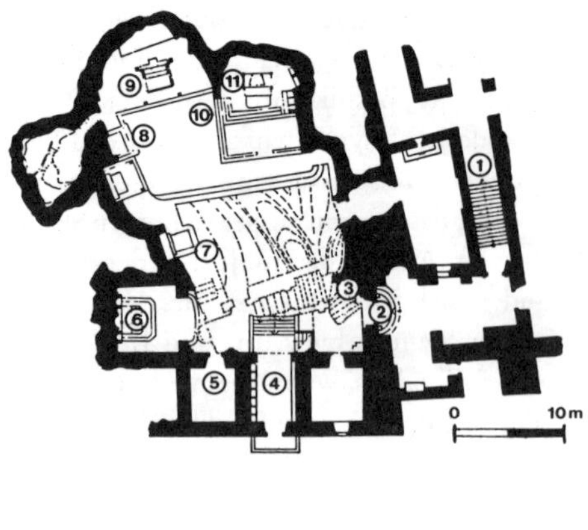

Inschriften: *»ubi saxa panduntur ibi peccata hominum dimittuntur«* und *»haec est domus specialis in qua quaeque noxialis actio diluitur«* (Wo sich die Felsen öffnen, da werden die Sünden der Menschen vergeben; dies ist das besondere Haus, in dem jegliche sündige Tat getilgt wird). Hinter dem Portal öffnet sich eine hohe, vierjochige gotische Vorkirche aus angiovinischer Zeit. Links davon zwei rechteckige Annexräume. Rechts davon in dräuend flachem Schwung die breitgelagerte Grotte, daß einstige Orakel des Kalchas, vom Erzengel für das Christentum neu besetzt. Zutritt zum Museo della Basilica (u. a. Fragmente der Acceptus-Kanzel) nur mit Sondererlaubnis des Priors (Abb. 13).

Gegenüber vom Eingang zum Michaelsheiligtum wenige Treppen abwärts, der zweite Baukomplex des Mittelalters, die sogenannte Tomba di Rotari, S. Pietro und S. Maria Maggiore (Abb. 14). Bei der Tomba di Rotari handelt es sich um einen in Funktion und Datierung nach wie vor umstrittenen, hoch aufgerichteten Bau über quadratischem Grundriß mit Ostapsis an der Stelle älterer (?) Grottenheiligtümer. Über Trompen in der zweiten Wandzone wird der Raum zum Kuppelabschluß gebracht (Abb. 15). Wahrscheinlich handelte es sich um ein Baptisterium – Monte S. Angelo war zusammen mit Siponto Bischofssitz. Eine Datierung zwischen spätem 12. und frühem 13. Jh. ist vertretbar. Über dem Eingang interessantes romanisches Relief zur Passion Christi. Erkennbar sind Kreuznahme, Gefangennahme, Kreuzabnahme und die drei Frauen am Grabe. Rechts daneben schließt sich die allein stehengebliebene Apsis der romanischen Kirche S. Pietro an. Noch weiter rechts davon die Kirche S. Maria Maggiore (12. Jh.) mit Fassade im daunischen Stil (s. Siponto). Im Inneren Freskenreste des 12. und 13. Jhs. Besichtigung gegen Trinkgeld möglich. Der Wärter ist im Haus links vom Absperrungsgitter zu finden. Am höchsten Punkt des Ortes: die Ruinen des noch unter Robert Guiscard erbauten Kastells. In der Unterstadt das Museo delle Arti e Tradizioni popolari (Volkskundemuseum).

Monte S. Angelo, sog. Tomba di Rotari, Schnitt (nach Keyserlingk)

Von Monte S. Angelo Ausflüge zu Fuß zur Abtei von Pulsano (12. Jh.) und zur Abbazia della Trinità (12. Jh.) am Monte Sacro. Beide Ausflüge für Einzelwanderer nicht zu empfehlen. Eventuell Begleitung am Fremdenverkehrsamt oder im Municipio erfragen.

S. Giovanni Rotondo

Heute wichtigster Pilgerort im Gargano. Große moderne Basilika über dem Grab des hl. Padre Pio (1887–1968).

S. Marco in Lámis

Etwas außerhalb des Ortes in schöner Lage die bereits in langobardischer Zeit gegründete Abtei S. Matteo in Lámis (Abb. 10). Burgartig gebautes Kloster mit Innenhof (Votivbilder).

Santuario della Madonna di Stignano
Kirche und Konventsgebäude 16. Jh. Zwei schöne Renaissancekreuzgänge mit Brunnen. Privat, aber Besichtigung möglich (Abb. 11).

Manfredonia (53 000 Einwohner)
1256 von König Manfred gegründet, um den Flüchtlingen der durch Erdbeben zerstörten Stadt Siponto eine neue Heimat zu geben. Als Neugründung wurde die Stadt im rechtwinkligen Straßensystem angelegt. Von der Stadtmauer sind nur noch bescheidene Reste und vier Türme erhalten. Wichtigstes Bauwerk ist das am Nordosteck der Manfred-Stadt gelegene KASTELL (Abb. 16). Der Kernbau, eine quadratische Vierflügelanlage war 1266 nicht fertig. In angiovinischer Zeit wurde das Kastell zu seiner heutigen Form vergrößert. Es beherbergt den größten archäologischen Schatz der Provinz Foggia, nämlich die berühmten daunischen Stelen (s. Glossar u. Abb. 17). Das MUSEO NAZIONALE DEL GARGANO ist geöffnet: 9 bis 13 u. 17 bis 19 Uhr, außer So. nachm. u. Mo. Im grobschlächtigen, architektonisch uninteressanten DOM zwei Kostbarkeiten: eine bemalte romanische SITZMADONNA (12. Jh.) aus der Kathedrale von Siponto und ein ebenfalls romanischer großer HOLZKRUZIFIXUS (rechte Seitenkapelle, Abb. 18). An der wohnlichen Piazza del Popolo Kirche und Exkonvent der Dominikaner. An der Fassade Reste einer Rose und vollständig erhaltenes spätromanisches Löwenportal der apulischen Tradition. Im daneben anschließenden Konvent mit seinen zum Platz hin gerichteten Arkaden ist das Rathaus untergebracht.

Siponto
Etwa 3 km außerhalb des Stadtkerns von Manfredonia, direkt an der Ausfallstraße nach Foggia, liegt die einstige Kathedrale S. MARIA DI SIPONTO (Farbabb. 5 u. 7). Seit den Römern war Sipontum der wichtigste nordapulische

Manfredonia 1 Zölestinerkonvent 2 Dominikanerkonvent 3 Kathedrale 4 Kastell

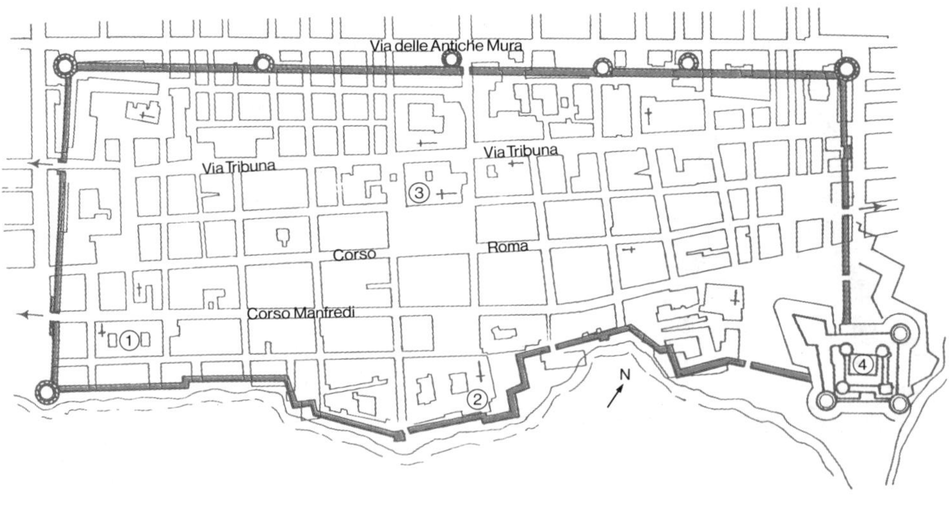

Hafen mit ausgedehntem Hinterland (Gargano, Tavoliere), seit dem 5. Jh. als Bistum schriftlich erwähnt und im frühen 11. Jh. zum Erzbistum erhoben, 1227 durch Erdbeben völlig zerstört. Vom alten Siponto sind Straßenzüge, Amphitheater, Stadthäuser usw. ergraben. Direkt links neben dem hochmittelalterlichen Bau S. Maria gut einzusehen die Fundamente einer frühchristlichen Basilika mit Mosaikfußboden (5. Jh.), vielleicht die Kirche des Bischofs Lorenzo Majorano, der den Erzengel auf den Gargano geholt hatte. Der hochromanische Bau nimmt vermutlich in Lage und Ausdehnung den Platz des Atriums des wesentlich größeren frühchristlichen Baus ein. Der romanische Zentralbau (nach 1025 in mehreren Baufolgen) ist über quadratischem Grundriß mit ursprünglich byzantinischer Kuppel errichtet. Seine Fassadenstruktur wurde stilbildend für viele nordapulische Bischofskirchen, s. Foggia, Términoli, Troia, Monte S. Angelo. Bereits im 11. Jh. wurde die Kathedrale zweimal durch Erdbeben beschädigt. Ein hochromanischer Neubau, 1117 geweiht, wiederholt die Maße und Anordnung des vorherigen Baues. Krypta (Abb. 19), Löwenportal und bildhauerischer Schmuck sollen aus dieser Bauphase stammen.

S. Leonardo di Siponto

Weiter stadtauswärts, circa 7 km, linker Hand am Raccordo Manfredonia – Foggia die ehemalige Ballei des Deutschen Ritterordens an der Stelle eines älteren Pilgerhospitals. Die zugehörige Kirche, wohl Ende 12. Jh., ist nach dem landesüblichen Schema als dreischiffige Halle mit drei Kuppeln in Achse im Mittelschiff, Vierteltonnen über den Seitenschiffen und drei Ostapsiden angelegt. Mittlere Kuppel und rechtes Seitenschiff fehlen. Besonders schönes und reiches Nordportal (Farbabb. 6) mit Skulpturenprogramm: im Tympanon die Majestas domini, darüber an der Wand Reste einer Dreiergruppe: die rechte Figur mit Buch und Kette in der Hand stellt den Kirchenpatron S. Leonhard dar. An den Kapitellen über den Gewändesäulen und Türpfeilern folgen die Szenen Balaam auf seinem Esel und der zugehörige Engel sowie Michael (links) und die Anbetung der hl. Drei Könige (rechts). Geöffnet meist nur Sonntag vormittags zur Zeit der Messe (10 Uhr).

c) Tavoliere und nördliche Murge

Foggia (160 000 Einwohner)
Hauptstadt der gleichnamigen Provinz, wichtiger Verkehrsknotenpunkt und Landwirtschaftszentrum mit großer Messe (Ende April/Anfang Mai). Nach der Zerstörung der alten daunischen Hauptstadt Arpi von den geflüchteten Einwohnern neu gegründet. Ab 1222 Residenzstadt Friedrichs II. mit berühmtem Palast (Abb. 20). 1731 wurde Foggia durch Erdbeben fast völlig zerstört, 1806 von Joseph Bonaparte zur Hauptstadt der Provinz erhoben. Seit der Mitte des 19. Jhs. ist die Stadt wichtigster Straßen- und Eisenbahnknoten Apuliens. Im Zweiten Weltkrieg erneut schwere Zerstörungen. Daher sind fast keine nennenswerten Monumente der Vergangenheit erhalten. Kathedrale S. Maria Icona Vetere: Unter Wilhelm II., dem Guten, 1172 gegründet. Am Außenbau Reste der hochromanischen Wandgliederung im daunischen Stil. Der umlaufende Fries und die zugehörige Skulptur werden dem Protomagister Bartolomeo da Foggia zugeschrieben (um 1220). Besonders beachtenswert das erhaltene Sei-

tenportal an der linken Flanke der Kirche (Abb. 21). Reiches Skulpturenprogramm. Bogenform und Skulpturen vgl. Térmoli S. 271. In der weiten Krypta gibt es ebenfalls noch Kapitelle des 13. Jhs. Rechts am Chor die Kapelle der Icona Vetere mit der byzantinischen Ikone der Gottesmutter, die der Legende nach eine wichtige Rolle bei der Gründung der Stadt gespielt haben soll.

Palazzo Arpi (Museo Civico): An der stadtzugewandten Außenwand sind Portalfragment und Inschrift vom Palast Friedrichs II. eingelassen. Beide von Bartolomeo da Foggia, 1223 signiert. Im Museo Civico eine besonders besuchenswerte archäologische Abteilung mit wichtigen Funden der daunischen Frühgeschichte. Öffnungszeiten: 9 bis 13 Uhr; mitwochs und freitags von 17 bis 20 Uhr; feiertags geschlossen.

Lucera (34 000 Einwohner)

Die weite Ebene des Tavoliere beherrschend auf einem letzten Ausläufer des Lukanischen Apennin gelegen, war Lucera bis 1806 die wichtigste Stadt des nördlichen Apulien, schon seit frühgeschichtlichen Zeiten besiedelt. Der griechischen Mythologie nach war hier der Sitz eines Aphrodite-Heiligtums, wo die goldene Rüstung des Diomedes aufbewahrt wurde. Danach wichtiges daunisches Zentrum. In den Samnitenkriegen verbündet mit Rom, seit 314 v. Chr. *»colonia iuris latinis«* (älteste römische Kolonie in Apulien); in der Zeit Konstantins d. Gr. unter dem Namen *Constantiniana* Hauptstadt der Provinz *Apulia et Calabria*, in langobardischer Zeit Sitz eines Gastalden. Durch die Umsiedlung der sizilianischen Sarazenen nach Lucera unter Friedrich II. gewann die Stadt erneut besondere wirtschaftliche und politische Bedeutung. Die Sarazenen stellten die persönliche Leibwache des Kaisers und seine ständig einsatzbereite leichte Reiterei. Im *palacium* von Lucera war auch der Staatsschatz des Staufers deponiert. Unter Friedrich II. war Lucera eine rein muselmanische Stadt mit Moscheen usw. 1300 wurde sie von Karl II. von Anjou zerstört und neu aufgebaut. Erneute Deportierung und Zerstreuung der Sarazenen. Bis 1806 Verwaltungshauptstadt der Capitanata und des Molise.

Das Amphitheater (Abb. 22) aus augusteischer Zeit (131,2 × 99,2 m) entstand über Resten einer römischen Siedlung aus republikanischer Zeit. Es wurde in den 30er Jahren ausgegraben und zum Teil falsch rekonstruiert. Die Fortezza Angioina (Castello, Abb. 23 u. 24) liegt auf der einstigen Akropolis westlich der Stadt. Der gewaltige Mauergürtel mit 15 rechteckigen und zwei stadtseitig gelegenen mächtigen Rundtürmen wurde unter Karl II. nach der Zerstörung der Sarazenenfestung auf alten Fundamenten völlig neu aufgeführt. An der südöstlichen Ecke der Palast Friedrichs II. über quadratischem, geböschten Sockel mit ebenfalls quadratischem Innenhof, der im Obergeschoß zum Achteck verwandelt ist; über dem Sockelgeschoß noch Reste der ursprünglichen Gewölbekonstruktion. Von der angiovinischen Festung ist außer den Mauern nichts mehr erhalten.

Grabungen der 50er Jahre haben u. a. die Grundrisse einer Franziskanerkirche zutage gebracht: Dom dell'Assunta (Abb. 25). Er wurde Anfang des 14. Jhs. in nur 10 Jahren Bauzeit errichtet, nach französisch-gotischen Vorstellungen mit Mauerstreben, Polygonalchor und geplanter Zweiturmfassade. Das weite dreischiffige Innere führt konsequent auf den niedrigen, von hohen Lanzettfenstern durchlichteten Chor. Ausstattung: im rechten Seitenschiff »Letztes Abendmahl«, Palma d. J. zugeschrieben, und eine elegante Kanzel

(1560), ursprünglich Familiengrab der Scassa. Rechtes Querhaus: »Madonna mit zwei Heiligen« (16. Jh.), rechte Apsis: Grabmal mit Reiterbild von einem neapoletanischen Meister (14. Jh.), weiteres Grabmal (16. Jh.) und rheinisches Kruzifix (14. Jh.). Mittelapsis und Chor: Hauptaltar aus einer steinernen Tischtafel, von Castel Fiorentino stammend. In der Apsis Fresken (18. Jh.) und Chorgestühl (17. Jh.). Linke Apsis: wertvolle Fresken, Fabrizio Santafede (16. Jh.) zugeschrieben. Linkes Querhaus: Altar mit »Hl. Familie« (17. Jh.), an der Stirnwand rechts vom Altar Grabmal des Mozzagrugno (1605) und auf dem Altar Holzstatue der »Madonna della Vittoria« (2. Hälfte 13. Jh.). Linkes Seitenschiff: »Madonna mit hl. Nikolaus und Johannes d. T.«, Pala von Felice Rizzo, gen. Brusasorzi (venezianischer Maler, Mitte 16. Jh.), und im ersten Joch mittelalterliches Taufbecken mit Renaissance-Gehäuse im Stil romanischer Altarziborien.

In der etwas eigenwillig geordneten Sammlung des Museo Civico Giuseppe Fiorelli im Palazzo De Nicastri einzelne hervorragende Stücke wie die Venusbüste, apulische Keramik, ein großes Fußbodenmosaik aus einer römischen Therme und romanische Skulpturenfragmente der staufischen Zeit. Öffnungszeiten: 9 bis 13 und 17 bis 19 Uhr (16 bis 18 Uhr im Winter). 9 bis 13 Uhr samstags und feiertags. Noch sehenswert: S. Francesco, eine einfache Saalkirche des 13. Jhs. mit gotischem Portal und verschiedenen Fresken (14., 15. und 18. Jh.).

Troia

Ähnlich imposant gelegen wie Lucera – an der Stelle des antiken Aecae – war Troia in der Kaiserzeit ein wichtiger Ort an der Via Traiana. 1019 wurde es vom Katapan Boioannes

Troia, Kathedrale, Wandgliederung

als byzantinische Festung neu gegründet, arrivierte zum Tagungsort von vier Konzilen: 1093, 1115, 1120 und 1127. Wegen seiner Parteinahme für Gregor IX. und die Schlüsselsoldaten 1229 wurde Troia von Friedrich II. zerstört.

Die Kathedrale der hl. Assunta ist eines der Hauptwerke der romanischen Kunst im nördlichen Apulien (Abb. 26). 1073 begonnen, erstreckte sich die Bauzeit mit Restaurierungsarbeiten bis zur Mitte des 13. Jhs. Interessanter Grundriß über lateinischem Kreuz: dreischiffiges Langhaus in basilikalem Stil, tiefes und für Apulien ungewöhnlich weit ausladendes Querhaus, Chorjoch in der Breite des Langhauses und halbkreisförmige Apsis, so daß sich um die Vierungspfeiler ursprünglich ein weiter Gesamtraum ergab. Die einzelnen Bauphasen sind umstritten. Selbst für Apulien außergewöhnlich üppig ist die Außengestaltung im daunischen Stil. An den Langhausseiten Dekorationen aus verschiedenfarbigem Stein. Der obere Fassadenteil um die großartige Rose (frühes 13. Jh.) wurde zum Teil mit älteren Elementen nach 1229 neu gestaltet. Das schlichte Hauptportal (Abb. 27) mit schönen Pilasterkapitellen und Architrav rahmt das berühmte Bronzeportal des Oderisius von Benevent (1119), aus Einzelplatten mit Figuren in Niellotechnik zusammengefügt. Die meisten der Bronzetafeln mit Abbildungen der Bischöfe von Troia stammen allerdings aus dem 16. Jh. Von den Originalteilen sind besonders hervorzuheben die Löwenmasken und Drachentürklopfer (Farbabb. 10). Das rechte Seitenportal bewahrt die zweite etwas schlichtere Bronzetür, ebenfalls von Meister Oderisius (1127). Im Tympanon des gegenüberliegenden linken Seitenportals: Christus zwischen zwei Engeln. Unapulisch wie der bewegte obere Fassadenteil ist auch die besonders plastisch durchgebildete Chorapsis (Abb. 29). Im Innenraum bemerkenswert die Kanzel von 1169 (Abb. 28). In ihrer heutigen Form scheint sie aus verschiedenen Teilen zusammengesetzt. Bis 1860 stand sie in der kleinen Kuppelkirche S. Basilio und erst 1959 wurde sie an die heutige Stelle versetzt. Künstlerisch besonders wertvoll das Löwenrelief der Kanzel. Der großartige Domschatz enthält drei Exultetrollen, Elfenbeinkästchen, Emaillearbeiten, Meßgerät und -gewänder usw. Ihre Aufstellung im geplanten Diözesanmuseum ist vorgesehen. Der frühromanische Bau von S. Basilio stammt noch aus der Zeit der byzantinischen Neugründung der Stadt. Leider ist er fast immer geschlossen.

Herdonia

Etwa 4 km südwestlich von Ordona an der Straße nach Ariano Irpina ist eines der größten Ausgrabungsfelder Apuliens entstanden. In den 60er Jahren hat der belgische Archäologe Mertens hier die Reste des alten Herdonia zutage gefördert (Abb. 37). Neben daunischen Nekropolen und Rundhäusern (6.–4. Jh.) ist vor allem eine komplette römische Stadt der Kaiserzeit mit Forum, Tempel, Stadtmauer, Toren, Amphitheater und großem Macellum bereits ergraben. Wegen fehlender Gelder nur schleppender Fortgang der Ausgrabungen, zur Zeit noch nicht zu besichtigen.

Cerignola (50 000 Einwohner)

Das antike Keraunaia war neben Salapia die wichtigste daunische Stadt der vorrömischen Zeit. Heute wichtiges Landwirtschaftszentrum. Interessant nur der von Giuseppe Pisanti nach Plänen von Enrico Alvino errichtete historistische neue Dom mit 80 m hoher Kuppel. Im Inneren halbjährig aufbewahrt die Ikone der Madonna di Ripalta (13. Jh.).

Cerignola, historistischer Dom

Canosa (31 000 Einwohner)

Das antike Canusium, am nordwestlichen Ausläufer der Murge über dem Tal des Ofanto und an der Grenze zwischen Daunia und Peuketia gelegen, war in der Antike berühmt für seine kunstvolle Keramik und feine Wolle und bis ins Mittelalter eine der bedeutendsten Städte Apuliens überhaupt. Ihr sagenhafter Gründer: Diomedes; wegen seiner Aufsässigkeit wurde Canosa erst unter Antoninus Pius zur Kolonie erhoben. In frühchristlicher Zeit war die Stadt bedeutendes Bistum, weswegen

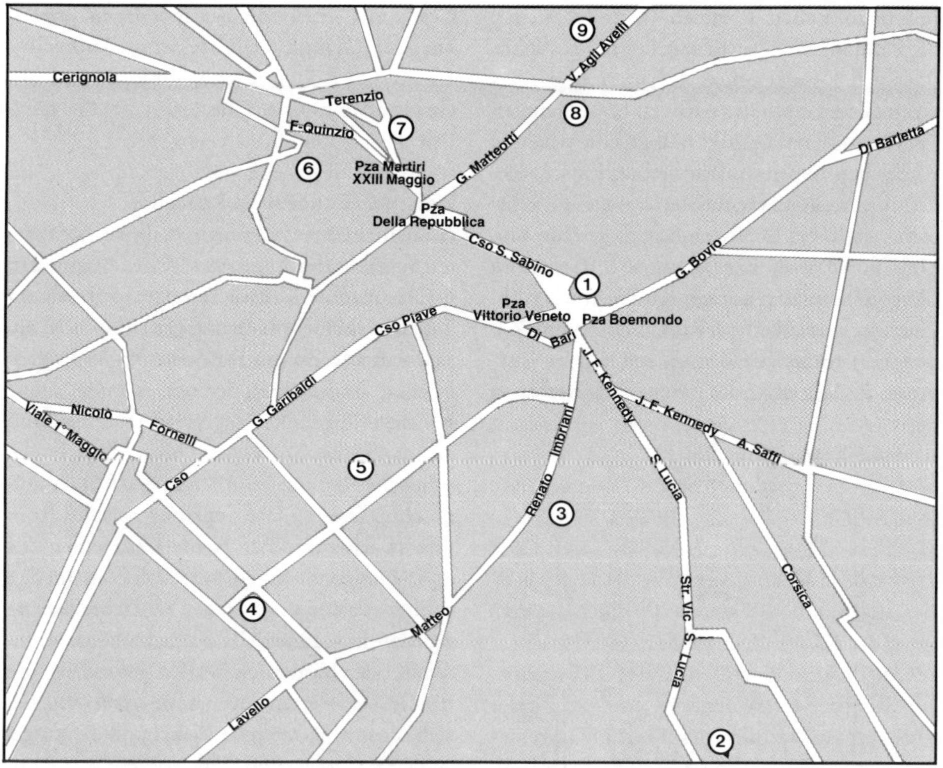

Canosa 1 Kathedrale S. Sabino u. Mausoleum des Bohemund 2 San Leucio 3 Termen 4 Röm. Gräber 5 Daun. Kammergräber 6 Akropolis 7 Museo Civico 8 Baptisterium S. Giovanni mit Kirche 9 Röm. Bogen

Bari bis zum 11. Jh. nur Konkathedrale von Canosa war. Von seinem Denkmälerbestand aus Antike, frühem und hohem Mittelalter her, ist die Stadt eine der reichsten Apuliens. Doch Achtung! Wegen der mangelnden bzw. inkonsequenten Ausschilderung einerseits und der unzuverlässigen Öffnungszeiten andererseits, ist nur ein Teil ohne größere Mühen zu besichtigen:

1) Kathedrale (Abb. 30, Beschreibung s. S. 91f.). Öffnungszeiten: 7.45 bis 12, 16.15 bis 19 Uhr; Pfarrer, Tel: 08 83/96 20 35. Apulischer Kuppeldom. Kanzel des Acceptus (Abb. 31), Bischofsstuhl des Romualdus (Abb. 35) und Bohemund-Mausoleum mit seinen beiden Bronzetüren (Abb. 32–34) sind alleine eine Anreise wert. Unbedingt anschauen sollte man auch die etwa 2 km südlich vom Ortskern ergrabene frühchristliche Kirche 2) S. Leucio (Abb. 36). Weg und aktuelle Öffnungszeiten am besten bei den Vigili Urbani erfragen, manchmal geben diese auch einen Führer mit. Weitere Sehenswürdigkeiten: 3) Terme di Lomuscio (römische Thermen der Kaiserzeit); 4) Römische Gräber; 5) Daunische Kammergräber (Abb. 38)

mit prunkvollen Portalen (4. Jh. v. Chr.); 6) Ruinen des mittelalterlichen Kastells über den Fundamenten der alten Akropolis aus großen Tuffquadern (bis zu 1,50 m Länge); 7) Museo Civico, mit frühgeschichtlichen, römischen und mittelalterlichen Exponaten. Öffnungszeiten: täglich von 8 bis 14 Uhr; sonntags 10 bis 13 Uhr; montags geschlossen. (Tel. 6 36 85); 8) Baptisterium S. Giovanni (Abb. 39) mit zugehöriger Kirche, 5. bis 6. Jh. (Schlüssel im Nachbarhaus rechts vom Zugang); 9) römischer Bogen, sog. Porta Varrone, 2. Jh.; ca. 2 km weiter in Richtung Cerignola, links von der modernen Brücke über den Ofanto, die Reste der im Mittelalter erneuerten Römerbrücke; 10) S. Sofia, frühchristliche Basilika, 5. bis 6. Jh., nicht zugänglich.

Canosa, S. Leucio, Grundriß

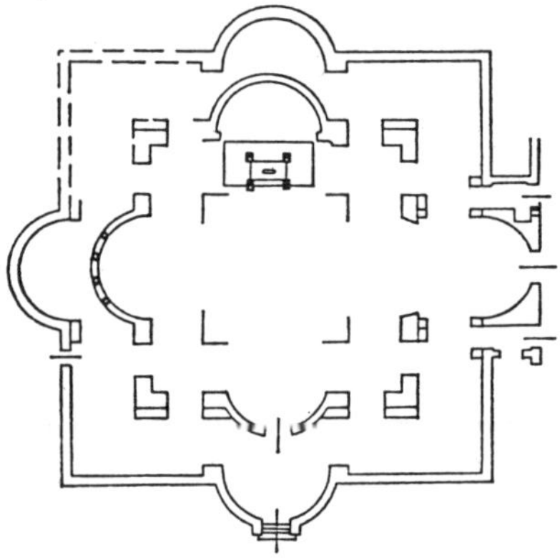

Canosa, Baptisterium S. Giovanni, Grundriß

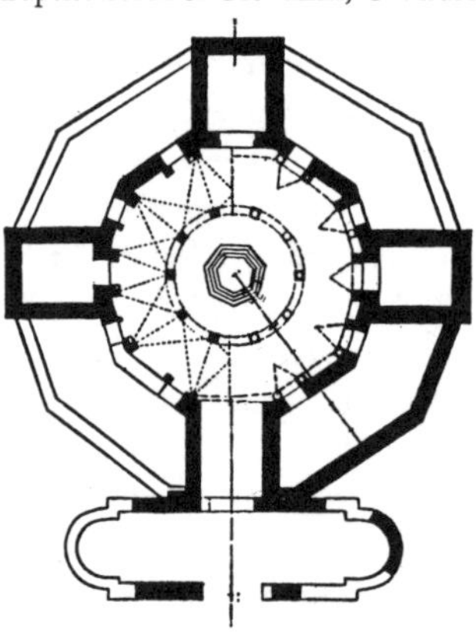

Cannae (Canne della Battaglia)
Angeblicher Austragungsort dieser berühmten Schlacht des Altertums. Am 2. August 216 v. Chr. machte Konsul Terenzius von seinem Tagesbefehl Gebrauch und griff Hannibal an, ließ sich von diesem ins Zentrum der karthagischen Fußtruppen lenken, konnte somit von den Flügeln her angegriffen werden, und als dann die überlegene und blitzschnelle punische Reiterei im Rücken der Römer auftauchte, war die Umzingelung perfekt. Rom erlebte seine bitterste Niederlage, seinen *dies ater.* Weniger blutig sind die Debatten um den echten Austragungsort der Schlacht. Bislang wurden in Canne della Battaglia keine römischen oder punischen Waffen gefunden, und das Gräberfeld, der sogenannte *sepolcretto,* hat sich als mittelalterliche Nekropole herausgestellt. Das an Ort und Stelle vorgesehene Antiquarium und die Ausgrabungen selbst sind noch nicht abgeschlossen und der Besuch auf unbestimmte Zeit nicht möglich. Einen eigenen *dies ater* aber für Canne della Battaglia würde es bedeuten, wenn sich die nicht unbegründete These von Doktor Izzo bewahrheiten sollte, der den Schlachtort bei Castelluccio Valmaggiore am Cellonefluß, circa 100 km westlich von Cannae, gefunden haben will. Auch später haben am noch ›offiziellen‹ Schlachtort zwischen Hannibal und Rom eine Reihe für das Land wichtiger militärischer Entscheidungen stattgefunden, z. B. die erwähnte Niederlage der von Melo angeführten Apulier und Normannen gegen Byzanz (1018).

Barletta, Ansicht des Hafens. Kupferstich, 1835

2 Terra di Bari

a) Von Barletta bis Bari (Küstenstraße)

Barletta (84 000 Einwohner)
An der Grenze zwischen Peuketia und Daunia gelegen, ist die Stadt schon seit dem 3. Jh. v. Chr. bekannt. In römischer Zeit war sie wohl der Seehafen von Canosa. Bedeutung erlangte sie aber erst im 11. Jh. unter den Normannen und als wichtiger Einschiffungshafen für die Kreuzfahrer. Neben Trani, Bari und Brindisi ist Barletta die wichtigste Seestadt Apuliens an der Adria.

Nach der Zerstörung durch Robert Guiscard (1083) neuer Aufschwung unter den Normannen-Herrschern. Barletta wurde Hauptsitz des Deutschen Ritterordens in Italien. Unter Manfred war die Stadt zeitweise Hauptstadt des Südreiches, aber erst unter den Anjous erreichte sie ihre größte Blüte (14. und 15. Jh.), ab 1310 direktes Lehen der Krone und Sitz des Erzbischofs von Nazareth (bis 1818). 1459 fand hier die Krönung von Ferdinand I. von Aragon statt. In der Nähe von Barletta liegt der Austragungsort der »Disfida di Barletta«.

Geburtsort des Malers Giuseppe De Nittis (s. S. 269, Farbabb. 17). Die heute wichtige Industrie- und Handelsstadt mit rege frequentiertem Hafen ist eines der Zentren des italienischen Weinhandels.

1) Dom S. Maria Maggiore (Abb. 43): Die ersten vier Joche wurden um 1150 von Simiacca und seinem Sohn Luca di Barletta im apulisch-romanischen Stil errichtet und 1267 geweiht. Ab 1307 wurde der Bau nach Osten in gotischen Formen erweitert. Die Kirche ist wegen dringender Restaurierungsarbeiten

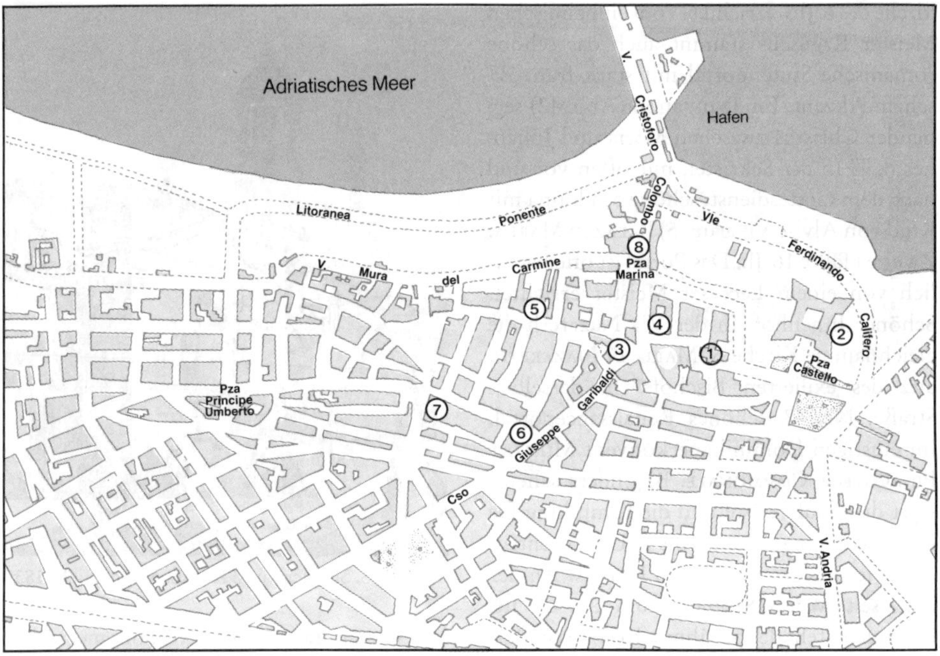

Barletta 1 Dom S. Maria Maggiore 2 Kastell 3 Cantina della Disfida 4 S. Andrea Apostolo 5 Palazzo della Marra 6 Koloß von Barletta u. S. Sepolcro 7 Städt. Theater 8 Porta Marina

noch für Jahre geschlossen. Die oberen Teile des Campanile (54 m hoch) wurden nach dem Erdbeben von 1743 erneuert. 2) KASTELL (Abb. 45): Um einen rechteckigen normannischen Donjon (Eingangsseite) unter Friedrich II. erweitert, wurde das Kastell 1259 Residenz von König Manfred. Der große quadratische Flügelbau in seiner heutigen Form wurde 1282 bis 1291 von Pierre d'Agincourt unter Einbeziehung des viel kleineren Stauferkastells errichtet. In der Zeit Karls V. wurden 1532 bis 1537 die vier spitzen, weit vorspringenden Eckbastionen und der große Graben angelegt. 1985 bis 1986 war das gerade restaurierte Kastell Drehort von Zeffirellis aufwendiger Othello-Verfilmung. Zur Zeit wird die Öffnung für das Publikum vorbereitet. Vorgesehen ist die Einrichtung eines historischen Museums mit Aufstellung einiger Exponate des Museo Civico, u. a. der großen Büste Friedrichs II. (Abb. 41). Noch keine Öffnungszeiten. Das Kastell lag ursprünglich mit seinen unteren Gelassen direkt am Meer. Am Dom vorbei gelangt man in die Altstadt mit zahlreichen spätmittelalterlichen Palästen mit Portalen im sogenannten catalano-durazzesken Stil, z. B. Palazzo Bonelli, 1324. An der Piazza della Sfida die CANTINA DELLA DISFIDA (3), ein spätgotisches Stadthaus mit kleinem Museum. Öffnungszeiten: 9 bis 13 und 16 bis 18 Uhr; sonntags 9 bis 13 Uhr, montags geschlossen. 4) S. ANDREA: Im 12. Jh. über einer Petruskirche des 6. Jhs. errichtet. Vom einheimischen Meister Raguseus stammt auch das schöne romanische Stufenportal mit stark französischem Akzent. Im Tympanon (Abb. 42) segnender Christus zwischen Maria und Johannes d. T. In der Sakristei, nur offen vor und nach dem Gottesdienst, schöne Madonna mit Kind von Alvise Vivarini. 5) Palazzo Marra: Zweite Hälfte 16. Jh. Das Portal ist offensichtlich von einem Lecceser Meister errichtet. Schöner Innenhof. In der Via Nazareth die gleichnamige Kirche S. Maria di Nazareth, Sitz des exilierten Bischofs. In derselben Straße, Nr. 47, schönes Renaissanceportal. Im einstigen Dominikanerkonvent Museo e Pinacoteca Communale. Besonders sehenswert die Stauferbüste und die Sammlung De Nittis. Öffnungszeiten: 9 bis 13 Uhr; montags und feiertags geschlossen. 6) Koloss: An der Längsseite von S. Sepolcro zum Corso Vitt. Emanuele steht der berühmte Koloß von Barletta (Abb. 44), eine 5,11 m hohe Bronzefreifigur des 4. Jhs., wahrscheinlich einen Kaiser (vielleicht Honorius oder Valentinian) darstellend. Sie wurde von den Venezianern aus Konstantinopel geraubt, blieb aber durch Schiffbruch an der Küste Barlettas liegen. Aus der Bronze der Beine und Arme gossen die Dominikaner eine Glocke. 1491 wurden die fehlenden Extremitäten vom Neapolitaner Bildhauer Fazio Alfano wieder ergänzt. S. Sepolcro ist ein langgestreckter Bau (Abb. 40) des 12. Jhs., der in Grundriß und Außengestalt die einheimische Tradition widerspiegelt. Das Innere wurde Ende des 13. Jhs. in gotischen Formen erneuert mit kantonierten Pfeilern, Kreuzrippengewölben, Eingangsatrium und Sängerkanzel. Auf den Emporen über der Eingangshalle Fresken des frühen 14. Jhs.: Legende des hl. Antonius, Verkündigung, Heilige. Links im Atrium romanisches Taufbecken des 13. Jhs. Am Westportal Skulpturen aus staufischer Zeit. 7) Ebenfalls am Corso das städtische Theater (19. Jh.) mit luxuriöser Innenausstattung, Holzbühne und sehr guter Akustik. Weiter den Corso entlang erreicht man S. Giacomo, im Vestibül der Sarkophag des Bischofs Pasquale von Cannae († 1340). 8) Am Hafen das barocke Stadttor Porta Marina (1751–1753).

Barletta, Dom S. Maria Maggiore, Längsschnitt

Barletta, S. Sepolcro und Koloß. Kupferstich, 1835

Trani (45 000 Einwohner)
Der alte peuketische Hafen erreichte seinen kulturellen Höhepunkt bereits im Mittelalter. Die Stadt gab sich 1063 als erste aller italienischen Seestädte ein eigenes Seerecht, die *»Ordinamenta maris«*. Heute lebt sie vom Weinhandel, Badetourismus und wie seit alters her von den Steinbrüchen. Über die Geschichte im Mittelalter und die KATHEDRALE s. S. 141–144 und 170–189.

Andere Sehenswürdigkeiten: 1) An der Piazza Duomo das MUSEO DIOCESANO: Im Erdgeschoß kleines Lapidarium. Dort u. a. Skulpturenfragmente der verlorenen Ausstattung der Kathedrale (11. und 12. Jh.) und vom Altar der Madonna delle Grazie aus dem 15. Jh. Im Obergeschoß, Saal IV (Tesoro) Elfenbeinaltärchen, südfranzösische Arbeit (14. Jh.) und im Saal VIII (Pinacoteca II) Elfenbeinkruzifix (17. Jh.). 2) PALAZZO TORRES oder DI GIUSTIZIA: Erste Hälfte 16. Jh. Der Palast beherbergte ab 1817 das höchste Justizorgan der Region und zwischen 1861 und 1923 den Appellationshof von Apulien. 3) Der PALAZZO ARCIVESCOVILE (= Erzbischöfliches Palais) wurde mehrfach umgebaut. Schöner Loggienhof des 17. Jhs. 4) CASTELLO SVEVO (Abb. 47): Es wurde unter Friedrich II. zwischen 1233 und 1249 errichtet, ein um einen quadratischen Innenhof angelegter Vierflügelbau mit monumentaler Zweiturmfassade über Arkadenfolgen mit darüberliegenden gotischen Biforien zum Meer hin. Zur Zeit wird das Kastell restauriert. 5) S. GIACOMO oder S. Maria de Russis: Kirche aus der 1. Hälfte des 12. Jhs., mit romanischem Löwenportal und einer darüberliegenden doppelten Reihe von wasserspeierartigen Monstren (Abb. 51).

Trani, Ansicht des Hafens. Kupferstich, 1835

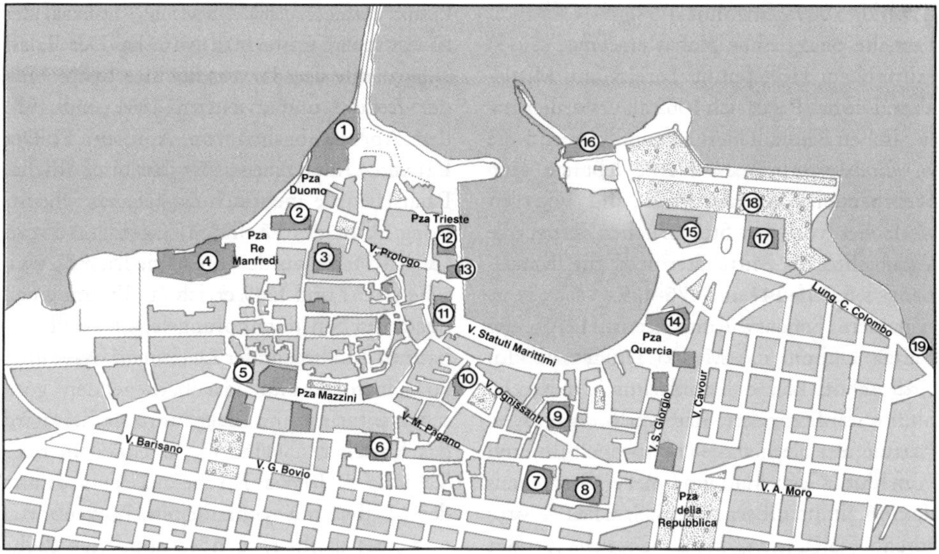

Trani 1 Dom u. Museo Diocesano 2 Palazzo Torres 3 Erzbischöfl. Palais 4 Castello Svevo 5 S. Giacomo od. S. Maria de Russis 6 Kloster S. Chiara 7 S. Andrea 8 S. Francesco 9 Palazzo Covelli 10 Bibl. Comunale 11 Ognissanti 12 Palazzo Cacetta 13 S. Teresa 14 Palazzo Quercia 15 Chiesa del Carmine 16 Kl. Fort 17 S. Domenico 18 Giardino Pubblico 19 S. Maria di Colonna

6) Kloster S. Chiara: 15./16. Jh., Portal und darüberliegendes Fenster zeigen noch spätgotische Formen. Die Portalrahmung ist im Stile catalano-durazzesk. 7) S. Andrea: Anfang 12. Jh. Hinter der schlichten Fassade verbirgt sich ein Kuppelraum der apulischen Tradition. Geöffnet nur zu Gottesdienstzeiten. 8) S. Francesco: Die Kirche wurde 1184 geweiht. Schönes Beispiel apulischer Kuppelkirchen. Der Außenbau ist noch weitgehend im Originalzustand, der Innenraum wurde leider nachträglich verändert. Plastisch vortretendes Portal und darüberliegende Fensterrose (12. Jh.!). 9) Palazzo Covelli: 17./18. Jh. Schönes Barockportal, Innenhof mit doppelter Loggienreihe. 10) Biblioteca Comunale im Ex-Palazzo Vischi mit spätgotischen Biforien und landestypischer Rahmung (s. Castel del Monte). 11) Ognissanti: Templerkirche, 1. Hälfte 12. Jh. mit hafenseitiger Schauwand aus den drei eng aneinandergerückten Halbzylindern der Apsiden (vgl. Kathedrale), Mittelgiebel und durchbrochener Turmwand (Abb. 46). Auf der Eingangsseite zur Stadt hin offener Portikus. Das große Apsisfenster ist mit reichem Skulpturenschmuck nach dem Vorbild der Kathedrale und den Bareser Großbauten besonders betont. 12) Palazzo Cacetta (Abb. 50): Spätgotischer Palast von 1451–1456 mit schönem Innenhof und besonders prächtigem Triforiumsfenster. 13) S. Teresa: Überkuppelter Zentralbau mit eleganter dreiachsiger Fassade. 18. Jh. 14) Palazzo Quercia: 1755. Monumentaler Stadtpalast mit impo-

santer Barockfassade. 15) CHIESA DEL CARMINE: Vom ursprünglichen Renaissancebau (1549) existiert nur noch der untere Teil der Fassade. Zugehöriger Palast und Kirche wurden im 17. Jh. errichtet. Der Campanile von 1863 ist ein Musterbeispiel des in Apulien sehr verbreiteten Neoklassizismus. 16) FORTINO (= kleines Fort). Es wurde 1541 auf Befehl von Vizekönig Don Pedro de Toledo zur Eintreibung der Hafensteuer erbaut. Es verbirgt in seinem Inneren die Reste der im 12. Jh. erwähnten Kirche S. Antonio. 17) S. DOMENICO: 1763 an der Stelle der romanischen Kirche S. Croce neu errichtet. Schlichte harmonische Fassade mit elegant geschwungenem oberen Abschluß. Großräumiges Inneres. Der romanische Campanile stammt noch vom Vorgängerbau (13.Jh.). 18) VILLA COMUNALE oder GIARDINO PUBBLICO. Kleiner Stadtpark mit schöner Sicht auf Hafen und Kathedrale. Im Garten ein Denkmal der »ORDINAMENTA MARIS« in vollständigem Wortlaut. 19) Kirche und Ex-Kloster S. MARIA DI COLONNA. Ende 11. bzw. Anfang 12. Jh. Schlichte Fassade mit Säulenportal und Rose. Die Restaurierungen sind fast abgeschlossen.

Bisceglie (46 000 Einwohner)
Die älteste Nachricht von Bisceglie stammt aus dem Jahr 1042, als die Stadt an Robert Guiscard fiel. Seit 1043 ist sie Diözese. Kleiner malerischer Naturhafen und noch sehr mittelalterliche Altstadt. Reste der Normannenfestung: drei fast quadratische Türme von um 1060.

S. MARGHERITA: Kleine Privatkirche der Familie Falcone von 1197 in der Tradition apulischer Kuppelkirchen. An der linken Außenwand drei GRABMÄLER DER FALCONE: der Sarkophag von Basilio und Mauro Falcone, das Grabmal des Ricardo Falcone von Pietro Facitolo da Bari und das Grabmal der Kinder der Familie von Anseramo da Trani (1276). Alle drei Grabmäler sind späte Meisterwerke der staufischen Kunst (Abb. 52). Den Schlüssel bekommen Sie bei der Polizia Urbana an der Piazza Margherita di Savoia. Über die Via Tupputi Zugang zur eigentlichen Altstadt; durch den Bogen S. Adoeno zum kleinen Platz vor der Kirche S. ADOENO, 1074 begonnen. Fassade im 13. Jh. erneuert. Portal im Stil der apulischen Romanik. Im Inneren Taufbecken des 12. Jhs. und »Madonna mit Kind« von Palvisino.

Weiter in der Via Tupputi rechts über die Via Cardinale Dell' Olio zur KATHEDRALE (11.–13. Jh., Abb. 57). Schon 1073 wurde mit dem Bau der Krypta begonnen, vollendet wurde die Kirche 1295. Aus dieser Zeit stammt das Westportal mit reicher Portirorahmung über Säulen auf Löwen. An der Südflanke Renaissance-Portal mit antiken Säulen und Figurenprogramm. Links vom Portal in die Mauer eingelassen: ein Relief (11. Jh.?) mit ungeklärter Ikonographie. Der eben erst wiederhergestellte Innenraum zeigt eine dreischiffige holzgedeckte Basilika mit Emporen, an der Westwand ein Tympanonrelief, wahrscheinlich vom ursprünglichen Hauptportal (13. Jh.).

An der Landstraße nach Andria S. MARIA DI GIANO mit Fresken des 14. und 15. Jhs. Nur Sonntag vormittags offen. Wenige Meter entfernt davon der sogenannte TEMPIO DI GIANO, eine alte Kirche des 11. Jhs. mit Kuppel über Pilastern.

An der Landstraße nach Corato/Ruvo vor der Autobahn links nach Ruvo abbiegen. Dort steht der DOLMEN von Bisceglie, eines der besterhaltenen und berühmtesten Megalithgräber Italiens.

Molfetta (66 000 Einwohner)
In frühgeschichtlicher Zeit war Molfetta eines der wichtigsten Siedlungszentren der Region (s. Pulo), in historischer Zeit ist es erst seit dem hohen Mittelalter bekannt. Gegenwärtig ist die Stadt wichtigstes Fischereizentrum der unteren Adria mit Fischkonservenfabriken, die zu den größten Italiens zählen. Malerisch verfallene Altstadt hinter dem Dom. DUOMO VECCHIO (S. Corrado), 1150 bis Ende 13. Jh. Ähnlich wie in Trani liegt die Kathedrale direkt am Meer, von der Stadtseite her völlig eingekeilt vom ehemaligen Bischofspalast bzw. den Häusern der zum Teil völlig verlassenen Altstadt (Farbabb. 12). Seine malerische Silhouette verdankt der Dom den beiden noch stehenden Türmen der Ostfassade und den drei ungleichhohen Kuppeln. S. Corrado ist der letzte und größte Bau der apulischen Romanik, der die alte Landestradition der Kirchen mit Kuppeln in Achse realisiert (Abb. 54 u. 55). Über sehr kompaktem rechteckigen Grundriß mit übersichtlicher Aufteilung in drei Joche und drei Schiffe wölbt sich ein großartiger Innenraum, dessen breiteres Mittelschiff von zwei Trompenkuppeln, einer Pendentifkuppel und dessen Seitenschiffe von Vierteltonnen zu einem großen Steinbaldachin zusammengefaßt werden. Allein vier mächtige kreuzförmige Pfeiler mit Halbsäulenvorlagen skandieren den Raum. Die mittlere Kuppel ist höher und über einer Ellipse geformt. Also ein zentrierendes System, dessen entfernte Herkunft aus byzantinischen Traditionen unübersehbar ist. Die ursprünglich vorgesehene dreiportalige Westfassade mit zwei mächtigen Seitentürmen ist nie ausgeführt worden. Dafür wurden im 13. Jh. zwei Fassadentürme mit Kapellen im Untergeschoß begonnen. Das östliche Joch tritt nur unmerklich als eine Art Querhaus über die Ebene der

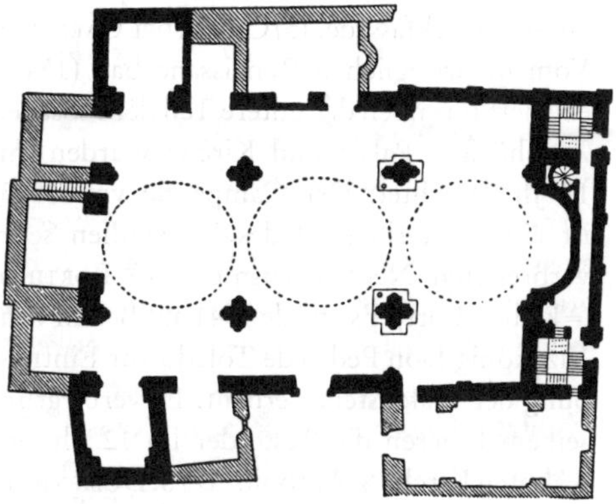

Molfetta, Alter Dom, Grundriß

Langhauswand hinaus. Zwei in die Stärke der Mauer eingelassene kleine Apsiden flankieren die breite Mittelapsis. Nach dem Vorbild von S. Nicola in Bari ist die Chorwand außen ummantelt von einer vorgeblendeten Ostfassade mit eingearbeiteten Doppeltürmen. Diese zur See hin ausgerichtete Zweiturmfassade ist heute leider verstellt. Am Außenbau zeigt die Wandgliederung der Ost- und Nordseiten die typisch normannisch-sizilische Form von Blendarkaden aus verschränkten Bögen (vgl. Monreale, Cefalù, Amalfi). Man betritt den alten Dom rechts durch den Hof des ehemaligen Bischofspalastes. Rechts vom Eingang (Südportal) der sogenannte »Saraceno«, ein Weihwasserbecken über einem Atlanten in Gestalt eines Sarazenen (12. Jh.). In der südlichen Seitenkapelle (13. Jh.) Fragmente eines älteren Skulpturenfrieses. Am Altarsockel romanisches Relief mit segnendem Christus (12./13. Jh.). Die nördliche Seitenkapelle im mittleren Joch und die südliche Sakristei sind ebenfalls Anbauten des 13. Jhs.

Hinter dem Dom in der Altstadt befindet sich in der Via Amente 32 ein schönes RENAISSANCE-STADTHAUS mit Loggienhof

(16. Jh.) (Abb. 53). Am Largo Municipio gelangen Sie zum PALAZZO DI CITTÀ (Rathaus), an der Ecke zum Corso Dante zu der kleinen KIRCHE DEL PURGATORIO, erste Hälfte 17. Jh. KATHEDRALE DELL'ASSUNTA: 1785 fertiggestellt. Im weiträumigen Inneren eine Reihe beachtenswerter Bilder. Zweite Kapelle links »Transito della Madonna« (linke Wand, 16. Jh.); im rechten Querhaus »Assunta«, ein Hauptwerk von Corrado Giaquinto (17. Jh.). Reste des geschnitzten Chorgestühls des alten Doms (1470) in der Sakristei. S. STEFANO: 1586 erneuert. Im Inneren »Madonna mit Kind, dem hl. Tobias und Engel« von Giaquinto und farbig gefaßte Holzgruppe »5 misteri della Passione« (16. Jh., venezianisch?). S. BERNARDINO: Ebenfalls Ende 16. Jh. erneuert. Im Inneren, zweite Kapelle links, an der linken Wand »Heimsuchung, S. Bernardino und S. Francesco«, Triptychon des Meisters der Hl. Severin und Sosius (Ende 15. Jh.); dritter Altar links »Geburt Christi«, Pala von Gaspar Hovic (1596); Ende rechtes Seitenschiff »Vertreibung der aufrührerischen Engel«, ebenfalls von Hovic. Geschnitztes spätgotisches Chorgestühl (16. Jh.). Rechte Kapelle: »Madonna della Misericordia«, Altarbild von Andrea Bordone (16. Jh.).

Stadtauswärts an der Landstraße nach Ruvo liegt der PULO VON MOLFETTA (s. S. 23).

Giovinazzo

KATHEDRALE: 1283 fertiggestellt und 1747 barockisiert. Vom romanischen Bau ist vor allem die großartige Ostfassade nach Bareser Vorbild noch erhalten. Die Krypta stammt aus dem 12. Jh. Im Chor rechts die goldgrundige Tafel »Der Erlöser« eines anonymen Meisters aus dem 14. Jh. In der Sakristei ein kleiner Domschatz.

Kurz vor der Autobahn der DOLMEN VON GIOVINAZZO.

b) Von Canosa nach Bari (landeinwärts)

Andria (85 000 Einwohner)
Prosperierende Landstadt, die schon in vorgeschichtlicher Zeit bewohnt war. In Römerzeit wichtiger Etappenort an der Via Traiana. 1064 wurde Andria von Peter I. (Normanne) neu gegründet. Die Stadt wurde ihrer Treue wegen von Friedrich II. besonders hervorgehoben und mit Privilegien ausgestattet. In der Domkrypta befinden sich die Begräbnisstätten seiner beiden Frauen Jolanda von Brienne und Isabella von England. Andria ist auch Geburtsort seines Sohnes Konrad. Es war unter den Anjous zunächst Grafschaft, dann Herzogtum der Del Balzo. Über die Abfolge der verschiedenen nachstaufischen Dynastien informiert detailliert Gregorovius

PALAZZO DUCALE aus dem 18. Jh.; daneben die KATHEDRALE. Vom mittelalterlichen Bau stammt nur noch der schlanke Campanile (12./14. Jh.). Die Krypta mit Apsiden aus vorromanischer Zeit (9.–10. Jh.) wird zur Zeit restauriert. Besonders reiche Ausstattung: links im Chor zwei Tafelbilder des hier gebürtigen Tuccio d'Andria, 15. Jh. (zugeschrieben); Holzkruzifix (13. Jh.), byzantinische Madonnen-Ikone (ca. 1275) und Büste des Francesco II. Del Balzo von Francesco Laurana (1472). Die erwähnten Stücke sind alle vorgesehen für das im Bau befindliche Diözesanmuseum im Bischofspalast. S. FRANCESCO: 1230 begonnen und 1346 von Bonanno da Barletta vollendet, im 18. Jh. barockisiert. Schöner Barock-Campanile von 1760 bis 1772. Vom spätromanisch-gotischen Bau stammen noch zwei Portale. S. AGOSTINO: Im 13. Jh. für die Templer errichtet und im 14. Jh. an die Augustiner übergegangen (Abb. 58). Besonders prächtiges Hauptportal (14. Jh.) mit reichem Gewände, im Tympanon Relief: »Jesus zwischen dem hl. Remigius und dem hl. Leonhard«. Das Innere wurde mit viel Stuck barockisiert. S. DOMENICO: 1398 im Auftrag der Sveva Orsini begonnen. An der Fassade Renaissanceportal von 1510. Hoher Barock-Campanile des späten 18. Jhs. An der Kirchenflanke Reste des gotischen Kreuzgangs. PORTA S. ANDREA: Einziges erhalten gebliebenes Stadttor, 1593 erneuert. An der Außenseite die berühmte Inschrift, die von Friedrich II. persönlich diktiert sein soll: *»Imperator Federicus ad Andrianos – Andria fidelis nostris affixa medultis ...«* (Kaiser Friedrich an die Andrianer – Heil Dir treues Andria, unserem Herzen innig verbunden ...).

Umgebung: Circa 2,3 km nordwestlich der Porta S. Andrea inmitten von Obst- und Weingärten die im 16. Jh. über einer Basilianergrotte errichtete Wallfahrtskirche S. MARIA DEI MIRACOLI, 1617 von Fanzago ausgeschmückt. Vor der Kirche anmutiger Porticus. Großräumiger heller Innenraum in Renaissanceformen mit prachtvoller Kassettendecke von 1633. Im rechten Seitenschiff über 52 Stufen Abstieg zur Grotte, in der 1576 das Fresko »Madonna mit Kind« (14. Jh.) entdeckt wurde. Anlaß zur Wallfahrt.

Castel del Monte s. S. 219–239

Corato

S. VITO: 11.–12. Jh. Völlig unverändert und rein erhaltenes Beispiel apulischer Kuppelkirchen.

Ruvo (24 000 Einwohner)

Die Stadt war im Altertum für ihre Keramik bekannt. Unter Friedrich II. wurde sie freie Reichsstadt mit eigener Gesetzgebung. Heute wichtiges Landwirtschaftszentrum: Wein, Oliven, Öl, Obst. KATHEDRALE: Ende 12./erste Hälfte 13. Jh. Der Bau wurde von Friedrich II. persönlich gefördert. Eine der wichtigsten Kirchen der apulischen Romanik im Bareser Stil, folgt der Bau im Wegfall der seitlichen Polyforiengalerien am Langhaus und der Fassade östlich der Apsiden sowie in der Übernahme des Konsolgesimses aber der Kathedrale von Trani. Es gibt keine Krypta. Besonders prächtig: die dreiportalige Fassade. Hier wird die Mittelachse entschieden betont. Alle drei Portale sind ohne Architrav und Tympanon. Das Hauptportal ist mit Figuren in den Archivolten geschmückt. Äußere Archivolte: Thronender Gottvater zwischen Maria und dem Täufer, zwölf Apostel und Engel. Innere Archivolte: Apokalyptisches Lamm und Evangelisten. Darüber Kreisokulus und Biforium. Die beherrschende zwölfspeichige Rose ist von 1273. Darüber in einer Nische eine Sitzfigur, die u. a. auch als Friedrich II. gedeutet wird. An der rechten Flanke ein Fries mit Konsolköpfen nach antiken Vorbildern – ein Höhepunkt der mittelalterlichen Skulptur Apuliens bzw. des sogenannten Friederizianischen Klassizismus.

Über die Via Cattedrale und die Via Vitt. Veneto gelangt man zur Piazza Giovanni Bovio. Auf dem Weg dorthin rechter Hand das Renaissancehaus PALAZZO SPADA mit schönem Loggienhof (16. Jh.).

MUSEO JATTA: Durch private Initiative konnten die Anfang des 19. Jhs. durch Zufall entdeckten, reichen Vasenfunde der alten ruvischen Nekropole zum Teil gesichert und am Ort erhalten bleiben. Der eigens für diese Sammlung erbaute Palazzo beherbergt in etwas unübersichtlicher und keineswegs didaktischer Ordnung etwa 2000 Keramikfunde vom 7. bis zum 3. Jh. v. Chr., darunter weißgrundige korinthische Produktion (7. Jh. v. Chr.) und schwarzfigurige attische Vasen des 5. Jhs. v. Chr. Daneben einheimische peuketische Keramik (5. bis 4. Jh. v. Chr.) und älteste einheimische Produktion nach griechischem Vorbild. Öffnungszeiten: werktags 9.30 bis 12 und 16.30 bis 18.30 Uhr; sonn- und feiertags 9 bis 12 Uhr.

Terlizzi (23 000 Einwohner)

SS. Rosario (Largo Plebiscito): An der rechten Flanke ein spätromanisches Portal, das dem Anseramo da Trani zugeschrieben wird. Auf dem Architrav Verkündigung, Hl. Drei Könige, Geburt und Kreuzigung. Im Tympanon »Das letzte Abendmahl«.

Bitonto (50 000 Einwohner)

Peuketisches Zentrum mit Blütezeit im 4. Jh. v. Chr., Etappenort an der Via Traiana. 975 wurde Bitonto vom Katapan Zaccaria zerstört, im 11. Jh. neu errichtet. Seit Ende des 11. Jhs. ist die Stadt Bischofssitz. In nachstaufischer Zeit wurde sie zum Lehen verschiedener Adelshäuser, heute ist sie eines der apulischen Zentren der Olivenkultur.

Hauptplatz der Stadt ist die Piazza Marconi. An ihrem westlichen Ende vermittelt zwischen Alt- und Neustadt die Porta Baresana. Dahinter, an der Piazza Cavour, der sogenannte Torrione, ein mächtiger Rundturm von 16 m Durchmesser, zwischen 1370 und 1380 von den Anjous errichtet. An der Ostseite des Platzes die barocke Kirche S. Gaetano (1609). Die Südseite des Platzes beschließen die ruinösen Palazzi Regna und Sylos-Calò mit Resten einer Renaissance-Loggia. Über die Via Sedile mit dem Palazzo Sylos Sersale und der Kapelle bei Purgatorio (makabres Portal mit Skeletten, vgl. Gravina) zum Museo Comunale Rogadeo. Öffnungszeiten: montags bis donnerstags 14 bis 19 Uhr; freitags und samstags 8.30 bis 13.30 Uhr; Juli – August auch vormittags.

Nach einem Torbogen führt die nächste Gasse rechts zur Piazza Cattedrale mit der Guglia der Immacolata (18. Jh.)

Dominiert wird der Platz aber von der grandiosen Kathedrale S. Valentino, die irgendwann nach der Mitte des 12. Jhs. begonnen wurde (Abb. 65). Als 1222 Magister Gualterio von Foggia das Altarziborium schuf und 1229 Magister Sacerdos Nikolaus (s. Trani) seine Kanzel signierte, muß der Bau im wesentlichen fertig gewesen sein. S. Valentino ist die reinste und vollkommenste Schöpfung des mit S. Nicola in Bari begründeten Typs der Bareser Romanik (s. S. 140). Es ist auch die mit Skulpturenschmuck am reichsten ausgestattete Kathedrale Apuliens. Ihre Geschlossenheit und stilistische Einheit ist durch die offensichtlich nie länger unterbrochene kurze Bauzeit von ca. 50 bis 60 Jahren erklärbar. Am prächtigsten ausgestattet sind die beiden zum Platz hin ausgerichteten Seiten: Fassade und Südflanke. 1) Fassade: Durch zwei kräftig durchgezogene Lisenen gemäß der dahinterliegenden Bauglieder dreigeteilt. Das Hauptportal ein Meisterwerk der apulischen Romanik. Portalsäulen auf Löwen, Archivolten auf weit vorspringenden Greifen. Auf dem Architrav: Verkündigung, Heimsuchung, Epiphanie und Darstellung im Tempel; im Tympanon die an dieser Stelle seltene Darstellung »Abstieg in die Vorhölle«. Über dem Portal zwei Biforien, dann eine sechzehnspeichige Rose, gerahmt von einer Archivolte auf Säulen und Löwen. Links von der Fassade eine Barock-Loggia, die Kathedrale und Palazzo De Lerma verbindet. 2) Langhaus Südseite: Über sechs mäßig hohen aber recht tiefen

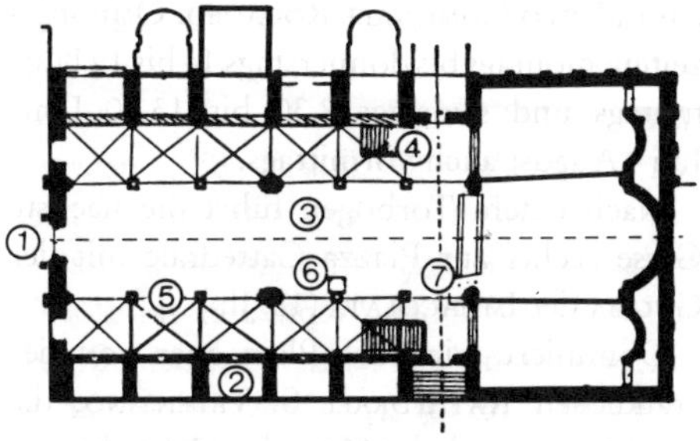

Bitonto, Kathedrale, Grundriß
1 Westfassade + Portal 2 Porta della Scommunità oder del Volto Santo 3 Langhaus 4 Treppen zur Krypta 5 Taufbecken 6 Ambo 7 Pulpito

Arkaden die wie Goldschmiedearbeit fein ziselierte, leichtbeschwingte Folge der Hexaforiengalerie mit hervorragender Skulptur. Darüber einfache Monoforien mit Transennenfenstern. In der sechsten Arkade die gotische Porta della Scommunità oder del Volto Santo mit Kreuzigung im Tympanon. 3) Langhaus: Dreischiffige Säulenbasilika mit über Triforien geöffneten Emporen (Abb. 66), Mittelschiff holzgedeckt, Seitenschiffe gewölbt. Von Anfang an war keine Kuppel vorgesehen. Leicht angehobener Chor mit sehr flachen Apsiden. 4) Treppen zur Krypta, dem wohl ältesten Teil der Kathedrale (3. Viertel 12. Jh.). Apsiden, ähnlich wie in Otranto und Trani, auf die Achsen der Kryptenjoche bezogen. Altarsockel mit Paliotto des ursprünglichen Hauptaltars von Gualtiero da Foggia (1222). 5) Romanisches Taufbecken (13. Jh.). 6) Romanischer Pulpito (Abb. 64 u. 67), im 18. Jh. von unbekanntem Meister geschickt aus Resten des Ziboriums (1222) und der ursprünglichen Kanzel des Magisters Nikolaus zusammengesetzt. 7) Ambo des Magisters Nikolaus, 1229 datiert und signiert. In seiner heutigen Form ebenfalls aus dem 18. Jh. Der Kanzelkasten mit konvexer Ausbuchtung, Kassettengliederung, farbigen Glaseinlagen und dem meisterhaft vollplastisch gearbeiteten Adler des Lesepultes ist einzigartig in Apulien. An der Rückseite, unter der Treppenschräge zum rechten Seitenschiff befindet sich ein Figurenrelief mit vier gekrönten Figuren. Nach neuester Lesart sollen die mysteriösen Figuren die Predigt des Klerikers Nikolaus (Sommer 1229) zum Ruhme des staufischen Kaiserhauses darstellen. Unübersehbar ist aber die mindere Qualität des Reliefs, besonders die eklatante Unfähigkeit des Bildhauers zur Gestaltung der menschlichen Figur und von Gesichtern – beides geradezu eine Spezialität des staufischen Klassizismus. Das Relief dürfte somit mit Sicherheit nicht vom Kanzelmeister Nikolaus stammen. Die Kanzel selbst ist aber im September 1229 signiert. Ob sich das nachträglich eingelassene und für die Treppenverkleidung geschaffene Relief deshalb auf die Predigt des Klerikers Nikolaus und die Unterwerfung der Stadt Bitonto im Juli oder August des gleichen Jahres bezieht, bleibt somit ungeklärt, d. h. auch die Ikonographie bleibt fraglich. (Die Kathedrale wird z. Zt. restauriert.)

Weitere Sehenswürdigkeiten

Palazzo Sylos-Labini, Anfang 16. Jh., mit sogenanntem gotisch-katalanischem Portal, weitem Arkadenhof und reich dekorierter Loggia, einer der schönsten Renaissance-Paläste Apuliens. S. Francesco d'Assisi: Ab 1286 in Bettelordensgotik errichtet. Gotisches Westportal vom Anfang des 14. Jhs. S. Valentino (11./12. Jh.): Romanische Kirche mit Kuppel in Achse (geschl.). S. Catarina (11. Jh., Eingang Via S. Rocco): Mit Mosaikfußboden in *opus sectile* ausgestattet. Abbazia di S. Leo: Im 11. Jh. von den Benediktinern erbaut, danach mehrfacher Besitzerwechsel (Zisterzienser, Olivetaner, Franziskaner) mit jeweiligem Umbau. Vom 14. Jh. steht noch der Campanile. Renaissance-Kreuzgang (16. Jh.). Wegen Restaurierung geschlossen.

c) Bari (372 000 Einwohner)

Volkreichste Stadt Apuliens und Hauptstadt der Region sowie der gleichnamigen Provinz. Daneben großer Hafen und wichtigstes Landwirtschafts-, Industrie-, Handels- und Universitätszentrum. Die Mitte September stattfindende Fiera di Levante ist die größte Handelsmesse des Mittelmeerraumes. Ursprünglich war Bari peuketischer Hafen mit Akropolis auf der Halbinsel um S. Scholastica (6. Jh. v. Chr.). Zu Römerzeiten lag die Stadt abseits der großen Straßen, im 9. Jh. war sie für einige Jahrzehnte Hauptstadt eines sarazenischen Emirats und danach, ab 876, Zentrale der zweiten byzantinischen Rekonquista und Sitz des Katapans (= Gouverneur von ganz Unteritalien). Ab 11. Jh. Erzbistum und Pilgerzentrum zum hl. Nikolaus von Bari und im 12. Jh. vorübergehend politisch selbständige Seerepublik. In byzantinischer und normannischer Zeit entwickelte sich Bari zum Haupt- und Ausgangspunkt aller Verschwörungen und Aufstände gegen die jeweiligen ausländischen Besatzer, deshalb wurde es 1156 von Wilhelm I. (dem Bösen) zerstört und nach 1165 wieder aufgebaut. Als Anhänger der französischen Revolutionsideen wurde die Stadt 1808 von Murat mit der Zuerkennung des Titels einer Provinzhauptstadt belohnt. Ab diesem Datum begann ein erneuter Aufstieg. 1813 wurde der Grundstein zur Neustadt gelegt.

Altstadt

Kastell (Abb. 68–70): Trapezförmige Vierflügelanlage. 1071 nach der Einnahme der Stadt von den Normannen direkt am Meer gelegen und von diesem umspült errichtet. Zwischen 1233 und 1240 wurde das Kastell von Friedrich II. auf altem Grundriß völlig erneuert und verschönert mit apulisch-romanischem Portal, sechsjochiger Eingangshalle über zwei Säulen mit schönen Kapitellen, Hofloggia und monumentaler Freitreppe zu den offiziellen Räumen im Obergeschoß. Unter Karl V. wurde es durch die Herzoginnen Isabella von Aragon und Bona Sforza um die äußere Mauer mit ihren stadtwärts gerichteten Eckbastionen erweitert. Heute Sitz des Landesamtes für Denkmalpflege. Außerdem Ort wichtiger Wechselausstellungen. Öffnungszeiten: 9 bis 13 und 16 bis 19 Uhr, feiertags 9 bis 13 Uhr, montags geschlossen. Kathedrale S. Sabino (Farbabb. 19, Abb. 75 u. 77): In der ersten Hälfte des 11. Jhs. in den heutigen Dimensionen errichtet. Unter Erzbischof Elias weitere Bauarbeiten. Nach der Zerstörung der Stadt ab 1170 wurde die Kathedrale in vielen Teilen erneuert – im Stil der Bareser Romanik. Schönster Blick auf den Außenbau vom erzbischöflichen Seminar an der Südseite. 1) Fassade: Die unteren drei Portale stammen noch vom ersten Kathedralbau (2. Viertel 11. Jh.). Nur die oberen Teile sind 12. bzw. 13. Jh. Besonders die Rosenarchivolte trägt Kopfkonsolen von höchster Qualität. 2) Sogenannte »Trulla«, wohl das alte Baptisterium aus dem 11. Jh., im 17. und 18. Jh. erhöht und in eine Sakristei umgewandelt. 3) Einzig noch stehender Turm an der Ostfassade. Der obere Teil wurde nach anderen Türmen der Zeit im Barese, z. B. Palo del Colle, rekonstruiert. Turmbesteigung ist nur in Ausnahmefällen und mit Sondergenehmigung des Erzbischöflichen Ordinariats möglich. Von hier herrlicher Blick auf Bari. 4) Ostfassade: nach dem Vorbild von S. Nicola. Großartiges

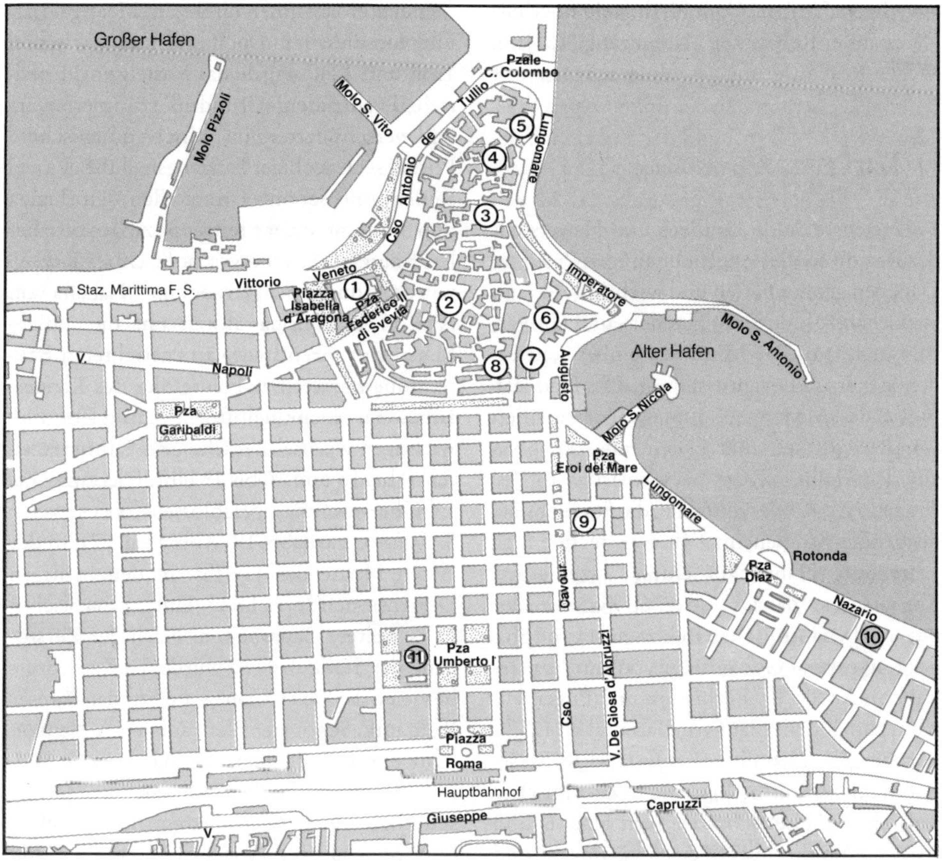

Bari 1 Castello Svevo 2 Kathedrale u. Bischofspalast 3 Bezirk S. Nicola 4 S. Maria del Buonconsiglio 5 S. Scholastica 6 Piazza Mercantile 7 Chiesa della Vallisa 8 S. Michele 9 Teatro Petruzelli 10 Palazzo della Provincia u. Pinacoteca Provinciale 11 Universität und Museo Archeologico

romanisches Mittelfenster, nach 1170 restauriert und ergänzt. 5) Zugang zum Hof des Seminario. Schöner Blick auf die Südflanke, die Querhausfassade mit byzantinisierender Vierungskuppel (einzige ausgeführte Kuppel dieser Art der Bareser Romanik) und Turm. 6) Langhausinneres: großartiger romanischer Raum des Bareser Typs. Falsche Matronäen (Emporen). Die Stuckkapitelle der Arkadensäulen und das Dach sind völlig neu. 7) Ambo, 1955 aus Plattenfragmenten des 11. und 13. Jhs. zusammengefügt. 8) Eingang zur Krypta (11. Jh.). Kein liturgischer Raum, diente lediglich als Substruktion und Ossarium (Beinhaus). 9) Querhaus und Chor: Im rechten Querhaus Reste von Mosaikschmuck. Über der Vierung die mächtige Kuppel (Scheitelhöhe 35 m). Über dem Altar das 1954 aus

Resten des Originals zusammengesetzte Altarziborium des Alfano da Térmoli (1233). Auch der Bischofsstuhl in der Apsis ist aus Originalteilen rekonstruiert. In der linken Apsis Freskenreste (13./14. Jh.) und der Sarkophag des Bischofs Rumoaldo Grisone (1282–1309). An der Flanke der Kathedrale das MUSEO DIOCESANO (Öffnungszeiten: werktags 9 bis 13 Uhr). Es besitzt u.a. drei Exultetrollen. Die große Exultetrolle ist ein Faksimile des im erzbischöflichen Ordinariat aufbewahrten Originals. Dieses ist 8,4 m lang und aus zwei Stücken zusammengesetzt, einer älteren Exultetrolle von 1025, noch ganz in byzantinischer Tradition, und einem etwas jüngeren Benediktionar von 1155 in freier Nachschöpfung byzantinischer Vorbilder durch einen einheimischen Künstler.

BEZIRK S. NICOLA: Die Basilika lag ursprünglich ganz am Wasser, nur durch die Seemauer davon getrennt. Der ganze Jurisdiktionsbereich des Abtes von S. Nicola (exemt) war im Mittelalter von einer eigenen Mauer mit Türmen umschlossen. Die Basilika wird von drei großen Höfen umgeben, um die sich die restlichen Gebäude des Klosters gruppieren: im Süden das Kloster, im Westen Hospiz und Pilgerheim und im Nordwesten die Kirche S. Gregorio. Heute betritt man den Bezirk von S. Nicola entweder vom Lungomare her oder durch den ARCO DI S. NICOLA (stadtseitig). Rechts vom Arco, an der Westseite des großen Kirchplatzes der PORTICO DEI PELLEGRINI, weitgehend restauriert und rekonstruiert. An der rechten Hofflanke der Klosterladen mit Andenken, Büchern und Devotionalien. Zwischen Basilika und Klosterladen der Eingang zum Kloster selbst. Dort um Zutritt zum MUSEO NICOLAINO bitten, wenn

Bari, Kathedrale S. Sabino, Ostfassade (nach Schulz) ▷

Bari, Kathedrale S. Sabino, Grundriß
1 Fassade 2 Sog. »Trulla« 3 Turm 4 Ostfassade 5 Zugang zum Hof des Seminario 6 Langhaus 7 Ambo 8 Eingang zur Krypta 9 Querhaus u. Chor

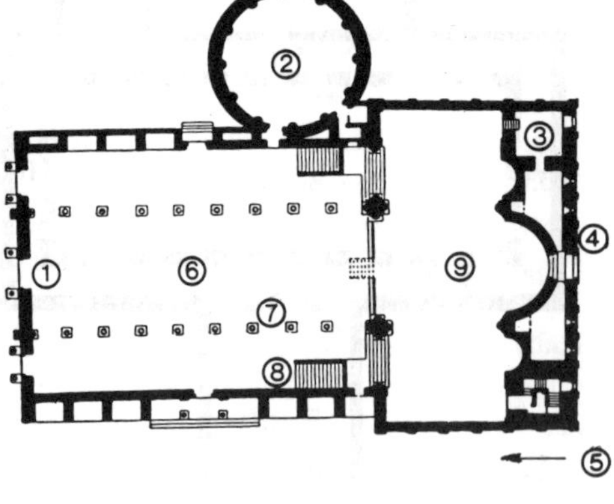

dieses, wie meistens, wegen Personalmangels nicht geöffnet ist. Offizielle Öffnungszeiten: montags, freitags und samstags 10 bis 12 Uhr. Linker Hand vom Arco di S. Nicola die kleine Kirche S. GREGORIO in schlichten aber harmonischen Formen (Anfang 11. Jh., im 13. Jh. restauriert). Schlüssel beim Sakristan von S. Nicola (Trinkgeld). Geschichte und Beschreibung von S. Nicola s. S. 118–141, Innenausstattung s. Abb. 71–74.

PIAZZA S. PIETRO und S. SCHOLASTICA (Akropolis): Ältester Stadtkern der peuketischen Siedlung. An der Piazza Reste der romanischen Kirche S. MARIA DEL BUONCONSIGLIO. Auf der Anhöhe der einstigen Akropolis, dessen Stelle der Klosterkomplex von S. Scholastica (Kreuzgang 13. Jh.) einnimmt, im Klosterbereich neuerdings reichliche Ausgrabungen. Im Trakt rechts der Kirche neu installiertes Museum für aktuelle Ausstellungen. PIAZZA MERCANTILE: In der Altstadt zwischen S. Nicola, Kathedrale und Lungomare befinden sich zahlreiche Stadtpläne vom späten Mittelalter bis zum 18. Jh. An der Piazza Mercantile links das alte Rathaus mit SEDILE DEI NOBILI, 1543 erbaut, im 17. Jh. erneuert und 1722 mit der oberen Loggia ausgestattet. Davor die COLONNA DELLA GIUSTIZIA (Schandsäule), an der Bankrotteure dem Pöbel zur Schau gestellt wurden. Über die Strada Orefici und die Vico Gironda zur Kirche S. MICHELE, in deren Annexgebäuden (rechts der Fassade) im Hof die Reste der alten ABTEI S. BENEDETTO erhalten sind. Vollständig erhalten ist eine Arkadengalerie des Kreuzgangs vom 11. Jh. Hier war der ursprüngliche Amtssitz von Abt Elias, dem Erbauer von S. Nicola. Auf der anderen Seite der Piazza Mercantile folgt sogleich die Piazza del Ferrarese, an deren Westseite die schlichten Apsiden der romanischen Kirche DELLA VALLISA (11. bis 12. Jh., vgl. S. Gregorio) zu sehen sind.

Bari-Neustadt

Die seit Anfang des 19. Jhs. entstandene Neustadt südlich des Corso Vittorio Emanuele ist streng im Schachbrettmuster angelegt. TEATRO PETRUZZELLI: Der pompöse Theaterbau der Jahrhundertwende für 4000 Sitzplätze wurde 1898 bis 1903 nach Plänen von Angelo

Plan des Archeologischen Museums

I EINGANGSVESTIBÜL
a) Architekturkeramik, b) Steinskulptur, c) Inschriftensammlung, d) Numismatische Abteilung

II GANG
Prähistorische Abteilung

III GANG
Topographische Abteilung (ältere Slg.)

IV GROSSER SAAL (SALONE)
Keramik und Goldschmiedearbeiten

V CANOSA-SAAL

VI GANG
Topographische Abteilung (jüngere Funde)

VII GANG
Figürliche Keramik und Bronzen

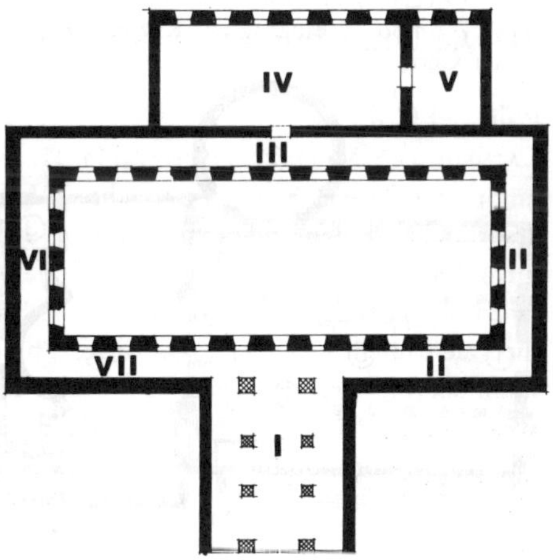

Messeni errichtet. Dekorationen und Innenausstattung stammen von Raffael Armanise. PALAZZO ATENEO (1868 bis 1889): Sitz der Universität, der Societa di Storia Patria per la Puglia, des Centro di Studi Normanno-Svevi, der BIBLIOTECA NAZIONALE und des MUSEO ARCHEOLOGICO. Öffnungszeiten: 9 bis 14 Uhr, feiertags 9 bis 13 Uhr, sonntags geschlossen. PINACOTECA PROVINCIALE, am Lungomare im Obergeschoß des Palazzo della Provincia: Eingang rückseitig über den Hof. Umfangreichste und bedeutendste Gemäldesammlung Apuliens mit Werken von Antonio und Bartolomeo Vivarini, Giovanni Bellini, Paris Bordone, Tintoretto und Veronese, Luca Giordano, Giaquinto und Finoglia. Aus apulischer Sicht hervorzuheben sind die Mittelalterabteilung in den Sälen I und II mit romanischer Skulptur und Fresken der Region und die Abteilung Malerei des 19. Jhs. mit Gemälden von De Nittis und Netti. Öffnungszeiten: 9 bis 13 und 17 bis 19 Uhr, sonntags 9 bis 13 Uhr, montags und feiertags geschlossen.

d) Die Umgebung von Bari

Palo del Colle

KATHEDRALE S. MARIA DELLA PORTA: Im 12. Jh. im Stil der Bareser Romanik errichtet. Vom ursprünglichen Bau sind noch erhalten Nordturm, Querhausfassade und Langhausinneres (wiederhergestellt). Im 16. Jh. wurde die Kathedrale baulich verändert. Aus dieser Phase stammen die drei Renaissance-Portale der Westfassade. Auf dem Hauptaltar »Madonna mit Kind«, abgenommenes Fresko des 13./14. Jhs. In der Sakristei »Der Erlöser«, Ölbild von Gaspar Hovic (Ende 16. Jh.).

Bitetto

KATHEDRALE S. MICHELE: Der Vorgängerbau des 11. Jhs. wurde 1335 von Lillo da Barletta im Stil der Bareser Romanik erneuert. Besonders reich skulptiertes Mittelportal (Abb. 79). Auf dem Architrav: Jesus und die Apostel, am linken Türgewände (v. u. n. o.): Verkündigung, Geburt, Epiphanie und Kindermord, am rechten Türpfeiler: Darstellung im Tempel, Flucht nach Ägypten, Jesus und die Schriftgelehrten, Taufe und Hochzeit von Kanaan; im Tympanon: Madonna mit Kind zwischen Engeln (z. Zt. in Restaurierung).

Balsignano

S. FELICE in B. (auch S. Pietro, Abb. 80): wunderschöne kleine romanische Kirche mit Kuppel auf achteckigem Tambour (12. Jh.).

Valenzano

OGNISSANTI DI CUTI: Abteikirche der Benediktiner. Nach 1068 entstanden. Beschreibung s. S. 93 f., Abb. 81 u. 82.

Rutigliano

Hier steht einer der besterhaltenen Normannentürme in Barese (11. Jh.), der einzige Rest eines mächtigen KASTELLS. Pfarrkirche S. MARIA DELLA COLONNA: Anfang des 12. Jhs. von Hugo, dem normannischen Grafen, gestiftete Kirche, 1108 geweiht. Das gotische Portal (13./14. Jh.) enthält noch den Architrav vom alten Portal: Christus und die Apostel und Verkündigung. Im Inneren Polyptychon von Antonio Vivarini (Ende 15. Jh.), byzantinische Madonna (13. Jh.) und Freskenreste (16. Jh.).

Capurso

BASILICA DELLA MADONNA DEL POZZO: Bedeutende regionale Wallfahrtskirche, 1746 auf

Geheiß von Karl von Bourbon erbaut. Die Fassade stammt von 1770. Eindrucksvolle Konventsbauten mit Loggienhöfen.

Turi

Pfarrkirche: Am Ende des rechten Seitenschiffes Renaissance-Altar mit Statue der Dreifaltigkeit von Stefano da Putignano (1508). Auf dem Rosenkranzaltar (erste Kapelle links): Madonna mit Kind, ebenfalls von Stefano da Putignano. S. Rocco: Kapelle aus dem 11. Jh. in apulischer Tradition mit Kuppeln in Achse.

Casamassima

Pfarrkirche S. Croce: Mehrfach restaurierte spätromanische Kirche mit schönem Campanile. Beim südlich gelegenen Friedhof die frühromanische noch byzantinische Basilika S. Lucia (auch del Soccorso), wohl noch aus dem 11. Jh. Die Friedhofspropyläen im reinsten Neoklassizismus.

Acquaviva delle Fonti

Blühendes Zentrum im 12. Jh., unter Robert II. Beginn mit dem Bau der Kathedrale, eine der vier palatinischen Basiliken Apuliens, die leider im 16. Jh. arg verändert wurde. Schöne Rose aus dieser Zeit. Herkunftsort der Familie der Acquaviva von Conversano. Von dieser Familie riesiger Palazzo del Principe von 1665, heute Rathaus.

Sannicandro di Bari

Nach den Vasenfunden vom 8. bis 3. Jh. v. Chr. offensichtlich bedeutendes peuketisches Zentrum. Hochinteressantes Kastell aus staufischer Zeit. Wegen aktueller Restaurierungsarbeiten ist es nicht zu besichtigen.

Conversano (21 000 Einwohner)

Eines jener apulischen Städtchen mit intensiver Geschichte und überreich an historischen Denkmälern, auf einem der letzten Hügel der auslaufenden Premurge zum adriatischen Meer hin gelegen. Die geographisch günstige Lage führte zu früher Besiedlung. In der Umgebung Siedlungsfunde der Bronzezeit. In Conversano selbst peuketische Keramik und Reste einer Megalithmauer (Abb. 86) am Eingang zur Altstadt von der Piazza unterhalb des Kastells. Erster Graf im Mittelalter war Gottfried von Hauteville, ein Neffe Robert Guiscards. Danach Feudalsitz der Brienne, Enghien, Orsini und der Acquaviva. Älteste Niederlassung der Benediktiner in Apulien (6. bis 8. Jh.).

Kastell (Abb. 84): Trapezförmige Anlage aus normannischer Zeit, später mehrfach verändert und erweitert, z. B. um den mächtigen Rundturm (14. Jh.). Letzte Umbauten unter Dorotea Acquaviva um 1710 (Loggien im Hof). Im Inneren die Prunkräume des Giangirolamo II., besonders hervorzuheben ist die *Sala dell alcova* mit reichem Stuck und den Deckengemälden des Finoglia. Kathedrale: 1910 ausgebrannt und danach wieder im alten Zustand hergestellt. Romanischer Bau im Stile der Bareser Romanik, wohl noch im 12. Jh. begonnen, 1358 bis 1379 in spätromanischen Formen verändert. Fassade und Seitenportale stammen aus dieser Zeit. Im rechten Seitenschiff Holzkruzifix (14. Jh.) und im linken Seitenschiff »Auferstehung«, Pala des 15. Jhs. Kirche und Kloster S. Benedetto: älteste bekannte Niederlassung der Benediktiner mit großem Einfluß. Die Äbte waren bis in angiovinische Zeit die Feudalherren von Conversano, 1110 direkt dem Hl. Stuhl unterstellt. In staufischer Zeit war S. Benedetto Reichskloster. Erst 1809 mußten die Äbtis-

Conversano, Kastell, Längsschnitt

sinnen (seit 13. Jh.) ihre Privilegien an den Bischof abtreten. Schöner Barock-Campanile von 1635 (Abb. 86). Das Hauptportal von ca. 1580 in romanischer Tradition mit Säulen auf Löwen. Der um 1085 errichtete Kirchenbau wurde im 16. und 17. Jh. barockisiert. Doch die Grundstruktur, ein apulischer Kuppelbau (vgl. Ognissanti di Cuti), ist noch gut erkennbar. Auf dem Hauptaltar »Hl. Benedikt und hl. Sabinus«, ein Hauptwerk des Finoglia. An der Südseite der Abteikirche stehen noch zwei Flügel des romanischen Kreuzgangs (12. Jh.) in französischen Formen (Abb. 85). Vom Kreuzgang aus hat man Zugang zur Krypta, die noch aus der Zeit der ersten Niederlassung stammt.

An der östlichen Stadtgrenze, jenseits der Bahnlinie, die interessante romanische Kirche S. Catarina (Abb. 83), ein Zentralbau über kleeblattförmigem Grundriß. In der Altstadt die Konventskirche SS. Cosma e Damiano, 1636 erbaut und mit zahlreichen Meisterwerken von Finoglia ausgestattet. Auch im Kreuzgang Werke dieses Meisters. Der Konvent ist noch besetzt, so daß die Besichtigung der Kirche meist nur vor oder nach dem Gottesdienst möglich ist. Ansonsten an der Klosterpforte klingeln.

An der Ausfallstraße nach Bari nach ca. 2 km der vor kurzem wieder in Betrieb genommene Konvent S. Maria dell' Isola mit romanischer Kuppelkirche, einem gotischen Kreuzgang und einem solchen des 17. Jhs. mit interessanten Fresken. Nach Möglichkeit auch das Kircheninnere zeigen lassen. Fresken und schöne (naive) Altäre. 5 km stadtauswärts an der Straße nach Castellana Grotte, rechter Hand das Grabungsgelände von Torre Castiglione. Ruinen einer vom 10. bis zum 16. Jh. bewohnten Niederlassung, über einer apulischen Siedlung, die von 1200 bis 300 v. Chr. blühendes peuketisches Zentrum war.

Castellana Grotte

Größte in Italien bekannte Karstgrotte, ca. 1,5 km lang. Großartige Formationen aus Stalaktiten und Stalagmiten. Einzigartig die sogenannte Weiße Grotte. Durchschnittstemperatur 15 Grad. Festes Schuhwerk ist zu empfehlen. Besichtigungsdauer für die kurze Führung (2 km) ca. 1 Std., für die lange Tour (3 km) ca. 1½ Std. Öffnungszeiten: 8.30 bis

13 und 15 bis 19 Uhr; im Winter (Oktober bis März) von 9 bis 12 und 14 bis 17 Uhr. Für Gruppen Terminvorbestellung empfehlenswert. Tel.: 0 80/73 55 11.

e) Südliche Murge und Land der Trulli (Valle d'Itria)

Gravina in Puglia (37 000 Einwohner) Gelegen an einer der eindrucksvollsten Gravine Apuliens, war Gravina schon seit der Bronzezeit besiedelt und im Altertum als peuketische Stadt (Sides oder Sidion, vermutlich das römische Slivium an der Via Appia) bekannt und im 5. Jh. mit dem Namen *Civitas Gravinae* neu aufgeblüht. Unter Humfried und dann Robert Guiscard wurde es Grafschaft und wichtiges normannisches Lehen. 1313 ließ Robert von Anjou eine gut frequentierte Messe einrichten. Als Sitz der Orsini (1420–1807) war Gravina wichtiges politisches, wirtschaftliches und kulturelles Zentrum in den Murge. Die etwas unübersichtlich angeordnete Stadt (Abb. 91) erschließt man sich am besten vom Zentrum aus (Piazza della Repubblica). Der dort mündende Corso Mateotti führt zur Piazza Notar Domenico: wichtige Kreuzung für den Besucher! Hier steht die CHIESA DEL PURGATORIO oder S. MARIA DEI MORTI (1644), unübersehbar mit ihrem makabren Portal aus Gerippen (Memento mori, Abb. 89). Links davon die BIBLIOTECA FINYA, die älteste Bibliothek Apuliens. Die westliche Verlängerung des Corso Mateotti führt zur Kathedrale (wegen Restaurierung geschlossen): 1092 gegründet, 1420 erweitert, 1447 durch Brand vernichtet und 1480 in Frührenaissance-Formen erneuert mit Resten des romanischen und gotischen Doms. Der Turm wurde 1698 auf Kosten von Kardinal P. Francesco Orsini (ab 1724 Papst Benedikt XIII.) errichtet. Schöne spätgotische Rose an Fassade und Südquerhaus. Wieder zurück an der Piazza Notar Domenico, führt die Gasse links von der Bibliothek treppabwärts in die Gravina, wo die wichtigste Grottenkirche des Ortes, S. MICHELE, zu finden ist. Keine offizielle Öffnungszeit. Am besten fragen Sie die Einheimischen nach Schlüssel oder Wärter. Die ganz in den Tuff der Gravina gegrabene fünfschiffige Kirche war über Jahrhunderte die Pfarrkirche der Stadt. Darin byzantisierende Fresken aus verschiedenen Epochen. An den Feiertagen des Patrons (8. Mai und 29. September) wird immer noch Messe gehalten. Wieder zurück an der Piazza Notar Domenico, führt die Straße an der Ostseite von S. Maria dei Morti geradewegs zum MUSEO POMARICI SANTOMASI im gleichnamigen Palazzo. Im Erdgeschoß ist neben anderen byzantinischen Fresken die Grottenkirche S. Vito Vecchio rekonstruiert, im Obergeschoß ein kleines Heimatmuseum. Öffnungszeiten: täglich von 9 bis 13 und 16 bis 19 Uhr, geschlossen Samstag nachmittags und sonntags. Vom Museum aus weiter nördlich zur Kirche S. SOFIA aus dem 15. Jh. Dort befindet sich das RENAISSANCE-GRABMAL der Angela Castriota Skanderberg († 1518), einem Schüler des Bartolomeo Ordonez zugeschrieben (Abb. 88). Etwas weiter in dieser Straße die Anfang des 16. Jhs. von dalmatinischen Künstlern errichtete Kirche S. FRANCESCO.

Umgebung: etwas außerhalb des Zentrums linker Hand der Staatsstraße nach Potenza liegt der KONVENT VON S. SEBASTIANO mit großartigem spätromanischen Kreuzgang. Da er heute einen Kindergarten beherbergt, ist er nur vormittags geöffnet. Auf einer Anhöhe nördlich der Stadt (am besten die Straße östlich vom Bahnhof nehmen) stehen die Ruinen eines kleinen Kastells von Friedrich II., meist fälschlicherweise als persönliches Jagdschloß des Kaisers ausgegeben.

Altamura (52 000 Einwohner)

1230 durch Verfügung von Friedrich II. für apulische, griechische und jüdische Siedler neu errichtete Stadt. Ihr Name leitet sich her von der erhaltenen doppelten zyklopischen Ringmauer aus peuketischer Zeit (5. Jh. v. Chr.). Lange Stücke des äußeren Mauerrings aus großen Quaderblöcken sind noch an der Nordostseite der Stadt zu sehen, am besten zu finden nach der letzten Tankstelle (Esso) an der Ausfallstraße nach Bari. Von dort sind es etwa 7 km zum Pulo von Altamura (Abzweigung nach circa 2 bis 3 km nach links über das Bahngleis!). Mit ungefähr 500 m Durchmesser ist dies die größte Doline Apuliens. Am Ende der Steinzeit bis zum Übergang zur Metallzeit wichtiges kulturelles Zentrum (s. Frühgeschichte). Bedeutendstes Bauwerk der Stadt ist die 1230 begonnene, im 14. Jh. weitgehend erneuerte und im 18. und 19. Jh. barockisierte KATHEDRALE (Abb. 90). Dank des kaiserlichen Bauherrn trug sie den Titel einer *Basilica Palatina.* An der Fassade stammt vom ersten Bau nur noch die monumentale Rosette. Das reich skulptierte Löwenportal mit Darstellung des Lebens Christi im Gewände, dem Abendmahl am Türsturz und einer Madonna mit Engeln im Tympanon stammt aus der Bauphase des 14. Jhs., die Türme entstanden erst im 16. Jh., der rechte 1500–1522, der linke 1551–1555. An der Nordflanke interessant das Fortleben der Bareser Polyforiengalerie im Stil eines spätgotischen Kreuzgangs mit Maßwerk in den Arkaden. Das restaurierte Innere läßt nur in großen Zügen die originale Struktur erkennen. Das in Entstehung begriffene MUSEO CIVICO (Öffnungszeiten: werktags 9 bis 13 Uhr) ist unbedingt sehenswert wegen der dort im Umkreis von Altamura gemachten Funde des Eneolithikums und der frühen Bronzezeit, u. a. der sogenannte *osso a globuli* von Casal Sabini.

Santeramo in Colle

Auf dem Weg von Altamura dorthin bei km 9,2 der Staatsstraße das Dorf Casal Sabini. Rechts der Straße die archäologische Zone mit wichtigen Funden (s. Museo Civico in Altamura) der ausgehenden Bronzezeit: Hypogäen nach fremdem Begräbnisritual! In Santeramo lohnt der Besuch der CHIESA MATRICE (1701–1729). Am zweiten Altar rechts Fragment einer Lünette mit Madonna mit Kind und links im Chor zwei Pilaster mit einer Verkündigung, beides Teile eines von Francesco Laurana um 1473 errichteten Portals.

Gioia del Colle (27 000 Einwohner)

KASTELL: An der Stelle einer byzantinischen und dann normannischen Burg ließ Friedrich II. 1230 einen Neubau um einen fast quadratischen Hof errichten (Abb. 87). Die beiden mächtigen Südtürme mit kräftig bossierten Quadern und der Westtrakt stammen

Gioia del Colle, Kastell, Grundriß

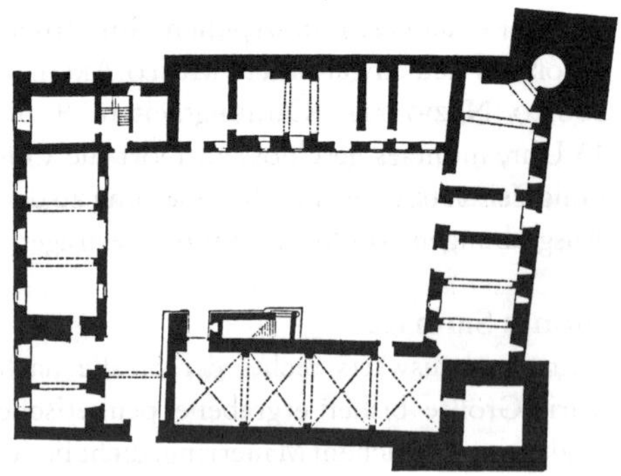

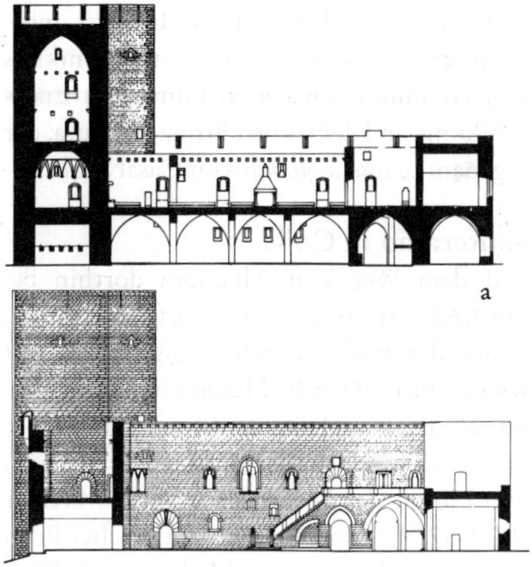

Gioia del Colle, Kastell
a) Aufriß Westseite
b) Längsschnitt durch den Hof

noch vom Stauferbau, der in angiovinischer Zeit verändert wurde. Die gotischen Biforien im Hof dürften ebenfalls noch aus staufischer Zeit stammen, wie das Adleremblem und ein Kapitell mit dem Reichsadler vermuten lassen. Der sogenannte Thron Friedrichs II. im Thronsaal mit schönem Kamin ist allerdings eine spätere Replik. Auch die jetzige Freitreppe ist nur eine phantasievolle Rekonstruktion vom Anfang dieses Jahrhunderts. Dennoch ist das Kastell eines der besterhaltenen der Stauferzeit in Apulien. Im Erdgeschoß das neu eingerichtete Museo Archeologico Nazionale. Öffnungszeiten: 9 bis 13 Uhr, montags geschlossen. Dort die Öffnungszeiten bzw. eventuell Begleitung zu den Ausgrabungen von Monte Sannace erfragen.

Monte Sannace

5 km stadtauswärts rechts der Straße nach Turi. Größte bisher ergrabene peuketische Stadt mit mehrfachem Mauerring, dicht besiedelten Stadtteilen und Nekropolen. Die Besiedelung der Akropolis läßt sich bis ins Neolithikum zurückverfolgen. Lediglich im 5. Jh. v. Chr., zur Zeit der beginnenden Auseinandersetzungen mit dem expansiven Tarent, sind Anzeichen für eine vorübergehende Entvölkerung gegeben. Blütezeiten der Stadt waren das 4. und 3. Jh. v. Chr. Alle wichtigen Funde sind im Kastell von Gioia. Besichtigung und Führungen durch das Ausgrabungsgelände sind für die Zukunft versprochen aber noch nicht realisiert.

Alberobello (10 000 Einwohner)

Zentrum der Trulli-Gegend (Abb. 92, 93 u. 95). Besonders malerisch die *Zona Monumentale,* ein Stadtteil, der nur aus Trulli besteht. Viele Touristen! Wer den Rummel meiden will, kann in der Umgebung (Nebenstraßen wählen) ausreichend ähnlich malerische Trulli finden. An der Nebenstraße nach Noci, etwa 4 km, kurz nach der Abzweigung zur N. 172, rechter Hand die kleine Kirche von Balsente mit drei Apsiden (6. Jh.).

Locorotondo

Hoch über dem Valle d'Itria gelegener Weinort (Farbabb. 21). Die Altstadt ist annähernd kreisrund um die Hügelkuppe angelegt. An der höchsten Stelle (schöner Blick!) steht die Pfarrkirche S. Giorgio, ein neoklassizistischer Bau vor 1790 bis 1825.

Martina Franca (43 000 Einwohner)

Ebenfalls hoch über dem Valle d'Itria gelegene Residenzstadt, das barocke Kleinod des südlichen Barese (Abb. 96–100). Von der Piazza XX. Settembre Zugang zur Altstadt durch das barocke Stadttor 1) Arco di S. Antonio. Dahinter die kleine dreieckige Piazza Roma, die beherrscht wird von der kolossalen Fas-

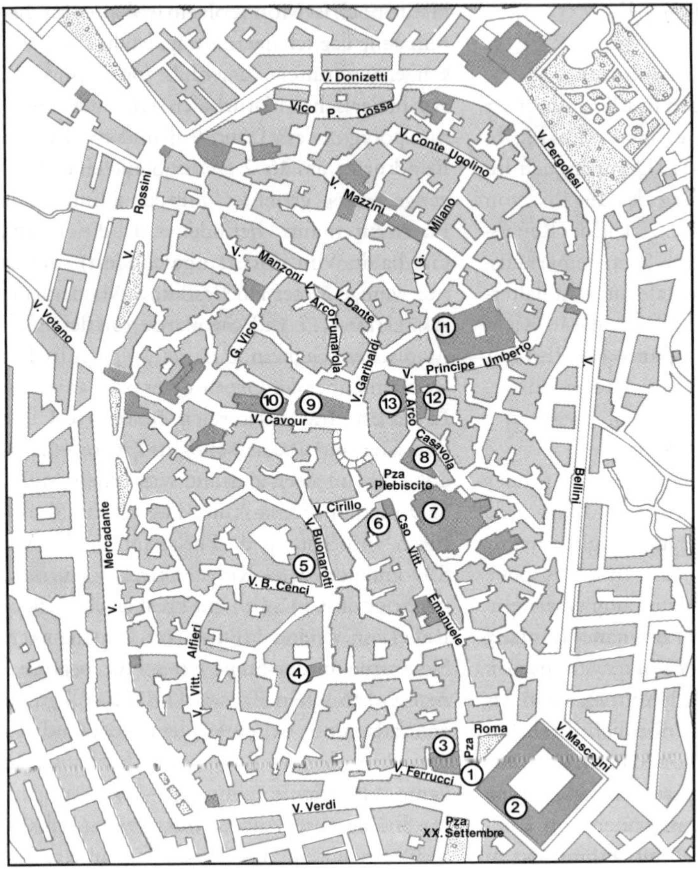

Martina Franca, Stadtplan (Erläuterungen der Ziffern im Text)

sade des 2) Palazzo Ducale, ab 1668 im Auftrag von Herzog Petracone V. Caracciolo von dem Bergamasken Giovanno Andrea Carducci (s. a. Lecce) erbaut. Er ist unvollendet geblieben und wegen Restaurierungen zur Zeit eingerüstet. Er beherbergt Rathaus und Fremdenverkehrsamt. 3) Palazzo Martucci. 4) Convento S. Maria della Purità. 5) S. Giovanni. 6) Via Cirillo mit schönen Barockfassaden. 7) Kollegiatskirche S. Martino (1447–1775) mit beherrschender Fassade. 8) Turm und Palazzo dell' Università. 9) Piazza Maria Immacolata. Zentrum der Altstadt. 10) Via Cavour, schönste Straße der Stadt mit vielen barocken Palazzi. 11) S. Domenico (1760), mit reicher Fassade im Lecceser Stil. Im nebenliegenden Konvent spätmittelalterlicher Kreuzgang. 12) Palazzo Motolese. 13) Palazzo Marino Motolese.

Für ausgedehntere Rundgänge und Entdeckungstouren detaillierten Stadtplan im Fremdenverkehrsamt erbitten.

f) Von Bari nach Brindisi

Mola di Bari (25 000 Einwohner)
Malerischer Fischereihafen mit Kastell, unter Karl I. von Anjou 1278 errichtet, im 16. Jh. modernisiert. KATHEDRALE: Ursprünglich im 13. Jh. entstanden, Anfang des 16. Jhs. von dalmatinischen Künstlern im Kleid der Renaissance erneuert. Aus dieser Zeit bemerkenswert die Renaissance-Portale in mittelalterlicher Tradition. An der Uferstraße in Richtung Süden S. MARIA DI LORETO (16. Jh.) mit einem ganz besonders filigranen Rosenfenster.

Polignano (15 000 Einwohner)
Dramatisch-pittoresk am Steilabhang über dem Meer gelegen. Die CHIESA MADRE wurde schon 1205 geweiht, aber nachträglich mehrfach verändert (Farbabb. 23). In der Kapelle befindet sich neben dem Hauptaltar eine Steinkrippe von Stefano da Putignano (Anfang 16. Jh.), fünf Tafeln eines Polyptychons von Bartolomeo Vivarini (1472) können Sie in der Sakristei besichtigen. 3 km nördlich, direkt am Meer gelegen, die Abtei von S. VITO, seit 1063 als Benediktiner-Niederlassung bezeugt. 1266 ging sie an die Zisterzienserinnen von Conversano über. Aus dieser Zeit stammt das in Zisterziensergotik gehaltene Kircheninnere.

Monopoli (44 000 Einwohner)
Nach der Zerstörung von Egnazia (s. S. 304) wurde Monopoli von den vertriebenen Einwohnern an der Stelle einer altapulischen Siedlung neu errichtet. Seit dem 11. Jh. ist die Stadt Bischofssitz. In der Zeit der Kreuzzüge war sie wichtiger Orienthafen. 1456 wurde sie von den Venezianern besetzt und 1509 von diesen an die Spanier abgetreten. Bis zum Ende des 19. Jhs. wichtigster Ausfuhrhafen für Olivenöl des Königsreichs beider Sizilien. Heute noch ist Monopoli ein lebhafter Fischereihafen. Täglich nachmittags ist die Fischversteigerung (unter Ausschluß von Fremden!). Am malerischen Naturhafen steht ein KASTELL mit polygonalem Grundriß und mächtigem Rundturm, das 1552 an der Stelle eines Vorgängerbaues errichtet wurde. Hinter der Hafendurchfahrt befindet sich die Piazza Garibaldi. Von dort (ausgeschildert) sind es nur wenige Meter zur Basilika S. MARIA DEGLI AMALFITANI (12. Jh.). Sie wurde von der amalfitanischen Gemeinde in reinster apulischer Romanik über der Grotte einer basilianischen Laura errichtet. Der reich dekorierte Chor (Apsisfenster) und das schlichte Innere wurden erst eben im alten Zustand wiederhergestellt. S. DOMENICO: Renaissance-Fassade mit Skulpturen von Stefano da Putignano in der Via S. Domenico 73; die Kryptenkirche MADONNA DEL SOCCORSO (11. Jh.) mit Fresken und einem Relief von Stefano da Putignano. KATHEDRALE: Sie wurde an der Stelle eines 1107 begonnenen romanischen Baus 1742–1770 völlig neu errichtet und ist einer der bedeutendsten Barockkirchen der Region. Der hohe und elegante Campanile von 1688–1693 ist ganz im Stil des Lecceser Barocks (vgl. Zimbalo, S. 326) gehalten. Das dreischiffige Innere mit Querhaus und weiträumigem Chor erstrahlt in festlicher Farbigkeit aus verschiedenem Marmor, ohne dabei die klaren Linien der Raumführung zu beeinträchtigen. Mächtige Vierungskuppel vor dem Chor. Hinter diesem erhöht liegt die Kapelle der Madonna della Madia, als wunderwirksame byzantinische Ikone (1208) von der Bevölkerung hoch verehrt. Der Zugang führt über Seitentreppen beiderseitig des Chores. Außerdem ist die Kathedrale ausgestattet mit einer Fülle wichtiger Kunstwerke. Leider ist das berühmte Bild »Glorienmadonna mit hl. Rochus und

hl. Sebastian« von Palma d. J. zur Zeit nicht zu sehen. Auf dem ersten Altar rechts die Pala »Vertreibung der aufrührerischen Engel«, ebenfalls von Palma d. J. In der Sakristei (Zugang im rechten Querhaus und einem südlichen Annexraum) befindet sich ein kleines Museum mit bemerkenswerten Stücken. An der Eingangswand der Sakristei die Portalarchivolte vom romanischen Bau. Obwohl die Inschrift eindeutig Bezug nimmt auf das Jahr 1107, wird von der einheimischen Forschung der Engelschor erheblich später datiert. An der langen Wand zwei eben erst restaurierte Meisterwerke von Francesco Fracanzano: »Rückkehr des verlorenen Sohns« und »Lot und seine Töchter«. Dazwischen ein großartiger Veronese, »Martyrium der hl. Justinia«. Obwohl das Bild Veronese nur zugeschrieben wird, kommt dieser, was den dramatischen Bildaufbau, das Kolorit und die Pinselführung anbelangt, allein als Autor in Frage. Im kleinen südlichen Annexraum romanische Skulpturen, darunter der Architrav einer großen Deesis (12. Jh.), ein anderes Portalfragment (Archivolten und rahmende Säulen mit Löwenkapitell bzw. Daniel in der Löwengrube, ebenfalls 12. Jh.) und das Grabmal des Bischofs Manfred († 1484).

Egnazia (Gnathia)

Von den drei als ganze Siedlung ergrabenen frühapulischen Städten Herdonia, Monte Sannace und Egnazia ist letztere jene, deren Ausgrabungen am weitesten gediehen, deren Ergebnisse von Datierung und Interpretation her gesichert, deren wichtigste Teile für die Öffentlichkeit zugänglich und zusätzlich gekennzeichnet sind, ergänzt durch ein kleines archäologisches Museum mit didaktischer Ausstellung zur Geschichte und Zivilisation von Egnazia. Kristallisationskern war jener kleine zum Teil künstliche Hügel östlich der Landstraße, eingebettet zwischen zwei kleinen Buchten, heute kurz Akropolis genannt. Die ältesten Hinweise für eine systematische Besiedelung reichen zurück bis zur späten Bronzezeit (13. Jh. v. Chr.). Im Laufe des frühen 1. Jts. v. Chr. formten sich aus balkanischen und indigenen Volkselementen jene Japyger, die später differenziert als Daunier, Peuketier und Messapier den griechischen Westkolonisatoren entgegentraten. Egnazia, als nördlichste Stadt der Messapia, zeigt bis zum Beginn des 5. Jhs. v. Chr. in Hausformen und ihrer Koordinierung ganz indigene Züge: Rundhäuser aus Stein in loser Anordnung. Wohl im Zusammenhang mit der Tarentinischen Expansion erfolgt die Errichtung einer großen Steinmauer, 2 km lang und landeinwärts einen Halbkreis beschreibend. Reste dieser messapischen Mauer sind in ihrer Originalhöhe von 7 m nördlich der Akropolis noch erhalten, der sogenannte *Muraglione* (Abb. 94). Gleichzeitig vollzieht sich eine ausgesprochene Hellenisierung der einheimischen Zivilisation, ablesbar in der Neustrukturierung der Siedlung aus rechteckigen Häusern mit senkrecht zueinander geführten Straßen und in der Keramik. Ihre höchste Blütezeit erlebte die Stadt vom 4. bis zur Mitte des 3. vorchristlichen Jahrhunderts (Romanisierung, Kolonie von Brindisi). Die reichen Keramikfunde hat die frühe Archäologie etwas grob vereinfachend als egnazisch bezeichnet. Doch ist die hier gefundene Tonware stark durchmischt mit Produkten aus anderen einheimischen Keramikzentren wie Canosa, Ruvo usw. In der Spätantike war Egnazia ein blühendes Gemeinwesen mit eigenem Bischof (seit Anfang 5. Jh. bezeugt) bis zur Zerstörung durch Totila (545). Danach ist lediglich auf der Akropolis und in den

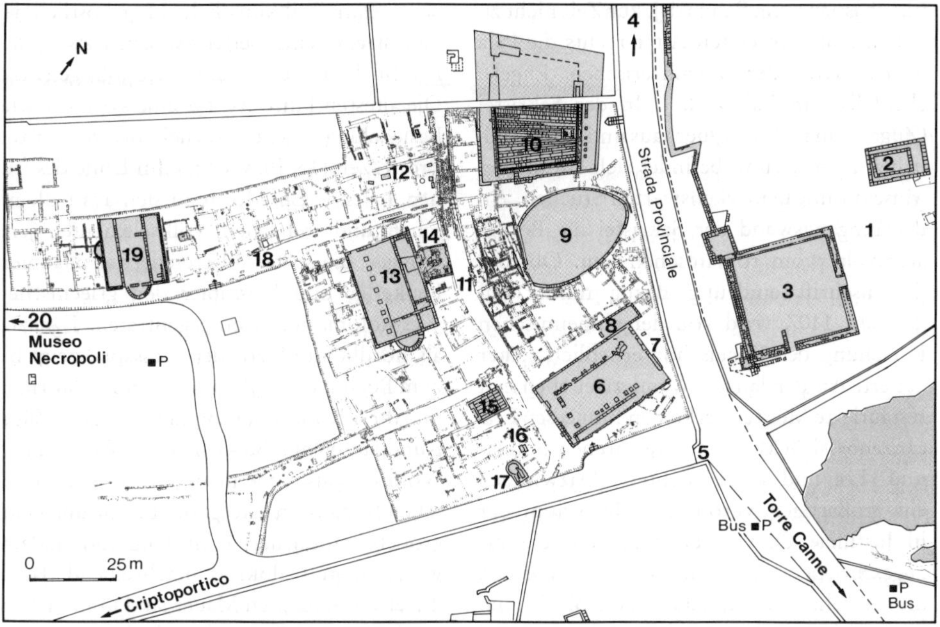

Egnazia, Stadtplan (Erläuterungen der Ziffern im Text)

Grotten der Umgebung bis zum 9. Jh. spärliche Besiedlung nachgewiesen. Darauf erfolgte der Aufstieg von Monopoli und die völlige Preisgabe der Stadt, die aus zwei Teilen bestand, einem nordöstlichen am Fuße der Akropolis bis zur Via Traiana, ausgestattet mit Tempeln, Plätzen, öffentlichen Gebäuden usw., und einem südwestlich daran anschließenden mit kleineren Häusern, Ladenstraße, christlichen Kirchen usw. Hinzu kommen reichlich Gräberfunde innerhalb und außerhalb (beim Museum) der Mauer.

1) Akropolis: bewohnt vom 13. Jh. v. Chr. bis zum 9. Jh. n. Chr. 2) Tempel aus hellenistischer Zeit. 3) Kastell: Türme und Mauer aus spätantiker Zeit, vielleicht während der Goteninvasion entstanden. 4) Der sogenannte Muraglione, Reste der messapischen Mauer. 5) Eingang zu den Ausgrabungen. 6) Römische Mehrzweckbasilika. Im Inneren von einer vierseitigen Pfeilerstellung (8 × 4 Säulen) getragen. 7) Aula delle tre Grazie, so benannt nach dem Bodenmosaik mit den drei Grazien (im Museum). 8) Heiligtum der orientalischen Gottheiten. Der Kult der östlichen Gottheiten Kybele und Siria ist archäologisch bewiesen. Außerdem wurde hier der schöne hellenistische Attis-Kopf gefunden (2. Jh. n. Chr., z. Z. im Museo Archeologico in Bari). 9) Sogenanntes Amphitheater: Ovaler Platz (vielleicht Markt) zwischen Basilika und 10) Agora oder Forum, mit trapezförmigem Grundriß und seitlichem Portikus in dorischer Ordnung, mit Abflußrinne für die impluvial gesammelten Regenwasser, mit der Via Traiana durch ein Torgebäude verbun-

den. Zur Akropolis hin Fundamente einer Rednerbühne und eines Denkmalsockels. 11) Via Traiana: Mit unregelmäßigen Steinen gepflasterte Heerstraße von Benevent nach Brindisi. 109 n. Chr. unter Kaiser Trajan begonnen. 12) Mehrere messapische Gräber. 13) Frühchristliche dreischiffige Basilika mit mittlerer Apsis (5. Jh.). 14) Baptisterium. Quadratischer Bau mit Taufbecken für Immersionstaufe, errichtet über einem älteren Bau mit mehreren Wasserbecken, vermutlich Wäscherei. 15) Kleines Heiligtum aus der Kaiserzeit, also für heidnische Gottheit. 16) Messapische Gräber. 17) Großer kreisförmiger Ofen. Vielleicht zum Brennen von Ton. 18) Sogenannte ›Strasse der Basiliken‹. 19) Kleine frühchristliche Basilika mit Apsis, die in die Straße hineingebaut wurde. Die westliche Apsis und andere Basismauern zeigen, daß dieser frühchristliche Bau über einem heidnischen Kultbau errichtet worden war. 20) Weg zum Museum (Öffnungszeiten: 8.30 bis 13.30 Uhr). Südwestlich vom Museum eine große Nekropole mit einigen luxuriösen Kammergräbern. Das besterhaltene dieser Luxusgräber liegt genau unter dem Museum. Wenn nicht offen, das Museumspersonal um Besichtigungserlaubnis bitten.

Ostuni (32 000 Einwohner)

Strategisch die Küstenebene beherrschend, liegt die ›weiße Stadt‹ in herrlicher Panoramasituation (Farbabb. 24). Die in Sauberkeitsfimmel und Armut begründete Unsitte, alles weiß zu tünchen, was aus Mangel an Geld verkommt, verleiht Ostuni zwar von weitem einen unvergeßlich pittoresken Akzent, kann aber bei genauer Betrachtung nicht darüber hinwegtäuschen, daß unter dieser grellweißen Maske wertvolle Dekorationssubstanz des 16.–18. Jhs. für immer verschwand (vgl. dagegen Martina Franca). Schon Gregorovius hatte sich über diese Methode des Zukleisterns mokiert. An der dreieckigen Piazza della Libertà der Palazzo Comunale, untergebracht im Exkonvent der Franziskaner. Der Platz wird bestimmt von der überschwenglich dekorierten Guglia di S. Oronzo (1771). In der Oberstadt die spätgotische Kathedrale, errichtet unter dem Episkopat von Bischof Nicola Arponi (1437–1470) mit eigenwillig konkav-konvex geschwungenem oberen Fassadenabschluß und schönem gotischen Portal. Darüber eine feingliedrige Fassadenrose. Das Innere wurde im 19. Jh. verändert. Von der Piazza della Libertà führt die Straße nach Carovigno, circa 200 bis 300 m, zu einer Aussichtsplattform. Von dort schönster Blick auf Ostuni. Im Talgrund die Wallfahrtskirche der Madonna della Grata, die ihren jährlichen Höhepunkt im 1. Drittel des August erlebt.

Fasano

Zoosafari, eine besondere touristische Attraktion: der größte Safari-Zoo (= mit dem Auto befahrbares Freigehege) Italiens. Allerlei exotische Tiere wie Löwen, Tiger, Strauße, Pelikane, Affen, Zebus, Antilopen, Dromedare, Lamas etc. Daneben reichhaltiges Vergnügungsangebot mit Delphinschau, Kinderpark mit Eisenbahn etc. Für Reisende mit Kindern als Abwechslung zum überreichen Kulturangebot zu empfehlen. Öffnungszeiten: Januar und Februar nur am Wochenende. Rest des Jahres täglich außer dienstags geöffnet, je nach Jahreszeit ab 9/9.30 oder 10 Uhr.

S. Vito dei Normanni

8 km in Richtung Brindisi zweigt links eine kleine Straße ab, noch vor dem Canale Reale und der Bahnüberführung! Nach circa 1 km, kurz nach der Bahnunterführung, erreicht

man die Masseria Jannuzzo. Dieser gegenüber liegt der Eingang zur Grottenkirche S. Biagio. Sie ist berühmt für ihre wertvollen Fresken an Decke und Wänden vom 11. Jh. In einem bildreichen Zyklus wird u. a. das Leben Christi dargestellt. Seit 1986 ist die Kirche wegen Beschädigungsgefahr durch Freskenräuber geschlossen. Den Schlüssel im kleinen Municipio (Rathaus) erfragen. Auf der anderen Seite der großen Straße, Abzweigung circa 7 km nach Vito, liegt die Grotte S. Giovanni, ebenfalls mit Fresken vom 11.–13. Jh. ausgeschmückt. Sie liegt aber auf Privatgrund und ist nicht mehr ausgeschildert! Der Erhaltungszustand der Fresken ist aber inzwischen so beklagenswert, daß derjenige, der sich die Mühe macht sie aufzuspüren, recht enttäuscht sein wird.

3 An der Via Appia (Provinzen von Tarent und Brindisi)

a) Tarent und Umgebung

Tarent (245 000 Einwohner)

Über die Geschichte der Stadt im Altertum s. S. 38 ff. Im frühen Mittelalter war Tarent volkreichste und bedeutendste Griechenstadt in Apulien. 1063 wurde sie von Robert Guiscard erobert und der lateinischen Kirche angegliedert. Danach war sie unter Normannen, Anjous, Aragonesen usw. wichtiges Lehen des Königreichs mit Fürstentitel. 1502 wurde sie von Gonsalvo De Cordoba erneut erobert und von Don Juan d'Austria ausgebaut und verstärkt. Seit dem 19. Jh. ist Tarent wichtiger Kriegshafen, in den 60er Jahren wurde er vom italienischen Staat zum größten Erdölhafen ausgebaut, mit Raffinerien und petrochemischer Industrie. Die Stadt zerfällt in drei ungleich große Teile: das Bahnhofsviertel, die Altstadt auf ihrer Insel und die mächtig angewachsene Neustadt.

Altstadt

1) Die Ponto girevole (Drehbrücke) von 1886 wurde 1958 technisch erneuert und wird nur noch dreimal pro Tag geöffnet. Kastell: Nach 1480 auf Befehl Ferdinands von Aragon errichtet. Original sind noch die runden Ecktürme und Teile der Außenmauern. Im Inneren die restaurierte Kapelle S. Leonardo (16. Jh.). 2) Tempel des Neptun: Großer dorischer Peripteros-Tempel (6. Jh. v. Chr.) der archaischen Zeit. Krepis und zwei Säulen sind alles, was Tarent vom alten Taras erhalten geblieben ist. 3) Dom S. Cataldo (s. S. 115 f.): Ältester der sogenannten Normannendome Apuliens. Allerdings nur das dreischiffige, basilikale Langhaus, das nach 1073 an einen bestehenden byzantinischen Kathedralbau des früheren 11. Jhs. angesetzt wurde (Abb. 101 u. 102). Säulen und Teile der Kapitelle sind antike und frühchristliche Spolien. Einige Kapitelle stammen auch aus der Entstehungszeit des Langhauses. Querhaus und gleich tiefer Chor sowie Vierungskuppel sind offensichtlich vom byzantinischen Vorgängerbau. In der Vierung, genau um den Altar, finden sich Reste eines Fußbodenmosaiks in der Art desjenigen von Otranto (Mitte 12. Jh.). Unter den Westteilen eine komplette Unterkirche

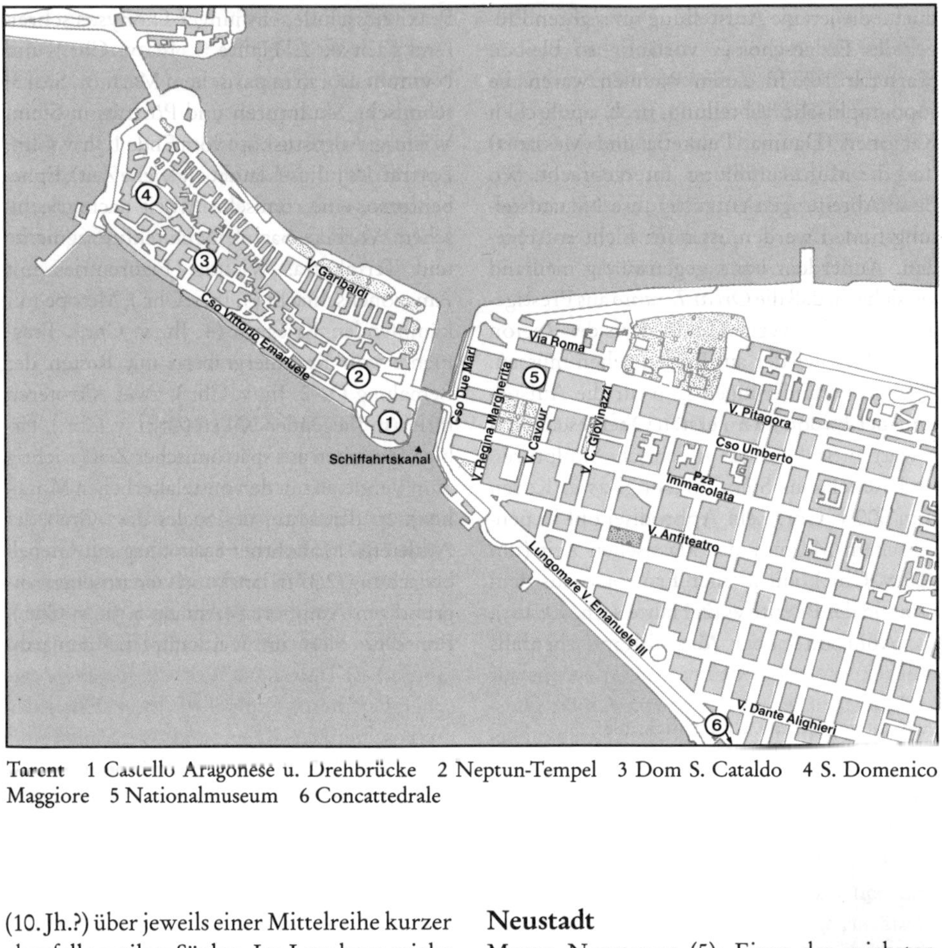

Tarent 1 Castello Aragonese u. Drehbrücke 2 Neptun-Tempel 3 Dom S. Cataldo 4 S. Domenico Maggiore 5 Nationalmuseum 6 Concattedrale

(10. Jh.?) über jeweils einer Mittelreihe kurzer ebenfalls antiker Säulen. Im Langhaus reiche Holzdecke (17. Jh., vergoldet 1713). Rechts vom Chor die überschwenglich ausgestattete Kapelle S. Cataldo (1657, Ende 19. Jh. erst fertiggestellt). Sehenswerter Domschatz.

4) S. Domenico Maggiore: 1302 im Stil der Predigerkirchen über lateinischem Kreuz mit einschiffigem Langhaus errichtet. Vom 14. Jh. stammt noch das gotische Portal der Fassade, die über großzügiger Freitreppe barock in Szene gesetzt wurde.

Neustadt

Museo Nazionale (5): Eines der reichsten archäologischen Museen Italiens. Im Rückgebäude Sitz der Soprintendenza dell'Archeologia. Die Beschreibung der Exponate in den jeweiligen Sälen ist zur Zeit nur ohne Gewähr möglich. Die prähistorische Abteilung im 2. Obergeschoß ist praktisch für den Publikumsverkehr immer geschlossen. Nachdem der berühmte Goldschatz, die *Ori di Taranto* (s. S. 44), jahrelang auf Reisen war und seit Frühjahr 1986 ins Museum zurückgekehrt ist, dürfte die jetzige Aufstellung im rechten Flügel des Erdgeschosses vorläufig so bleiben (Farbabb. 16). In diesen Räumen waren die topographische Abteilung nach apulischen Regionen (Daunia, Peuketia und Messapia) und die Münzsammlung untergebracht. Wo diese Abteilungen entgültig ihre Neuaufstellung finden werden, ist noch nicht entschieden. Außerdem kann gegenwärtig niemand versichern, daß die *Ori di Taranto* aus Prestigegründen oder wegen Geldbedarfs der Region nicht doch wieder auf Reisen gehen müssen. Wenige Veränderungen sind für die Aufstellung der Exponate im ersten Obergeschoß zu erwarten: Saal 1 und 2: griechische Skulpturen und Reliefs aus Stein. Wichtig: zwei Koren (um 500 v. Chr.), ein Aphroditekopf in pentelischem Marmor der klassischen Zeit (um 400 v. Chr.), ein kleiner Erostorso aus dem Umfeld des Praxiteles (2. Hälfte 4. Jh. v. Chr.), ein Aphrodite- oder Artemiskopf, ebenfalls Praxitelesschule, ein junger Dionysos schreitend (Torso, 2. Hälfte 4. Jh. v. Chr.) und Nymphentorso in parischem Marmor. Saal 3: Römische Skulpturen und Porträts in Stein. Wichtig: Augustuskopf vom Ende 1. Jh. v. Chr., Porträt des Julius-Claudius (gleiche Zeit), Ephebentorso, eine römische Arbeit nach griechischem Vorbild. Saal 4: Architekturfragmente und Terrakotta. Wichtig: Figurenfries mit Amazonenschlacht (4. Jh. v. Chr.), Metope mit kämpfenden Kriegern (4. Jh. v. Chr.), Fragmente von Kammergräbern mit Resten der Bemalung (3.–2. Jh. v. Chr.), zwei Akroteren in Form fliegender Niken (4. Jh. v. Chr.), farbige Mosaiken aus spätrömischer Zeit (wichtig zum Vergleich mit den mittelalterlichen Mosaiken). In der Mitte des Saales das »Grab des Athleten«. Monolither Sarkophag mit Giebelbedachung (2,37 m lang) und vier attischen rotgrundigen Amphoren (Anfang 5. Jh. v. Chr.), Preise für Siege im Wettkampf bei den pan-

Ansicht von Tarent. Kupferstich, 1835

athenäischen Spielen. Die Amphoren mit Darstellungen von Kampfspielen (Wagenlenken, Faustkampf, Diskuswerfen), sind in der Art des Kleophrades gemalt. Die Abteilungen 5 bis 10 sind ausschließlich der griechischen Keramik gewidmet. Die Exponate sind einzeln ausgeschildert. Im Saal 11 waren ursprünglich die Goldfunde ausgestellt. Hier sind heute Schmuck, Geräte und Glasprodukte zu sehen. Die Gänge um den Hof mit den Abteilungen 12 bis 15 sind der figürlichen Keramik (Votive, Heimschmuck, Spielzeug usw.) gewidmet. Öffnungszeiten: 9 bis 13 Uhr.

Museo del Sottosuolo: Speleologisches (höhlenkundliches) Museum. Öffnungszeiten: 9 bis 13 und 17 bis 19 Uhr, montags geschlossen.

Museo Oceanografico (meeresbiologisches Museum): Öffnungszeiten: 9 bis 18 Uhr, feiertags geschlossen.

6) Concattedrale: 1971 von Gio' Ponti erbaut. Hochinteressanter und mutiger Kirchenbau des 20. Jhs., s. Abb. 103.

Die Umgebung von Tarent

Mottola (16 000 Einwohner)

Am Südhang der Murge gelegene altpeuketische Stadt. Sie wurde 846 von den Sarazenen zerstört und dann wichtige byzantinische Festung. 1102 von den Normannen zerstört und von diesen wieder aufgebaut, in angiovinischer Zeit fiel die Stadt erneut in Bedeutungslosigkeit zurück. 1818 wurde Mottola seiner Bischofswürde (seit 1023) enteignet. Berühmt wurde die Stadt wegen der zahlreichen Grottenkirchen in ihrer Umgebung. Die bedeutendste, S. Nicola (Abb. 106), ist erst vor kurzem (Frühjahr 1986) Opfer barbarischer Freskenräuber geworden. Für Besichtigung an die Vigili Urbani im Rathaus wenden oder direkt telefonisch einige Tage zuvor an: Vito Fumarola, Viale Turi, 48, 74017 Mottola, Tel.: 0 99/6 86 45 81 (privat) oder 6 86 40 14 (in der Dienststelle der Vigili).

Massafra (28 000 Einwohner)

Ähnlich wie Matera an einer tiefen Gravina gelegen, ist Massafra seiner zahlreichen gut erhaltenen Grottenkirchen wegen berühmt. Besonders sehenswert die Grottenkirchen S. Marco, S. Leonardo und die Krypta della Candelora (Abb. 104). Etwas oberhalb des Ortes eine zweite Gravina beim Santuario della Madonna della Scala. Hier lag eine regelrechte Troglodytenstadt. Alle Kirchen

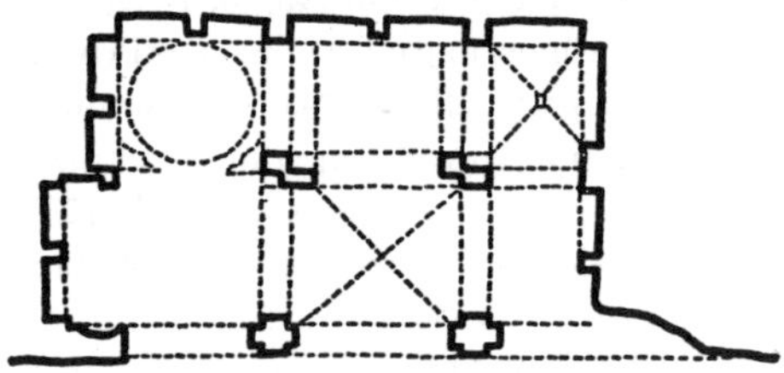

Massafra, Krypta della Candelora, Grundriß

haben reichen Freskenschmuck (12. bis 17. Jh). Die Besichtigung aller Grottenkirchen ist nur mit Führung möglich. Diesbezüglich vorher in der Gemeinde anrufen: Tel.: 68 10 09 oder sich direkt an den sachkundigsten Führer selbst wenden: Marchiano Serafino, Viale A. Manzoni, 32, 74016 Massafra, Tel.: 0 99/ 88 11 56 (privat) oder 68 16 42 (Büro).

b) Von Tarent nach Brindisi

Grottaglie (24 000 Einwohner)

Die Stadt wurde erst im 10. Jh. gegründet. Der mergelige und tonige Boden der Umgebung hat Grottaglie zu einem der wichtigsten Keramikzentren Apuliens werden lassen (Abb. 105). Noch heute sind hier zahlreiche Keramikwerkstätten und -läden. In der Oberstadt: die Reste des von den Tarentiner Erzbischöfen im 14. Jh. errichteten KASTELLS. Im Zentrum die PFARRKIRCHE, 1379 von Domenico di Martini in spätromanischen Formen erneuert. Aus dieser Zeit stammt auch das Portal; einzige Kopie der Trägerstiere von S. Nicola in Bari. Auf der Rückseite der Pfarrkirche die CHIESA DEL CARMINE mit einer Krippe von Stefano da Putignano (1530).

Francavilla Fontana (32 000 Einwohner)

In der Umgebung frühgeschichtliche und reichlich messapische Funde. 1310 wurde die Stadt von Philipp I. von Anjou, Fürst von Tarent, gegründet und mit zahlreichen Privilegien ausgestattet, daher ihr Name. 1360 wurde sie von Philipp II. von Anjou mit Stadtmauern versehen. PALAZZO IMPERIALI (Abb. 107): 1450 von Giovanni Antonio del Balzo-Orsini erbaut, erneuert 1536 von Bernardino Bonifacio und Anfang 17. Jh. von der genuesischen Familie der Imperiali vollendet. Seit 1821 Rathaus der Stadt, ein Musterbeispiel apulischer Feudalpaläste als Mischung aus wohnlicher Residenz und wehrhaftem Kastell. Besonders prächtig die Eingangsfassade, die Ostloggia und der Arkadenhof. Hauptplatz der Stadt ist die Piazza Umberto I. Südlich davon Via Roma mit weiteren Palästen des 17. und 18. Jhs. (Palazzo Giannuzzi-Carusino, Palazzo Caniglia-Cito, Palazzo Barile-Di Castri e Argentina). Nördlich der Piazza Umberto der SEDILE des 18. Jhs. (heute Bibliothek), und am Anfang der Straße S. Giovanni der PALAZZO LEO mit prächtigem Balkon (14. Jh.). DOM: Er wurde 1743 über einem angiovinischen Vorgängerbau errichtet. Ihn schmückt eine prächtige barocke Fassade, der weiträumige helle Innenraum erhebt sich über umgekehrtem lateinischen Kreuz.

8 km in Richtung Ceglie Messapico die größte erhaltene *Specchia*, sogenannte *Specchia Miano* mit circa 20 m Durchmesser.

Oria (15 000 Einwohner)

Vom Süden und Westen her großartiges Panorama der Hügelstadt (Farbabb. 22), die schon in messapischer Zeit wichtiges Zentrum war. Wie der griechische Name verrät, soll Hyria der Mythologie zufolge schon im 2. Jt. v. Chr. von Kretern gegründet worden sein. Im 9. bis 11. Jh. war es Sitz des Bischofs von Brindisi, im Mittelalter auch eine bedeutende Judenkolonie. KASTELL: An der Stelle eines byzantinisch-normannischen Vorgängerbaus von Friedrich II. zwischen 1227 und 1233 vollständig erneuert und unter den ersten Anjous nochmals erweitert und ausgebaut. Da noch im Privatbesitz, ist es nur teilweise zu besichtigen. Im Hof unterhalb des Ostturms liegen die Fundamente einer kleinen dreischiffigen Kirche, vielleicht der alten Kathedrale der Exilbischöfe von Brindisi. Öffnungszeiten: 9 bis 12 Uhr.

Oria, Kastell, Grundriß A Torre Quadata B Torre del Cavaliere C Torre del Salto D Torre dello Sperone E Haupteingang F Heutiger Eingang G Grottenkirche

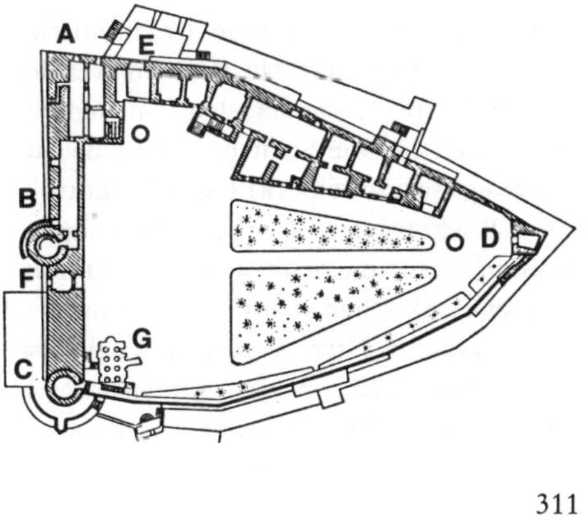

Manduria (30 000 Einwohner)
Eine der Hauptstädte der alten Messapia. An ihrem dreifachen Mauerring haben sich die Tarentiner die Zähne ausgebissen, und vor ihren Mauern fiel 338 v. Chr. der spartanische König Archidamos. Im Punischen Krieg war die Stadt auf Seiten Hannibals. 209 v. Chr. wurde sie von den Römern zerstört, 547 von den Goten (Totila) und 977 abermals von den Sarazenen. Während der Normannenherrschaft gelangte sie unter dem Namen Casalnuova erneut zu Blüte. Seit 1789 führt die Stadt wieder ihren alten Namen. Im Nordosten bei der Kapuzinerkirche finden sich gut erhaltene Teile des dreifachen Mauerrings (5. bis 3. Jh. v. Chr.) nebst Nekropolen (Abb. 109). Auf dem Weg dorthin, kurz vor der Kapuzinerkirche rechts, die FONTE PLINIANO, ein messapisches Quellheiligtum mit stets gleichbleibendem Wasserspiegel, das von den Römern als heiliger Bezirk neu eingefaßt wurde. Es ist stets geschlossen (Abb. 111).

Im Zentrum der Stadt liegt der monumentale FEUDALPALAST DER IMPERIALI, 1719 von Fürst Michele Imperiali erbaut. Ursprünglich hatte er einen großartigen Innenhof mit pompösem offenen Treppenhaus, zur Zeit in desolatem Zustand (Abb. 113). Gegenüber vom Palazzo Imperiali, im ehemaligen Karmeliterkonvent (mit Kreuzgang des 18. Jhs.), das MUNICIPIO. Im Herzen der malerischen Altstadt der DOM S. GREGORIO MAGNO. Der ursprünglich romanische Bau wurde in Formen der Gotik und der Renaissance mehrfach umgebaut, so daß ein sehr eigenwilliger und verschachtelter Innenraum entstand. Die dreiachsige Fassade in spätmittelalterlichen Formen, mit Löwenportal und großer Fassadenrose, entstand erst im 16. Jh. (Abb. 108). Das Mittelportal in Kompositform – Säulen auf Löwenbasen und Tympanon in romanischer Tradition, Architrav und Türrahmung in Renaissance – zeigt im Tympanon die Dreifaltigkeit mit Engeln. Gegenüber vom Portal durch einen Torbogen Zugang zum besterhaltenen Getto in Apulien.

Mesagne (28 000 Einwohner)
Messapisches Zentrum, der Name ist abgeleitet von Messania. Die mehrfach zerstörte und wieder aufgebaute Stadt ist die letzte Station der Via Appia vor Brindisi. Mächtiges mittelalterliches KASTELL: Der quadratische Eckturm dürfte noch aus der Zeit Robert Guiscards stammen. Das Rathaus im Exkonvent der Zölestiner (17. Jh.) ist auch Sitz des MUSEO CIVICO mit reichen archäologischen Funden. Öffnungszeiten: werktags 9 bis 13 Uhr. CHIESA MADRE: 1653 erbaut. Hohe, sanft geschwungene Barockfassade mit reichem Skulpturenschmuck. S. ANNA: Musterbeispiel des späten Lecceser Barock. Vielleicht von Gino entworfen. Am Stadtrand liegt die kleine Kirche S. LORENZO, eine der baugeschichtlich interessantesten Kirchen der Region, wohl im 7. Jh. entstanden als dreischiffige tonnengewölbte Kirche mit Dreikonchenapsis und Kuppel. Freskenreste des 15. Jhs.

c) Brindisi (circa 90 000 Einwohner)

Von seiner topographischen Situation und geographischen Gesamtlage her ist Brindisi wohl die typischste Hafenstadt Apuliens. Immer dann, wenn das ganze Mittelmeer als Wirtschaftsraum funktionierte bzw. wenn für das Abendland der östliche Mittelmeerraum von politischer und ökonomischer Bedeutung war, dann florierte auch Brindisi. Die Stadt war nie von sich aus handelnde historische Größe, sondern immer durch die

Ansicht von Brindisi. Kupferstich, 1835

von außen bestimmten allgemeinen Rahmenbedingungen begünstigt oder benachteiligt. Die von den Griechen Brentesion genannte messapische Siedlung war offensichtlich ohne größere Bedeutung. Der Legende nach wurde sie von Taras, dem sagenhaften Gründer von Tarent, ins Leben gerufen, nach dem er aus seiner eigenen Kolonie vertrieben worden war. Auf jeden Fall muß dieser Taras einen genialen Blick für natürliche Hafensituationen besessen haben. Während Tarent großartig auf einer Insel zwischen einem Binnensee und einer weiten Meeresbucht isoliert vom Festland (vgl. Gallípoli) entstand, bietet sich in Brindisi eine völlig andere Topographie. Über eine flache V-förmige Bucht nähert sich das Meer dem Festland, ergießt sich dann an der engsten Stelle durch das Spuntloch des Canale Pigonati, um sich danach über zwei zusammen einen Halbkreis bildende Meerbusen, Seno di Ponente und Seno di Levante, mit dem Binnenland zu vereinen. Die Küstenformation bildet somit drei Halbinseln aus, auf deren mittlerer, alles beherrschender, genau dem Nadelöhr des Canale Pigonati gegenüberliegender sich die Altstadt ausgebreitet hat. Die Stadt besitzt somit den sichersten Naturhafen der ganzen Adria, nur vergleichbar der Bucht von Kotor (Montenegro). Sozusagen um die meerseitige Sicherung noch zu vervollständigen, hat die Natur in der Bucht vor Brindisi zusätzlich ein kleines Inselarchipel aus dem Meer gehoben, die Isole Pedegne, die sich als vorgeschobener Posten jedem in den Weg stellen, der in den Hafen eindringen will. Warum das der griechischen Küste so nahe gelegene Brentesion in hellenistischer Zeit keine Tarent vergleichbare Entwicklung genommen hat, ist bis heute ein Rätsel geblieben. Die Apulier waren eben im Gegensatz zu den Griechen kein ausgesprochenes Seefahrervolk, sondern Landbewohner am Meer.

Bereits 244 v. Chr. haben aber die nach den Samnitenkriegen mächtig expandierenden Römer den Vorteil erkannt, das nun Brundisium genannte messapische Dorf zur Kolonie erhoben und zum wichtigsten Mittelmeerhafen ihres Reiches ausgebaut. Die römische Staatsstraße Nr. 1, die Via Appia, fand ihr Endziel am Hafen von Brindisi. Diese römische Konkurrentin Brundisium bewirkte auch schließlich den Niedergang von Tarent. Späte Rache des Taras. Im 2. Punischen Krieg blieb Brindisi loyal den Römern verbunden und damit wichtigster Aktivposten im Kampf um Süditalien und damit ums Mittelmeer, das danach zum *mare nostrum* der Römer wurde. Diese haben den Brindisianern ihre Treue immer gedankt. Nach dem Bundesgenossenkrieg wurde Brindisi zum Municipium erhoben und dem Stamm der Maecia eingeschrieben. Sulla verlieh 83 v. Chr. der Stadt das volle Immunitätsrecht und gewährte den Titel eines Freihafens. Cäsar und Pompejus zankten sich 49 v. Chr. um Brundisium, und zwischen Oktavian und Marc Anton kam es hier zur letzten Aussöhnung. Brindisianer von Geburt war der bedeutende römische Tragödiendichter Marcus Pacuvius (220 v. Chr.), und das ruhmreiche Leben des Vergil fand hier nach der Rückkehr von einer Griechenlandreise sein Ende. Mit dem Untergang des Römischen Reiches war auch das Schicksal von Brundisium besiegelt. Von den sicher einst existenten römischen Großbauten ist kein Stein geblieben. Nur noch die eine der ursprünglich zwei Säulen vom Endpunkt der Via Appia kündet noch aufrechtstehend vom römischen Glanz der Stadt.

Im 9. Jh. hatte sogar der Bischof die Stadt verlassen und sich im sicheren Hinterland (s. Oria) verschanzt. Erst im selben Jahr wie Bari (1071) gelang es Robert Guiscard, die Stadt endgültig zu besiegen. Unter Roger II. wurde sie zum persönlichen Lehen der Normannenkönige. Im Verlaufe der Kreuzzüge wurde Brindisi wieder zum wichtigsten Orienthafen des Abendlandes. Die Ritterorden besaßen hier jeweils eine Niederlassung. Friedrich II. verlieh der Stadt wichtige Privilegien, er baute am Ende des Seno di Ponente ein Kastell nach bekanntem Muster und richtete hier eine staatliche Münze ein. Die Anjous vergrößerten Kastell und Hafen und ließen ein Arsenal anlegen. Schließlich errichteten die Aragonesen das Kastell auf der Insel S. Andrea, dabei die bedeutende Benediktinerabtei gleichen Namens zerstörend. Als die Stadt 1456 durch Erdbeben teilweise niedergelegt wurde, förderte Ferdinand I. von Aragon persönlich den Wiederaufbau. Erst unter den spanischen Vizekönigen verlor Brindisi erneut Glanz und Bedeutung. Als 1869 der Suezkanal eröffnet wurde und damit das östliche Mittelmeer als Seehandelsraum wieder an Bedeutung gewann, profitierte naturgemäß auch Brindisi davon. Von 1870 bis zum Beginn des Ersten Weltkrieges war der apulische Hafen wichtigster Einschiffungsort der sogenannten »valigia delle Indie«. Im folgenden Krieg waren Seno di Ponente und Seno di Levante die sichersten Kriegshäfen an der Adria. 1927 bekam die Stadt eine eigene Provinz zugesprochen. 1943 floh König

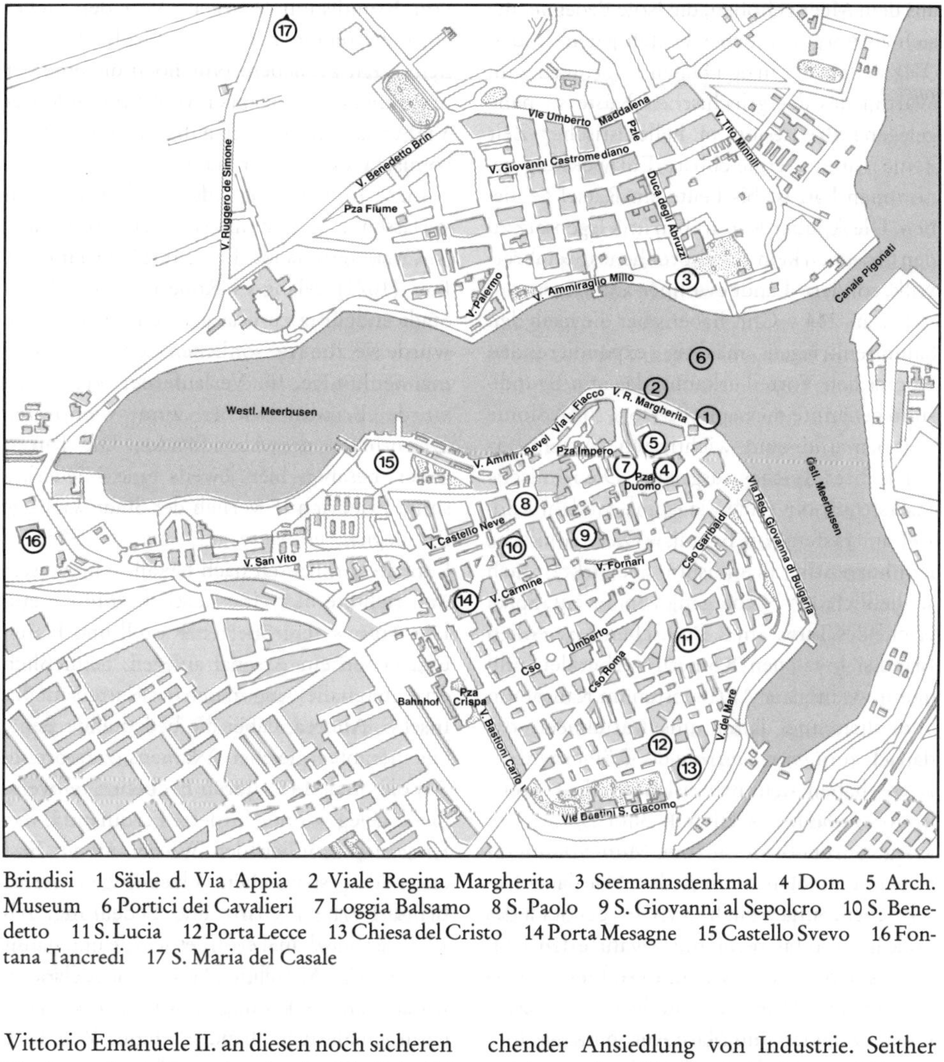

Brindisi 1 Säule d. Via Appia 2 Viale Regina Margherita 3 Seemannsdenkmal 4 Dom 5 Arch. Museum 6 Portici dei Cavalieri 7 Loggia Balsamo 8 S. Paolo 9 S. Giovanni al Sepolcro 10 S. Benedetto 11 S. Lucia 12 Porta Lecce 13 Chiesa del Cristo 14 Porta Mesagne 15 Castello Svevo 16 Fontana Tancredi 17 S. Maria del Casale

Vittorio Emanuele II. an diesen noch sicheren Fleck, und vorübergehend sah sich Brindisi als provisorische Hauptstadt Italiens (bis Ende Februar 1944).

Im Rahmen der angestrebten wirtschaftlichen Aufrüstung des Mezzogiorno wurde die Stadt ebenso wie Tarent ab 1961 wichtigster Erdölhafen der Republik, mit entsprechender Ansiedlung von Industrie. Seither wächst und wächst sie uferlos ins Land hinein. Daneben ist Brindisi nach wie vor wichtigster Einschiffungshafen nach Griechenland. Diese Rolle der Stadt als Transitraum (vgl. Mittelalter) hat auch das Verhältnis der Brindisianer zu Fremden und zu ihren eigenen historischen Monumenten geprägt. Wer nach Brindisi kommt, tut dies nicht, um sich hier aufzuhalten, sondern um weiterzufahren, z.B. nach Griechenland. Übrig bleiben bestenfalls eine Übernachtung oder ein mehrstündiger Aufenthalt, kaum aber Zeit für Besichtigungen. In der kurzen Zeit, die der Transitgast somit in der Stadt verweilt, soll er möglichst viel Geld hier lassen. Die Folge: ungastliches Verhalten, überteuerte Hafenrestaurants, ungünstige Wechselkurse usw. Entsprechend ist auch die Pflege der Kunstschätze. Vieles ist unzugänglich oder in beklagenswertem Zustand, nicht vorhandene bzw. ungenügende Ausschilderung sind das Markenzeichen der Stadt.

1) Säulen der Via Appia (2. oder 3. Jh. n. Chr.): Ursprünglich waren es zwei (Abb. 114). Die linke, 1528 eingestürzt, wurde im 17. Jh. zur Errichtung der Standsäule des hl. Oronzo den Leccesern geschenkt. 2) Viale Regina Margherita: Von hier aus Traghetto zum 3) Seemannsdenkmal (Monumento al Marinaio). 4) Dom: Er wurde zwischen 1089 und 1132 erbaut. Nach dem Erdbeben von 1743 in großen Teilen zerstört, wurde er in barocken Formen wieder aufgebaut. Vom romanischen Bau sind außen noch die Apsiden erkennbar. Im Chor Reste eines Bodenmosaiks (1178) in der Art desjenigen von Otranto. Reich geschnitztes Chorgestühl von 1591–1595. 1225 fand in dieser Bischofskirche die feierliche Hochzeit zwischen Friedrich II. und Jolanda von Jerusalem statt. Links neben dem Dom das 5) Museo Archeologico Provinciale ›Francesco Ribozzo‹. Neben reichlich antiken Fundstücken besonders hervorzuheben die Figurenkapitelle aus der ehemaligen Abteikirche S. Andrea (11. Jh.). Öffnungszeiten: 9 bis 13 .30 Uhr, samstags 9 bis 12 Uhr. 6) Sogenannter Portico dei Cavalieri Templari: Reste eines romanischen Stadthauses (wohl 12. Jh.). 7) Loggia Balsamo (14. Jh.). 8) S. Paolo (14. Jh.): Gotische Predigerkirche mit barocker Fassade. Im Inneren bedeutende Barockaltäre und Freskenfragmente (14. Jh.). 9) S. Giovanni al Sepolcro (12. Jh.): Templerkirche, nach dem Vorbild des Felsendomes in Jerusalem als Rundbau errichtet. Zwei romanische Portale (Abb. 115). 10) S. Benedetto (11. und 12. Jh.): 1080 gegründete Benediktinerniederlassung. Vom 11. Jh. stammen noch der untere Teil des Außenbaus im daunischen Stil (Siponto) und der Campanile. Beide zeigen die für frühe Kirchenbauten der normannischen Zeit typischen Ansätze zu bichromer Steinornamentik. Über dem Portal rätselhaftes Relief mit drei Paaren von Jägern und Fabeltieren. Das Innere (spätes 12. oder frühes 13. Jh.) wurde offensichtlich nachträglich in seiner heutigen Form eingewölbt. Einzige romanische (gestufte) Hallenkirche der Region (Abb. 117). Über die Sakristei Zugang zum Kreuzgang. Schönster und gleichzeitig ältester erhaltener mittelalterlicher Kreuzgang Apuliens (Abb. 116). Vom späten 11. Jh. stammen noch die Arkadenfolgen über schlanken Säulchen mit Krückenkapitellen. Die Einwölbung der Gänge und die damit verbundene Verstärkung der oberen Mauerteile mit Überfangbögen wohl vom Ende des 12. Jhs., gleichzeitig mit der Einwölbung der Kirche. 11) S. Lucia: An der rechten Flanke noch Blendarkaden aus der ersten Erbauungszeit (um 1100). Auf dem Hauptaltar ein Holzkruzifix (16. Jh.). An der linken Wand Polyptychon, ebenfalls 16. Jh. Freskenreste des 13. und 14. Jhs. In der dreischiffigen Krypta gut erhaltene Fresken vom 12. bis 14. Jh.: Thronende Madonna, Verkündigung, Magdalena, S. Nicola usw. 12) Porta Lecce: Unter Karl V. erneuertes Stadttor. 13) Chiesa del Cristo: 1232 von Bruder Nicola Paglia aus Giovinazzo errichtet. Im einschiffigen Inneren zwei be-

merkenswerte polychrom gefaßte Holzskulpturen. In einer Nische rechts vom Eingang »Thronende Madonna« und auf dem Altar ein Kruzifix (rheinische Schule), beide 13. Jh. 14) PORTA MESAGNE: Einziges erhaltenes mittelalterliches Stadttor (13. Jh.). 15) CASTELLO SVEVO: 1227 auf Befehl Friedrichs II. als Vierflügelbau errichtet. Danach mehrfach verändert, umbaut und erweitert, z. B. die Rundtürme von Ferdinand I. und die äußere Mauer mit Bastionen unter Karl V. 16) Sogenannte FONTANA TANCREDI: Angeblich auf Veranlassung von Tancred von Hauteville 1192 zur Tränke der Kreuzfahrerpferde vor der Einschiffung ins Heilige Land errichtet. Im 16. Jh. restauriert. 17) Etwa 3,5 km stadtauswärts liegt S. MARIA DEL CASALE: Ende des 13. Jhs. von Philipp von Anjou gestiftet. Berühmt für seine bichrome Streifendekoration am Außenbau (Abb. 118). Im einschiffigen Langhaus großer spätmittelalterlicher Freskenzyklus. Zum Teil noch unter byzantinischem Einfluß. An der Fassadeninnenseite großes »Jüngstes Gericht« von Rinaldo aus Tarent. Nebenan, im von der Missionskongregation der Consolata di Torino bezogenen Konvent, Renaissance-Kreuzgang.

4 Terra d'Otranto (Il Salento)

a) Lecce (92 000 Einwohner)

Hauptstadt der gleichnamigen Provinz. In zentraler geographischer Lage, 12 km vom Adriatischen und 25 km vom Ionischen Meer entfernt, war diese Mittelregion schon in messapischer Zeit dicht besiedelt. Keramik und Kammergräber (z. B. im Palazzo Palmieri) sind aus dem 4. Jh. v. Chr. bekannt. 2 km westlich von Lupiae (römischer Name für Licea oder Litium = Lecce) lag die inzwischen ergrabene Römerstadt Rudiae, und 5 km südlich wird eben (seit 1978) eine messapische Stadt bei Cavallino ans Tageslicht gebracht. Hadrian ließ am adriatischen Ufer für das reiche Hinterland den Hafen Porto Adriano (heute S. Cataldo) einrichten, der vorübergehend nach Brindisi zum zweitwichtigsten Orienthafen Apuliens wurde. In der Zeit der Kaiser Trajan (Via Traiana) und Hadrian erreichte die Stadt ihre größte Blüte im Altertum. In dieser Zeit erfolgte die Ernennung zur Kolonie und der Ausbau mit öffentlichen Großbauten wie Theater und Amphitheater. Im Gotenkrieg wurde Lecce praktisch zerstört, danach für ein halbes Jahrtausend unangefochtener Besitz der oströmischen Kaiser. Neuaufstieg im 11. Jh. durch die normannische Staatsgründung. Lecce wurde eines der wichtigsten Lehen der Hauteville. Tankred von Lecce war der letzte normannische König (seit 1189) aus dem Hause der Hauteville, der sich jedoch gegen Heinrich VI. nicht durchsetzen konnte. Unter Friedrich II. wurde die Stadt kaiserliches Eigenlehen, unter den Anjous wichtiges Lehen der Brienne und dann der Enghien. Als im 15. Jh. die Küstenstädte durch die Osmanische Gefahr erheblich in ihrer Entwicklung beeinträchtigt waren, wuchs das landeinwärtsgelegene und vom Seehandel unabhängige Landwirtschaftszentrum Lecce zur

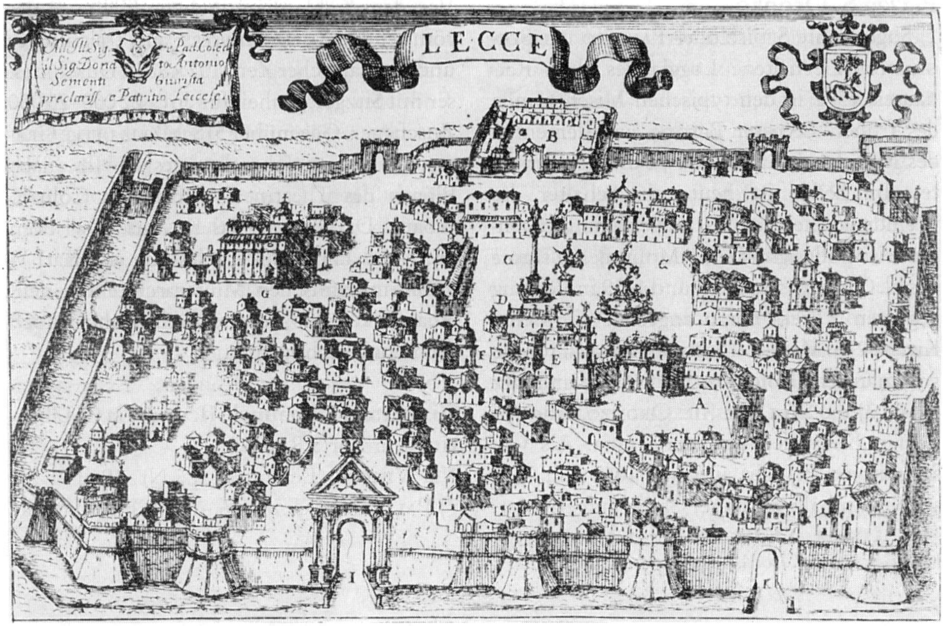

Mittelalterliche Ansicht von Lecce

wohlhabendsten und volkreichsten Stadt der Region. Durch kaiserlichen Eingriff (Karl V.) wurde Lecce mit Mauern und Kastell neu befestigt und politisch zur zweitwichtigsten Stadt im Königreich beider Sizilien.

Im gleichen Zeitraum erfolgte weitgehend unabhängig von den anderen Zentren wie Rom, Neapel oder Turin die Entstehung einer regionalen Sonderform des Barock. Die ausgeprägt kirchliche und feudale Struktur dieser Zivilisation erzeugte aber gleichzeitig unübersehbare soziale Spannungen, die sich im 17. Jh. in einer Reihe von antispanischen und antifeudalen Volksaufständen entluden. Auch im Bereich von Literatur und Wissenschaft war Lecce vom 16. bis 18. Jh. ein reges Zentrum. Erst in napoleonischer Zeit gelang dem Bürgertum der politische Durchbruch. Doch trotz der Bourbonischen Reform änderte sich die soziale Grundstruktur bis zum Risorgimento nur wenig. 1927 wurde die Provinz Lecce (Terra d'Otranto) um die neuen Provinzen Tarent und Brindisi verkleinert. Dennoch ist heute Lecce wieder die reichste Kommune der Region, gerechnet nach Prokopfeinkommen. Am besten erschließt man sich die Sehenswürdigkeiten, indem man die Piazza S. Oronzo (Abb. 125) als Ausgangspunkt wählt und von dort aus in verschiedenen zusammenhängenden Rundgängen quartierweise vorgeht. Wegen eines Konflikts zwischen Stadt- und Kirchenverwaltung sind die großen Kirchen wie S. Croce, Dom usw. bereits ab 11.30 Uhr geschlossen. Bei den Rundgängen sollte man dieses ungewöhnliche Faktum berücksichtigen. Noch besser ist es aber, sich im Verkehrsbüro im Sedile über Neuregelungen zu informieren.

Piazza S. Oronzo

1) Sogenannte SEDILE oder PALAZZO DEL SEGGIO, noch erhaltene Loggia des alten Rathauses. 1592 in den typischen Mischformen des frühen Lecceser Barock aus Elementen des Mittelalters und der Renaissance errichtet. Im Sedile ist heute ein Schalter des Fremdenverkehrsamtes, außerdem momentan Aufstellungsort der Monumentalstatue des hl. Oronzo, 5 m hoch und 1739 in Venedig gegossen. Direkt daran angebaut die kleine Kirche 2) S. MARCO. 1543 von Riccardi für die venezianische Kolonie erbaut. Auf dem Platz davor 3) die SÄULE DES HL. ORONZO, eine der beiden Endsäulen der Via Appia. Als Geschenk von Brindisi an Lecce 1666 von Giuseppe Zimbalo an dieser Stelle aufgerichtet. Vor dem Sedile die ergrabene Hälfte 4) des römischen AMPHITHEATERS aus trajanischer und hadrianischer Zeit. 102×83 m Durchmesser mit Sitzgelegenheit für circa 22 000–25 000 Zuschauer. Gegenüber 5) S. MARIA DELLE GRAZIE, im letzten Jahrzehnt des 16. Jhs. nach Plänen des Theatiner Architekten Coluzio erbaut. Dahinter 6) das KASTELL. Zwischen 1539 und 1549 auf Veranlassung von Karl V. vom einheimischen Militärarchitekten dell' Acaia errichtet. Renaissanceinnenhof (noch nicht zu besichtigen).

Via Vittorio Emanuele II. und Via G. Libertini (zur Porta Rudiae)

Via Vittorio Emanuele II., Nr. 19 und 25: 7) PALAZZO PERSONE (16.–18. Jh.); die Portale

Lecce, Piazza S. Oronzo. Kupferstich, 1835

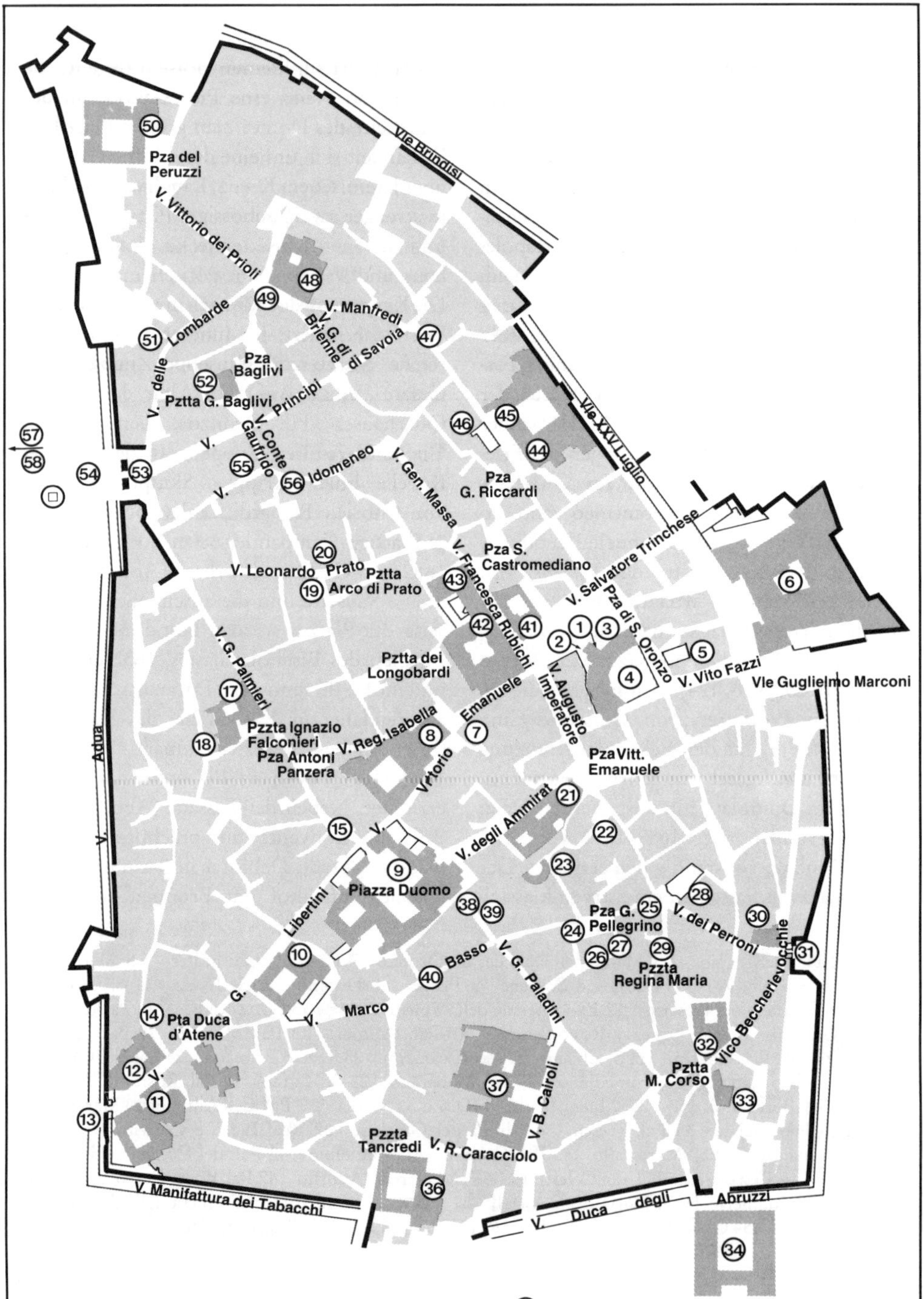

Pza del Peruzzi
V. Vittorio dei Prioli
Vle Brindisi
V. Manfredi
V. G. di Brienne
di Savoia
V. delle Lombarde
Pza Baglivi
Pztta G. Baglivi
V. Principi
V. Conte Gaufrido
V. Idomeneo
V. Gen. Massa
Vle XXV Luglio
Pza G. Riccardi
Pza S. Castromediano
V. Salvatore Trinchese
Pza di S. Oronzo
V. Vito Fazzi
Vle Guglielmo Marconi
V. Leonardo Prato
Pztta Arco di Prato
V. Francesca Rubichi
Pztta dei Longobardi
V. G. Palmieri
V. Augusto Imperatore
V. Vittorio Emanuele
Pztta Ignazio Falconieri
Pza Antoni Panzera
V. Reg. Isabella
Pza Vitt. Emanuele
V. Adua
V. degli Ammirat
Piazza Duomo
V. G. Libertini
Pza G. Pellegrino
V. dei Perroni
Vico Beccherie vecchie
Basso
V. G. Paladini
Pztta Regina Maria
V. Marco
Pta Duca d'Atene
Pztta M. Corso
V. B. Cairoli
Pztta Tancredi
V. R. Caracciolo
V. Manifattura dei Tabacchi
V. Duca degli Abruzzi
Bahnhof
Vle Gallipoli
1
2
3
4
5
6
7
8
9
10
11
12
13
14
15
17
18
19
20
21
22
23
24
25
26
27
28
29
30
31
32
33
34
35
36
37
38
39
40
41
42
43
44
45
46
47
48
49
50
51
52
53
54
55
56
57
58

noch im sogenannten catalano-durazzesken Stil. Im späten 17. Jh. bzw. 18. Jh. vergrößert mit neuer Fassade. Besonders typisch für die Lecceser Palazzi sind die Ecksäule mit darüber angebrachtem Familienwappen und der reich skulptierte Konsolbalkon. 8) S. Irene (Theatinerkirche): 1591 nach Plänen des neapoletanischen Theatiners Francesco Grimaldi nach römischen Vorbildern errichtet. Dreischiffige holzgedeckte Ordenskirche über lateinischem Kreuz mit beherrschender Fassade. Im Tympanon des Portals Statue der hl. Irene von Mauro Manieri (1717). Darüber im durchbrochenen Segmentbogen des Frieses das Wappen der Stadt. Im Querhaus prunkvolle Altäre von Francesco Antonio Zimbalo. Via Vittorio Emanuele II., Nr. 29: Palazzo Palumbo. Mitte des 18. Jhs. von Emanuele Manieri erbaut. Innenhof mit offenem Treppenhaus und langem Balkon über Volutenkonsolen. 9) Piazza del Duomo (Farbabb. 25, Abb. 124). Am Eingang die sogenannten Propyläen von Giuseppe Cino (Anfang 18. Jh.), an den Ecken zur Kreuzung konkav zurückgeschwungen und perspektivisch zum Domplatz hin ausgerichtet. Dom: 1114 gegründet, aber 1659–1670 von Giuseppe Zimbalo vollständig neu errichtet. Der Dom hat zwei Fassaden, eine streng klassizistische führt zur kleinen Hofseite (eigentliche Westfassade) und eine Prunkfassade an der Nordseite des Domes zum großen Platz hin. Es handelt sich um eine dreischiffige Basilika über lateinischem Kreuz, Langhaus und Chor in strenger zweigeschossiger Pilasterordnung und schöner Kassettendecke (1685), Querhaus und Vierung mit gotischem Gewölbe. Die Krypta wurde 1507 nach mittelalterlichem Vorbild erneuert. Im Inneren befinden sich reiche Altäre von Giuseppe Zimbalo und Cesare Penna. Auf dem Altar des rechten Querhauses »Hl. Oronzo«, Gemälde von Giovanni Andrea Coppola. In der zweiten Kapelle links »Krippe«, Skulpturengruppe von Gabriele Riccardi. Links vom Dom der großartige Campanile, 68 m hoch, 1661 bis 1682 von G. Zimbalo erbaut (Abb. 127). Die kleine Südseite und die anschließende Westseite des Platzes werden bestimmt von den Loggien des Bischofspalastes, 1632 errichtet und im 18. Jh. renoviert. Daran anschließend, als Pendant zur Kathedrale, das Seminario (bischöfliches Priesterseminar), zwischen 1694 und 1709 nach Plänen von G. Cino errichtet. Neben der Fassade (Abb. 131) des Zölestinerkonvents die prächtigste Schauwand der Stadt. Dahinter liegt ein besonders schöner Innenhof mit Brunnen von Cino

◁ Lecce 1 Pal. del Seggio 2 S. Marco 3 Säule des hl. Oronzo 4 Röm. Amphitheater 5 S. Maria delle Grazie 6 Kastell 7 Pal. Persone 8 S. Irene 9 Piazza del Duomo 10 S. Teresa 11 S. Giovanni Battista od. Chiesa del Rosario 12 Ex-Ospedale dello Spirito Santo 13 Porta Rudiae 14 Pal. d'Amore 15 Pal. Guarini 16 Pal. Lopez y Royo-Persone 17 Pal. Palmieri 18 Pal. Marrese 19 Pal. Prato u. Costantini 20 Pal. Guarini 21 S. Chiara 22 Pal. Carozzini 23 Teatro Romano 24 Pal. dei Carozzo 25 Pal. Morisco 26 Pal. Castromediano 27 Pal. Martirano 28 S. Matteo 29 Pal. Rosi 30 Pal. Giustiniani 31 Porta S. Biagio 32 Chiesa Madre di Dio e S. Nicola 33 Pal. dell'Antoglietta-Maramonte 34 Museo Provinciale 35 Pal. Tresca 36 Chiesa del Carmine 37 Real Liceo e Convito Nazionale 38 Pal. Romano 39 Pal. Marescallo 40 Pal. Guarini 41 Municipio 42 Pal. del Collegio dei Gesuiti 43 Il Gesù 44 S. Croce 45 Pal. dei Celestini 46 Pal. Loffredo-Adorno 47 Pal. Bozzi Corso 48 S. Angelo 49 Pal. Manieri 50 S. Maria degli Angeli 51 Via delle Bombarde 52 Chiesa delle Alcantarine 53 Porta Napoli 54 Obelisk 55 Pal. Guido 56 Pal. Gorgoni 57 Friedhofspropyläen 58 SS. Niccolò e Cataldo

Lecce, S. Irene. Stich von Strafforello

(Farbabb. 29, Abb. 134). Über die Propyläen zurück zur Via G. Libertini. 10) S. Teresa: Einschiffige Kirche über lateinischem Kreuz mit tiefen Seitenkapellen. Sie wurde in der zweiten Hälfte des 17. Jhs. von G. Zimbalo errichtet. Prächtige Fassade im Lecceser Barock. Leider ist sie unfertig geblieben. 11) S. Giovanni Battista oder Chiesa del Rosario: Letztes Werk von G. Zimbalo, 1691 begonnen und 1728 vollendet. Besonders reiche Fassade im Stile des Zimbalo. Wichtigste Kirche der Dominikaner in Lecce (Abb. 128). Vom Grundriß her ist sie hochinteressant: ein Zentralbau über griechischem Kreuz mit narthexähnlichen Querarmen. Doch Wand- und Deckenlösung bleiben steif und unbeweglich. Besonders reicher Altar (del Crocefisso). Gegenüber der Dominikanerkirche 12) das Ex-Ospedale dello Spirito Santo: Einer der ältesten und wichtigsten Profanbauten Lecces. 1548 wurde es nach Plänen von dell' Acaia (s. Kastell) in manieristischen Formen erbaut. Kapelle und Inneres mit gotischen Gewölben sind nicht zu besichtigen (Abb. 126). 13) Porta Rudiae (1703): Von den Patronen und Schutzhelfern der Stadt S. Oronzo, S. Irene und S. Domenico bekrönt (Abb. 129). Die vier Büsten zeigen Malennio, Dauno, Euipe und Idomeneo, die vorgriechischen Gründer der Stadt. Am Ospedale dello Spirito Santo mündet das Sträßlein Via A. Galateo. Dort Nr. 4 der sogenannte 14) Palazzo d' Amore: Schönes Stadthaus des 18. Jhs. mit Hof, Loggia und Freitreppe (Abb. 132). Auf Nr. 10 ein anderer Palazzo mit schönem Hof, Freitreppe und Portal des 18. Jhs. An den Propyläen mündet die Via G. Palmieri. Dort, Nr. 4: 15) Palazzo Guarini, Mitte 18. Jh., Spätwerk von Emanuele Manieri. Auf Nr. 11: 16) Palazzo Lopez y Royo-Persone, ebenfalls ein reifes Werk des E. Manieri im Rokokostil. Auf Nr. 42, Ecke Piazzetta I. Falconiere 17) der Palazzo Palmieri, ein Rokokopalast des E. Manieri mit reichen Fensterrahmen und schmiedeeisernen Balkonen. An der Stirnseite derselben Piazzetta 18) der Palazzo Marrese mit prächtiger Fassade, vielleicht von Mauro Manieri (Vater des Emanuele Manieri), mit durchgehendem Balkon über üppigen Konsolen und mit weiblichen Atlanten am Portal (Abb. 30). In der Via L. Prato die 19) Palazzi Prato und Costantini (Ecke Piazzetta dell' Arco Prato 1). Via L. Prato, Ecke Corte dei Lubelli 1 der 20) Palazzo Guarini, Mitte 16. Jh.

Von der Piazza S. Oronzo zur Porta S. Biagio und südliche Altstadt

21) S. Chiara (1687–1691): Entwurf dem G. Cino zugeschrieben. Über einem längs-

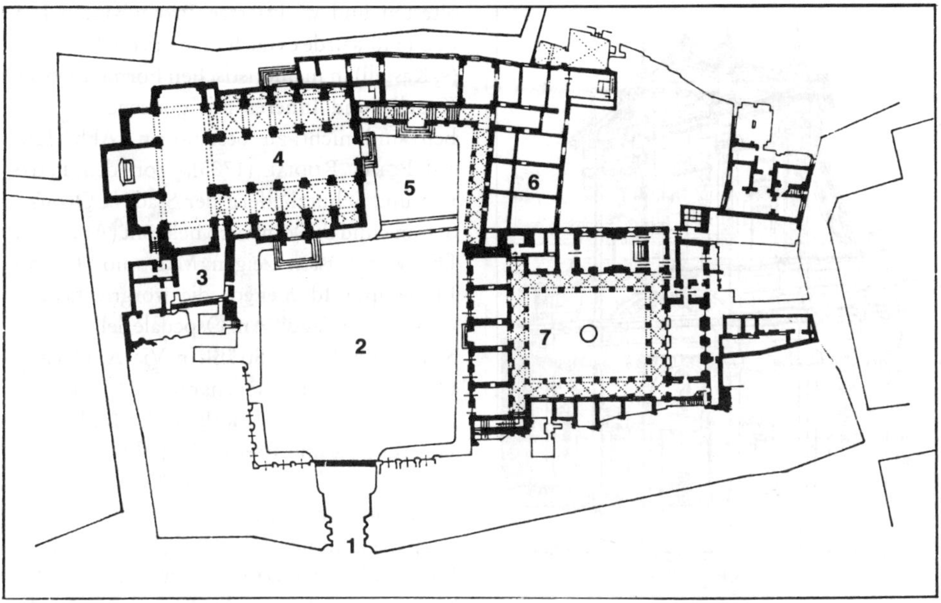

Lecce, Piazza del Duomo, Grundriß 1 Sog. Propyläen 2 großer Hof 3 Campanile 4 Dom 5 kleiner Hof 6 Bischofspalast 7 Seminario

gestreckten Oktogon mit anschließendem rechteckigen Chor als Einheitsraum entworfen. Ausgewogene dreiachsige und zweigeschossige Fassade mit fehlendem Abschluß. 22) PALAZZO CAROZZINI (Vico del Tufo, Nr. 20), dem E. Manieri zugeschrieben. 23) TEATRO ROMANO: Erst 1929 ergraben, gleiche Entstehungszeit wie Amphitheater. Bisher freigelegt sind Teile der Cavea, der Orchestra und der Bühnenbauten. Fassungsvermögen circa 5000 Besucher. 24) PALAZZO DEI CAROZZO (Via del Palazzo dei Conti di Lecce, Nr. 19 bis 21): Interessanter Doppelpalast mit konkav zurückschwingender Fassade. Besonders reiche Balkone. Nach Plänen von E. Manieri von den Künstlerbrüdern dei Carozzo errichtet. Gleiche Straße Nr. 4, 25) PALAZZO MORISCO aus dem 16. Jh., besonders schönes Vestibül und Innenhoffassade (18. Jh., Abb. 133). 26) PALAZZO CASTROMEDIANO (Vico Vernazza, Nr. 7): Einer der wichtigsten Paläste des 16. Jhs. in Renaissance-Formen, zur Zeit eingerüstet. 27) PALAZZO MARTIRANO (Vico Vernazza, Nr. 12 und 15): 16. Jh., besonders gut erhaltene Renaissance-Fassade. 28) S. MATTEO. 1667 bis 1700 von Achille Larducci (Lombarde aus Salò) errichtet. Der Baubeginn fällt zusammen mit den Abschlußarbeiten von S. Carlo alle Quattro Fontane in Rom (Borromini). S. Matteo ist der einzige barocke Bau Lecces nach einem direkten hochbarocken Vorbild Roms. Die konvex vorspringende Fassade erfährt eine szenische Dramatisierung im Mittelteil des Obergeschosses, das konkav zurücktritt. So beachtlich und singulär wie die Fassade sich gibt, um so weniger dyna-

Lecce, S. Chiara, Fassade

Lecce, Palazzo Tresca (nach Briggs)

misch erweist sich die über ovalem Grundriß aufgebaute Innengestalt. 29) Palazzo Rosi (Piazzetta Regina Maria, Nr. 18): Erste Hälfte 17. Jh. Portal und Balkon! 30) Palazzo Giustiniani (Via dei Perrone, Nr. 19): Fassade Mitte 16. Jh., Portal im sogenannten catalano-durazzesken Stil. Hof im 18. Jh. erneuert. 31) Porta S. Biagio von 1774: Eines der beiden erhaltenen Barocktore der Stadt. Über dem Portalbogen das Wappen der Stadt. 32) Chiesa Madre di Dio e S. Nicola (1635): Schlichte Konventskirche mit strenger Linienführung. Schönes Portal. 33) Palazzo dell'Antoglietta-Maramonte (Vico dei Noli, Nr. 5): Portal 16. Jh., malerischer Innenhof mit eleganten Loggien. Dem E. Manieri zugeschrieben (Mitte 18. Jh.). 34) Museo Provinciale (Palazzo Argento, ehemaliges Jesuitenkolleg, Eingang Viale Gallípoli): Entsetzlich modernisierter Innenbau, der keineswegs der Präsentation der Ausstellungsstücke dient. Große archäologische Sammlung messapischer und griechischer Kunst und der Malerei (venezianische Schule des 15. Jhs. und neapoletanische Schule). Öffnungszeiten: 9 bis 13.30 und 16.30 bis 19.30 Uhr, feiertags 9.30 bis 13 Uhr. 35) Palazzo Tresca (Viale Oronzo Quarta = Bahnhofsstraße): Meisterwerk des Lecceser Rokoko von E. Manieri mit typischer Ecksäule und schönem Innenhof (meist geschlossen, da zur Zeit von den Jesuiten belegt, eventuell klingeln). 36) Chiesa del Carmine: An der Stelle eines Baus des 16. Jhs. 1711–1717 von G. Cino erbaut. Fünfachsige harmonische Fassade mit Skulpturen von M. Manieri. Einziger ansprechender barocker Innenraum Lecces über interessantem Grundriß. Reiche Ausstattung. Im Chor zwei schwerbeschädigte Bilder, die Finoglia zugeschrieben werden. Im Konvent mit Resten des Renaissance-Kreuzganges ist heute leider eine Kaserne untergebracht. 37) Real Liceo e Convito

Nazionale: Wichtigster neoklassizistischer Bau der Stadt nach Plänen von Jazzeolla (1833) errichtet. 38) Palazzo Romano (Via G. Paladini, Nr. 4): Spätbarocke Fassade im Stil des E. Manieri. 39) Palazzo Marescallo (Via G. Paladini, Nr. 10): Guterhaltener Palazzo des späten 16. Jhs. mit typischem Portal, Ecksäulen und Innenhof. 40) Palazzo Guarini (Via Marco Basseo, Nr. 26): Hochbarocker Palazzo im Übergang zum Rokoko, erste Hälfte 18. Jh., nach Plänen von M. Manieri. Innenhof und Freitreppe.

Von der Piazza S. Oronzo zur Porta Napoli

41) Municipio: An der Stelle der Kirche SS. Annunziata und des Paolottenkonvents, beide 1542 erstmals eingerichtet, zwischen 1764 und 1771 von E. Manieri als neuer Konventsbau errichtet. Gegenüber 42) Palazzo del Collegio dei Gesuiti: Ab 1779 von De Rosis als strenger Renaissance-Bau begonnen. 43) Il Gesù: 1575–1579 von dem Comaciner Baumeister De Rosis nach den römischen Vorstellungen seines Ordens erbaut. Unauffällige und strenge Fassade. Grundriß über lateinischem Kreuz mit einschiffigem Langhaus und tiefen Seitenkapellen. Im ebenso schlichten Inneren protzige Altäre, davon der in der ersten Kapelle links und der im rechten Querhaus dem F. A. Zimbalo (d. Ä.) zugeschrieben. Der Hauptaltar, einer der reichsten von Lecce, wird dagegen G. Cino zugeschrieben. In seiner Mitte eine Beschneidung in der Art des Tintoretto. 44) S. Croce: Ursprüngliche Konventskirche der Zölestiner. Weil das neue Kastell (s. d.) eine Verlagerung des angrenzenden älteren Konvents erforderte, wurden die Zölestiner großzügig abgefunden mit einem neuen Areal und ausreichend Geld, um sich eine neue Bleibe zu schaffen, natürlich reicher und größer als vorher. Als Architekt wurde der angesehenste einheimische Bildhauer-Architekt der Region, Gabriele Riccardi, betraut, der 1549 mit dem Bau der Kirche begann. Romanisches, Gotisches und Neuzeitliches durchdringen sich auf ganz eigentümlich-originelle Weise. Obwohl die Fassade ganz rational und streng komponiert ist (Abb. 130) und der Kirchentypus einer dreischiffigen Basilika mit Seitenkapellen keineswegs Neues bringt, so sind doch die hier entwickelte Formensprache als Symbiose von Altem und Modernem einerseits und die überschäumende Freude am dekorativen Ausgestalten mit reichem bildhauerischem Schmuck andererseits etwas so suggestiv Einzigartiges, das gleichzeitig nur aus apulischen Traditionen erklärbar ist, daß Riccardi damit zum eigentlichen Schöpfer einer regionalen Sonderform des allgemein entstehenden Barocks geworden ist. Weil die einheimischen Meister mehr dem Vorbild von Riccardi und nicht den sporadisch eingeführten Beispielen von außen (Il Gesù, S. Maria della Grazia, S. Matteo) gefolgt sind, galt der Lecceser Barock als obsolet und provinziell. Nur das Innere der Kirche, zwei Flügel des Kreuzgangs und der untere Teil der Fassade stammen noch von Riccardi selbst. Doch die nachfolgenden Baumeister Zimbalo d. Ä. (Portalrahmung 1606) und sein Sohn G. Zimbalo, »lo Zingarello« genannt (oberer Fassadenteil mit Rose, 1646), sind kongenial seinem Vorbild gefolgt. Auch in der plastisch-dekorativen Innenausstattung blieb das Vorbild Riccardi bestimmend, so z. B. im Altar des hl. Franziskus von Paola (Kapelle links vom Chor) mit den zwölf Reliefs von F. A. Zimbalo. Direkt anschließend der Konvent der Zölestiner, 45) Palazzo dei Celestini: Heute Sitz der Provinzialregierung. Er wurde erst 1659 weitergeführt und 1695 vollendet. Die überaus reiche Fassade stammt in

ihrem unteren Teil von G. Zimbalo, im Obergeschoß von G. Cino. Das im Vergleichsraum Italien Einzigartige dieser Fassade ist die Gleichwertigkeit der Geschosse. Es gibt kein rustiziertes Erdgeschoß und ein flacheres oder ein überhaupt anders gestaltetes Obergeschoß, kein sogenanntes *piano nobile*, kein Attikageschoß und kein Mezzanin. Angeregt von seiner Aufgabe am Palazzo dei Celestini hat Cino ab 1694 das Fassadensystem für das bischöfliche Seminario (s. d.) übernommen. 46) Palazzo Loffredo-Adorno (Via Umberto I, Nr. 32): 16. Jh. Das strenge Äußere mit durchgehend rustizierter Fassadenwand über glattem Sockel mit Renaissance-Fenstern und -Portal verrät erst in Vestibül und Treppenhaus seine Kompositform. Auch hier durchdringen sich in üppigen Formen mittelalterliche Traditionen und neuzeitliches Gehabe. Wichtiger Palazzo! 47) Palazzo Bozzi Corso (Via Umberto I, Nr. 38): 1775 von E. Manieri entworfen. 48) S. Angelo (Augustinerkirche): Ab 1663 nach Plänen von G. Zimbalo begonnen. Oberer Fassadenteil ähnlich wie bei S. Teresa nicht mehr zur Ausführung gekommen. 49) Palazzo Manieri (Piazzetta dell Adolorata, Nr. 6): Haus der Architektenfamilie Manieri. Obwohl im Inneren Vestibül und Treppenhaus die Handschrift des Emanuele verraten, dürften Fassade und Gesamtkomplex wohl eher dem Vater Mauro zuzuschreiben sein, also erste Hälfte 18. Jh. 50) S. Maria degli Angeli oder S. Francesco da Paola: Die Paolotten waren die ersten der großen Orden, die sich im 16. Jh. in Lecce neu niederließen. Ähnlich wie bei den Zölestinern erforderte die neue Stadtmauer eine Verlegung des ersten Konvents. Neubau nach 1543 dem Riccardi zugeschrieben. Am Giebel und der Langhauswand der Kirche noch typische Elemente der mittelalterlichen Architektur. Ansonsten versucht die Fassade, speziell die neuen Formen der Renaissance zu übernehmen. Schönes Portal mit Marienkrönung in der Lünette. Im Inneren, linkes Seitenschiff, einige ansprechende Altarbilder, vor allem auf den Altar della Vergine di Costantinopoli (7. Altar) die »Madonna zwischen Erzengel Michael und der hl. Katharina von Alexandrien«, großartiges Altarbild von Gianserio Strafella (1564). 51) Haus Nr. 10 in der Via delle Bombarde: Besonders schöner Innenhof in der Art des E. Manieri. 2. Hälfte 18. Jh. 52) Chiesa delle Alcantarine: 1724 von Mauro Manieri entworfen. Anspruchsvolle Fassade mit Skulpturen des Baumeisters. Auf dem Hochaltar »Pietro d'Alcantara«, Tafel der neapoletanischen Schule aus dem Umkreis des Luca Giordano. 53) Porta Napoli, auch Arco di Trionfo genannt: Stadttor, 1548 zu Ehren Karls V. in Form eines Triumphbogens errichtet, dem Architekten dell'Acaia zugeschrieben. 54) Obelisk: 1822 von Carluccio zu Ehren von Ferdinand I. von Bourbon errichtet (Farbabb. 27). Von hier circa 5 bis 10 Minuten nach SS. Niccolò e Cataldo. Bequemer mit dem Auto. Oder von hier zurück zur Piazza S. Oronzo. 55) Palazzo Guido (Via Conte Gaufrido): 18. Jh., Ecksäule, Fensterrahmung und schmiedeeiserne Balkone über Volutenkonsolen. Besonders originelle durchgehend rustizierte und elegant zurückgeschwungene Portalachse. 56) Palazzo Gorgoni (Via Idomeno, Nr. 36): Grazile konkav-konvex bewegte Hofwand zur Straße mit leichtfüßiger Pseudologgia. Vielleicht von E. Manieri. 57) Friedhofspropyläen: Anläßlich der Einrichtung des Friedhofs im Bereich des Olivetanerklosters 1840 in streng neoklassizistischen Formen von Torsello und Fergola errichtet. 58) SS. Niccolò e Cataldo: Wichtigster und einziger mittelalterlicher Bau von

Lecce, Triumphbogen Karls V.
Lithographie von Buia, 1898

Lecce, 1180 von Tancred von Lecce den Benediktinern gestiftet. Eine der schönsten und originellsten romanischen Kirchen Unteritaliens. Vom ursprünglichen Aussehen des Außenbaues vermitteln nur noch das Hauptportal, das Südportal, die Querhausgiebel und die orientalische Kuppel über hohem Tambour einen Eindruck. Das von einer dreifachen flachen Borte gerahmte Portal wird von zwei schlanken Gewändesäulen (Repliken), die eine Archivolte aus feingliedrigen Akanthusblättern tragen, eingefaßt. Die goldschmiedhafte feinziselierte Skulptur ist Feinstes vom Feinsten, an antiken und orientalischen Vorbildern ausgerichtet. Über dem Architrav mit Inschrift vermittelt ein Engelschor zum Tympanon (über gestelztem Halbkreis, eigentlich typisch normannisch-sizilisch) mit Resten eines Madonnenfreskos. Auch der darüberliegende Kreisokulus entstammt dem originalen Fassadenschmuck. Leider wurde die Fassade im 18. Jh. sehr unglücklich barockisiert. Der verantwortliche Baumeister war sicher nicht G. Cino, wie so oft zu lesen ist. So unkompliziert sich der Grundriß erweist – einem Rechteck eingeschriebene dreischiffige und fünfjochige Anlage mit ursprünglich drei Ostapsiden –, um so überraschender erweist sich der Raum darüber. Der rechteckige Grundriß darf nicht darüber hinweg täuschen, daß es sich dabei in der Tendenz um einen Zentralbau handelt, mit Kuppel über dem mittleren,

SS. Niccolò e Cataldo, Fassade und Portal. Stiche von Strafforello

d. h. dritten Joch. Die ungewöhnlich vertikalen Proportionen der extrem hochgezogenen spitzbogigen Arkaden und Vierungsbögen werden nochmals transzendiert durch die scheinbar ins Unendliche entrückte Kuppel über ungewöhnlich hohem Tambour. Auch im Inneren bleibt die bildhauerische Qualität der antikisierenden Blattkapitelle die gleiche wie am Portal (Abb. 119 und 120). Außerdem ist die Kirche über und über bedeckt mit Fresken vom 15. bis frühen 17. Jh. Im 15. Jh. übernahmen die Olivetaner das Kloster. Sie beauftragten Riccardi mit dem Neubau des Konventes. Dieser erstellte die beiden monumentalen Renaissance-Kreuzgänge mit oberem Umgang. Der herrliche Brunnen im Kreuzgang neben der Kirche stammt aus dem 18. Jh. (Farbabb. 26) von einem bislang noch unbekannten Meister. Somit bietet SS. Niccolò e Cataldo eine Summe der Lecceser Kunst vom 12. bis zum 18. Jh. Den Schlüssel in der Friedhofsverwaltung, erster Klosterhof rechts, erfragen.

b) Die Umgebung von Lecce

S. Maria di Cerrate

Seit normannischer Zeit als Basilianer-Niederlassung bekannt. Inmitten der Klosteranlage (griechisches System) die dreischiffige holzgedeckte Basilika vom Ende des 12. Jhs. Romanisches Portal. Die innere Rahmung nach dem Vorbild von SS. Niccolò e Cataldo. Die äußere Archivolte mit Skulpturen zur Geburt Christi (13. Jh.). Aus der selben Zeit der seitliche Portikus (kein Kreuzgang!) mit schönen Kapitellen. Im Kircheninneren Fresken vom 13. und 14. Jh. Auf dem Altarziborium griechische Inschrift. Das Klostergebäude ist zum Teil erhalten; besonders die *frantoia* (Ölmühle) mit dem Originalgerät zur Herstellung von Olivenöl. Als Außenstelle des Museo Provinciale ist hier seit kurzem das Heimatmuseum von Lecce untergebracht, das MUSEO DELLE ARTI E DELLE TRADIZIONI POPOLARI DEL SALENTO. Öffnungszeiten: 9.30 bis 13 und 15.30 bis 19.30 Uhr; montags geschlossen.

Monteroni Leccese

Feudalpalast aus dem 16. Jh. mit Renaissance-Fassade.

Copertino

KASTELL: Zeitgleich zum Lecceser Kastell von E. Menga für Alfonso Castriota erbaut. Großartige Vierflügelanlage mit mächtigen Eckbastionen. Kunstgeschichtlich von höchstem lokalen Interesse ist das Eingangsportal in der typischen Verbindung von spätmittelalterlichen und Renaissance-Formen (vgl. Riccardi in Lecce). Das Kastell selbst ist nicht zu besichtigen. Im Zentrum der Stadt die COLLEGIATA der MADONNA DELLE NEVI, 1588 bis 1606 von Giovanni M. Tarantino aus Nardò für die Klarissen als Konventskirche errichtet (Abb. 136 u. 138). Aus dieser Zeit stammen der Campanile und das linke Seitenportal. Ersterer besonders charakteristisch. Das Innere wurde im 18. Jh. als lichtvolle, gewölbte (!) Rokokokirche verändert. Im linken Seitenschiff die leider stark beschädigte »Kreuzabnahme«, Altarbild des in Copertino geborenen Manieristen Gianserio Strafella. Von diesem auch die Tafeln »Hl. Hieronimus« und »Hl. Zacharias« in der Kapelle rechts vom Altar. An der Westfassade moderne Bronzetür.

Léquile

Zahlreiche Barockbauten. Am Nordende der Stadt die CHIESA DEL REDENTORE mit großartiger aber unfertiger Fassade im Stil des Zimbalo, im 17. Jh. von Salvatore Miccoli errichtet. Im Zentrum die dreieckige Piazza S. Vito mit der GUGLIA S. VITO (1694). Weiter südlich am Ende der Via S. Vito die Kirche des Stadtheiligen S. VITO. Ansprechender Zentralbau mit mächtiger Vierungskuppel von Miccoli.

S. Cesario Leccese

PALAZZO DUCALE (Rathaus). Imposante skulpturengeschmückte Barock-Fassade von 1626. In der Eingangshalle noch Reste gotischer Gewölbeformen. Großer Hof mit Treppenhaus.

Cavallino

Seit 1978 umfangreiche Ausgrabungen einer griechisch-messapischen Stadt des 5. Jhs. v. Chr. Noch nicht zu besichtigen.

Acaia

KASTELL: Reste des letzten, noch unter den Aragonesen erbauten großen Kastells von 1506. Der Sohn von Alfonso dell'Acaia, Gian Giacomo dell'Acaia, baute das väterliche Kastell nach modernsten militärtechnischen Gesichtspunkten aus (1535), weswegen er von den Inspekteuren Karls V. zum Architekten des Lecceser Kastells (s. d.) auserwählt wurde.

c) Von Lecce nach Léuca über Otranto

Martano

Im 8. Jh. von Griechen gegründet. Im Stadtzentrum das KASTELL, im wesentlichen noch auf seine Entstehungszeit im 15. Jh. zurückzuführen. In der Pfarrkirche auf dem Hauptaltar eine »Kreuzabnahme« aus dem Umkreis von Palma d. J.

Carpignano

Krypta von SS. CRISTINA E MARINA mit Fresken. Das älteste 1020 signiert.

Otranto (49 000 Einwohner)

Südlichster Hafen der Region von Bedeutung (Abb. 143). Wegen seiner absoluten Nähe zu Epirus (Albanien) und Griechenland schon in mykenischer Zeit wichtiges Umschlagzentrum. Trotz der offiziellen Förderung von Brindisi durch die Römer galt Otranto als der inoffizielle Endpunkt der Via Appia. In der Zeit der byzantinischen Besetzung wurde Otranto zum Hort des Griechentums und gab dem Salento den Namen Terra d'Otranto. Das griechische Hydruntum behielt diese Rolle mit autokephalem Bistum nach griechischem Ritus bis zur endgültigen Eroberung durch Robert Guiscard. Unter den Normannen wurde Otranto ausgestattet mit der ältesten Kathedrale nach lateinischem Vorbild. Kreuzzüge und Handelsinteressen der Venezianer, Dalmatiner und Levantiner sicherten Otranto eine günstige Position bis zum 13. Jh. In den Türkenkriegen mußte Otranto am schwersten leiden. 1480 wurde die Stadt, weil nicht rechtzeitig Entsatz von Neapel kam, vom osmanischen Admiral Ahmed Pascha eingenommen und die Bevölkerung durch ein entsetzliches Massaker dezimiert. Trotz der Wiederbefestigung unter Ferdinand I. von

Ansicht von Otranto. Kupferstich, 1835

Der Lebensbaum in der Kathedrale von Otranto ▷

B Nördl. Querhaus
1 3 Patriarchen Jacob, Isaak, Abraham (Paradies)
2 Satan (Hölle)

C Vierung
(16 Medaillons)
1 Stier mit Halsband
2, 3 Adam u. Eva, Sündenfall, Paradiesbaum
4 Tier (unbestimmbar)
5 Dromedar
6 Einhörniger Drache
7 Elefant
8 Leopard
9 Antilopenart. Tier
10, 11 Bogenschießender Kentaur und Hirsch
12 Mönch und Einhorn
13, 14 Königin v. Saba u. Salomon
15 Sirene
16 Greifenmedaillon

D Südl. Querhaus
Ikonographisch unklar

E Apsis
1 moderner Altar
2 Jonaslegende
3 Eberjagd
4 Samson

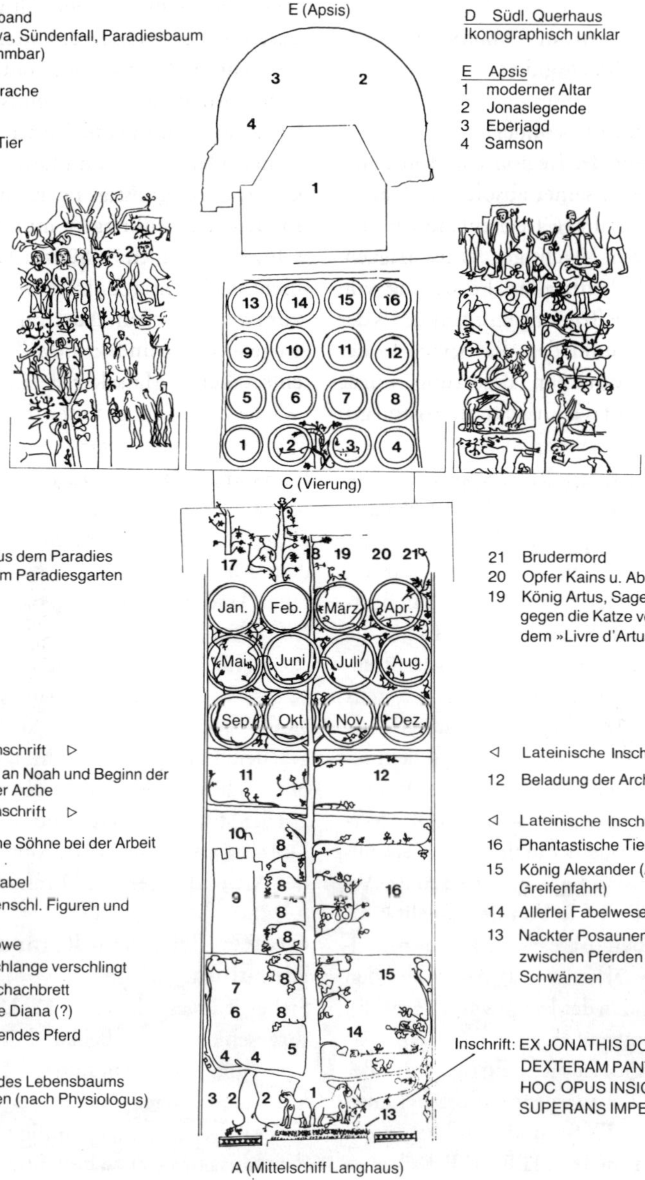

18 Vertreibung aus dem Paradies
17 Adam u. Eva im Paradiesgarten

Lateinische Inschrift ▷
11 Gottes Befehl an Noah und Beginn der Arbeiten an der Arche
Lateinische Inschrift ▷
10 Noah und seine Söhne bei der Arbeit im Weinberg
9 Turmbau zu Babel
8 Verschied. menschl. Figuren und Fabelwesen
7 Vierleibiger Löwe
6 Drache der Schlange verschlingt
5 Kentaur mit Schachbrett
4 Hirsch jagende Diana (?)
3 Sich aufbäumendes Pferd
2 Kämpfende
1 Wurzelknolle des Lebensbaums und 2 Elefanten (nach Physiologus)

21 Brudermord
20 Opfer Kains u. Abels
19 König Artus, Sage von Artus' Kampf gegen die Katze von Lausanne (aus dem »Livre d'Artus«)

◁ Lateinische Inschrift
12 Beladung der Arche

◁ Lateinische Inschrift
16 Phantastische Tierfiguren
15 König Alexander (Alexanders Greifenfahrt)
14 Allerlei Fabelwesen
13 Nackter Posaunen- bzw. Flötenbläser zwischen Pferden mit verknoteten Schwänzen

Inschrift: EX JONATHIS DONIS PER DEXTERAM PANTALEONIS / HOC OPUS INSIGNE EST SUPERANS IMPENDIA DIGNE

Aragon war der Niedergang der Stadt nicht aufzuhalten. Noch heute ist Otranto Sitz des salentinischen Erzbischofs, zu dessen Suffraganen Lecce, Ugento und Gallipoli zählen.

KASTELL: Es wurde unter Ferdinand von Aragon zwischen 1485 und 1498 an der Stelle eines staufischen Kastells errichtet und in habsburgischer Zeit nochmals ausgebaut. Im großen Innenhof finden im Sommer Festspiele statt. Reste der Stadtmauer sind z. B. PORTA DI TERRA und TORRE ALFONSINA.

KATHEDRALE: Bereits um 1080 als lateinische Bischofskirche begonnen. Der älteste Teil, die Krypta, wurde für Apulien der Musterbau aller späteren Krypten. Im Gegensatz zu S. Nicola in Bari sind die Apsiden der hydruntiner Krypta schon symmetrisch auf die Jocheinheiten ausgerichtet (vgl. Trani, S. 173). Einige der Kapitelle, u. a. das berühmte Adlerkapitell können zu Recht als Bindeglied zwischen der Acceptus-Tradition und der beginnenden hochromanischen Skulptur angesehen werden. Der kunsthistorisch bedeutsamste Teil dieser Kathedrale ist somit die Krypta. Im Laufe des 12. Jhs. wurde offensichtlich die Oberkirche vollendet, spätestens 1163. In diesem Jahr begann Meister Pantaleone (griechischer Name!) sein Bodenmosaik, die eigentliche Sensation von Otranto (Farbabb. 34, Frontispiz). Seinen Ruhm verdankt das Mosaik dem Zufall, daß es das einzige relativ vollständig erhaltene seiner Art in der ganzen Welt ist. Von der Qualität als musivische Arbeit ist es sicher nur mittelmäßig (vgl. die älteren Fragmente auf den Isole Trémiti und in der Krypta von Térmoli). Dies wird meistens übersehen. Das ›Wunderwerk‹ von Otranto ist nicht einzigartig in der künstlerischen Leistung, wie die erhaltenen Reste in Brindisi, Tarent und Trani beweisen, sondern in dem mehr zufälligen Erhaltungsgrad als Gesamtwerk (Abbildung und Legende s. S. 331), z. Zt. wegen Freilegung eines älteren Bodenmosaiks nicht zu besichtigen. Im Langhaus interessante Kapitelle des frühen 12. Jhs. Im rechten Seitenschiff vier kunstvoll gearbeitete Säulen vom Ziborium des Gabriele Riccardi. Gleichfalls wertvoll die Kassettendecke des 17. Jhs. Rechts vom Eingang das Grabmal des Bischofs Serafino da Squillace, dem Nicola Ferrando zugeschrieben (Anfang 16. Jh.). Inmitten der Altstadt die kleine Kirche S. PIETRO, eine byzantinische Kreuzkuppelkirche aus dem 10. Jh., vermutlich die alte Kathedrale der Stadt aus byzantinischer Zeit. Sie ist innen vollständig mit Fresken aus verschiedenen Jahrhunderten ausgemalt.

Minervino di Lecce

PFARRKIRCHE des 16./17. Jhs.: Über dem Renaissance-Portal besonders schöne Rose. Der einschiffige Innenraum wird dominiert von dem klar gegliederten Polygonalchor gotischer Tradition aber in Renaissance-Formen. Der Baumeister war kein Geringerer als Riccardi (1573; vgl. Chor in S. Croce in Lecce, S. 265, 266, 325). Außerdem soll noch Giovanni Tarantino aus Nardò an der Kirche mitgearbeitet haben, vielleicht noch als Helfer oder Schüler des großen Lecceser Kollegen. An der Straße nach Uggiano rechter Hand der DOLMEN VON SCUSI, der größte erhaltene seiner Art in der Terra d'Otranto.

Grotten dei Cervi, Romanelli und Zinzulusa

Siehe Frühgeschichte, S. 12. Die beiden kulturgeschichtlich so bedeutenden Grotten dei Cervi und Romanelli sind für das breite Publikum nicht zugänglich, es sei denn mit ausdrücklicher Sondergenehmigung. Die Grotte Zinzulusa ist zwar zu besichtigen, besitzt aber weder prähistorische Malereien noch ist sie sonst von besonderem Reiz. Öffnungszeiten: Mai bis Oktober 10 bis 13 und 14 bis 18 Uhr; im Juli/August von 9.30 bis 19 Uhr.

Castro

Herrliche Panoramasituation. Angeblich wurde Castro schon von Kretern gegründet. An der Platzseite der zum Teil noch aus dem 12. Jh. stammenden Kathedrale die freigelegten Reste einer dreischiffigen gewölbten Kirche aus byzantinischer Zeit, wohl 9.–10. Jh. (vgl. S. Lorenzo bei Messagne, S. 312).

Andrano

Gut erhaltener Feudalpalast des 16. und 18. Jhs. Links an der Eingangsseite interessante Rokoko-Balconetta. Im Hof zwei besonders schöne Renaissance-Fenster.

d) Von Lecce nach Léuca über Maglie

Galugnano

1665 von dem als Baumeister sonst nicht bekannten Kleriker A. Fiorentino di Corigliano erbaut. Eine der schönsten Barock-Kirchen des Salento, aber wohl nicht dem Zimbalo, wie oft zu lesen, zuzuschreiben. Schlüssel im Pfarramt (Abb. 140).

Soleto

An der Pfarrkirche S. Maria Assunta der überaus hohe und schlanke Campanile, die sogenannte Guglia di Raimondello, zwischen 1397 und Anfang des 15. Jhs. von Francesco Colaci da Surbo errichtet (Abb. 135). Dieser Campanile ist besonders interessant, weil in seiner Mischung von spätromanischen und gotischen Formen alle Eigenschaften des späteren Kompositstils des Lecceser Barock bereits feststellbar sind. Ganz in der Altstadt verborgen liegt die kleine spätmittelalterliche Kirche S. Stefano (14. Jh.), deren Innenraum vollständig mit Fresken des 14. und 15. Jhs. ausgeschmückt ist. Die große Darstellung des Jüngsten Gerichts an der Eingangswand folgt noch ganz der byzantinischen Ikonographie.

Galatina (29 000 Einwohner)

Ebenfalls wichtiges Landwirtschaftszentrum. Die Pfarrkirche SS. Pietro e Paulo (1633 bis 1663) ist von kathedralartigen Ausmaßen. Fassade im Stil des Zimbalo. Das Innere wurde leider im späten 19. Jh. nochmals verändert. In der Straße rechts von der Pfarrkirche einige Barockpaläste. Von der Piazza S. Pietro geht man am besten zu Fuß zur Konventskirche S. Catarina di Alessandria. Sie wurde 1384–1391 durch Stiftung von Raimondello del Balzo-Orsini für die Franziskaner errichtet. Das Mittelportal steht noch ganz in der romanischen Tradition des Landes. Auch hier war das Vorbild für die Portalrahmung SS. Niccolò e Cataldo. Auf dem Türsturz Christus und die zwölf Apostel. Das dreijochige, kreuzgratgewölbte einschiffige Langhaus wird seitlich begleitet von zwei fensterlosen niedrigen Ambulatorien, die seitenschiffartig zum Hauptraum über weite spitzbogige Arkaden geöffnet sind. Auch die Kapitelle der Dienste sind äußerst feingliedrig und noch in der romanischen Tradition gearbeitet. Der besondere Schatz von S. Caterina besteht aber im Chor und der vollständigen Ausmalung mit Fresken. Es ist neben S. Maria del Casale (Brindisi) der größte erhaltene Freskenzyklus der Region. Die Ausmalung erfolgte in der ersten Hälfte des 15. Jhs. durch mittelitalische Künstler. Einer davon ist durch Signatur namentlich bekannt: Francesco d'Arezzo. Von ihm stammen die Fresken der Seitengänge. Im ersten Joch Szenen der Apokalypse und Heilige. Im zweiten Joch die Darstellung der Sakramente und eine Allegorie der Kirche im Gewölbe, an den Wänden Szenen aus der Genesis. Im dritten Joch Engelschöre im Gewölbe und Leben Christi an den Wänden. Die Ausmalungen des zweiten und dritten Jochs stammen offensichtlich von der gleichen Hand. Im rechten ›Seitenschiff‹ einige beachtliche Darstellungen zum Leben Mariä. Im Chorjoch ebenfalls hervorragende Fresken zur Geschichte der Kirchenpatronin an den Wänden und die Evangelisten sowie Kirchenväter im Gewölbe. An der linken Chorwand das Grabmal des Stifters Raimondello Orsini im Habitus der Franziskaner. Östlich des Altares der lichtvolle gotische Chor (Abb. 137), wohl der einzige, der in ganz Apulien den Namen gotisch verdient (auch beachtenswert von außen!). Im Kreuzgang links der Kirche neben mittelmäßigen Fresken des 17. Jhs. im rechten Flügel eine Madonna mit Kind von einem Florentiner Meister des Quattrocento (Tino di Camaino?).

Corigliano

Pfarrkirche S. Nicola mit reichem Renaissance-Portal. Der Campanile (15. Jh., unvollendet) ist eine Nachahmung der Guglia von Soleto. An der zentralen Piazza S. Nicola der Palazzo Comi mit interessantem Rokoko-Portal und Innenhof. In der Nähe der Piazza der sogenannte Arco dei Luchetti (1497) mit geheimnisvollen Zeichen. Castello de' Monti: Es widerstand 1480 den Türken. Im 16. Jh. wurde es völlig erneuert mit mächtigen Ecktürmen und 1667 mit überschwenglicher Barock-Fassade ausgestattet. Diese ist ohne Übertreibung wohl eine der schönsten profanen Barock-Fassaden Apuliens (Abb. 145). Das Innere des Kastells ist leider nicht zu besichtigen, da es sich in Privatbesitz befindet.

Melpignano

Vor dem Ort der ehemalige Augustinerkonvent mit Kreuzgang des 16. Jhs. Die Mitte des 17. Jhs. erneuerte Konventskirche ist eines der Hauptwerke des G. Zimbalo.

Maglie (15 000 Einwohner)

Einige interessante Barockkirchen, darunter die Pfarrkirche aus dem 18. Jh. mit elegant geschwungener Fassade und Campanile in Art des Kathedralturms von Lecce. An der Piazza del Municipio im Palazzo Capece das Museo Comunale di Paleontologia. Wichtigstes frühgeschichtliches Museum des Salento. Öffnungszeiten: 8 bis 13 Uhr, donnerstags und samstags auch 17 bis 19 Uhr, sonntags 17 bis 19 Uhr; montags und feiertags geschlossen.

Muro Leccese

Weiträumige barocke Piazza del Popolo. Von dort zur Chiesa di S. Domenico bzw. del Rosario (1583), wichtiges Werk von Giovanni Tarantino aus Nardò. Rechts von der Kirche im anschließenden Exkonvent spätmittelalterlicher Kreuzgang. Wenige Meter weiter links die beachtlichen Reste einer Megalithmauer. Ruinen einer namentlich nicht überlieferten messapischen Stadt.

Ruffano

Noch heute aktives Zentrum für Gebrauchskeramik und Schmiedeeisen. Rechts neben der Pfarrkirche (1705) mit besonders reichen Altären und fünf großformatigen Bildern von Francesco Saverio Lillo (1760–1765) der Palazzo Licci (17. Jh.) mit Renaissance-Hof (Farbabb. 31).

e) Von Lecce nach Léuca über Gallípoli

Galátone

Wie Galatina bis ins 15. Jh. griechisches Zentrum mit byzantinischem Ritus. Geburtsstadt des Humanisten, Arztes und Kosmographen Antonio de Ferrariis, gen. »Il Galateo« (1444 bis 1517). Er ist Autor der ersten Landesgeschichte »De Situ Japigiae«. An der Piazza del Municipio die Renaissance-Fassade von S. SEBASTIANO. Am Architrav der antikisierende Fries »Sieg des Konstantin«. Im dahinterliegenden Ex-Konvent der Dominikaner befindet sich heute das RATHAUS. Der Kreuzgang stammt aus dem 15./16. Jh. Auf der Südseite des Municipio links der PALAZZO der PIGNATELLI-BELMONTE mit frühbarockem Balkon, Eckpilaster und dem mächtigen quadratischen Turm mit geböschtem Sockel. Gegenüber die prunkvolle Fassade des SANTUARIO DEL CROCIFISSO DELLA PIETÀ, 1696–1710 von Nicola da Léquile errichtet. Im leider zu ›brillant‹ eben erst restaurierten Inneren ein schmuckfreudiger Hauptaltar.

Nardò (29 000 Einwohner)

Messapisches Zentrum. Später in der Römerzeit als Neretum bekannt. Wie Martina Franca ein Geheimtip für alle Barockfreunde. Was die Fassaden und Innenräume des 17. und 18. Jhs. anbelangt, zeigen sich diese relativ unbeeinflußt von Lecce und bisweilen einfallsreicher als dort. Leider ist der Zeitpunkt für eine systematische Besichtigung noch verfrüht, da viele Kirchen wegen Restaurierungsarbeiten oder Aufgabe geschlossen sind. Dennoch lohnt der Besuch unbedingt. 1) CASTELLO DUCALE: In der zweiten Hälfte des 15. Jhs. für die Familie der Persone errichtet. Leider wurde er im letzten Jahrhundert nicht restauriert, sondern im Geschmack der Zeit ›verbessert‹ (Fassade und obere Teile). 2) S. FRANCESCO DI PAOLA: 1614 an die Minderbrüder des Francesco di Paola übergeben. Der Bau wurde 1706 geweiht und nach dem Erdbeben von 1743 erneuert. Schlichte Fassade aber überzeugender Innenraum mit einem Altar des Patrons von Piacido Buffelli (17. Jh.). 3) S. GIUSEPPE (1757): Der konvex vorgewölbten zweigeschossigen Fassade entspricht ein oktogonaler Innenraum. 4) S. MARIA DELLA PURITÀ: 1724 geweiht. Von Bruder Ferdinando Sanfelice errichtet. Eine für Apulien einzigartige Lösung. Die eingeschossige, aber dreiachsige Fassade, deren konkav zurückschwingende Mittelachse beidseitig von einer pilastergetragenen Giebelfassade gerahmt wird, verheimlicht, daß die Seitentrakte freischwingend, sozusagen wie isolierte Flügel einen Zentralbau über griechischem Kreuz straßenseitig verblenden. 5) PIAZZA SALANDRA: Eine der geschlossensten Platzanlagen des Salento (Abb. 146). In der Mitte die GUGLIA DELL' IMMACOLATA (1769). An der Piazza u. a. 6) der SEDILE (Nordseite, 16. Jh.). Gegenüber die spätbarocke Fassade des 7) PALAZZO DELLA PRETURA (ursprünglich Rathaus, 18. Jh.). Rechts davon 8) S. DOMENICO: Ein Hauptwerk des hier gebürtigen Giovanni M. Tarantino, vor 1578 begonnen. Die reich skulptierte Fassade ist typisch für die zweite Hälfte des 16. Jhs. (vgl. Riccardi, Lecce, S. 325), in der mittelalterliche Traditionen sich mit Renaissance-Vorstellungen zu mischen beginnen und den apulischen Barock begründen. 9) KATHEDRALE: Die romanischen Außenformen lassen wegen der typisch angiovinischen Pfeiler des Langhauses nur eine Entstehungszeit ab dem späten 13. Jh. wahrscheinlich erscheinen. Durch die jüngsten Restaurierungen ist der mittelalterliche Charakter, abgesehen von der etwas langweiligen

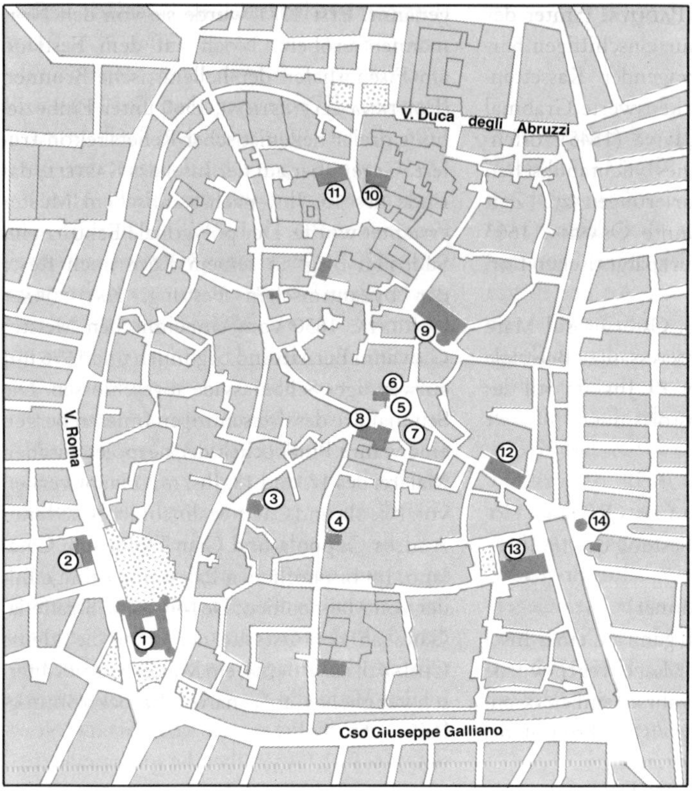

Nardò
1 Castello Ducale
2 S. Francesco di Paola
3 S. Giuseppe
4 S. Maria della Purità
5 Piazza Salandra
6 Sedile
7 Pal. della Pretura
8 S. Domenico
9 Kathedrale
10 Chiesa dell'Immacolata
11 S. Teresa
12 S. Maria del Carmine
13 S. Antonio di Padova
14 Sog. Osanna

Fassade (18. Jh., von Ferdinando Sanfelice, s. S. Maria della Purità), wiederhergestellt. Zahlreiche Freskenfragmente des 14. Jhs. Das berühmte Kruzifix (13. Jh.) aus Zedernholz des Lybanon ist ganz im Stil katalanischer Werke zu sehen und hat wohl mit der Entstehung der jetzigen Kathedrale wenig zu tun. Im Episcopio (Bischofspalast) einige Hauptwerke des Solimena, z. B. »Madonna mit Kind« und »Anbetung des Kindes«. 10) Chiesa dell' Immacolata (1580): Ebenfalls Werk des Giovanni M. Tarantino, vielleicht sein geschlossenster und konsequentester Bau. Ausgewogenheit und Klassizität der Fassade zeigen letztmalig die Unentschlossenheit der Region zwischen regionaler Sonderform des Barock und Hörigkeit gegenüber der renommierteren mittelitalischen Kunst. Ein Schlüsselwerk! Im Inneren schmuckfreudige Altäre des 17. Jhs. im Geschmack des Zimbalo. 11) S. Teresa (1769 geweiht): Wie S. Maria della Purità in der Art des Borromini konkav zurückgeschwungene Fassade. Lichtvoller Innenbau in Formen des Rokoko gewölbt. 12) S. Maria del Carmine: An der Fassade Renaissance-Portal in romanischer Tradition mit Sockellöwen. Das Innere ist ein Musterbeispiel des salentinischen Rokoko (gewölbt, vgl. Collegiata in Copertino, S. 329). Im rechten Seitenschiff »Kreuzabnahme« von Gianserio Strafella. 13) S. Antonio di Padova: Hinter der schlichten Fassade des nur einschiffigen Kirchenraums mit hervorragender Kassettendecke (17. Jh.) das bemerkenswerte Grabmal der Herzöge von Acquaviva (1545), offensichtlich die Arbeit eines nichtapulischen Meisters. Wegen Restaurierungen zur Zeit geschlossen. 14) Sogenannte Osanna: 1603 vor den Toren der Stadt in spätgotischen Formen errichtet.

An der Straße nach S. Caterina sul Mare steht eine Reihe recht interessanter Beispiele der Villenarchitektur des 19. Jhs. im Stil des Neoklassizismus und Historismus.

S. Maria al Bagno

Hier stehen die sogenannten Quattro Colonne, Ecktürme einer Festung des 15. Jhs.

Gallípoli (15 000 Einwohner)

Die Altstadt ist malerisch ganz auf einer Insel gelegen (Abb. 144). Seiner Lage wegen wurde Gallípoli schon von den wahrscheinlich tarentinischen Gründern *kale polis* (= schöne Stadt) genannt. Erst 1071 wurde sie von den Normannen erobert. Noch auf dem Festland am Fischerhafen der hellenistische Brunnen (Fontana ellenistica), 1560 unter Einbeziehung dreier hellenistischer Reliefs rekonstruiert. Gegenüber auf der Insel das Kastell, das Ende des 15. Jhs. nach staufischem Muster errichtet wurde. Der polygonale Eckturm im Südosten birgt in seinem Kern noch Reste der byzantinischen Festung. Kathedrale S. Agata: 1630 vom einheimischen Meister Giovanni Bernardino begonnen und 1696 mit aufwendiger Schaufassade abgeschlossen. Die Seitenaltäre des dreischiffigen Inneren bergen eine wahre Pinakothek der neapoletanischen Malerei des 17. und 18. Jhs. mit Hauptwerken von Nicola und Carlo Malinconico, Giovanni Andrea Coppola und Gian Domenico Catalano. Im bischöflichen Palast noch einige Bilder von Malinconico, De Mura und Straffella. Ganz an der Ostseite der Stadt die kleine Chiesa della Purità, ein Musterbeispiel überschwenglicher aber naiver Barockfrömmigkeit.

Ansicht von Gallípoli. Stich von Des Préz

Alezio

Vor dem Ort die Wallfahrtskirche Santuario di S. Maria della Lizza, ein spätromanischer Bau (nach 1268) mit mächtiger eintoriger Vorhalle. Im Ort das Museo Civico Messapico mit archäologischem Park in den messapischen Nekropolen (6.–2. Jh. v. Chr.). Öffnungszeiten: 8 bis 12 und 14 bis 16 Uhr vom 1. Oktober bis 30. April. Im Sommer 8 bis 12 und 16.30 bis 18.30 Uhr.

Parábita

Im Ortskern das mächtige Kastell der Castriota (16. Jh.). Es ist in Privatbesitz und nicht zu besichtigen. An der Piazza unterhalb des Kastells an der Pfarrkirche schönes Portal im Stil des Riccardi.

Casaranello

Am südlichen Ortsende von Casarano in der Gabelung der Straßen nach Taurisano und Ugento die kleine Basilika S. Maria della Croce (5. Jh.). Im Langhausgewölbe (!) in Apulien einzigartige weißgrundige Fresken von ca. 1400 mit der Darstellung des Martyriums der hl. Katharina von Alexandrien. An den Seitenwänden ausgezeichnete Freskenfragmente des 15. Jhs. Höhepunkte aber sind Vierungskuppel und Chorgewölbe, die beide noch originale Mosaiken des frühchristlichen Vorgängerbaues aus dem 5. Jh. aufweisen. Die so unscheinbare Kirche von Casaranello ist somit eines der Kleinode der Region (Farbabb. 32 u. 33). Sonntag vormittags immer offen. Sonst, wenn geschlossen, in der Straße, die am Westportal vorbeiführt, nach ca. 50 m rechts bei S. Andrea Pellegrino nach dem Schlüssel fragen (Tel. 08 33/50 12 48).

Taurisano

Am Ortseingang von Casarano kommend die Kirche S. Maria della Strada mit schmuckfreudigem spätromanischen Portal.

Presicce

Schöne perspektivische Platzanlage, die bestimmt wird von der Säule des hl. Andreas und der steil sich auftürmenden verspielten Fassade der gleichnamigen Pfarrkirche (Abb. 141), 1778–1781 von Saverio Negro erbaut. Im Inneren Bilder von Oronzo Tiso, Catalano und Riccio. Im Ortskern noch einige Palazzi des 16. Jhs.

Patù

S. Giovanni: Interessante frühromanische Kirche des 11. Jhs. (meist geschlossen). Gegenüber die sogenannte Centopietre, ein mysteriöser Bau aus megalithischen Blöcken. Ursprünglich wurde er für ein messapisches Heiligtum in Form eines rechteckigen Tempels gehalten. Nach heutiger Annahme ist er eher ein frühmittelalterliches aus älteren Blöcken neu zusammengesetztes Heiligtum.

S. Maria di Léuca

Südlichster Punkt Apuliens. Vom Faro (Leuchtturm) aus schöner Panoramablick. Im Ortskern und vor allem am Lungomare recht interessante Sommerresidenzen im historischen Kleid des späten 19. Jhs.

Literaturauswahl

Als Auswahl strebt die nachfolgende Bibliographie keineswegs Vollständigkeit an, sie kann dies im vorliegenden Fall eines Kunstreiseführers auch gar nicht leisten. Dennoch stellt sie keineswegs ein Quodlibet dar. Besonderer Akzent wurde dabei gelegt auf a) jüngere Literatur, b) solche, die für den Interessierten noch im Buchhandel zu erwerben ist, c) Kataloge und Anthologien, die jeweils ein breites Spektrum der aktuellen Fragestellung erkennen lassen und wichtige weiterführende Literaturhinweise enthalten, alsdann d) für die Forschung bedeutende Monographien bzw. Einzeluntersuchungen und schließlich e) unverzichtbare Standardwerke wie z. B. Berteaux oder Kantorowicz.

Die Anordnung erfolgt mit Ausrichtung auf die Kapitel, in denen das jeweilige Buch besonders benutzt oder erwähnt wurde und dort in alphabetischer Folge der Verfasser. Wo kein einzelner Verfasser oder Herausgeber angebbar ist, erfolgt die alphabetische Einordnung nach Stichwortprinzip, z. B. Atti del congresso... Im Bereich der Streckenbeschreibung (Kap. 5) geschieht die Anordnung in der Reihenfolge der besprochenen Orte, und dort jeweils nach Erscheinungsdatum.

Zu Kapitel 1

a) Allgemeine Literatur: Führer, Bildbände, Reiseberichte etc.

Audot (Hrsg.) *L'Italie...royaume de Naples,* Paris 1835 (mit Stichen von Granet, Isabey, Vernet etc.)

Belli d'Elia, Pina *La Puglia* (Guide de l'Espresso), Rom 1980

Edschmid, Kasimir *Italien, Hirten und Jahrtausende,* Frankfurt 1941

Faber, Gustav *Süditalien,* München 1973

Gregorovius, Ferdinand *Wanderjahre in Italien,* München 1978 (3. Aufl.)

MERIAN-Heft *Apulien,* Hamburg, Jg. 28/4

Pacichelli, G.B. *Il regno di Napoli in prospettiva,* Neapel 1703

Peterich, Eckart *Italien,* Bd. 3, München 1963

Saint Non *Voyage pittoresque de Naples e de Sicile*

Straffarello, G. *La Patria,* Turin 1899

T.C.I. *Puglia* (Guida d'Italia), Mailand 1978

Willemsen, Carl Arnold *Apulien, Kathedralen und Kastelle,* Köln 1973

Yriarte, C. *Le rive dell'Adriatico e il Montenegro,* Trier 1883

b) Landeskunde

Allen, Edward *Stone shelters,* Massachusetts Institute of Technology 1969

Chiaramonte G., Galasso G. *L'Italia dimezzata, dibattito sulla questione meridionale,* Bari 1980

(La) Civiltà rupestre medioevale nel Mezzogiorno d'Italia. Richerche e problemi. Atti del primo convegno internazionale di studi, 29. sett.–3. ott. 1971, Genua 1975

Espositio, Gabriella *Architettura e storia dei Trulli,* Rom 1983

Farneti G., Pratesi F., Tassi F. *Naturreiseführer Italien,* (BVL) München – Bern – Wien 1975

Fonseca C. D., Bruna A. R., Ingrosso V., Marotta A. *Gli insediamenti rupestri medioevale nel Basso Salento,* Galatina 1979
Kirsten, Ernst *Süditalienkunde,* Heidelberg 1975
Ladiana, Fernando *La pietra della fame,* Massafra 1984
Mezzogiorno, questione aperta, Bari 1975
Philippson, Alfred *Das fernste Italien, geographische Reiseskizzen und Studien,* Leipzig 1925
(La) Puglia e il mare, Mailand 1984
Signorile, Claudio *Il nuovo Mezzogiorno e l'economia nazionale,* Bari 1982

Zu Kapitel 2

Alvisi, Giovanna *Viabilità romana della Daunia,* Bari 1970
d'Andria, Francesco *Puglia,* in: *Itinerari archeologici,* Rom 1980
Antichità, studi di Università di Lecce, *Quaderni dell' istituto di archeologia e storia antica,* 3 Bde., Galatina 1980–82
Cassano, Raffaella Moreno *Mosaici paleocristiani di Puglia,* in: *Melanges de l'école française de Rome,* Antiquité, Tome 88–1, Rom 1976
(La) Daunia antica. Dalla preistoria all'altomedioevo, Mailand 1984
De Juliis, Ettore *Archeologia in Puglia,* Bari 1983
De Juliis, Ettore *La ceramica geometrica della Daunia,* Florenz 1977
De Palma, Claudio *La Magna Grecia,* Rom 1980
Ferri S., Nava M.L. *Stele daune,* Foggia 1983
Gabrielli F., Scerrato U. *Gli Arabi in Italia – cultura, contatti e tradizioni,* Mailand 1979
Gianfreda, Grazio *La basilica bizantina di S. Pietro in Otranto,* Galatina 1983
Monte Santangelo: Il Santuario di S. Michele sul Gargano dal VI al IX secolo. Atti del convegno a Monte Santangelo il 9–10 dic. 1978, Bari 1980
Musca, Giosue (Hrsg.) *Storia della Puglia,* 2 Bde., Bari 1979
(I) musei della Puglia, Bari o. J.
Restauri in Puglia 1971–1981 (Ausst.-Kat.), Fasano 1983
Salento arcaico, Università di Lecce, Quaderni dell'istituto di archeologia e storia antica, Bd. 1, Galatina 1979
Taranto nella civiltà della Magna Grecia, Atti del decimo convegno di studi sulla Magna Grecia, 2 Bde., Tarent 1970
Voragine, Jacobus de *Legenda aurea,* i. d. Übers. v. Richard Benz, 8. verb. Aufl. 1975

Zu Kapitel 3

a) Sammelbände

De Vita, Raffaele *Castelli, torri ed opere fortificate,* Bari 1974
Petrucci, Alfredo *Cattedrali di Puglia,* Rom 1960

b) Romanische Epoche (11.–12. Jh.)

Belli d'Elia, Pina *La basilica di San Nicola a Bari,* Galatina 1985
Belli d'Elia, Pina *L'officina barese nella seconda metà del XII secolo,* in: *Bolletino d'Arte,* 1984, Bd. 4
Belli d'Elia, Pina *Il Romanico,* in: *La Puglia tra Bisanzio e l'Occidente, Civiltà e culture in Puglia,* Bd. II, Mailand 1980
Belli d'Elia, Pina *Alle sorgente del Romanico – Puglia XI secolo,* Bari 1975
Belli d'Elia, Pina *La cattedra dell'abate Elia – precisazioni sul romanico pugliese,* in: *Bolletino d'Arte,* 1974, 1–2

Belting, Hans *Byzantine Art among Grecs and Latins in Southern Italy*, in: *D. O. P.*, 1978, Bd. 28, S. 1–29
Berteaux, Emile *L'art dans l'Italie méridionale*, Paris 1904
Boeckler, Albert *Die Bronzetüren des Bonanus von Pisa und des Barisanus von Trani*, Berlin 1953
Buschhausen, H. *Die süditalienische Bauplastik im Königreich Jerusalem von Wilhelm II. bis Kaiser Friedrich II.*, Wien 1978
Calò Mariani, Maria Stella *Insediamenti benedettini in Puglia*, 2 Bde., Galatina 1981
Cioffaro, P. Gerardo *Storia della basilica di San Nicola di Bari*, Bd. 1, Bari 1984
Civiltà e culture in Puglia, 4 Bde., Mailand 1980
Garton, Tessa *Early Romanesque Sculpture in Apulia* (Diss. 1974), London–New York 1984
Garton, Tessa *Islamic elements in early Romanesque Sculpture in Apulia*, in: *Art and archeology research papers*, Dic. 1973, H. 4
Grabar, A. *La part byzantine dans l'art du moyen age en Italie Meridionale*, in: *Atti del 2. congresso internazionale di studi sulla civiltà rupestre medioevale nel mezzogiorno d'Italia.* Taranto–Mottola 1973, S. 231–247, Taranto 1977
Haug, Walter *Das Mosaik von Otranto*, Wiesbaden 1977
Jacoby, Zehava *The workshop of the temple area in Jerusalem in the 12.th cent.*, in: *Zs. f. Kunstgeschichte*, 1982, Bd. 45
Jones, Charles W. *San Nicola, biografia di una legenda*, Bari 1983
Melczer, William *La porta di bronzo di Barisano da Trani a Ravello, iconografia e stile*, Cava dei Tirreni 1984
Nicephorus *Die Übertragung der Reliquien des hl. Nikolaus von Myra nach Italien* (Übers. von P. Heinrich Drenkelfort SVD), Bari 1982
Ricci, Corrado *Mittelalterliche Baukunst in Süditalien*, Stuttgart 1928
Ronchi, Benedetto *La cattedrale di Trani*, Fasano 1986
Schäfer-Schuchardt, Horst *Die figürliche Steinplastik des 11.–13. Jhs. in Apulien*, Bd. I, Bari–Tübingen 1988
Schäfer-Schuchardt, Horst *Storia della costruzione della chiesa di S. Nicola di Bari*, in: *Bolletino di S. Nicola*, Bari 1984
Schäfer-Schuchardt, Horst *Die Kanzeln des 11.–13. Jhs. in Apulien*, Würzburg 1962
Schettini, Franco *La basilica di S. Nicola di Bari*, Bari 1967
Schubring, P. *Bischofstühle und Ambonen in Apulien*, in: *Zs. f. christl. Kunst*, 1900, 13
Schulz, Heinrich Wilhelm *Denkmäler der Kunst des Mittelalters in Unteritalien*, Hrsg. F. von Quast, Dresden 1860
Schwedhelm, Sabine *Die Kathedrale S. Nicola Pellegrino in Trani und ihre Vorgängerkirchen*, Tübingen 1972
Wackernagel, M. *Die Plastik des 11. und 12. Jhs. in Apulien*, Leipzig 1911
Wackernagel, M. *La bottega dell'arcidiacono Acceptus*, in: *Bolletino d'Arte*, 1908, II fasc. IV
Willemsen, Carl A. *L'enigma di Otranto*, Galatina 1980

c) 13. und 14. Jahrhundert (ausgehendes Mittelalter: Staufer und Anjous)
Atti delle ... giornate federiciane, Oria, 74, 77, alle drei Jahre
Atti del convegno internazionale di studi federiciani, Prato 1952
Atti del convegno di studi federiciani (1950), Palermo 1952
Bologna, Ferdinando *I pittori alla corte angioina di Napoli, 1266–1414. E un riesame dell'arte nell'età fedriciana*, Rom 1969

Bruschi A., Miarelli Mariani G. *Architettura sveva nell'Italia meridionale. Repertorio dei castelli federiciani* (Prato 1975), Florenz 1975

Buschhausen, H., *Das Altersbildnis Kaiser Friedrichs II.*, in: *Jb. d. k'hist. Slg. in Wien*, 1974, LXX

Calo Mariani, Maria Stella *L'arte del duecento in Puglia*, Turin 1984

Göbbels, Joachim *Das Militärwesen im Königreich Sizilien zur Zeit Karls I. von Anjou*, in: *Monographien zur Geschichte des Mittelalters*, Bd. 29, Stuttgart 1984

Götze, Heinz *Castel del Monte*, München 1984

Hahn, Hanno *Hohenstaufenburgen in Süditalien*, Ingelheim 1961

Hampe, Karl *Dt. Kaisergeschichte in der Zeit der Salier und Staufer*, Leipzig 1943 (8. Aufl., von Baethgen)

Haseloff, A. *Die Bauten der Hohenstaufen in Unteritalien*, I, Leipzig 1920

Heinisch, Klaus J. (Hrsg.) *Kaiser Friedrich II. in Briefen und Berichten seiner Zeit*, Darmstadt 1972

Huillard Breholle *Historia diplomatica Friderici II*, Paris 1852–55

Kantorowicz, Ernst *Friedrich der Zweite*, 2 Bde., Stuttgart 1980, 6. Aufl.

Kantorowicz, Ernst *Kaiser Friedrich II. und das Königsbild des Hellenismus, Marginalia miscellanea*, in: *Varia Variorum*, Münster/Köln 1952

Lammers, Walther *Friedrich II.*, in: *Kaisergestalten des Mittelalters*, München 1984

Licinio, R. *Le masserie regie in Puglia nel sec. XIII. Ambienti, attrezzi e tecniche*, in: *Quaderni medievali*, Nr. 2, 1976

Maksimovic, J. *Simeon Raguseus (XIV sec.)* in: *Per una storia delle relazioni tra le due sponde adriatiche, Quaderni dell'archivio storico pugliese*, Bd. 7, 1962

Meckseper, Cord *Castel del Monte. Seine Voraussetzungen in der nordwesteuropäischen Baukunst*, in: *Zs. f. K'gesch.*, Bd. XX–XXIII, 1970

Mitteis, Heinrich *Der Staat des Hohen Mittelalters*, Weimar 1955 (5. Aufl.)

Morghen, Raffaello *Civiltà medioevale al tramonto*, Bari 1973

Prandi, A. *L'aggiornamento dell'opera di E. Berteaux, L'art dans l'Italie meridionale*, Rom 1978

Raumer, Friedrich von *Geschichte der Hohenstaufen und ihrer Zeit*, 6 Bde., Reutlingen 1828

Romanini, Angiola Maria (Hrsg.) *Federico II e l'arte del duecento italiano. Atti della III settimana di studi di storia dell'arte medievale dell'università di Roma*, 2 Bde., Galatina 1980

Runciman, Steven *Die Sizilianische Vesper*, München 1976, 2. Aufl.

Saponaro, Giorgio (Hrsg.) *Castel del Monte*, Bari 1981

Schaller, H. M. *Kaiser Friedrich II. Verwandler der Welt*, in: *Persönlichkeit und Geschichte*, Bd. 34, 1971, 2. Aufl.

Seidel, Max *Studien zur Antikenrezeption Nicola Pisanos*, in: *Mtlgn. d. k'hist. Instituts in Florenz*, Bd. XIX, H. 3, Florenz 1975

›Staufer‹ (Stichw.) *Die Zeit der Staufer*, Bd. 3 (Katalog), Stuttgart 1977

Tavolaro, A. *Elementi di astronomia nell' architettura di Castel del Monte*, Bari 1974

Cristiani Testi, Maria Laura *Nicola Pisano Architetto, il pulpito di Pisa*, in: *Critica d'Arte*, Bd. 5/6, 1985

Wentzel, Hans *Antikenimitationen des 12. u. 13. Jhs. in Italien*, in: *Zs. f. Kunstwissenschaft*, Bd. 9, 1955

Willemsen, Carl A. *Castel del Monte. Das vollendetste Baudenkmal Kaiser Friedrichs II.*, Frankfurt 1982

Willemsen, Carl A. *Die Bildnisse der Staufer. Versuch einer Bestandsaufnahme*, in: *Schriften*

zur staufischen Geschichte und Kunst, Bd. 4, Göppingen 1977
Willemsen, Carl A. *Kaiser Friedrich II. Triumphtor zu Capua,* Wiesbaden 1953
Wolf, Gunther W. (Hrsg.) *Stupor Mundi. Zur Geschichte Friedrichs II. von Hohenstaufen,* WBG Darmstadt 1982, 2., völlig neu bearb. Aufl.

Zu Kapitel 4

Atti del congresso internazionale sul Barocco, Lecce 1971
D'Elia, Michele *La pittura barocco,* in: *Civiltà e cultura in Puglia,* Bd. 4, Mailand 1982
Farese Sperken, Christine *Le collezioni del '800 e primo '900, Katalog,* Fasano 1977
Motolese, Guglielmo *La concattedrale di Taranto,* Tarent 1983
Paolillo, Antonio *La galleria De Nittis di Barletta,* Fasano 1984
Paone, Michele *Elegia del Barocco,* Galatina 1979
Paone, Michele *Le chiese di Lecce,* 2 Bde., Galatina 1979–1981
Pasculli Ferrara, M. *Arte napoletana in Puglia dal 16. al 18. sec.,* Fasano 1984
(La) Puglia tra Barocco e Rococo, in: *Civiltà e culture in Puglia,* Bd. 4, Mailand 1982
Valli, Donato *Civiltà del Barocco Leccese,* in: *Sallentum 14,* Galatina 1984

Zu Kapitel 5

a) Nördliches Apulien

Calò Mariani, Maria Stella *Due cattedrali del Molise: Termoli e Larino,* Rom 1979
Garganico, G. A. (Hrsg.) *Il medioevo e il Gargano,* Rom 1985
La ricerca archeologica sul territorio garganico. Atti del convegno di studi 22./23. 5. 1982, Foggia 1982
Piemontese, Giuseppe *Architettura rurale e insediamenti rupestri del Gargano,* Foggia 1980
Lotti, Leonardo Luigi *Problemi storici e artistici ... in Monte S. Angelo,* Bari 1978
Keyserlingk, Adalbert Graf von *Vergessene Kulturen im Gargano,* Nürnberg 1968
Innangi, Francesco *La ristrutturazione della cattedrale di Vieste,* in: *Gargano Studi,* Bd. 8, Monte S. Angelo 1985
La cattedrale di Vieste, Vieste 1981
L'arcidiocesi di Manfredonia e la diocesi di Vieste, Manfredonia 1975
Serrichio, Cristanziano *Note su Siponto antica,* Manfredonia 1976
Troia, Giuseppe di *Dalla distruzione di Siponto alla fortificazione di Manfredonia,* Fasano 1985
Jacobs, F. *Die Kathedrale S. Maria Icona Vetere in Foggia. Studien zur Architektur und Plastik des 11.–13. Jhs. in Süditalien* (Diss.), Hamburg 1968
Mertens, Joseph *Herdonia* (Katalog), Foggia 1982

b) Barese

Ambrosi, A. *Architettura dei crociati in Puglia. Il Santo Sepolcro di Barletta,* Bari 1976
Ronchi, Benedetto *Trani dall' XI al XVII secolo,* Fasano 1984
Ronchi, Benedetto *Guida del Museo Diocesano di Trani,* Fasano 1983
Ronchi, Benedetto *La chiesa d' Ognissanti di Trani,* Fasano 1982
Ronchi, Benedetto *Invito a Trani,* Fasano 1980
Piracci, Raffaello *Gli statuti marittimi di Trani,* Trani 1980

Mongiello, Giovanni *Bitonto nella storia e nell' arte,* Bari 1970
L'Abbate (Hrsg.), Vito *Il territorio a sud-est di Bari in età medievale, società e ambienti* (Katalog), Conversano 1983
De Juliis, Ettore *Il Museo Archeologico di Bari,* Bd. I, Bari 1983
Gelao, Clara *Il museo di San Nicola,* Bari 1983
Milano, Nicolao *Le chiese delle diocesi di Bari,* Bari 1982
Petrignani, M., Porsia, F. *Bari,* in: *Le città nella storia d'Italia,* Bari 1982
Melchiorre, Vito A. *Bari nel tempo,* 2 Bde., Bari 1982
Melchiorre, Vito A. *Bari antica,* Bari 1980
Belli d'Elia, Pina *Bari – Pinacoteca provinciale,* Bologna 1972
Donvito, Antonio *Monte Sannace, una zona archeologica tra le più interessanti e suggestive di Puglia,* in: *Umanesimo della pietra,* Martina Franca 1985
Donvito, Antonio *Monta Sannace,* Fasano 1982
Martina Franca (Ed. AGA), Alberobello 1983
Convenuto, Angela *Non è del Bernini il Pal. Ducale* (di Martina Franca), in: *Nelmese* 7/8, Bari 1977
Bellifemine, Graziano *La basilica S. Maria degli Amalfitani in Monópoli,* Fasano 1982
Bellifemine, Graziano *La basilica Madonna della Madia in Monópoli,* Fasano 1979
Mare d'Egnazia (Katalog), Fasano 1983
Semerario-Herrmann, Marialuisa *Il santuario rupestre di San Biagio a S. Vito dei Normanni,* Fasano 1982

c) An der Via Appia und il Salento
Caprara, R., Crescenzi, R., Scalzo, M. *Il territorio Nord del commune di Massafra,* Florenz – Massafra 1983
Jacovelli, Espedito *Massafra,* Massafra 1981
Caprara, Roberto *La chiesa rupestre della Buona Nuova a Massafra,* Florenz 1979
Caprara, Roberto *La chiesa S. Marco a Massafra,* Florenz 1979
Jacovelli, Gianni *Manduria nel '500,* Galatina 1974
Brindisi Via Capuccini Mostra Museo Nazionale di Egnazia (Katalog), Fasano 1984
Del Sordo, Alberto *Vecchia Brindisi,* Bari 1978
Calò Mariani, Maria Stella *La chiesa di S. Maria del Casale presso Brindisi,* Fasano 1976
Fagiolo, M., Cazzato, V. *Lecce,* in: *Le città nella storia d'Italia,* Bari 1984
Pellegrino, Teodoro *L'antica città di Lecce,* Bari 1984
Paone, Michele *Palazzi di Lecce,* Galatina 1978
Putignani, P. Adiuto *Il tempio di S. Catarina in Galatina,* Galatina 1968
Vetere, B., Micali, S. *Nardò,* Galatina 1979

Zum Gelben Teil

Apulien – Ein Führer für Reise und Gastronomie, Novara 1986
Barletta, Rosella *I pupi del presepe,* Galatina 1982
Barletta, Rosella *Cartapesta, terracotta, tessitura a telaio,* Galatina 1983
Cuomo di Caprio, Ninina *Ceramica rustica e tradizionale in Puglia,* Galatina 1982
Regione Puglia (Hrsg.) *Puglia* (dreisprachig), *Fremdenverkehr, Geschichte, Kunst, Folklore,* Bari 1975
Fiore, Vittor, *Puglia – Dalla terra alla tavola. I prodotti tipici della terra pugliese, i vini DOC e le specialità gastronomica,* Bari 1979
Santoro, Bartolomeo *Vini di Puglia,* Bari 1979

Praktische Reisehinweise

Allgemeine Hinweise

Die Region Apulien war bei gleichbleibenden geographischen Voraussetzungen je nach mittelmeerisch-europäischen Gesamtbedingungen periodisch reich, dann wieder arm. Heute ist Apulien wieder einmal eine der ärmsten Regionen Italiens. Dennoch hat die Bevölkerung bislang nie ernsthaft ihr Glück im Geschäft mit dem Massentourismus versucht, und das Interesse an seiner Kunst bezog sich auf eine zeitlich beschränkte Epoche und deshalb nur auf bestimmte Städte und Stätten. Touristisch erschlossen und deshalb mit genügend Übernachtungsmöglichkeiten aller Klassen ausgestattet sind die Küsten des Gargano und des Salento, die Provinzhauptstädte Foggia, Bari, Brindisi, Lecce und Tarent sowie die Mikroregion der Trulli. Gerade ausreichende Übernachtungsmöglichkeiten bieten Zielorte wie Barletta, Trani, Castel del Monte oder Otranto. Als Fixpunkte für längere und sichere Aufenthalte können Städte wie Ruvo, Andria, Bitonto oder Molfetta nicht im voraus eingeplant werden. Vollends problematisch wird die Versorgung mit empfehlenswerten Übernachtungsmöglichkeiten im Hinterland, weshalb ich abweichend von der sonstigen Zurückhaltung in der Hotelempfehlung in diesem Falle zwei Hinweise geben will. Das landschaftlich und kulturell sehr reizvolle Hinterland verdient einen Besuch, doch die mehrfache Anreise von den Küstenstädten z. B. nach Venosa, Gravina oder Matera ist beschwerlich und lästig.

1. Empfehlung: Altamura, »Svevia«. Der Manager ist zwar Hotelier aus Leidenschaft, aber familiär an Altamura gebunden. Auch er ist dem Kunstreisenden gerne behilflich und kocht auch frisch auf Wunsch, selbst wenn man nur der einzige Gast ist. Von hier aus bequem zu erreichen: Gravina, Matera, Montescaglioso, Santeramo in Colle und Gioia del Colle. Wer dem Verkehr des Ballungsraums Bari entfliehen will, kann überdies von Altamura aus das südliche Barese mit Orten wie Palo del Colle, Bitetto, Sannicandro, Valenzano (Ognissanti) und Acquaviva delle Fonti besichtigen.

2. Empfehlung: Martina Franca. Die Stadt liegt herrlich auf einem Hügel mit Panoramablick auf das Valle d'Itria (Trulli) und ist selbst ein Schmuckstück des apulischen Barock. Von hier aus läßt sich in Tagesausflügen der gesamte Raum zwischen Bari und Brindisi, einschließlich Tarent, abdecken. Obwohl Martina Franca ausreichend andere Hotels aufweisen kann, ist hier wegen Küche, ruhiger Lage und Service besonders das »Parkhotel San Michele« zu empfehlen. Wer es etwas billiger sucht, der findet ähnlich zentral und ruhig eine Bleibe im »Hotel Semeraro«.

Als weitere Etappenorte empfehlen sich besonders Polignano (wunderschöne Lage) und Francavilla (zentral). Polignano besitzt mehrere passable Hotels, Francavilla nur eines: »Albergo Nuovo« (gutes Restaurant nebenan).

Nicht nur die Hotellerie, auch die Gastronomie (s. S. 354f.) läßt viele Wünsche offen. Die Ausschilderung der Orte, vor allem aber sehenswerter Monumente, ist oft inkonsequent, mangelhaft bis gar nicht vorhanden. In Städten wie Altamura, Francavilla, Gravina und anderen gleicher Größenordnung existiert nicht einmal ein Stadtplan. Wer also Apulien abseits der Zentren kennenlernen will, wird auf viele Geduldsproben gestellt. Ich weise hier an dieser Stelle der praktischen Ratschläge auf diese Unzulänglichkeiten hin, nicht um den wirklich Interessierten abzuschrecken, sondern vielmehr um Enttäuschungen vorzubeugen und entsprechende Nachsicht einzuplanen. Apulien kommt dem Reisenden nicht immer entgegen, aber schließlich will der Fremde ja das Land kennenlernen.

Anreise

Die Anreise ist auf allen klassischen Verkehrswegen möglich. Die Adria-Autobahn führt auf kürzestem Weg vom Brenner über Bologna, Ancona und Pescara nach Foggia. Über den Apennin führt seit einigen Jahren die Autobahn Neapel–Benevent–Canosa. Alle größeren Orte sind an ein dichtes Eisenbahnnetz angeschlossen. Zwar gibt es keine Direktflüge von deutschen Flughäfen in die Region, doch Anschlußflüge nach Brindisi sind von Turin, Mailand, Genua und Rom aus möglich; nach Bari starten täglich Inlandsflüge von Rom und Mailand. Über alle wichtigen verkehrstechnischen Fragen informieren in Deutschland:

Staatliches Italienisches Fremdenverkehrsamt (ENIT)
Berliner Allee 26, 4000 Düsseldorf, Tel. 0211/132231/32
Kaiserstraße 65, 6000 Frankfurt/M., Tel. 069/231213
Goethestraße 20, 8000 München, Tel. 089/530369
in Österreich: Kärntnerring 4, A-1010 Wien, Tel. 0222/654374
in der Schweiz: Uraniastraße 23, CH-8001 Zürich, Tel. 01/2113633

An Ort und Stelle vermitteln die lokalen und staatlichen Verkehrsämter. Das Personal ist in der Regel recht freundlich und zuvorkommend, doch erwarte man nicht jemanden zu finden, der Deutsch kann. Wenn man Glück hat, gibt es jemanden der Englisch kann. Zur Zeit sind die Fremdenverkehrsämter zwecks Zentralisierung in Umstrukturierung begriffen, deshalb die nachstehenden Adressen ohne Gewähr:

Bari
Ente Provinciale per il Turismo
Piazza Moro 33a
Azienda Autonoma di Soggiorno e Turismo
Via Abate Gimma 29

Barletta
Azienda Autonoma di Soggiorno e Turismo
Piazza Roma

Brindisi
Ente Provinciale per il Turismo
Via Cristoforo Colombo 88
Azienda Autonoma di Soggiorno e Turismo
Via Duomo 5 und Via Rubini 19

Foggia
Ente Provinciale per il Turismo
Via Sen. Emilio Perrone 17

Lecce
Ente Provinciale per il Turismo
Via Monte S. Michele 20
Azienda Autonoma di Soggiorno e Turismo
Via Oberdan 63
Manfredonia
Azienda Autonoma di Soggiorno e Turismo
Palazzo Celestini, Corso Manfredi 26
Martina Franca
Azienda Autonoma di Soggiorno e Turismo
Piazza Roma 37

Otranto
Azienda Autonoma di Soggiorno e Turismo
Via Basilica (Palazzo Comunale)
Tarent
Ente Provinciale per il Turismo
Corso Umberto 121
Trani
Azienda Autonoma di Soggiorno e Turismo
Via Cavour 83

In dringenden Fällen, aber nur in solchen, wird das Honorarkonsulat (zusammen mit der Außenstelle des Goetheinstituts in Neapel) seine Dienste nicht verweigern:
Honorarkonsulat der BRD
Prof. Dr. Angelo Dattabo
Corso Cavour, 40, Bari

Als beste Reisezeiten empfehlen sich April bis Mai und September bis Oktober. Im Mai und September finden auch die wichtigsten Volksfeste statt (z. B. in Monte S. Angelo, Bari).

Wichtiger Hinweis für Autoreisende!

Apulien ist ein armes Land. Und wo Armut herrscht liegt die Versuchung nahe, sich illegalerweise zu bereichern. Dies gilt vor allem für Küstenstädte von Genua bis Palermo, also auch für Apulien. Aber auch im Binnenland ist bisweilen Vorsicht geboten (z. B. Gravina, Matera etc.). Empfehlung: Nichts im Auto lassen, dann erübrigt sich auch Absperren des Autos (sonst Gefahr der Beschädigung). Besonders gefährdet sind, wie inzwischen auch bei uns, Autoradios. Wer auf der Durchreise mit vollgepacktem PKW Besichtigungen vornehmen will, sollte grundsätzlich – wo möglich – einen bewachten Parkplatz aufsuchen oder auf frequentierten größeren Plätzen parken oder versuchen, direkt vor dem Rathaus, der Polizia Urbana *(Vigili urbani)* oder einer Bank einen Parkplatz zu finden. Diese Gebäude sind zumindest während der üblichen Geschäftszeiten ständig bewacht. Ansonsten empfiehlt sich, jeweils am Tage vorher das Reiseziel des nächsten Tages festzulegen, dort sogleich das Hotel zu belegen, d. h. alles aus dem Auto zu räumen. Dann kann man beruhigt in die Gegend fahren.

Höhlenkirchen und Felsensiedlungen in Apulien

von Horst Schäfer-Schuchardt

Apulien hat nicht nur dort, wo gewöhnlich der Reisende die Attraktionen einer Kulturlandschaft sucht, nämlich auf der Erdoberfläche, reichlich zu bieten, ganz Unteritalien hat auch unter der Erde Erstaunliches zu offerieren. So besitzt Apulien an seinen meerumspülten Steilküsten, insbesondere am Monte Gargano und zwischen S. Maria di Léuca und Otranto, eine Vielzahl von natürlichen Grotten, die fast nur vom Meer mit Booten zu erreichen sind. Im Landesinnern sind Apulien und die Gegend von Matera zerfurcht und durchsetzt von gewaltigen Schluchten und Tälern sowie Grotten und Höhlen (s. S. 13 ff.).

In christlicher Zeit kam es erneut zu einer stärkeren Besiedelung der natürlichen ›Wohnstätten‹ der Grotten. Es war den Mönchen vorbehalten, in den Felswänden der Schluchten ihre Mönchsiedlungen zu gründen. Überwiegend dem griechisch-orthodoxen, z.T. dann aber auch dem lateinischen Kultus angehörend, hatten sie ihren Ursprung im orientalischen Mönchtum der Spätantike: in Kappadokien, Syrien und Ägypten. Ziel des östlichen Mönchtums war die Loslösung von der Welt und deren Verneinung. Askese und Mystik waren vorrangig, visionäres Aufgehen in einer heilen Welt anzustreben. Während der abendländische Mönch in dafür eingerichteten Klosterbauten sein monastisches Gemeinschaftsleben vollzog, bevorzugte der griechische Mönch ein Eremitendasein oder eine Gemeinschaft von mehreren unter Leitung eines Archimandriten in wildnisähnlicher Landschaft.

Entscheidenden Anteil an der Entstehung und Ausbreitung der Felsensiedlungen hatten die Basilianer. Diese waren vom Orient nach Sizilien, dann nach Kalabrien und schließlich nach Apulien gelangt. Dort fanden sie in den schwer zugänglichen und gut versteckten Felsenschluchten ideale Zufluchtstätten.

In Süditalien bestanden seit dem 8. Jh. v. Chr. bereits griechische Kolonien. Unter römischer Herrschaft wurde die griechische Sprache zu einer reinen Bauern- und Hirtensprache. Mit der christlichen Mission im 1. und 2. Jh. wurde Griechisch die Sprache der Kirche und gewann wieder an Einfluß. Seit dem 6. Jh. n. Chr. kamen Griechen aus dem Balkan und im 7. und 8. Jh. aus Syrien und Nordafrika nach Süditalien als Folge des Bilderstreites. Die bilderfreundlichen Mönche ließen sich hier nieder, wo sie sicher waren vor den Gesetzen der ikonoklastischen Kaiser. Das 10. und 11. Jh. sah den Höhepunkt der griechischen Kultur, insbesondere in Kalabrien, das zum Land der Mönche wird, die sich in den Schluchten des Merkurion und in der Einsamkeit des Aspromonte ausbreiten. Zahlreiche Eremiten gelangen in den Ruf der Heiligkeit. Nicht nur wegen der anhaltenden Sarazenengefahr, sondern auch wegen der Anwesenheit griechischer Beamter in den apulischen Städten zieht es die Basilianer nach Apulien.

Mit Beginn der Normannenherrschaft kommt es zur Wende in der griechisch-byzantinischen Klostergeschichte Italiens. So werden fast alle Mönchgemeinschaften unter die Oberaufsicht von größeren Benediktinerabteien wie Montecassino, Cava dei Tirreni, Venosa oder Mileto gestellt und von den byzantinischen Mönchen verlassen.

Parallel mit der Lösung des Papstes aus der Abhängigkeit des byzantinischen Kaisers und dem Beginn einer für alle Länder gültigen Kirchenpolitik werden die Normannen 1059 als Vasallen des Papstes mit den von ihnen eroberten Gebieten Unteritaliens belehnt.

In dem Lehenseid verspricht Robert Guiscard, alle Kirchen von Apulien und Kalabrien in die »Potestas des Papstes zu entlassen und sie in der Treue zur römischen Kirche zu beschützen«. Dazu zählt auch die Einordnung der dem griechischen Ritus angehörenden Kirchen. Im Gegenzug wird er mit Apulien und Kalabrien belehnt. Während Robert Guiscard und auch sein Sohn Bohemund als Vorkämpfer der lateinischen Kirche noch Griechenland und Byzanz angreifen, verhelfen ihre Nachfolger König Roger I. und Roger II. dem basilianischen Mönchtum zu einer einmaligen Stellung. So entstanden oder wurden restauriert in der 1. Hälfte des 12. Jhs. eine Anzahl großer Basilianerabteien, die für die Entwicklung des italo-griechischen Mönchtums und der griechischen Kultur im Abendland von ausschlaggebender Bedeutung wurden. Darunter auch das Kloster S. Nicola di Casole bei Otranto. Neben dem Kloster S. Maria di Grottaferrata bei Rom war es das zweitgrößte Italiens. Es besaß eine der größten Bibliotheken des Abendlandes und das erste Studentenhaus. Um das Kloster gruppierten sich viele abhängige Lauren und Grotten. 1480 wurde es von den Türken zerstört. Danach bestand es in bescheidenem Umfang noch bis ins 19. Jh.

In der Mitte des 12. Jhs. kam es noch einmal zu Auseinandersetzungen zwischen Normannen und Byzantinern. Mit der einsetzenden Latinisierung verringert sich auch die Anzahl der griechischen Mönche, und der griechisch-orthodoxe Ritus in den Grottenkirchen kommt fast völlig zum Erliegen.

Die Felsensiedlungen bestanden aus mehreren Komplexen, die sich aus Wohnbereichen mit Lagerstätten und Herd, mit im Boden eingelassenen Vorratsgefäßen für Wasser, Wein, Olivenöl, Getreide und Honig, aus Mühlen und Handpressen für Getreide und Oliven sowie aus Stallungen und Kammern zum Aufbewahren landwirtschaftlicher Geräte zusammensetzten. Dazu zählte auch ein sakraler Raum, eine Kirche.

Über 500 dieser Grottenkirchen und mehr als 1300 Lauren haben sich in Apulien erhalten. Sie lassen sich in drei große Gruppen einteilen:

1. schlichte Raumeinheit, ein- bis fünfschiffig, wobei die felsige Umgebung sichtbar bleibt,
2. der mit Fresken geschmückte Sakralraum, überwiegend dem griechisch-orthodoxen Ritus angehörend,
3. der architektonisch gestaltete Raum, auch mit Fresken, überwiegend dem griechisch-orthodoxen Ritus angehörend.

Dazu kommen noch verschiedene Höhlenkirchen, die, später der lateinischen Kirche unterstellt, entsprechende der Liturgie angepaßte Veränderungen erhielten.

Der Phantasie der ›bauenden‹ und malenden Mönche, die sich in Malerschulen ausbilden lassen konnten, schienen keine Grenzen gesetzt. So finden sich mehrschiffige Basiliken und Kuppelkirchen mit Kreuzrippen-, Sternkuppel-, Pyramiden-, Zeltdach-, Sattel- oder Faltdachgewölben, die von allen Formen von Pfeilern und Säulen, Basen und Kapitellen getragen werden. Dazu eine unendliche Anzahl der herrlichsten Fresken, von denen ein Teil sich in hervorragendem Zustand befindet.

Dem griechischen Ritus entsprechend sind überwiegend von der Ostkirche verehrte Heilige dargestellt. Zyklen von Heiligen sind sehr selten. So trifft man neben der hl. Margareta, dem hl. Nikolaus, dem hl. Georg, dem hl. Michael und der Mutter Gottes mit Kind in der Hauptapsis immer Christus als Weltenrichter oder Pantokrator, umgeben von Maria und Johannes dem Täufer als Fürbitter.

Dem griechischen Ritus angepaßt ist auch die Aufteilung und Raumgestaltung des Kircheninnern. Typisch ist danach die Ostausrichtung der Apsis. Eine mit Fenstern und Durchgängen versehene steinerne Wand, die Ikonostasis, meist mit Ikonen bemalt, trennt den Chor und das Allerheiligste vom eigentlichen Gemeinderaum. Vor der Ikonostasis oft ein Thron. Zwei Nebenräume, die Prothesis links und das Diakonikon rechts, dienen einmal der Zubereitung des Eucharistischen Mahls zum anderen den Diakonen oder enthalten das kirchliche Archiv. Viele Kirchen besaßen Gräber, einige Kirchen sogar noch ein Untergeschoß, das fast nur dem Grabkult diente.

Da alle Felsensiedlungen eine oder mehrere Höhlenkirchen besitzen, ist grundsätzlich davon auszugehen, daß die Bewohner Mönche waren, die hier ihren Regeln folgend lebten. Das Dasein und Wohnen in diesen eigentlich unwirtschaftlichen Felsenlöchern verlangte schon eine gewisse Askese und Härte. Daher sind sogenannte weltliche ›Dorfgemeinschaften‹, die aus Familien, vom Kleinkind angefangen bis zu hochbetagten und gebrechlichen Alten, bestehen, nicht überall vorstellbar.

Heute ist das religiöse Leben in den Felsensiedlungen und Grotten fast völlig erloschen. Nur im Santuario di San Michele in Monte S. Angelo, das den Benediktinermönchen gehört, herrscht noch rege Tätigkeit. Dagegen kann man noch in den apulischen Städten, die auf solche Grotten, Höhlen und Felsensiedlungen gebaut sind, von einer weltlichen Weiterbenutzung durchaus sprechen. Das sind vor allem Gravina, Grottaglie, Massafra, Mottola, Ginosa, Laterza und besonders Matera in der Basilikata. Dort sollte man nicht versäumen, bei der Stadtverwaltung nach einem ortskundigen Führer zu fragen und sich die Grottenkirchen, Felsensiedlungen und die heute genutzten unterirdischen Räume zeigen zu lassen.

Adressen:
Ente Provinciale per il Turismo
Piazza Vittorio Veneto 19, Tel. 21188 oder
Carlo Cannone
Via B. Croce 13, 75100 Matera, Tel. (08 35) 26 20 31

Die Ölbäume Apuliens

von Horst Schäfer-Schuchardt

»*Olea prima omnium arborum est*« – der Ölbaum steht an erster Stelle aller Bäume. So der römische Agrarexperte Columella (um 60 n. Chr.). In der Tat gab es im klassischen Altertum keinen Baum, der soviel Nutzen brachte, als so wertvoll und bedeutend angesehen und so verehrt wurde von den Völkern des Mittelmeerraumes wie der Olivenbaum. Reichtum und Wohlergehen hingen von ihm ab. Sein Öl, seine Früchte – die Oliven –, seine Zweige und sein Holz waren zu einem unentbehrlichen Gut geworden.

So verwendete man mit kostbaren Essenzen angereichertes Olivenöl als Salb- oder Duftöl zum täglichen Einreiben vor und nach dem Bade, man opferte es den Göttern auf deren Altären, in hohen schmalen Keramikgefäßen (Lekythen) gab man es den Toten als Grabbeigabe mit, es war Nahrungsmittel und diente medizinischen Zwecken. Man benutzte es bei Magen- und Darmbeschwerden, gegen Sonnenbrand und Kälte und zur Wundpflege (Salben). Für den Athleten war das Einreiben mit Öl selbstverständlich. Es eignete sich für die Appretur von Stoffen und zur Herstellung von Seife. Unzähligen Öllampen gab es Nahrung zur Beleuchtung. Mit Olivenöl wurden Könige gesalbt, und Christus heißt »der Gesalbte«. Mit Olivenöl, gewonnen aus den Früchten eines der Göttin Athene heiligen Olivenhains in Athen – die Göttin hatte die Oliven den Menschen geschenkt – ehrte man die Sieger der Panathenäischen Spiele. Bis zu 60 Preisamphoren, das sind zwischen 1000 und 2000 Liter, konnten dabei gewonnen werden. Im Museo Nazionale di Taranto sind mehrere Amphoren eines siegreichen Teilnehmers an den Spielen erhalten. Mit den Zweigen des Olivenbaumes kürte man die Sieger der Olympischen Spiele, und Olivenkränze schmückten sowohl die Gräber der Toten als auch die Häuser von Jungvermählten.

Aus seinem Holz schuf man die Statuen von Göttern. Auch taugte es für Waffen und Werkzeuge. Man zimmerte daraus Möbel und verwandte es zum Bauen. So war die Keule des Herakles aus dem Stamm der Olive und ebenso die Lanze, mit der Odysseus den Kyklopen blendete. Und einer mächtigen Säule glich der Stamm des Ölbaumes, aus dem Odysseus sein eheliches Lager schuf.

Prähistorische Funde wie fossile Blätter und Olivenkerne in Wohnsiedlungen beweisen das Vorkommen des wilden Ölbaumes, des *Oleasters (Olea europaea var. silvestris)*, in Italien bereits in der Tertiärzeit bzw. im Paläolithikum. In der jüngeren Steinzeit war der Oleaster in ganz Südeuropa als Strauch heimisch. Die Anfänge und die Heimat der Olivenbaumkultur liegen zum einen in Palästina und Syrien, zum anderen auf der Insel Kreta. Funde von primitiven Handpressen und Mörsern zum Zerquetschen der Oliven in Palästina lassen sich ins 5. bis 4. Jt. v. Chr. datieren. Auf Kreta ergaben Ausgrabungen in den Palästen Knossos und Phaistos das Vorhandensein einer Ölbaumkultivation sowie der Herstellung und des Handels mit Öl im 2. Jt. v. Chr.

Im 8. Jh. v. Chr. wurde der Olivenanbau durch phönizische und insbesondere durch griechische Kolonisatoren auch im westlichen Teil des Mittelmeerraumes verbreitet. In Apulien waren es Griechen, die den wilden Ölbaum durch Veredeln, Pfropfen, Beschneiden, Düngen und Bewässern zum kultivierten Olivenbaum umwandelten. Darstellungen auf einigen süditalischen Vasen aus dem 6. und 5. Jh. v. Chr. über Olivenernte, Ölherstellung und Ölverkauf belegen den Olivenanbau zu dieser Zeit. Im Römischen Reich wuchs der Handel mit Olivenöl zu einem so gewaltigen Wirtschaftsfaktor heran, daß er der öffentlichen Verwaltung unterstellt wurde. Um die Mitte des 1. Jhs. n. Chr. schreibt Plinius d. J., daß Italien bereits so reich an vorzüglichem und billigem Öl sei, daß es alle anderen Länder überträfe. Apulien zählte auch schon damals zu den größten Olivenanbaugebieten Italiens.

In frühchristlicher Zeit, aber besonders im 12./13. Jh., förderten die griechisch-orthodoxen Basilianermönche mit ihrem Hauptsitz in S. Nicola di Casole bei Otranto enorm den Ausbau der Olivenplantagen. Dabei kam ihnen zustatten, daß sie in ganz Apulien seßhaft waren und in fast allen Schluchten und Tälern ihre monastischen Siedlungen besaßen. Auch die Benediktiner und die Zisterzienser nannten größere Ländereien mit Ölbaumbestand ihr eigen. Zur selben Zeit zahlte man für das vorzügliche Olivenöl aus Apulien bereits dreimal soviel wie für Öle aus anderen Regionen.

Diese Wertschätzung drückt sich auch in Stiftungen an die Kirchen Apuliens aus, in denen immer häufiger Olivenbäume und Öl anzutreffen sind, so z. B. im Jahre 1189 für die Kirche des hl. Nikolaus zu Bari, unter der Bedingung, eine Lampe, die Tag und Nacht brennen solle, vor dem Altar des hl. Nikolaus in der Krypta aufzustellen.

Im 14./15. Jh. werden die apulischen Häfen zu Umschlagplätzen für einheimisches Olivenöl. Hier entstehen Warenlager der Venezianer, Toscaner, Genuesen, Russen, Deutschen und Engländer. Apulien verwandelt sich in einen einzigen Olivenhain *(Grande Oliveto)*. Neben Staat, Kirche, Gemeinden und Klöstern ist es in besonderem Ausmaß der Adel, dessen Mitglieder sich als Feudalherren der Ölbaumzucht, der Olivenverwertung und dem Handel damit widmen. Allein in der Umgebung von Bitonto haben sich noch heute an die 40 Ölmühlenkomplexe des 14./15. Jhs. erhalten, einige davon noch in hervorragendem Zustand.

Ein Geschlecht, das der Rufolo, kam aus Ravello bei Salerno. Dort erinnern noch heute der nach ihnen benannte Palast und die Kathedralkanzel an diese angesehene Familie. Aus Dokumenten ist überliefert, daß sie die Finanzierung der Kanzel aus den Öleinkünften bestritten, die aus ihren Besitzungen bei Giovinazzo stammten.

Im 19. Jh. besaß jede Masseria in einer Olivenplantage ein *frantoio* – eine Ölmühle. Diese, meist unterirdisch in Felsenhöhlen gelegen, bestand aus einem großen runden horizontalen Basisstein, auf dem sich mehrere Mühlräder drehten und die Oliven zerquetschten. Der Brei wurde dann in Preßmatten gefüllt und unter die Pressen gelegt. Das heraustropfende Öl-Wasser-Gemisch lief in Zisternen. Nach einer bestimmten Zeit, in der sich das schwerere Wasser vom leichteren Öl nach unten absetzte, konnte man das Öl abschöpfen. Wer in eine Masseria kommt, sollte nicht versäumen, sich eine solche alte, natürlich nicht mehr in Betrieb befindliche Mühle zeigen zu lassen.

Heute stellt Apulien mit einer Anbaufläche von über 370 000 ha, einem durchschnittlichen Jahresertrag von 11 Millionen Doppelzentner Oliven und 2,3 Millionen Doppelzentner Olivenöl den mit Abstand größten Olivenölerzeuger Italiens dar. Der nationale Marktanteil beläuft sich auf rund 35%. Die Anzahl der Ölmühlen wird auf circa 1400 gschätzt. Davon sind über 60% privat, 18% gehören zu Gutshöfen und 19% sind genossenschaftlich organisiert.

Die Qualität des Öls hängt entscheidend von der Behandlung der Ölbäume und der Methode des Erntens ab. So müssen an den Bäumen im Frühjahr die Wassertriebe abgeschnitten werden. Wird zusätzlich noch das Erdreich gewässert, danken es die Bäume mit größeren Oliven und reicheren Erträgen. Das Besprühen der Bäume mit insektentötenden und pilzverhindernden Mitteln ist unvermeidbar, da die befallene Olivenfrucht sonst starke Geschmackseinbußen erleidet.

Erntezeit ist in Apulien überwiegend im November und Dezember. Drei Erntemethoden sind zu unterscheiden:

a) Erste und beste Art ist das Abstreifen der Oliven von den Zweigen mit der Hand oder einem kammähnlichen Gerät. Die Oliven fallen hierbei auf untergelegte Tücher. Vereinzelt benutzt man noch zusätzlich lange Stöcke, mit denen die Oliven heruntergeschlagen werden. Die Tücher schützen die Oliven vor Bodenberührung und erleichtern das Einsammeln. Längeres Liegen erhöht den Obstsäuregehalt des Öls, was sich geschmacksmindernd auswirkt. Doch diese Erntemethode ist langwierig und mühsam. Ein Arbeiter schafft so in 6–7 Stunden zwischen 100–200 kg Oliven. 20% davon ergeben die Menge des Olivenöls.

b) Wesentlich schneller und auch kostensparender ist die Methode des Schüttelns der Bäume mit Maschinen. Diese Methode wird bei den großen Olivenbäumen, dem Typ CIMA DI MOLA, bevorzugt, während das Ernten mit der Hand nur noch bei den kleineren Baumarten wie der CORATINA oder OLEAROLA bzw. CIMA DI BITONTO erfolgt. Von den rund 50 Olivensorten in Italien sind die genannten die in Apulien am häufigsten vertretenen. Die kleinen Bäume tragen im Durchschnitt circa 40 kg Oliven, die großen hingegen im Durchschnitt rund 300 kg. Nach nur drei Stunden Einsatz hat eine Rüttelmaschine bis zu 100 Bäume abgeerntet. Für nur einen Baum dieser Größe benötigte ein Arbeiter 2 bis 3 Tage.

c) Die dritte Erntemethode wird von der Natur selbst vorgenommen. Man wartet nämlich nur darauf, daß die reifen Oliven von alleine herunterfallen. Hat sich eine genügende Menge auf dem Erdboden angesammelt – dabei können 2 Wochen vergehen – oder in einem Netz, das so aufgespannt ist, daß es keine Bodenberührung hat, wird aufgelesen. Diese Ernteart zieht sich sehr lange hin, da man wiederholt einsammeln muß. Auch ist die Qualität des gewonnenen Öls nicht besonders gut.

Bei der Anlieferung in den Ölmühlen werden dann auch die Oliven qualifiziert und entsprechend bewertet. Der Mahl- und Preßvorgang ist der gleiche wie vor Tausenden von Jahren. Nur die Antriebsarten und der Zeitablauf haben sich geändert. Ziel ist ein Öl mit einem geringen Obstsäuregehalt. Liegt dieser unter 1 Grad, dann erhält das Öl die Bezeichnung *OLIO EXTRA VERGINE DI OLIVA.* Insgesamt gibt es 5 Klassifikationen, je nach Obstsäuregehalt. Fehlt die genaue Herkunftsbezeichnung, liegt ein Verschnitt von Ölen vor.

Jeder Hersteller von Olivenöl ist davon überzeugt, daß bei ihm die besten Olivensorten wachsen und daß sein Öl natürlich das beste sei. So ist er besonders stolz darauf, die Herkunft mit genauer Orts- und Namensbezeichnung seiner Ölmühle anzugeben. Vorsicht ist geboten bei Olivenölen, die als geschmacksneutral angeboten werden. Ein Olivenöl, daß nicht nach

Olive riecht und schmeckt, gibt es nicht. Hier ist Manipulation im Spiel. Im Vergleich zu anderen Pflanzenölen hat Olivenöl nur einen geringen Anteil an mehrfach ungesättigten Fettsäuren. Was jedoch den Gehalt an einfach ungesättigten Fettsäuren anbelangt, so steht Olivenöl an erster Stelle. Das bedeutet, daß es besser und auch öfter als andere Öle und Fette erhitzt werden kann. Die Bildung von toxischen Stoffen ist bedeutend geringer. Es ist magen- und darmfreundlich und wirkt sehr anregend auf die Galle. Regelmäßiger Genuß von reinem Olivenöl führt zu einer erheblichen Senkung von Herzinfarktrisiken. Von den vielen Ölsorten Apuliens ist vielleicht neben dem Öl, das aus der Olivensorte CORATINA gewonnen wird und frisch gepreßt pfefferartig scharf schmeckt, das Öl der Sorte OLEAROLA bzw. CIMA DI BITONTO das empfehlenswerteste. Sein Hauptanbaugebiet liegt im Norden von Bari bei Bitonto, und es schmeckt leicht mandelartig.

Essen und Trinken

Ohne jeglichen Unterschied zur politischen, wirtschaftlichen und kulturellen Geschichte des Landes ist auch die Speisekarte der Region von der Geographie geschrieben worden. Die vom Meer umspülte ausgedehnte apulische Kalktafel war seit neolithischen Zeiten ausgesprochenes Bauernland, der nördliche Teil, Capitanata und Murge, ist noch heute die Kornkammer Italiens. Der apulische Hartweizen *(grano duro)* und alle damit zusammenhängenden Produkte (Mehlspeisen, Teigwaren, Brot usw.) stellen somit eine der Säulen der regionalen Küche. Die hausgemachten *Orechiette,* an Samstagen oder vor Feiertagen jeweils vor der Haustüre zum Trocknen aufgestellt, und das safrangefärbte hartkrustige Brot bilden zusammen den Grundakkord. Gerichte bzw. Produkte auf der Basis von Mehl *(farinaci)* ergeben eine bunte Palette.

Die zweite Säule der apulischen Landwirtschaft, besonders ausgeprägt im Barese und Salento, stellt der Olivenbaum. Grüne und schwarze Oliven als Frucht – eingelegt oder als Teil von Gerichten – und gepreßt als Öl von verschiedener Qualität. Gemessen an der Menge des jährlich produzierten Öls rangiert Apulien noch vor Ligurien. Schließlich liefert der Boden noch Früchte (Feigen, Mandeln, Äpfel, Aprikosen, Pfirsiche, Kirschen usw.) und Gemüse (Auberginen, Zucchini, Tomaten, Zwiebeln, Paprika, Artischocken, Zichorie, Knoblauch, Saubohnen, Kichererbsen usw.). Selbst wo der Boden nicht systematisch gepflegt und genutzt wird, liefert er wilde Pflanzen, die durch ihr kräftiges und unverwechselbares Aroma so manchem apulischem Gericht seine besondere Note verleihen, z. B. wilder Fenchel, Wiesenspargel, Rucola (eine wilde Raukenart) oder Mauerpfeffer *(borragine).* Ein frisch angemachter Salat mit einigen Blättern Rucola ist immer ein herzhaftes Vergnügen. *Lampascioni* sind eine kleine Zwiebelart, die sauer eingelegt sich als Vorspeise großer Beliebtheit erfreut. Gleiches gilt für die Saubohnen *(fave).* Sie werden als Vorspeise, zum Wein oder zusammen mit Zichorie oder Kichererbsen zu einem Püree verarbeitet gegessen.

Trotz der Aufhebung der ›*Dogana delle Pecore*‹ spielt vor allem im Gargano, im daunischen Subapennin und in den Höhenlagen der Murge die Schafzucht eine beherrschende Rolle. Entsprechend stellt für Festtagsgerichte das Schaf, genauer das Lamm, die bevorzugte Fleischsorte. Die ursprünglich in den feuchten Niederungen südlich und nördlich des Gargano verbreiteten

Büffelherden sind heute so gut wie ausgestorben. Die Milchwirtschaft und ihre Produkte werden somit von der Schafsmilch bestimmt. Frischkäse *(ricotta)* in verschiedener Form als *ricotta fresca, ricotta forte* oder *ricotta tosta* sind auch Zutaten zu verschiedenen Teig- und Fleischgerichten. Den gereiften Schafskäse *(pecorino)* weiß der Weinliebhaber besonders zu schätzen.

Aus Mehl, Oliven, Früchten, Gemüsen, Kräutern, Milchprodukten und Fleisch gelingt es der apulischen Hausfrau, sparsame aber immer herzhafte und wohlschmeckende Gerichte zu zaubern. Nur an der Küste spielt das Meer mit seinen reichhaltigen Gaben eine dominante Rolle. Jeder Ort hat da so seine Spezialitäten. Es wäre ein Leichtes an dieser Stelle an die 50 typisch apulische Gerichte aufzuzählen. Doch der nur zwei bis drei Wochen das Land Bereisende, in der Regel auf Hotels oder Campingplätze konzentrierte Tourist, wird von all den eigenwilligen bis köstlichen Gerichten nichts zu sehen bekommen. Es sind alles Gerichte, die zu Hause bereitet werden. In den üblichen Trattorien und Ristoranti werden sie nicht angeboten; lediglich in einigen teuren Restaurants und gelegentlich an touristisch stark frequentierten Orten gelingt es dem findigen Reisenden, ›Apulisches‹ zu finden. Nur wer in persönlichen Kontakt mit der Bevölkerung kommt und es sogar zu einer privaten Einladung bringt, dem steht der apulische Lukull zur Verfügung. Für den wirklich an der einheimischen Kost Interessierten ist empfehlenswert, die kostenlos von den Fremdenverkehrsämtern (auch in gutem Deutsch) verteilte Broschüre »Apulia, ein Führer für Reise und Gastronomie« (Hrsg. Istituto Geografico de Agostini – Novara) zu verlangen; entweder bei den zuständigen italienischen Fremdenverkehrsämtern in Deutschland oder bei den größeren Verkehrsämtern in Apulien selbst.

Auch die apulischen Weine verdienten eine gesonderte Hervorhebung und Beschreibung. Hier ist auch der Zugang für den Reisenden leichter möglich. Lange galt der apulische Wein als preisgünstiger und hochgradiger Verschnittwein. Doch der alte apulische Landwein *(rosso primitivo)* mit 14 bis 16° Alkohol wird heute kaum mehr als Tischwein angeboten. Als erster apulischer Wein bekam der Weiße von S. Severo die Anerkennung D.O.C. Inzwischen ist der Weiße von S. Severo in Beliebtheit und Verbreitung vom Bianco di Locorotondo überholt worden. Das Salento kann mit fülligen und spritzigen Rosés aufwarten, die in Qualität und Geschmack an international berühmtere südfranzösische Sorten herankommen. Die apulischen Roten, immer vollfruchtig, feurig und charaktervoll, wären ein Kapitel für sich wert. Grundsätzlich gilt für alle apulischen Weine: man kann sie vertrauensvoll trinken, sie sind immer trocken und sauber. Hier nur die Liste der apulischen D.O.C.-Weine:

Aleato di Puglia (rot), Castel del Monte (weiß, rosé und rot), Copertino (rosé und rot), Locorotondo (weiß), Martina Franca (weiß), Matino (rosé und rot), Moscato di Trani (weiß), Ostuni (weiß), Primitivo di Manduria (rot), Rosso di Barletta (rot), Rosso di Cerignola (rot), S. Severo (weiß, rosé und rot), Rosato del Salento (rosé), Salice Salentino (rot) und Squinzano (rosé und rot).

Auch hier finden sich die genauen Typen-, Lage- und Eignungsbeschreibungen in o. g. Broschüre. Das Ministerium hat fest zugesagt, diese Broschüre weiterhin in ausreichender Menge zu verteilen.

Feste und Veranstaltungen

Die berühmtesten Festveranstaltungen folgen natürlich dem apulischen Jahresablauf und fallen somit nicht immer zusammen mit den Hauptreisezeiten der ausländischen Touristen. Anlaß zu diesen Veranstaltungen sind wichtige kirchliche Feiertage, Jahreszeitenfeste und historische Gedenktage der einzelnen Kommunen. Unter all diesen Anlässen ragen die Karwoche *(Settimana Santa)* und der Feiertag aus Anlaß der Ankunft der Gebeine des hl. Nikolaus von Bari heraus. Neben den hier genannten Veranstaltungen findet eine Reihe kleiner Feste praktisch in jedem Dorf statt. Saisonale Sonderveranstaltungen können hier nicht berücksichtigt werden.

Bari	Karwoche mit der *Processione dei Misteri.*
	7. bis 10. Mai: *Sagra di S. Nicola* mit großem Umzug in historischen Gewändern und Sonderveranstaltungen.
	August: *Festival Castello,* Großveranstaltungen im Kastell mit Theater, Film und Musik.
	Mitte September: *Fiera del Levante,* größte Handelsmesse im Mittelmeerraum.
Barletta	Letzter Sonntag im Juli: *Certame della Disfida di Barletta,* historischer Umzug und Ritterturnier.
Brindisi	Karwoche und Fronleichnam: große Prozession.
	Im Frühjahr, meist im Mai: *Settimana di Bacco* (sog. Bacchus-Woche).
	Im Sommer: *Festival Città di Brindisi,* Stadtfest mit einer Reihe von internationalen Veranstaltungen.
Castellana Grotte	Juni: internationale Musikveranstaltungen in der Grotte.
	8. September: Kirmes der Spezialitäten der Stadt.
Foggia	Ende April/Anfang Mai: große Landwirtschaftsmesse.
	Oktober: Messe des apulischen Kunsthandwerks.
Francavilla	Christi Himmelfahrt: *Mostra dell'Ascensione,* Ausstellung des lokalen Handwerks und Kunstgewerbes.
Gallípoli	*Carnevale Gallipolino* (großer Karneval).
	Karfreitagsprozession.
Lecce	Juli: klassische Theateraufführungen im Amphitheater.
	August: internationales Musikfestival.
	24. bis 26. August: Fest des Stadtheiligen S. Oronzo.
	Dezember: *Fiera dei Puppi* (jährliche Ausstellung der Puppenhersteller mit entsprechenden Veranstaltungen).
Manfredonia	Rosenmontag und Faschingsdienstag: Karneval mit Umzügen und Volksgruppen
Martina Franca	Juli: Nationales Reitturnier.
	Juli/August: *Festival della Valle d'Itria.*

Molfetta	Karfreitag und Karsamstag: Prozession. Juli: Kunsthandwerksschau. 8. September: *Sagra a Mare* (sog. Meeresfest).
Monte S. Angelo	8. Mai und 29. September: Michaelswallfahrten.
Oria	Februar: *La Quaremma.* Juli/August: *Corteo storico e torneo dei Rioni* (Hist. Umzug und Turnier der Stadtteile).
Ostuni	April: *La Palomma.* August: *Cavalcate di S. Oronzo* (Reiterprozession) und *Sagra dei Vecchi Tempi* (Jahrmarkt mit Antiquitäten).
Otranto	Im Sommer (August): verschiedene Veranstaltungen mit Theater, Konzerten usw. im Kastell. September: *Luci del Mare.*
Putignano	*Carnevale,* ältester überlieferter Karneval in Apulien.
Tarent	Gründonnerstag und Karfreitag: die berühmten Prozessionen *dell'Addolorata* und *dei Misteri.* Mai: Fest des Stadtpatrons S. Cataldo. September: Fest der *Stella Maris.*

Abbildungsnachweis

DuMont Buchverlag (aus: Willemsen, Apulien) Abb. 6, 28, 35, 41, 47, 48, 59–62, 65, 67, 68, 71–75, 77, 90

Kunstgewerbeschule der Stadt Zürich Farbabb. 34

Scala, Florenz Farbabb. 17

Horst Schäfer-Schuchardt, Würzburg Abb. 13, 64

Martin Thomas, München Abb. 1, 9, 91–93, 105, 112, 114, 123, 127

Hans Weber, Lenzburg/Schweiz Farbabb. 10; Abb. 8, 24, 95, 118, 122, 130, 134, 144; Umschlagrückseite; Textabb. S. 27

Alle übrigen Vorlagen stammen vom Autor

Karten: DuMont Buchverlag

Raum für Ihre Reisenotizen

Raum für Ihre Reisenotizen

Raum für Ihre Reisenotizen

Apulisches Glossar

Ambo (gr.) seitlich im Hauptschiff vor den Chorschranken angebrachte Kanzel zur Verkündigung der Evangelien, deshalb meist auf der Nordseite. Seit frühchristlicher Zeit bekannt. Oft auch für → Pulpito verwendet und mit diesem gleichgesetzt.

Biforium Biforienöffnungen usw., zweibogige Wandöffnung (Fenster), → Polyforien.

Bradiseismos am Mittelmeer besonders ausgeprägte Erdbewegung, die sich durch eine langsame Hebung bzw. Senkung der Landmassen bemerkbar macht. Problematisch und gefährlich nur für die direkt auf Meereshöhe gelegene Besiedlung, z.B. Ravenna oder Venedig. Berühmtes Beispiel: das sog. Serapeion in Pozzuoli, wo an den stehenden Säulen des einstigen Macellums ein Absinken des Terrains durch Muschelbohrungen gut erkennbar ist. Zwischen 1910 und 1953 hat sich dort der Boden um 40 cm gesenkt, das entspricht einer Senkung um 12 mm pro Jahr.

Carta pesta wohl im 17. Jh. aufgekommene Technik der billigen Statuenherstellung aus Papiermaché. Die Herkunft ist nicht lokalisierbar. Als Erfinder gilt ein Friseur. Das älteste erhaltene Kruzifix aus C.p. ist jenes in der Chiesa dei Servi in Bologna (1643). Statuen, Heiligenfiguren und Krippen bietet C. p. vielerlei Vorteile: zum einen die billige Herstellung und die leichte Reparierbarkeit bei Beschädigungen. Außerdem war das Material sehr leicht, was bei den zahlreichen Prozessionen, bei denen die Heiligen in monumentaler Größe durch die Stadt getragen werden, ebenfalls einen Vorteil bedeutete. Blütezeit der Technik der C. p. lag im 18. und 19. Jh. Noch heute gibt es zahlreiche Werkstätten, in denen dieses Handwerk noch ausgeübt wird, z.B. Meister Malecore in Lecce. Um ein Drahtgestell wird ein Strohkern angelegt. Auf diesen wird die eigentliche C.p. aufgetragen und solange sie weich ist modelliert. Dann folgt eine erste Phase der Fassung, das Grundieren. Auf diese Grundierung erst folgt die abschließende lebensnahe Bemalung.

Cattedra → Kathedra

Chiancarelle (pl.) unregelmäßig plattenförmig abbrechende Tuff- und Sintersteine in Apulien. Die zu Tausenden herumliegenden C. bildeten ursprünglich das wichtigste Baumaterial der Region, → Trulli, → Pagliare, → Specchie usw.

Ciborium → Ziborium

Confessio Märtyrergrab. Unterirdisch, meist unter dem Hauptaltar der Kirche angelegt. Urahn der späteren Krypta und der Chorumgänge.

Daunia (lat.) Bezeichnung für Nordapulien, den Wohnsitz der Daunier, jenes Mischvolks aus Einheimischen und im zweiten Jt. v. Chr. aus dem Balkan zugewanderten Dauni. Hauptorte Arpi, Salapia, Luceria, Herdonia und Keraunia.

Daunische Stelen im daunischen Dreieck zwischen S. Severo, Manfredonia und Melfi gefundene antropomorphe Stelen, bestehend aus einem flachen, meist hochrechteckigen Schild (Corpus) und einem Kopf. Ursprünglich dienten sie als sichtbare Bekrönung von Grabhügeln.

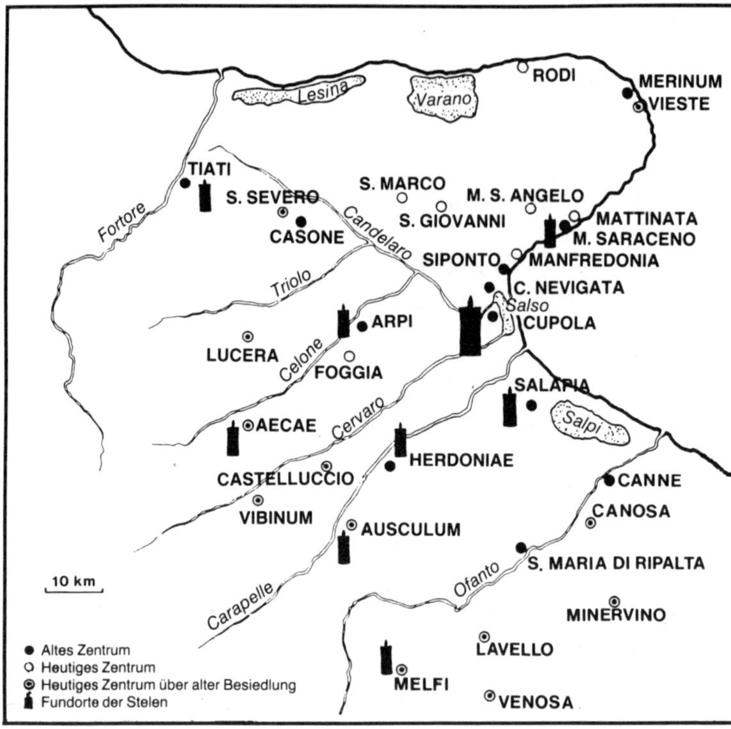

Plan der Fundorte daunischer Stelen

Je nach Anordnung des Kopfes unterscheidet man zwei verschiedene Typen. Von kulturhistorischer Bedeutung sind diese echten Grabsteine noch durch eine andere Besonderheit. Sie sind rückwärts wie an der Vorderseite des Corpus reich versehen mit figürlichen Darstellungen, meist Szenen aus dem täglichen Leben. Jagd, Fischfang, rituelle Kämpfe, Pferdezucht usw., all diese Alltagsszenen sind eine der reichsten und bildmächtigsten Quellen für unser Wissen über Kleidung, Schmuck, Bewaffnung, Schiffsformen usw. der frühen Eisenzeit. Teile dieser abgebildeten Waffen und Geräte lassen eine vorsichtige Datierung vom 6. Jh. v. Chr. abwärts zu. Da der größte Teil der Stelen südwestlich von Manfredonia gefunden wurde, besitzt das dortige Museum im Kastell die reichhaltigste Sammlung dieser bemerkenswerten wie merkwürdigen Zeugen der daunischen Geschichte.

Diomedes Sagenheld der griechischen Mythologie. Ebenso wie Agamemnon oder Odysseus auch eine historische Persönlichkeit, vom Autor der Odyssee verewigt. Zu D. s. die Kapitel »Vögel d. D.« und »Ein Erzengel besucht den Gargano«.

Disfida (it. Herausforderung, Duell, Wettkampf) **di Barletta.** Erinnert an eine Episode von 1503 im spanisch-französischen Krieg in Unteritalien. Der bei Ruvo in spanische Gefangenschaft geratene französische Kapitän La Motte bezichtigte eines Abends in Gegenwart des Feldhauptmanns Diego Mendoza die auf seiten der Spanier kämpfenden italienischen Ritter der

Feigheit und Unfähigkeit. Ein Wort gab das andere. Es kam zum Duell zwischen 13 französischen und gleichviel italienischen Rittern. Die Niederlage der großmäuligen Franzosen war vollständig: ein Toter und zwölf Verletzte. Im 19. Jh. (Romantik und Risorgimento) wurde die im Brauchtum weitertradierte D. zu neuem nationalen Glanz aufgepäppelt. Seit 1583 hatte ein bescheidener Gedenkstein an diesen für die italienischen Ritter so glorreichen 13. Februar von 1503 erinnert. Da die Franzosen dieses Schandmal (in ihren Augen!) 1805 zerstört hatten, wurde es 1846 mit viel Pomp und Kitsch neu errichtet. Dieses *Monumento della Disfida* liegt auf halber Strecke an der alten Landstraße zwischen Corato und Andria.

Eneolithikum eingedeutscht aus dem it. *eneolitico.* Der erste Wortteil *eneo* hat nichts zu tun mit dem relativ ungeläufigen it. Wort für Bronze, sondern setzt sich zusammen aus *e*(x) und *neolitico* und bedeutet die letzte Phase des auslaufenden Neolithikums (Ende 3. Jt. v. Chr.). Da diese Entwicklungsphase in Italien besonders zahlreich belegt ist, wurde dort diese Periodenbezeichnung eingeführt.

Exultetrolle Predigtrolle, und zwar die spezielle Ankündigung des Auferstehungsmysteriums, vorgelesen in der Nacht zwischen Karfreitag und Karsamstag. Der Name bezieht sich auf das erste Wort des liturgischen Gesangs *praeconium paschale* (Ankündigung des Osterfestes). In Süditalien vom 10. bis zum 16. Jh. sehr verbreitet. Der Text dieses liturgischen Ostergesanges war nicht in Buchform aufgezeichnet, sondern auf langen Pergamentrollen, deren Besonderheit darin bestand, daß auf ihnen die entsprechende Textstelle figürlich dargestellt war, und zwar aus der Sicht des Lesenden/Singenden auf dem Kopf, für das Publikum aber ›richtig‹ stehend. Die analphabetischen Zuhörer konnten somit augenscheinlich den Text mitverfolgen. Neben den Exemplaren von Bari existieren noch besonders schöne Exemplare des 11. Jhs. in Benevent und Salerno. Wichtigste Literatur: Guglielmo Cavallo, »Rotoli di Exultet dell' Italia Meridionale«, Bari (Adriatica Ed.) 1973.

Fiumare von it. *fiumara* (Flußlauf). Bezeichnet im Bodenrelief erkennbare Flußläufe, die aber nur noch gelegentlich Wasser führen; wenn, dann in Winter und Frühjahr. Sonst ausgetrocknet.

Grotten und Grottenkirchen, → s. S. 12 ff.

Gravina tief in den porösen Tuffstein eingegrabenes Flußtal. An seinem Steilabfall reich mit natürlichen Höhlen ausgestattet. Ideale Siedlungskerne in frühgeschichtlicher Zeit und in Perioden politischer Unsicherheit. Bisweilen auch als *lame* bezeichnet.

Guglia (it. Spitzsäule, Spitztürmchen). Im Barock vor allem als Bezeichnung für freistehende Bildsäulen für verehrte Stadtpatrone, z. B. in Bitonto, Léquile, Nardò, Ostuni oder Presicce.

Kathedra (it.: *cattedra*), Sitz oder Stuhl des Bischofs, von daher der Name Kathedrale für Bischofskirchen.

Krypta (gr. das/der Verborgene), in christlichen Kirchen des hohen Mittelalters meist unter dem Chor oder den Ostteilen angelegter auf Stützen ruhender Kultraum, der sich aus der → Confessio entwickelt hat.

Lame → Gravina.

Masseria landwirtschaftlicher Gutshof, Meierei. Im feudalisierten Süditalien als Halb- oder Erbpacht vergeben. Unter Friedrich II. zum Teil zu staatlichen Musterbetrieben ausgebaut und wichtiger Faktor der zentralisierten Wirtschaft. Im 17. und 18. Jh. wieder von großer Bedeutung. Wegen der allgemeinen Unsicherheit, z. B. Brigantismus, in dieser Zeit mit Wehrfunktionen ausgebaut. Die meisten heute das Landschaftsbild bestimmenden Masserien stammen noch aus dieser Zeit.

Matronäen (it.: *matronei*) Bezeichnung für jene seitlichen Emporen, auf denen allein nach byzantinischem Ritus die Frauen der Messe beiwohnen durften. Im Abendland als Architekturmotiv übernommen und hier unter dem Namen Empore geläufiger.

Niello (lat.: von *nigellus* = dunkel, schwarz), Technik der Metallverzierung. Zunächst wurde einer hellen Metallplatte eine Zeichnung eingeritzt, in diese dann eine dunkle Metallfüllung (Legierung) eingeschmolzen oder eingeklopft. Nach gründlichem Polieren entstand so eine dunkle Metallzeichnung auf hellem Grund, ähnlich den Einlegearbeiten in anderen Materialien. Im Byzanz des hohen Mittelalters wurde das Verhältnis von Grund und Zeichnung umgekehrt, so daß einer dunklen Metallplatte, meist Bronze, eine hellere Einlage (meist Silberlegierung) eingearbeitet wurde; s. Monte S. Angelo und Canosa.

Olive, Olivenöl etc. → s. S. 351f.

Pagliare nuragenhafte Kegelbauten aus unbehauenen flachen Natursteinen (→ Chiancarelle) im Garganogebiet. Vorform der → **Trulli.**

Paliotto Altarverkleidung, auch Antependium genannt.

Pergamo andere it. Bezeichnung für Kanzel (→ Pulpito).

Pietra leccese gelb bis honigfarbener Tuffstein des Salento, besonders im Raum Lecce. Wird direkt aus dem Boden gesägt oder geschnitten. Da die P. l. beim Bruch noch weich und feucht ist und erst an der Luft nach einigen Tagen die baufähige Härte erreicht, ist dieser Stein nicht nur leicht zu gewinnen, sondern darüber hinaus recht bequem vom Bildhauer zu gestalten. Diese Besonderheit des Rohmaterials trägt sicher nicht unwesentlich zur Formenverliebtheit und Verspieltheit des Lecceser Barock bei.

Pietra tranese auch *marmo di Trani* genannt. In der Umgebung von Trani gebrochener sehr harter und wetterbeständiger Kalkstein von weißer Farbe mit leicht rötlicher Tönung. Von alters her besonders begehrtes Baumaterial; s. Kathedrale von Trani.

Polyforien Sammelbegriff für alle arkadenartigen Wandöffnungen, halbkreisförmig abgeschlossen auf kleinen Säulen ruhend. Je nach Anzahl der Kleinarkaden, die zu einer Einheit zusammengeschlossen und oft durch gemeinsame Entlastungsbögen überfangen sind, als Monoforien, Biforien, Triforien, Quadroforien, Pentaforien, Hexaforien bezeichnet.

Protiro (it.) Bezeichnung für Rückbildung bzw. Verkümmerung der ursprünglichen Portalvorhalle zu einer rahmenden Scheinarchitektur. Dort, wo diese Rahmenarchitektur beiderseitig der Türöffnung nicht mehr auf eigenen der Wand vorgestellten Säulen ruht, sondern nur vorkragender Teil der Wand selbst ist, spricht man von **Pseudoprotiro.** In der Fachliteratur seit der St-Gilles-Kontroverse auch bei uns eingeführt. Die seitlichen Rahmenelemente, freistehende Säulen auf Basislöwen oder anderen Tieren, werden gelegentlich als **Stylophoren** bezeichnet.

Pulo apulische Bezeichnung für Doline. In Oberflächennähe eingestürzte Bodenhöhle. In allen Karstgebieten typische Erscheinung der Erdoberfläche. In frühgeschichtlichen Zeiten besonders bevorzugte Siedlungskerne. Die größten *puli* der Region befinden sich bei Molfetta und Altamura, s. jeweils dort.

Pulpito oder **Pergamo** (it.) Bezeichnung für Kanzel, oft gleichbedeutend mit → Ambo. Ursprünglich die am rechten Hauptschiffende (Epistelecke) angebrachte Kanzel zur Epistellesung und Predigt. Also der eigentliche Vorläufer der späteren Predigtkanzeln.

Specchia frühgeschichtlicher Steinhügel (Tumulus) noch ungeklärter Funktion. Da in den größten erhaltenen *specchie* (z.B. bei Francavilla, dort ca. 20 m Durchmesser) keine Grabanlagen gefunden wurden als Beobachtungshügel, Hoheitszeichen oder Markierung eines heiligen Ortes gedeutet.

Stele (gr.) allein- bzw. freistehende monolithische Pfeilersäule. Herkunft vielleicht von Menhir oder Obelisk. Funktion: Votivstein, Erinnerungszeichen oder Grabstein. In letzterer Funktion meist plastisch ausgearbeitet oder mit Reliefs versehen. In Italien markanteste Zeugen der frühgeschichtlichen Kulturen: die Stelen der Lunigiana (s. Legler, Die italienische Riviera, DuMont 1985) und die daunischen Stelen.

Stylophoren → Protiro.

Tavoliere Bezeichnung der nordapulischen Ebene vom Fortore bis zum Ofanto (ca. 3000 m^2). Der Name leitet sich ab von den *Tabulae censuariae*, das Register für die Verteilung des römischen Staatslandes im nördlichen Apulien, vornehmlich als Weideland genutzt.

Terminus ante (quem) Zeitpunkt vor dem etwas geschehen, entstanden oder veranlaßt worden sein muß.

Terminus post (quem) Zeitpunkt nach dem etwas geschehen, entstanden oder veranlaßt worden sein muß.

Terra rossa im Volksmund *bolo* genannt. Durch die Verwitterung verwandelt sich der Kalkstein durch Oxydation in jene für Apulien typische und äußerst fruchtbare rote Erde.

Thaumaturg (gr.) Wundertäter; in der Ostkirche häufiger Beiname von Heiligen.

Thema (gr.) seit Justinians Zeit Bezeichnung für Truppenerhebungsgebiet, d.h. im Rahmen der militärischen Verwaltung der Kompetenzbereich des jeweils zuständigen Militärgouverneurs.

Trabucchi Plural von *trabucco*. Vor allem an den Steilküsten Nordapuliens (Gargano) verbreitetes Holzgerüst zum Fischfang.

Transennen (Ez.: transenna) durchbrochene Marmorplatte; verwendet als Chorschranke, Trennwand zu Märtyrergräbern und Fensterfüllung. In letzterem Falle mit Glas oder dünnen Alabasterscheiben verschlossen.

Tratturi Herdenstraßen. Seit Jahrtausenden gleichgebliebene Hauptrouten der Transhumance (= Nomadenweg der Schafzüchter von den Winterweiden zu den höher gelegenen Sommerweiden). Nach der Einführung der *Dogana della mena delle Pecore* unter Ferdinand I. von Aragon bildeten die T. eine schwerwiegende Beeinträchtigung der ortsgebundenen Anbauwirtschaft (Weizen) im Tavoliere. Erstmals im späten 19. Jh. und endgültig am Anfang unseres Jahrhunderts aufgehoben.

Trulli Plural von *trullo*. Für die Murge typische Hausform. Ihre Ursprünge reichen wohl weit in die Frühgeschichte der mittelmeerischen Hausbauten aus Stein zurück und sind gekennzeichnet von der Kegelform der Dächer. Dabei handelt es sich um die älteste Form mit Stein einen Raum mörtellos durch Kraggewölbe einzudecken (vgl. Atreusgrab in Mykene). Das System ist sowohl unökonomisch wie auch ökonomisch zugleich. Es ist unökonomisch, weil der Aufwand an Steinmaterial im Vergleich zum tatsächlich erzielten Innenraum unverhältnismäßig hoch ist. Es ist ökonomisch und ökologisch in bezug auf die Holzarmut der Region. Das Material, Steinplatten (→ Chiancarelle), lieferte der Boden kostenlos zuhauf. Die mörtellose Verbauung bedarf keines kostspieligen Architekten. Von Generation zu Generation ist diese Möglichkeit, mit natürlich vorgegebenem Material ein Haus zu bauen, überliefert. In der heißen Zeit (circa 300 Sonnentage pro Jahr) liefert das Bausystem angenehm kühle Aufenthaltsräume. Außerdem verschmilzt diese Architektur mit seiner das Material liefernden Natur. Wo Bedarf nach mehreren Räumlichkeiten erforderlich sind, werden einfach mehrere kraggewölbte Einheiten zusammengefügt zu Konglomeraten von T., die untereinander verbunden sind. Ganze Siedlungen können entstehen. Diese Häufung von T. in jüngerer Zeit, besonders im Raum der Premurge (Valle d'Itria) wird allgemein zurückgeführt auf eine königliche Steuergesetzgebung des 17. Jhs., die der Landesherr, der Graf von Conversano, umgangen hätte, in dem er seinen Untertanen den Rat gegeben hätte, leicht abreißbare, mörtellose Häuser zu errichten. Vielleicht hat dies tatsächlich zu einer Art Renaissance der Kragbauten aus *chiancarelle* im 17. Jh. geführt. Die Tradition ist jedenfalls älter, und der Kunstgriff des Giancarlo Girolamo erklärt auch nicht das Festhalten an dieser Bauweise in Zeiten, als längst dieses angeblich verantwortliche Steuersystem obsolet war.

Bekrönt werden die T. des nach ihnen benannten Gebietes vom sog. *Zippus* (= Zipfel, viell. ein Fortleben des röm. Pinienzapfens?). Neben der Kegelform der Dächer sind es besonders die *zippi* und die Metallverkleidung der Kaminöffnungen, die das besondere Gesicht eines jeden einzelnen T. bestimmen. Mitunter sind mit Kalkweiß besondere enigmatische Zeichen unterhalb des *Zippus* aufgemalt, die Anlaß zu mancherlei Deutung gegeben haben.

Ziborium Altarbaldachin über freistehenden Ziersäulchen: im frühen Christentum allgemein von Säulchen getragener Überbau, z. B. von Taufbecken (Immersionstaufe) der Baptisterien. Im Mittelalter auch über Grabmälern.

Register

(Hauptverweise sind halbfett gesetzt)

Orte

Personen

(Lebensdaten in Klammern, bei Päpsten und Herrschern die Daten der Regierungszeit)

Süd-Italien

Apulien, Basilicata, Kalabrien, Kampanien

Von Hans Weber. Mit einem Text von Heinz-Joachim Fischer. 232 Seiten mit 96 Farb- und 76 Schwarzweiß-Fotos, einer Karte sowie 10 einfarbigen Abbildungen im Text, Leinen mit Schutzumschlag

»Dies ein schönes Buch zu nennen wäre richtig und wiederum zu wenig, denn es bezieht seinen Reiz vor allem aus dem Kontrast zwischen glänzenden Fotos der italienischen ›Ewigkeit‹ und den vom Italien-Korrespondenten Hans Weber geschriebenen Texten, die auf das ›aktuelle‹ Italien, den politischen und wirtschaftlichen Zustand des Landes zugespitzt sind. Hier ist belegt, was den Mezzogiorno, die Landschaften Apulien, Basilicata, Kalabrien und Kampanien, ausmacht: die vollendete Harmonie der Natur und der Städte, die große Kunst, die überwältigende Ansicht, aber auch ein schwerer Alltag und die Sorgen einer im Stich gelassenen Region.« *Frankfurter Allgemeine Zeitung*

Von Rolf Legler erschienen in unserem Verlag:

Die italienische Riviera
Ligurien – die Region und ihre Küste von San Remo über Genua bis La Spezia
392 Seiten mit 57 farbigen und 160 einfarbigen Abbildungen, 116 Zeichnungen und Plänen, 40 Seiten praktischen Reisehinweisen, Register (DuMont Kunst-Reiseführer)

»Wer einen Urlaub in Ligurien plant, die Region zwischen San Remo, Genua und La Spezia ist in der Vor- und Nachsaison sicher am schönsten, der sollte den DuMont Kunst-Reiseführer ›Die italienische Riviera‹ im Gepäck haben. Man erspart sich die in Italien immer teurer werdenden Führungen und erfährt bei der Lektüre mehr über die Kunstschätze dieses Gebietes, als wohl die meisten Fremdenführer erzählen können.« *Oberösterreichische Nachrichten*

Côte d'Azur
Frankreichs Mittelmeerküste von Marseille bis Menton
357 Seiten mit 45 farbigen und 150 einfarbigen Abbildungen, 106 Karten und Zeichnungen, 44 Seiten praktischen Reisehinweisen, Register (DuMont Kunst-Reiseführer)

»Wer (auch) der Kunst wegen an die Côte d'Azur kommt, findet in dem DuMont-Band einen zuverlässigen, mit der in dieser Reihe schon gewohnten Sorgfalt ausgestatteten Führer und Begleiter. Rolf Legler stellt sich damit schon zum dritten Mal als Autor eines dieser Reiseführer für Südfrankreich vor. Er breitet das Panorama der Kunst anschaulich aus, stellt die geschichtlichen Querverbindungen her und gibt eine Fülle von praktischen Tips.
In ihrer Anschaulichkeit, in ihrer Herausarbeitung des Wesentlichen und in ihrer Darstellung der Zusammenhänge sind die DuMont Reiseführer unerreicht.« *Westfälische Nachrichten*

Languedoc – Roussillon
Von der Rhône bis zu den Pyrenäen
352 Seiten mit 48 farbigen und 145 einfarbigen Abbildungen, 102 Karten und Zeichnungen, 16 Seiten praktischen Reisehinweisen, Register (DuMont Kunst-Reiseführer)

»Languedoc und Roussillon überraschen den Besucher mit außergewöhnlichen landschaftlichen Reizen. Umgeben von Rhône und Mittelmeer, Pyrenäen und Zentralmassiv bieten sie eine Vielfalt der Formen von zerklüfteten Flußtälern bis zu majestätischen Bergsilhouetten, weiten Hochebenen wie paradiesischen Gartenlandschaften. Hinzu kommt eine Fülle kultureller Schönheiten, historischer Städte, kostbarer Kunst- und Baudenkmäler von Montpellier bis Narbonne und Perpignan. Dieser Kunst-Reiseführer ist ein kenntnisreicher und zuverlässiger Begleiter bei einer Fahrt durch dieses schöne Land.« *Neue Osnabrücker Zeitung*

»Dieser Führer hilft dem Leser mit eingehenden Beschreibungen und vielen praktischen Ratschlägen, sich seine eigene, für ihn interessante Route durch diese verwirrende Vielfalt zurechtzulegen.« *Wiesbadener Tagblatt*

Südwest-Frankreich
Vom Zentralmassiv zu den Pyrenäen – Kunst, Kultur, Geschichte
288 Seiten mit 30 farbigen und 122 einfarbigen Abbildungen, 71 Zeichnungen und Plänen, Literaturhinweisen, 16 Seiten praktischen Reisehinweisen, Register (DuMont Kunst-Reiseführer)

»Ein Reiseführer, der ungewöhnlich angelegt ist, ungewöhnlich interessante Fakten bringt und von ungewöhnlicher Kenntnis der Materie zeugt. Auch der Reisende, der sich in der beschriebenen Gegend gut auskennt, wird in diesem Führer viel Neues finden.« *Die Kunst*

DuMont Kunst-Reiseführer

Ägypten und Sinai – Geschichte, Kunst und Kultur im Niltal
Vom Reich der Pharaonen bis zur Gegenwart

Albanien
Kunstreise durch das Land der Skipetaren (September '89)

Algerien – Kunst, Kultur und Landschaft
Von den Stätten der Römer zu den Tuareg der zentralen Sahara

Belgien – Spiegelbild Europas
Eine Einladung nach Brüssel, Gent, Brügge, Antwerpen, Lüttich und zu anderen Kunststätten

Die Ardennen
Eine alte Kulturlandschaft im Herzen Europas

Bhutan
Kunst und Kultur im Reich des Drachen

Brasilien
Völker und Kulturen zwischen Amazonas und Atlantik

Bulgarien
Kunstdenkmäler aus vier Jahrtausenden von den Thrakern bis zur Gegenwart

Volksrepublik China
Kunstreisen durch das Reich der Mitte

Dänemark
Land zwischen den Meeren. Kunst – Kultur – Geschichte

Deutsche Demokratische Republik
Geschichte und Kunst von der Romanik bis zur Gegenwart. Brandenburg, Mecklenburg, Sachsen-Anhalt, Sachsen, Thüringen

Bundesrepublik Deutschland

Das Allgäu
Städte, Klöster und Wallfahrtskirchen zwischen Bodensee und Lech

Das Bergische Land
Kultur, Geschichte, Landschaft zwischen Ruhr und Sieg

Bodensee und Oberschwaben
Zwischen Donau und Alpen: Wege und Wunder im ›Himmelreich des Barock‹

Bonn
Von der römischen Garnison zur Bundeshauptstadt. Kunst und Kultur zwischen Voreifel und Siebengebirge

Bremen, Bremerhaven und das nördliche Niedersachsen
Kultur, Geschichte und Landschaft zwischen Unterweser und Elbe

Düsseldorf
Eine moderne Landeshauptstadt mit 700jähriger Geschichte und Kultur

Die Eifel
Entdeckungsfahrten durch Landschaft, Geschichte, Kultur und Kunst – Von Aachen bis zur Mosel

Freie und Hansestadt Hamburg
Geschichte, Kultur und Stadtbaukunst an Elbe und Alster (Oktober '89)

Franken – Kunst, Geschichte und Landschaft
Entdeckungsfahrten in einem schönen Land – Würzburg, Rothenburg, Bamberg, Nürnberg und die Kunststätten der Umgebung

Hannover und das südliche Niedersachsen
Geschichte, Kunst und Landschaft zwischen Harz und Weser, Braunschweig und Göttingen

Hessen
Vom Edersee zur Bergstraße. Die Vielfalt von Kunst und Landschaft zwischen Kassel und Darmstadt

Hunsrück und Naheland
Entdeckungsfahrten zwischen Mosel, Nahe, Saar und Rhein

Köln
Zwei Jahrtausende Kunst, Geschichte und Kultur

Kölns romanische Kirchen
Architektur, Ausstattung, Geschichte

Die Mosel
Von der Mündung bei Koblenz bis zur Quelle in den Vogesen. Landschaft, Kultur, Geschichte

München
Von der welfischen Gründung Heinrichs des Löwen bis zur Gegenwart: Kunst, Kultur, Geschichte

Münster und das Münsterland
Geschichte und Kultur. Ein Reisebegleiter in das Herz Westfalens

Zwischen Neckar und Donau
Kunst, Kultur und Landschaft von Heidelberg bis Heilbronn, im Hohenloher Land, Ries, Altmühltal und an der oberen Donau

Oberbayern
Kultur, Geschichte, Landschaft zwischen Donau und Alpen, Lech und Salzach

Oberpfalz, Bayerischer Wald, Niederbayern
Regensburg und das nordöstliche Bayern. Kunst, Kultur und Landschaft

Ostfriesland mit Jever- und Wangerland
Über Moor, Geest und Marsch zum Wattenmeer und zu den Inseln Borkum, Juist, Norderney, Baltrum, Langeoog, Spiekeroog und Wangerooge

Die Pfalz
Die Weinstraße – Der Pfälzer Wald – Wasgau und Westrich. Wanderungen im ›Garten Deutschlands‹

Der Rhein von Mainz bis Köln
Eine Reise durch das Rheintal – Geschichte, Kunst und Landschaft

Das Ruhrgebiet
Kultur und Geschichte im ›Revier‹ zwischen Ruhr und Lippe

Sauerland
mit Siegerland und Wittgensteiner-Land. Kultur und Landschaft im gebirgigen Süden Westfalens

Schleswig-Holstein
Zwischen Nordsee und Ostsee: Kultur – Geschichte – Landschaft

Der Schwarzwald und das Oberrheinland
Wege zur Kunst zwischen Karlsruhe und Waldshut: Ortenau, Breisgau, Kaiserstuhl und Markgräflerland

Sylt, Amrum, Föhr, Helgoland, Pellworm, Nordstrand und Halligen
Natur und Kultur auf Helgoland und den Nordfriesischen Inseln. Entdeckungsreisen durch eine Landschaft zwischen Meer und Festlandküste

Der Westerwald
Vom Siebengebirge zum Hessischen Hinterland. Kultur und Landschaft zwischen Rhein, Lahn und Sieg

Östliches Westfalen
Vom Hellweg zur Weser. Kunst und Kultur zwischen Soest und Paderborn, Minden und Warburg

Württemberg-Hohenzollern
Kunst und Kultur zwischen Schwarzwald, Donautal und Hohenloher Land: Stuttgart, Heilbronn, Schwäbisch Gmünd, Tübingen, Rottweil, Sigmaringen

---

Frankreich

Auvergne und Zentralmassiv
Entdeckungsreisen von Clermont-Ferrand über die Vulkane und Schluchten des Zentralmassivs zum Cevennen-Nationalpark

Die Bretagne
Im Land der Dolmen, Menhire und Calvaires

Burgund
Kunst, Geschichte, Landschaft, Burgen, Klöster und Kathedralen im Herzen Frankreichs: Das Land um Dijon, Auxerre, Nevers, Autun und Tournus

Côte d'Azur
Frankreichs Mittelmeerküste von Marseille bis Menton

Das Elsaß
Wegzeichen europäischer Kultur und Geschichte zwischen Oberrhein und Vogesen

Frankreich für Pferdefreunde
Kulturgeschichte des Pferdes von der Höhlenmalerei bis zur Gegenwart. Camargue, Pyrenäen-Vorland, Périgord, Burgund, Loiretal, Bretagne, Normandie, Lothringen

Frankreichs gotische Kathedralen
Eine Reise zu den Höhepunkten mittelalterlicher Architektur in Frankreich

Romanische Kunst in Frankreich
Ein Reisebegleiter zu allen bedeutenden romanischen Kirchen und Klöstern

Korsika
Natur und Kultur auf der ›Insel der Schönheit‹. Menhirstatuen, pisanische Kirchen und genuesische Zitadellen

Languedoc – Roussillon
Von der Rhône zu den Pyrenäen

Das Tal der Loire
Schlösser, Kirchen und Städte im ›Garten Frankreichs‹

Lothringen
Kunst, Geschichte, Landschaft

Die Normandie
Vom Seine-Tal zum Mont St. Michel

Paris und die Ile de France
Die Metropole und das Herzland Frankreichs. Von der antiken Lutetia bis zur Millionenstadt

Führer Musée d'Orsay, Paris

Périgord und Atlantikküste
Kunst und Natur im Lande der Dordogne und an der Côte d'Argent von Bordeaux bis Biarritz

Das Poitou
Westfrankreich zwischen Poitiers, La Rochelle und Angoulême – die Atlantikküste von der Loiremündung bis zur Gironde

Die Provence
Ein Begleiter zu den Kunststätten und Naturschönheiten im Sonnenland Frankreichs

Savoyen
Vom Genfer See zum Montblanc – Natur und Kunst in den französischen Alpen

Südwest-Frankreich
Vom Zentralmassiv zu den Pyrenäen – Kunst, Kultur und Geschichte

---

Griechenland

Athen
Geschichte, Kunst und Leben der ältesten europäischen Großstadt von der Antike bis zur Gegenwart

Die griechischen Inseln
Ein Reisebegleiter zu den Inseln des Lichts. Kultur und Geschichte

Korfu
Das antike Kerkyra im Ionischen Meer. Geschichte, Kultur, Landschaft

Kreta – Kunst aus fünf Jahrtausenden
Von den Anfängen Europas bis zur kreto-venezianischen Kunst

Rhodos
Eine der sonnenreichsten Inseln im Mittelmeer – ihre Geschichte, Kultur und Landschaft

Alte Kirchen und Klöster Griechenlands
Ein Begleiter zu den byzantinischen Stätten

Tempel und Stätten der Götter Griechenlands
Ein Reisebegleiter zu den antiken Kultzentren der Griechen

Großbritannien

Englische Kathedralen
Eine Reise zu den Höhepunkten englischer Architektur von 1066 bis heute

Die Kanalinseln und die Insel Wight
Kunst, Geschichte und Landschaft. Die britischen Inseln zwischen Normandie und Süd-England

London
Biographie einer Weltstadt

Die Orkney- und Shetland-Inseln
Landschaft und Kultur im Nordatlantik

Schottland
Geschichte und Literatur. Architektur und Landschaft

Süd-England
Von Kent bis Cornwall. Architektur und Landschaft, Literatur und Geschichte

Wales
Literatur und Politik – Industrie und Landschaft

Guatemala
Honduras – Belize. Die versunkene Welt der Maya

Holland
Kunst, Kultur und Landschaft. Ein Reisebegleiter durch Städte und Provinzen der Niederlande

Indien
Von den Klöstern im Himalaya zu den Tempelstätten Südindiens

Ladakh und Zanskar
Lamaistische Klosterkultur im Land zwischen Indien und Tibet

Indonesien
Ein Reisebegleiter nach Java, Sumatra, Bali und Sulawesi (Celebes)

Bali
Tempel, Mythen und Volkskunst auf der tropischen Insel zwischen Indischem und Pazifischem Ozean

Irland – Kunst, Kultur und Landschaft
Entdeckungsfahrten zu den Kunststätten der ›Grünen Insel‹

Island
Vulkaninsel zwischen Europa und Amerika

Israel

Das Heilige Land
Historische und religiöse Stätten von Judentum, Christentum und Islam in dem zehntausend Jahre alten Kulturland zwischen Mittelmeer, Rotem Meer und Jordan

Italien

Apulien
7000 Jahre Geschichte und Kunst im Land der Kathedralen, Kastelle und Trulli

Elba
Ferieninsel im Tyrrhenischen Meer. Macchienwildnis, Kulturstätten, Dörfer, Mineralienfundorte

Emilia-Romagna
Oberitalienische Kunststädte zwischen Po, Apennin und Adria

Das etruskische Italien
Entdeckungsfahrten zu den Kunststätten und Nekropolen der Etrusker

Florenz
Ein europäisches Zentrum der Kunst. Geschichte, Denkmäler, Sammlungen

Gardasee, Verona, Trentino
Der See und seine Stadt – Landschaft und Geschichte, Literatur und Kunst

Latium – Das Land um Rom
Klöster und Villen, Kirchen und Gräberstädte, mittelalterliche Orte und arkadische Landschaften

Lombardei und Oberitalienische Seen
Kunst und Landschaft zwischen Adda und Po

Die Marken
Die adriatische Kulturlandschaft zwischen Urbino, Loreto und Ascoli Piceno

Ober-Italien
Kunst, Kultur und Landschaft zwischen den Oberitalienischen Seen und der Adria

Von Pavia nach Rom
Ein Reisebegleiter entlang der mittelalterlichen Kaiserstraße Italiens

Piemont und Aosta-Tal
Begegnungen italienischer und französischer Kunst im Königreich der Savoyer. Kultur, Geschichte und Landschaft im Bogen der Westalpen (September '89)

Die italienische Riviera
Ligurien – die Region und ihre Küste von San Remo über Genua bis La Spezia

Rom – Ein Reisebegleiter
Zweieinhalb Jahrtausende Kunst und Kultur der Ewigen Stadt

Rom in 1000 Bildern
Kunst und Kultur der ›Ewigen Stadt‹ in mehr als 1000 Bildern

Das antike Rom
Die Stadt der sieben Hügel: Plätze, Monumente und Kunstwerke. Geschichte und Leben im alten Rom

Sardinien
Geschichte, Kultur und Landschaft – Entdeckungsreisen auf einer der schönsten Inseln im Mittelmeer

Südtirol
Begegnungen nördlicher und südlicher Kulturtradition in der Landschaft zwischen Brenner und Salurner Klause

Toscana
Das Hügelland und die historischen Stadtzentren. Pisa · Lucca · Pistoia · Prato · Arezzo · Siena · San Gimignano · Volterra

Umbrien
Eine Landschaft im Herzen Italiens

Venedig
Die Stadt in der Lagune – Kirchen und Paläste, Gondeln und Karneval

Die Villen im Veneto
Eine kunst- und kulturgeschichtliche Reise in das Land zwischen Alpenrand und Adriabogen

Japan – Tempel, Gärten und Paläste
Einführung in Geschichte und Kultur und Begleiter zu den Kunststätten Japans

Der Jemen
Nord- und Südjemen. Antikes und islamisches Südarabien – Geschichte, Kultur und Kunst zwischen Rotem Meer und Arabischer Wüste

Jordanien
Völker und Kulturen zwischen Jordan und Rotem Meer

Jugoslawien
Kunst, Geschichte und Landschaft zwischen Adria und Donau

Karibische Inseln
Westindien. Von Cuba bis Aruba

Kenya
Kunst, Kultur und Geschichte am Eingangstor zu Innerafrika

Luxemburg
Entdeckungsfahrten zu den Burgen, Schlössern, Kirchen und Städten des Großherzogtums

Malaysia und Singapur
Dschungelvölker, Moscheen, Hindutempel, chinesische Heiligtümer und moderne Stadtkulturen im Herzen Südostasiens

Malta und Gozo
Die goldenen Felseninseln – Urzeittempel und Malteserburgen

Marokko – Berberburgen und Königsstädte des Islam
Ein Reisebegleiter zur Kunst Marokkos

Mexiko
Ein Reisebegleiter zu den Götterburgen und Kolonialbauten Mexikos

Mexico auf neuen Wegen
Verborgene Tempelstätten und Kunstschätze aus präkolumbischer Zeit

Namibia und Botswana
Kultur und Landschaft im südlichen Afrika

Nepal – Königreich im Himalaya
Geschichte, Kunst und Kultur im Kathmandu-Tal

Österreich

Das Burgenland
Land der Störche und der Burgen: Kultur, Landschaft und Geschichte zwischen Ostalpen und Pußta

Kärnten und Steiermark
Vom Großglockner zum steirischen Weinland. Geschichte, Kultur und Landschaft ›Innerösterreichs‹

Salzburg, Salzkammergut, Oberösterreich
Kunst und Kultur auf einer Alpenreise vom Dachstein bis zum Böhmerwald

Tirol
Nordtirol und Osttirol. Kunstlandschaft und Urlaubsland an Inn und Isel

Vorarlberg und Liechtenstein
Landschaft, Geschichte und Kultur im ›Ländle‹ und im Fürstentum

Wien und Umgebung
Kunst, Kultur und Geschichte der Donaumetropole

Pakistan
Drei Hochkulturen am Indus. Harappa – Gandhara – Die Moguln

Papua-Neuguinea
Niugini – Steinzeit-Kulturen auf dem Weg ins 20. Jahrhundert

Polen
Geschichte, Kunst und Landschaft einer alten europäischen Kulturnation

---

Portugal
Vom Algarve zum Minho

Madeira
Kultur und Landschaft auf Portugals ›Blumeninsel‹ im Atlantik. Mit 20 Wanderungen und 6 Autotouren

---

Rumänien
Schwarzmeerküste – Donaudelta – Moldau – Walachei – Siebenbürgen: Kultur und Geschichte

---

Die Sahara
Mensch und Natur in der größten Wüste der Erde

Sahel Senegal, Mauretanien, Mali, Niger
Islamische und traditionelle schwarzafrikanische Kultur zwischen Atlantik und Tschadsee

---

Die Schweiz
Zwischen Basel und Bodensee · Französische Schweiz · Das Tessin · Graubünden · Vierwaldstätter See · Berner Land · Die großen Städte

Tessin
Kunst, Landschaft und Natur zwischen Gotthard und Campagna Adorna

Das Wallis
Der Südwesten der Schweiz: Kunst und Kultur im Schatten der Viertausender

---

Skandinavien – Dänemark, Norwegen, Schweden, Finnland
Kultur, Geschichte, Landschaft.

Sowjetunion

Georgien und Armenien
Zwei christliche Kulturlandschaften im Süden der Sowjetunion

Kunst in Rußland
Ein Reisebegleiter zu russischen Kunststätten

Moskau und Leningrad
Kunst, Kultur und Geschichte der beiden Metropolen, des ›Goldenen Ringes‹ und Nowgorods

Sowjetischer Orient
Kunst und Kultur, Geschichte und Gegenwart der Völker Mittelasiens

---

Spanien

Die Kanarischen Inseln
Inseln des ewigen Frühlings: Teneriffa, Gomera, Hierro, La Palma, Gran Canaria, Fuerteventura, Lanzarote

Katalonien und Andorra
Von den Pyrenäen zum Ebro. Costa Brava – Barcelona – Tarragona – Die Königsklöster

Mallorca – Menorca
Ein Begleiter zu den kulturellen Stätten und landschaftlichen Schönheiten der großen Balearen-Inseln

Nordwestspanien
Landschaft, Geschichte und Kunst auf dem Weg nach Santiago de Compostela

Spaniens Südosten – Die Levante
Die Mittelmeerküste von Amposta über Valencia und Alicante bis Cartagena

Südspanien für Pferdefreunde
Kulturgeschichte des Pferdes von den Höhlenmalereien bis zur Gegenwart. Geschichte der Stierfechterkunst

---

Sudan
Steinerne Gräber und lebendige Kulturen am Nil

Südamerika: Präkolumbische Hochkulturen
Ein Reisebegleiter zu den indianischen Kunststätten in Peru, Bolivien und Kolumbien

---

Südkorea
Kunst und Kultur im Land der ›Hohen Schönheit‹

Syrien
Hochkulturen zwischen Mittelmeer und Arabischer Wüste – 5000 Jahre Geschichte im Spannungsfeld von Orient und Okzident

---

Thailand und Burma
Tempelanlagen und Königsstädte zwischen Mekong und Indischem Ozean

---

Türkei:

Istanbul
Bursa und Edirne
Byzanz – Konstantinopel – Stambul
Eine historische Hauptstadt zwischen Abend- und Morgenland (November '89)

Tunesien
Karthager, Römer, Araber – Kunst, Kultur und Geschichte am Rande der Wüste

---

USA – Der Südwesten
Indianerkulturen und Naturwunder zwischen Colorado und Rio Grande

---

Zypern
8000 Jahre Geschichte: Archäologische Schätze – Byzantinische Kirchen – Gotische Kathedralen

»Richtig reisen«

Ägypten
Algerische Sahara
Amsterdam
Arabische Halbinsel
Australien
Bahamas
Von Bangkok nach Bali
Belgien mit dem Rad
Berlin
Bornholm
»Richtig wandern«: Bretagne
Budapest
»Richtig wandern«: Burgund
Cuba
Elsaß
Ferner Osten
Finnland
Florida
Frankreich für Feinschmecker
Friaul – Triest – Venetien
Graz und die Steiermark
Griechenland
Delphi, Athen, Nord- und Mittelgriechenland, Inseln
Griechische Inseln
Großbritannien
Hawaii
Holland
Hongkong
Mit Macau und Kanton
Ibiza/Formentera
Indonesien
Irland
Istanbul
Italien (November '89)
Jamaica
Kairo
Kalifornien
Kanada und Alaska
Ost-Kanada
West-Kanada und Alaska
Kreta
»Richtig wandern«: Kykladen
Lanzarote
London
Los Angeles
Madagaskar
Malediven
»Richtig wandern«: Mallorca
Marokko
Mauritius
Mexiko
Moskau
München
Neapel – Küsten und Inseln
Nepal
Neu-England
Neuseeland
New Orleans
und die Südstaaten Louisiana, Mississippi, Alabama, Tennessee, Georgia
New York
Nord-Indien (Dezember '89)
Norwegen
Ostafrika
Kenya und Tanzania mit Uganda, Rwanda und Burundi
Paris
Peru und Bolivien
Philippinen
Portugal
Réunion
»Richtig wandern«: Rhodos
Rom
San Francisco
»Richtig wandern«: Schottland
Schweden
Die Schweiz und ihre Städte
Seychellen
Sinai und Rotes Meer
Sizilien
Spanien
Sri Lanka (Ceylon)
Südamerika 2
Argentinien, Chile, Uruguay, Paraguay
Südamerika 3
Brasilien, Venezuela, die Guayanas
»Richtig wandern«: Südtirol
Südwesten · USA
Arizona · New Mexico · Utah · Nevada
Teneriffa
Texas
Thailand
Toscana
»Richtig wandern«: Toscana und Latium
Türkei
Tunesien
Venedig
Wallis
Wien
Zypern

Geschichtstabelle zum Leben von Friedrich II. von Hohenstaufen

1180 Philipp II. August wird König von Frankreich.

1186 Heirat zwischen dem Barbarossaerben Heinrich und Konstanze, Tochter Rogers II. von Sizilien. Bündnis zwischen Friedrich I. Barbarossa und Philipp II. August gegen Erzbischof Philipp von Köln.

1187 Sultan Saladin von Ägypten schlägt die Ritter des Kreuzfahrerstaates Jerusalem vernichtend bei Hattin. Verlust von Jerusalem und Akkon. Anlaß zum 3. Kreuzzug.

1188 Barbarossa nimmt das Kreuz.

1189 Richard Löwenherz König von England. Wilhelm II. †. Straßburger Vertrag: Rückgabe des Kirchenstaates »unter Vorbehalt der Reichsrechte«.

1190 Barbarossa stirbt beim Baden im Saleph.

1191 Heinrich VI. in Rom zum Kaiser gekrönt.

1192 Gefangennahme von Richard Löwenherz durch Leopold von Österreich.

1194 Tankred von Lecce †. Blutweihnacht von Palermo und Krönung von Heinrich VI. zum König von Sizilien. Geburt von Friedrich II. in Iesi. Kindheit des Prinzen zunächst in Foligno in der Obhut des Konrad von Urslingen, Herzog von Spoleto. Brand der Kathedrale von Chartres und Beginn der gotischen Kathedrale.

1197 Heinrich VI. †. Trennung des sizilischen Königreichs von der deutschen Kaiserkrone.

1198 Papst Innozenz III. Höchste Machtentfaltung des mittelalterlichen Papsttums. Krönung des dreijährigen Friedrich zum König von Sizilien. Konstanze bestellt bei ihrem Tod Innozenz III. zum Vormund des unmündigen Friedrich. Päpstliche ›Rekuperationen‹ der Mark Ancona und des Hzgt. Spoleto. Über Friedrichs Jugend in Palermo ist bis zum 12. Lebensjahr faktisch nichts gesichert. In Deutschland übernimmt der Barbarossasohn Philipp von Schwaben die Rechte und Ansprüche seines Neffen. Königswahl und Kaiserkrönung in Aachen von Otto IV. von Braunschweig. Philipp von Schwaben erneuert mit Philipp II. August das kapetingisch-staufische Bündnis. Averroes †.

1204 Sog. 4. Kreuzzug, der mit Duldung Innozenz III. zur Zerstörung von Konstantinopel führt. Gründung des lateinischen Kaiserreichs vom Bosporus.

1208 Ermordung von Philipp von Schwaben durch Otto von Wittelsbach. Friedrich II. wird mündig.

1209 Beginn der Predigertätigkeit des heiligen Franz. Ausbruch der Albigenser Kriege in Südfrankreich. Kaiserkrönung Ottos IV. in Rom. Dessen Eingreifen in Italien führt zur erneuten Auseinandersetzung mit dem Papsttum. Heirat von Friedrich II. mit Konstanze von Aragon.

1210 Otto IV. exkommuniziert. Hermann von Salza Hochmeister des Deutschritterordens.

1212 Aragon und Kastilien schlagen bei Las Navas de Tolosa die maurischen Almohaden. Durch die Italienpolitik Ottos IV. gezwungen und von Philipp II. August und den deutschen Fürsten gedrängt, entschließt sich Innozenz III., sein ehemaliges Mündel, Friedrich von Sizilien, zum Gegenkandidaten aufzustellen, nicht ohne ihm das Versprechen abzuringen, Kaiserreich und Königreich Sizilien niemals in Personalunion zu verbinden. Abenteuerliche Reise des 17jährigen Friedrich über Rom, Genua, Oberitalien und die Westalpen ins staufische Stammland. Das »Chint von Pülle« *(Puer Apuliae)* tritt seinen Siegeszug an. Bei Vaucouleurs Zusammentreffen mit dem kapetingischen Thronfolger Ludwig (VIII.) und Erneuerung des kapetingisch-staufischen Bündnisses. Am 9. Dezember in Mainz feierliche Krönung zum deutschen König.

1213 Friedrich verzichtet auf die alten Reichsrechte zur Besetzung der Bischofsstühle (Investitur). Schlacht von Muret bedeutet den Untergang der okzitanischen Kultur.

1214 Schlacht von Bouvines. Philipp II. August besiegt die welfische Koalition Johann ohne Land und Otto IV. Ludwig IX. (der Heilige) geboren.

1215 Unterzeichnung der Magna Charta in England. Viertes Laterankonzil in Rom unter Leitung von Innozenz III. Kaiserkrönung Friedrichs II. in Aachen. Direkt nach der Krönung nimmt Friedrich des Kreuz, d. h. den Führungsanspruch in der Kreuzzugsbewegung.

1216 Heinrich III. König von England. Innozenz III. †. Honorius III. neuer Papst. Der heilige Dominikus gründet in Toulouse den neuen Predigerorden. Bestätigung durch Honorius III.

1217 Ferdinand III. von Kastilien erobert Cordoba und Sevilla. Gründung der Universität von Salamanca.

1218 Otto IV. †. Rudolf von Habsburg geboren.

1219 Franz von Assisi im Heiligen Land. Dschingis Khan erobert Turkestan.